重庆综合经济研究文库

分析宏观形势 · 预测区域发展 · 提供决策服务 · 建设一流智库

“十四五”重庆发展方略研究

易小光
丁　瑶
余贵玲　等著
邓兰燕
苟文峰

U0838228

中国经济出版社
CHINA ECONOMIC PUBLISHING HOUSE
北 京

图书在版编目（CIP）数据

“十四五”重庆发展方略研究 / 易小光等著. -- 北京：中国经济出版社，2021.10
ISBN 978 - 7 - 5136 - 6586 - 5

Ⅰ. ①十… Ⅱ. ①易… Ⅲ. ①区域经济发展 - 研究 - 重庆 Ⅳ. ①F127.719

中国版本图书馆 CIP 数据核字（2021）第 165789 号

策划编辑 姜 静
责任编辑 郑 潇
责任印制 马小宾
封面设计 久品轩

出版发行 中国经济出版社
印 刷 者 北京九州迅驰传媒文化有限公司
经 销 者 各地新华书店
开 本 787mm × 1092mm 1/16
印 张 21.25
字 数 430 千字
版 次 2021 年 10 月第 1 版
印 次 2021 年 10 月第 1 次
定 价 98.00 元
广告经营许可证 京西工商广字第 8179 号

中国经济出版社 **网址** www.economyph.com **社址** 北京市东城区安定门外大街 58 号 **邮编** 100011

编写委员会

编著机构： 重庆市综合经济研究院
重庆市经济信息中心
重庆统筹城乡发展研究中心
重庆市推动成渝地区双城经济圈建设研究中心

主　　编： 易小光

副 主 编： 丁　瑶　余贵玲　邓兰燕　苟文峰

主　　研： 易小光　何靖波　丁　瑶　余贵玲　邓兰燕　苟文峰
蔡红波　李　权　罗丛生　赵炜科　李　林　王　利
蒋安玲　罗宇航　苏　凡　李　霞　邹於娟　汪　婧
张　锐　刘　春　张　睿　张　超　张　佳　赵　伦
曲　燕　陈　可　贺诗倪　孙茂曦　陈　殊　贾静涛
邓吉敏　黎　慧　施小兰　简华球　夏　月　邱　婧
王志军　杨琇涵　郑淑媛　杨　梅　成秋明　夏梁颖
郑秋霞　戴方尧

序

当前，正值我国“十四五”规划实施开局之际，世界正经历百年未有之大变局，新冠肺炎疫情在全球肆虐蔓延，逆全球化思潮涌动，单边主义、保护主义、霸权主义抬头，世界经济低迷，全球产业链、供应链受非经济因素冲击较大，国际经济、科技、文化、安全、政治等格局都在发生深刻调整，世界进入动荡变革期，将推动全球价值链、创新链、产业链、供应链重构以及经济、政治、地理格局重塑。我国已进入高质量发展阶段，产业结构、需求结构、收入分配结构不断优化，新经济新动能保持快速增长态势，科技创新对经济发展的贡献将进一步增强，以国内大循环为主体、国内国际双循环相互促进的新发展格局加快形成，国内消费市场的重要性更加凸显。“一带一路”和人类命运共同体建设的国际影响力和号召力将不断扩大，对外开放内容将更加全面、布局更加完善、方式更加多样。

“十四五”时期是我国全面建成小康社会、实现第一个百年奋斗目标之后，乘势而上开启全面建设社会主义现代化国家新征程、向第二个百年奋斗目标进军的开局起步期。站在重庆视角，“十四五”时期既是适应社会主要矛盾历史性变化新要求，推进高质量发展、创造高品质生活的重要时期，也是积极主动应对百年未有之大变局，努力在危机中育新机、于变局中开新局的关键期，更是全面落实习近平总书记赋予重庆新定位、新使命，为实现“两个一百年”奋斗目标和中华民族伟大复兴的中国梦贡献重庆力量的攻关期。因此，准确把握“十四五”国内外宏观环境变化新趋势，正确认识重庆在新时期发展的阶段性特征，深入剖析重庆经济社会发展面临的新机遇和新挑战以及存在的问题与不足，认真研究“准确识变、科学应变、主动求变”的发展思路、路径与对策，对于准确理解和把握“十四五”规划的核心要义、认真落实“十四五”规划，具有极其重要的理论和现实意义。

围绕“十四五”时期重庆经济社会发展的重点、热点、难点问题，重庆市综合经济研究院组织研究人员针对重庆面临的国际国内环境、“十四五”发展思路和目标、建设西部高质量发展重要增长极、构建重点产业链与产业集群、探索“产业生态化、生态产业化”示范路径、推进在共建“一带一路”中发挥带动作用、推动城乡深度融合发展、创造高品质生活、推动信用体系建设、促进营商环境改善以及成渝地区双城经济圈财税金融政策改革等重点领域开展了系列前期研究。作为重庆综合高端智库和新型重点智库，重庆市综合经济研究院开展研究时注重贴近重庆市情，强化研究的前瞻性和建议的针对性，常年为党委政府宏观经济决策提供咨询服务。其中不少研究成果及观点已被吸纳进重庆市“十四五”规划中，将在未来五年的发展中发挥作用。作为研究者，我们也会时时跟踪、观察、评估规划实施的效果，根据形势和任务发展变化实时进行研究，及时修正调整和完善。现将这些前期研究成果汇集成册，以飨读者。欢迎各位读者批评指正。

易小光

2021 年 5 月 25 日

目录 Contents

专题一　“十四五”时期国际国内环境及对重庆发展影响与对策研究

课题组成员：易小光　丁　瑶　余贵玲　张　超　张　佳　施小兰
郑淑媛　杨　梅

“十四五”时期，国内外环境面临深刻复杂变化。世界正经历百年未有之大变局，新一轮科技革命和产业变革深入发展，国际力量对比深刻调整。和平与发展仍然是时代主题，人类命运共同体理念深入人心，但同时国际环境日趋复杂，新冠肺炎疫情影响广泛，逆全球化思潮涌动，单边主义、保护主义抬头，不稳定性、不确定性因素明显增加。我国发展仍处于重要战略机遇期，并已转向高质量发展阶段，以国内大循环为主体、国内国际双循环相互促进的新发展格局加快形成，经济长期向好基本趋势不会改变。经济韧性好、潜力足、回旋空间大的基本特征没有变化，但也面临中美关系发展不确定，国内发展不平衡不充分、人口老龄化加剧、“六稳”“六保”压力持续加大等问题。重庆抢抓“一带一路”建设、新时代西部大开发、西部陆海新通道、成渝地区双城经济圈建设、中新（重庆）战略性互联互通示范项目等重大战略机遇。特别是随着成渝地区双城经济圈规划逐步落地实施，将显著提升重庆市发展能级，增强经济发展韧性与活力。与此同时，发展面临的外部风险挑战也不容忽视。

一、“十四五”时期国际宏观环境分析

“十四五”时期，和平与发展的时代主题没有变，世界多极化、经济全球化、文化多样化、社会信息化继续深入发展。受制于结构性、体制性问题，世界经济复苏动能疲弱，叠加新冠肺炎疫情的重创，世界经济困难重重，增长前景不容乐观，国际环境更趋错综复杂，不稳定性、不确定性因素明显增多。

（一）经济全球化的逆全球化倾向加强

经济全球化出现逆全球化趋势，世界经济进入有限全球化阶段，国际规则体系、治理体系加快调整，影响国际投资、贸易等增长，全球经济发展面临严峻挑战。

全球规则秩序加快调整。随着地缘政治格局、大国力量对比的变化，全球治理体系调整加快。一是传统国际秩序加速重构。发达国家凭借其经济、科技、政治、军事上的优势地位，加速推动制定新的国际规则，强化对全球贸易、科技、产业等的控制。但随着大国力量对比的变化，国际秩序进入加速调整期，中国等发展中国家积极推动建立基于平等、开放、合作、共享的国际合作新秩序，在多边治理机制（如世界银行、国际货币基金组织）中的地位和重要性将继续提升。二是争夺国际规则话语权斗争激烈。世界政经格局、全球治理体系处于大变革、大调整时期，传统大国与新兴大国对

抗加剧，新旧两种力量争夺国际规则制定权、话语权竞争更加激烈，新兴经济体的话语权有所上升。国家间利益争夺将带动全球规则的改变和调整，形成全球新的规则体系和治理体系，全球经济深化合作迎来机遇。三是国际经贸投资规则体系加快重塑。美国的保护主义加上其贸易伙伴的普遍反制，将显著提高各种关税和非关税壁垒，导致国际贸易自由化水平出现严重倒退，国际经贸合作格局进入艰难重构期，给包括中国在内的发展中国家带来巨大压力。

全球要素流动壁垒更加突出。一是国际经贸活动活跃度下降。发达国家各类壁垒不断提高，各种关税和非关税壁垒显著提升，全球跨境贸易、服务、投资、技术等流动将受到较大影响，国家经贸活动面临更多制约和限制，活跃度将显著下降。二是国际市场形成新条块分割。以美国为首的发达经济体加快打造新的区域市场，推动成立新的地区关税同盟及自由贸易区，将中国等国家的企业排除在区域市场之外，加大对中国高技术企业、互联网企业的打压，全球共同市场面临分割甚至脱轨风险，全球投资、贸易的全球流动将受到更多阻碍。同时，中国也在积极参加区域伙伴关系谈判，如签订《区域全面经济伙伴关系》（Regional Com - prehensive Economic Partnership，RCEP）等，力图打破全球市场分割局面。

（二）全球经济政治格局进度深度调整期

随着全球多极化的深入发展，大国力量对比的变化，全球地缘政治格局的深刻调整，特别是受疫情影响，部分国家国内矛盾进一步凸显，将地缘政治冲突作为转移矛盾的重要手段，全球政治冲突及风险增大，对我国构建以东亚为重心的区域经济循环体系形成制约。

全球进入经济再平衡新时期。传统的国际经济平衡关系逐步被打破，全球经济进入再平衡新阶段，全球经济循环、经济地理格局出现变化。一是全球经济关系加速调整。国际金融危机爆发以后，全球长期形成的欧美发达国家借贷消费、中国等发展中国家生产、沙特等国家提供能源的国际经济平衡关系逐步被打破，不同经济体在全球经济及产业链中的角色不断调整转换，各国经济合作关系加快重组，全球经济逐渐形成新平衡。二是全球经济循环持续恢复。疫情导致全球经济大循环不畅，国际市场有效需求萎缩，世界经济陷入低迷，各国携手推动全球经济复苏的意愿增强，经济政策协调、投资贸易合作等方面将加强，有助于全球经济循环畅通。三是全球经济空间格局加速变革。全球交通技术、信息技术快速发展，改变了传统的地理区位空间格局，内陆地区进一步成为开放前沿、跨国公司产业转移和投资热土，全球经济空间布局更加平衡。

全球地缘政治关系加速重构。受经贸摩擦、新冠疫情、全球力量变化等因素影响，传统的地缘政治关系加速分化，“新冷战”思维及地缘政治冲突将明显加剧。一是全球地缘政治格局加速调整。随着亚太地区成为全球经济重心，美国加快推动实施“印太战略”，搅局亚太地区的和平及安全稳定，亚太地缘政治风险进入高度敏感期，加剧台海、南海等地区紧张局势，我国周边摩擦和地区冲突有所加剧。二是国际地缘政治冲突更加激烈。全球贸易保护主义、社会民粹主义和政治保守主义抬头，各国产业、科技、能源、领土等竞争更加激烈，给全球贸易、投资及资本市场、商品市场带来较大不确定性。三是区域内部合作有所加强。在逆全球化抬头、疫情等环境下，跨区域投资、贸易将受到影响，区域自由贸易区等区域合作组织加快发展，区域内部贸易、投资、产业等合作不断强化，区域经济一体化进程进一步加快。

（三）全球科技革命和产业变革加快推进

以信息技术主导的互联网经济进入发展瓶颈期，对全球经济增长动力减弱，但以5G、人工智能、大数据、生物基因、新能源等为代表的新技术革命加速发展，并逐步进入产业转化应用阶段，推动全球经济发展新动能加快培育成长。

新一轮科技革命加快发展。一是新科技产业转化进入加速期。以人工智能、生物技术等为代表的新一轮科技革命快速推进，逐步具备产业化、市场化条件，新能源汽车、机器人、生物医药等新兴产业进入快速发展期，为全球经济发展注入新动力。二是产业新业态、新模式快速兴起。随着全球技术进步、市场需求升级，传统生产、生活和商业模式发生深刻改变，数字经济、共享经济、网上医疗、在线教育等新模式、新业态快速发展，全球产业发展空间不断拓展，制造业和服务业融合创新发展深入推进。三是传统产业升级持续加快。现代信息技术、智能技术等深刻改变传统产业生产模式、组织结构、市场形态，推动传统产业逐步向智能化、数字化、互联网化方向转型，传统产业供给能力、发展质量和市场竞争力将明显提升。

国际产业布局及分工出现重大变革，进入新一轮产业布局深度调整中，各国围绕产业链、价值链分工的竞争将更加激烈。一是全球产业分工极化现象更加突出。在要素成本驱动下，全球进入新一轮产业转移的加速期，世界低端制造业逐步向东南亚、南亚等国家和地区转移。美国等发达国家实施“再工业化”战略吸引高端制造业回流，实质上是对现有制造业全球布局进行的“存量调整”，将不可避免地改变全球产业分工格局。各国围绕产业链分工，抢占产业价值链高点的争夺将更加激烈。二是产业区域化本土化布局更加明显。新冠疫情对全球产业链、供应链带来新影响，各国对产业安全、经济安全更加重视，全球生产网络将由“离岸生产模式”转向“近岸生产模式”，全球产业布局区域化、本土化趋势更加明显，全球产业链、供应链重构加快，我国部分产业外移风险更加突出。

（四）安全问题成为全球发展面临的新挑战

“十四五”时期，和平与发展仍是世界主题，非传统安全问题加快凸显，全球对经济安全、公共安全等关注度提升，各国更加注重人与自然的和谐发展，更加关注经济社会的可持续发展。

经济安全上升到战略新高度。全球政经形势依然复杂严峻，各国经济独立、金融振荡、产业链断裂等风险持续增强，面临的经济安全挑战加快凸显。一是全球粮食安全问题更加严峻。受全球经济发展、世界人口快速增长、可耕地面积减少等因素影响，全球粮食需求呈现上升趋势，全球粮食生产、贸易被少数发达国家、跨国公司控制，粮食供需矛盾更加突出，部分欠发达国家粮食短缺、社会动荡等风险加剧。二是全球能源等大宗商品供给安全更加脆弱。石油、天然气、铁矿石等工业重要原材料处于高度垄断状态，发达国家利用产业、技术上的主导权，对其他国家经济、产业进行控制，国际产业链、供应链存在局部脱钩、断裂风险，影响全球生产正常循环。特别是美国发展页岩气等新能源后，逐步实现能源独立，成为全球重要的能源供应主体，将对全球地缘政治格局产生深刻影响。三是全球金融风险更加突出。美国等发达经济体将通过放松货币政策，推动受疫情影响的经济复苏，向全球经济注入过多流动性资金，引起全球股市、债市及大宗商品市场波动，新兴经济体面临外汇贬值、资本外流、国内金融市场震荡加剧等风险，经济复苏难度进一步增大。

公共安全受到更多关注。随着全球生态环境不断受到侵蚀，各国普遍面临生态退化、疾病多发、人口老龄化等各项挑战，携手共治的迫切性前所未有。一是全球生态环境治理合作更加紧密。全球生态环境更趋恶化，气候变暖、洪灾、海洋上升等极端气候及生态灾害更加频繁，人类赖以生存的地球生态环境形势愈发严峻，各国生产、生活受到的自然灾害威胁上升，全球生态环境政策协调和合作不断深化。二是全球公共卫生合作更加深化。各种疾病、病毒对全球经济社会发展形成新挑战，抗击以新冠肺炎病毒为代表的全球流行疾病成为各国面临的新问题。各国将推动国际疫苗研发、药品生产、政策协调等合作，将更加重视公共卫生安全，加大政府对卫生健康事业财政投入，为全球医药健康产业发展带来新机遇。三是恐怖主义对全球发展的威胁依然存在。受地缘政治影响，领土争端、宗教矛盾、毒品犯罪、贫富分化等导致全球极端主义泛滥，全球宗教极端恐怖主义、国家恐怖主义等更加突出，全球总体安全形势依然严峻。

二、“十四五”时期国内宏观环境分析

我国已转向高质量发展阶段，仍处于重要战略机遇期，经济长期向好趋势没有变，发展韧性仍然较强，但错综复杂的国际环境带来的新挑战，国内周期性问题和结构性矛盾交织，我国转型发展仍面临较大的内外压力。

（一）经济进入高质量发展新阶段

“十四五”时期，我国已转向高质量发展阶段，经济长期向好的基本趋势没有变，仍处于重要战略机遇期，进入工业化城镇化进程的中期加速阶段，经济发展的内生动

力仍较强。

供给侧结构改革持续深入推进。我国经济仍处在转变发展方式、优化经济结构、转换增长动力的攻关期，结构性、体制性、周期性问题交织叠加，长期积累的结构性问题仍然突出，新的供需结构性问题不断出现，要素投入结构、经济增长的动力结构正发生明显变化。我国产业总体上仍处于国际分工产业链、价值链中低端，供给体系质量不高，高端供给短板明显，关键核心技术“卡脖子”问题更加突出的阶段。同时，新冠肺炎疫情对我国供需两端均带来冲击和影响，供需不匹配问题更加凸显，供给侧结构性改革将仍是“十四五”时期我国经济社会发展的主线和重要着力点。

创新发展重要性进一步提升。新时期要素投入结构呈现新变化，人口红利减缓、适龄劳动力人口绝对数下降、人力资本优势增强等趋势显现，制度创新、科技研发、自主创新等成为新动力，经济增长由资源要素投入驱动向依靠全要素生产率的提升驱动阶段转换，创新成为经济发展的主要动力之一。同时，新一代信息技术改变了传统的生产生活方式，数字经济成为引领新时代经济发展的重要力量和国际竞争的新战场。在数字化带动下，制造业和服务业加快融合，个性化、定制化、智能化生产将逐渐成为主体形态。我国不断累积的人力资本和不断提高的科技创新能力，将成为“十四五”时期经济发展的重要驱动力，创新引领经济发展的特征更趋明显。

（二）新发展格局将加快形成

“十四五”期间，为应对错综复杂的内外环境，全面推进高质量发展，我国将加快推动形成以国内大循环为主、国内国际循环相互促进的新发展格局，国内循环担当重任。

“内循环”成为经济发展重要支撑。我国人均国内生产总值已达到1万美元，中等收入群体不断扩大，逐步由中等收入国家迈入高收入水平国家行列，居民多样化、个性化、高端化需求与日俱增，消费需求在扩大中不断升级，超大规模并极具发展潜力的消费市场将为产业结构调整和转型提供新的空间和动力。同时，我国东中西部区域发展差异大，国家将着力加快突破胡焕庸线，以缩小南北差距。扩大有效投资、优化投资结构的潜力较大，对经济持续发展形成较强支撑。此外，城镇化进程加快，城乡一体化发展不断深入，城乡要素流动、乡村振兴稳步推进，为城市功能扩充提供支点和动力，因此而形成的巨大内需规模和需求结构加快转型升级，将成为我国经济的最大优势和潜力所在。

继续扩大对外开放，促进“外循环”。新冠肺炎疫情使世界经济不稳定、不确定性因素增多，但我国扩大开放的步伐仍在加快，各国走向开放、走向合作的趋势没有改变，国际市场仍有需求和空间。我国将持续推动国际循环，为经济高质量发展增添活力。“十四五”时期，我国将在更高水平上扩大对外开放，高标准自贸区网络体系加快打造，RCEP深入推进实施，对外经贸规模将持续扩大，国际地位不断提升。同时，将着力完善外商投资准入规则，打造市场化、法治化、国际化营商环境，依托国内强大市场，吸引全球优质要素资源集聚，更好地利用国内国际两个市场、两种资源，推动国内循环和国际循环相互促进、相得益彰。此外，我国在稳定国内经济发展基础上，将多措并举维护全球产业链、供应链稳定，持续加码稳外贸、稳外资，为世界经贸合作注入新动能。

（三）社会民生领域关注度将持续提升

“十四五”时期，受多重因素影响，经济运行压力凸显，企业特别是中小微企业、个体工商户生产经营困难较多，稳就业、保民生成为我国稳定经济社会发展的主要抓手，社会民生福祉进一步增强。

大力促进和增加就业。“十四五”时期，经济下行导致居民就业压力增大，特别是疫情影响下，外贸企业的农民工和高校毕业生两大重点就业群体的就业压力凸显。国家把促进就业工作放在首位，以促就业作为保障社会稳定的重要手段，持续强化就业创业政策支持，提供更有针对性、更加精准的公共就业服务，大力推进高校毕业生就业，加强困难人员就业帮扶，推动以创新创业带动就业，多渠道促进和保障就业，进一步提升就业质量。

着力提升居民收入。宏观经济下行叠加疫情不确定性，居民增收困难有所增加，收入分化现象将更为凸显，低收入人群的主要收入来源受到明显冲击且恢复不易。为稳定和提升居民收入，我国收入分配制度改革将深入推进，在国民收入分配中加大居民收入比重，增加低收入者收入，扩大中等收入者比重，努力缩小城乡、区域、行业收入分配差距，加快要素市场化改革，多渠道增加居民财产性收入，提升消费能力，为形成强大的国内消费市场打下基础。

切实保障和改善民生。在全面建成小康社会后，开启全面建设社会主义现代化国家新征程的第一个五年，社会民生领域的新问题、社会结构变化和社会安全等方面必然提出更高要求，正确处理社会分配和社会保障问题，促进社会公平正义，提高社会治理水平等压力也将不断增大。为此，国家将提高民生保障水平和社会治理能力，进一步加大教育、卫生、文化等公共领域投入，推进社会治理体系和治理能力现代化，促进城乡公共服务均等化和社会治理现代化将成为未来政策的一个必然取向。

（四）绿色成为高质量发展最鲜明底色

“十四五”时期，我国将着力推动并形成绿色生产生活方式，基本实现美丽中国建设目标，绿色发展将持续拓宽我国高质量发展的空间和活力。

绿色发展为经济社会发展提供持续动力。“十四五”时期，出于绿色发展要求，国家将持续加大科技研发投入，增强“卡脖子”技术、产业重点环节、关键零部件的攻关力度，进一步为科技创新纵深推进提供新空间。同时，国家将继续推动产业生态化和生态产业化，从而带动节能环保、清洁生产、清洁能源等新兴产业的加快培育和发展，探索通过技术创新、产品创新、商业模式创新、业态创新、品牌创新和管理创新等手段培育产业发展核心优势，在生态优先、绿色发展方面推进产业加快向高端化、品牌化、绿色化转型。此外，生态环境作为可创造财富的资源，带来发展增值，绿色发展将成为提升经济发展质效和人民生活质量的重要力量。

绿色消费市场规模不断壮大。我国将持续践行“绿水青山就是金山银山”的理念，按照高质量发展要求，强化绿色生产、消费的法律制度建设及政策导向，激励和引导绿色产品消费，不断满足人民日益增长的美好生活需要。同时，随着生态绿色消费理念的不断深入，人们对绿色、健康产品的消费持续增多，绿色消费市场规模将不断壮大，倒逼供给端加大绿色产品研发、设计和制造投入，将提升绿色产品供给质量作为主攻方向，进而向广大消费者提供更高质量、更有品质、更加生态的绿色产品。

（五）国家区域开发开放建设纵深推进

国家将深化“一带一路”、长江经济带、新时代西部大开发、成渝地区双城经济圈等建设，推进西部陆海新通道、中新项目、自贸试验区等开放通道和平台建设，持续推动区域开发开放。

重大区域发展战略深入推进。“一带一路”、长江经济带、新时代西部大开发、成渝地区双城经济圈等建设不断深化，将持续带动区域协调发展，促进经济发展方式转型、结构调整，稳定经济增长。一方面，我国将深入推进以“一带一路”建设为重点的全方位开放，开放竞争新优势加快形成，经济发展活力持续增强。另一方面，我国将聚焦城市群、都市圈建设，推动京津冀协同发展、长江经济带发展、粤港澳大湾区建设、长三角一体化发展等区域发展战略深入实施，优势互补、高质量发展的区域经济格局将逐步建立。同时，新时代西部大开发、黄河流域生态保护和高质量发展、成渝地区双城经济圈建设等国家战略进一步落实深化，将促进西部地区交通一体化加速，要素自由流动和产业分工有序、转型升级，加速提升区域整体经济实力，国家重要经济增长极加快凸显。

对外开放战略持续深化。经济全球化遭遇逆流，我国仍将坚定不移扩大对外开放，充分发挥开放平台及通道作用，加快释放开放政策和制度创新红利，增强开放经济发展活力。一方面，我国将着力以大开放促进大开发，推动区域开发开放平台均衡布局及功能完善，有效发挥中新项目、自贸试验区、自由贸易港、跨境电商综合试验区等更高水平对外开放平台的引领作用，强化西部陆海新通道、中欧班列等国际开放通道建设，提升开放枢纽门户的产业、物流、人口等资源要素集聚的吸引力。另一方面，对外开放政策力度将进一步加大，开放制度创新更加活跃，多式联运、贸易、监管等陆上贸易规则探索不断深化，将促进跨境电商、供应链物流、金融期货等开放经济新业态、新模式的发展，改革开放红利的充分释放将创造经济发展强劲动能。

与此同时，我国仍面临改革开放以来前所未有的困难和挑战。对外，全球疫情形势难以预料，中美战略博弈对我国产业链安全、前沿科技创新的制约和影响持续加深，全面扩大开放将面临国际经贸规则重构等严峻的外部环境变化。对内，人口老龄化、区域发展分化、收入分配差距、资源环境约束、基层财政压力等问题日益突出，民生保障、重大基础性改革还存在短板弱项，储蓄率、投资率、全要素生产率、潜在经济增长率趋于下降，我国仍面临较大的转型发展压力。

三、“十四五”时期重庆面临的机遇和挑战

“十四五”时期，国内外环境面临深刻复杂的变化。重庆市紧紧围绕习近平总书记对重庆提出的营造良好政治生态，坚持“两点”定位、“两地”“两高”目标，发挥“三个作用”和推动成渝地区双城经济圈建设等重要指示，牢牢把握“一带一路”、新时代西部大开发、西部陆海新通道、成渝地区双城经济圈等建设机遇，全力推动“一区两群”区域发展。重庆面对国内外新形势，发展机遇和挑战并存。

（一）发展机遇

1.“一带一路”倡议深入推进，重庆扩大开放迎来机遇

重庆作为“一带一路”倡议关键节点，在贯通东西、联结南北方面具有重要作用，内陆开放高地建设优势突出，将纵深推进高水平开放，助推重庆市进一步提升国际合作和竞争水平。一是开放平台将发挥引领作用。两江新区开放引领作用和口岸集成效应初步显现，重庆自贸试验区、中新互联互通项目发展加快，“1279”开放平台功能不断完善，引领重庆市推进高水平对外开放。二是开放通道优势突出。西部陆海新通道、中欧班列（渝新欧）等国际大通道建设加快推进，将促进枢纽经济、临空经济、口岸经济等发展，形成通道带物流、物流带经贸、经贸带产业的开放经济发展新格局。特别是随着 RCEP 深入推进，重庆作为国家面向东南亚桥头堡的通道，区位优势加快凸显，将进一步拓展重庆开放空间，提升开放经济发展水平。三是开放机制创新加快推进。多式联运、贸易、监管等陆上贸易规则探索不断深化，将促进跨境电商、供应链物流、金融期货等开放经济新业态、新模式发展，进一步激发开放经济发展潜力、动力和活力，推动开放经济高质量发展。

2. 国家推动形成新发展格局，增强重庆内生发展动力

重庆积极融入“双循环”新发展格局，将从建设新基建、扩大消费等多向发力，持续扩大内需，重庆市发展内生动力将不断增强。一是投资拉动作用不断增强。“两新一重”建设将持续加快，半导体、新能源与智能网联汽车、生物医药等产业集群加快引进和培育，将加快重庆补短板和锻长板的速度，推动结构调整，形成更多新的增长点、增长极，实现创造高品质生活目标。二是国际消费中心城市建设将继续发力。重

庆将主动适应消费升级新形势，统筹实施“15510”① 消费升级战略，加快集聚国际消费资源，提升国际消费服务，打造国际消费环境，激发国际消费需求，着力构建优质高效、开放融合、特色突出的“重庆消费”服务体系，不断增强消费对经济增长的基础性作用。此外，重庆作为我国重要的战略大后方和内陆开放的前沿阵地，将在维护国内和区域产业链、供应链稳定方面发挥积极作用，有利于增强重庆市经济发展内生增长动能。

3. 区域协调发展不断深化，重庆将获得更多政策红利

新时代西部大开发、成渝地区双城经济圈建设等区域发展战略深入实施，国家重大开发开放平台布局和政策支持力度将不断加大，重庆将获得新的发展政策红利。一是新时代西部大开发将赋予重庆发展新动能。新时代西部大开发将着力推动区域创新、现代产业集群、城乡融合、对外开放等发展，重庆将顺应国家战略大势，充分利用政策和资源优势，在推进新时代西部大开发中发挥支撑作用。二是成渝地区双城经济圈建设加快推进。成渝地区双城经济圈建设上升为国家战略，国家级政策、项目、资金等资源倾斜布局将进一步加强，将增强成渝地区资源要素集聚配置能力，极大地提高市场预期、社会预期，释放成渝地区发展潜力，有力促进成渝地区高质量一体化发展。三是“一区两群”战略全面推进。主城都市区和渝东北、渝东南城镇群产业布局优化和城镇化将迎来新机遇，有利于区域的协调发展和资源的优化配置，推动重庆加快建设现代化国际大都市。

4. 创新动能不断增强，助力重庆经济高质量发展

重庆科技创新保持向好势头，创新平台加快打造、创新资源加快集聚、创新生态持续改善，为重庆市高质量发展蓄势发力。一是创新平台建设加快。西部（重庆）科学城、重庆高新区建设加快推进，《金融支持西部（重庆）科学城建设实施方案》《重庆高新区促进科技金融发展办法》《重庆建设国家数字经济创新发展试验区工作方案》等各类支持科技创新政策陆续出台，极大增强重庆市的创新动能。二是创新资源加快集聚。随着智能汽车、集成电路、半导体、生物医药等领域高水平科技创新基地加快创建，将促进国家重大科技装置、科研机构、科技项目、研发平台等加速落地，推动人才、资金等资源要素加速聚集。三是创新生态将不断优化。随着环大学创新生态圈的加快打造，大型科技企业孵化器加快建设，重庆市资源共享、科技金融、成果转化等服务水平将不断提升，创新发展氛围和创新生态将持续优化。

① 一大目标：建成具有全球影响力的国际消费中心城市；五大品牌：打响“时尚重庆、不夜重庆、山水重庆、味道重庆、康养重庆”品牌；五大定位：打造“国际购物名城”“国际旅游名城”“国际会展名城”“国际美食名城”“国际文化名城”五大国际名城；十大工程：重点实施“国际消费集聚区打造、国际消费品牌集聚、‘渝货精品’培育、特色服务消费提升、国际消费融合创新、国际会展扩容提质、国际消费服务质量提升、国际消费环境优化、国际交流合作深化、国际消费营销推广”十大工程。

5. 生态绿色发展持续深入，重庆生态资源发展潜力加快释放

国家将深入落实新发展理念，加强生态文明建设和生态环境保护。重庆作为长江上游地区重要的生态功能屏障，生态资源禀赋突出，生态绿色发展潜力巨大。随着川渝合作持续深化，产业生态化和生态产业化加快推进，重庆将进一步在推进长江经济带绿色发展中发挥示范作用。一是重庆与四川生态建设合作将迎来更大机遇。川渝两地将深化在生态建设、环境治理等方面的合作，推动实现环境治理平台共建、环境资源数据信息共享，深化跨区域生态绿色发展合作，推动长江上游生态文明建设。二是产业生态化、生态产业化发展提速。重庆市将充分发挥环境资源优势，产业绿色低碳循环化改造持续推进，促进资源集约节约利用水平不断提高，构建高效、清洁、低碳、循环的绿色现代产业体系，提升绿色发展水平，推动生态产业化发展。同时，产业绿色化、智能化转型升级基础不断夯实，大数据智能化与生态环保、绿色经济融合发展深入推进，推动实现产业生态化发展。

（二）面临挑战

1. 世界大变局加速演变，重庆面临的国际环境更加严峻

“十四五”时期，世界进入动荡变革期，逆全球化思潮、保护主义等上升，国际地缘政治冲突风险增大，国际金融市场、大宗商品市场波动加剧，全球新冠疫情等重大公共卫生事件、中美经贸摩擦仍面临较多不确定性，重庆对外出口、投资和开展国际经贸合作面临更多制约和壁垒。一是对外出口将有所减弱。重庆对外出口的主要产品是通机等机电产品，以电子信息产品为代表的高新技术产品，出口地主要是美国和加拿大，而以美国为首的国家贸易保护主义抬头、中美战略博弈成为常态，将大幅降低重庆机电类产品的出口总规模。二是对外投资增长将受到一定制约。由于以美国为首的反华势力、欧美保护主义等抬头，我国在投资审核、技术与知识产权等问题上遭到联合施压，极大地制约了包括重庆在内的中国企业的对外投资。同时，虽然对“一带一路”地区投资增势强劲，但市场化机制尚未成熟，投资风险相对较高，特别是周期长、投资收益率不明确的基建投资，其后续投资可能难以为继。叠加新冠肺炎疫情反复等影响，跨国公司对外投资活动有所减弱，重庆利用外资难度将有所增加。三是经贸合作壁垒重重。随着贸易保护主义手段日益透明化、极端化，绿色壁垒、技术壁垒、反倾销、知识产权保护等非关税壁垒措施将继续广泛实施；加之日本、欧盟等修改对中国的多边和双边经贸规则，全球多边主义和自由贸易体制遭受一定冲击，国际经贸合作格局将进入艰难重构期，重庆与世界各地的贸易合作将有所减弱。

2. 全球产业布局加快重构，稳定供应链产业链挑战增大

随着全球经济增长动能减弱，新冠肺炎疫情在许多国家尚未得到根本缓解，全球产业链、供应链重塑已成为明显趋势，产业链、供应链安全风险不期而至。一是产业集群结构将受到一定影响。由于全球产业链、供应链本地化、区域化趋势有所加剧，叠加发达国家再工业化和发展中国家工业化进程加快，高端制造业回流发达国家，低端加工贸易流向越南、印度等要素成本更低的国家和地区，造成包括重庆在内的中国制造业在新的产业链、价值链分工中面临双重竞争压力，产业链、供应链的完整性将受到一定冲击。二是工业经济产业链、供应链面临较大断供风险。由于重庆电子、汽车等关键产业的本地配套体系不健全，需从日本、德国、美国等国家采购如自动变速器、汽车芯片等高技术含量、高附加值部件，在美国掀起新一轮“中美产业链局部脱钩”的高潮冲击下，产业供应链面临的市场风险更加突出，高技术产品的供应难度和成本进一步加大。三是要素竞争更加激烈。随着信息技术与数字经济快速发展带来的科技革命、产业革命，经济全球化深入发展进程仍将继续，围绕技术、人才、市场、资源等的竞争将更加激烈。重庆技术研发偏弱、高端人才引进难等问题将更加凸显，将对产业链延伸、价值链层级提升造成一定制约。

3. 宏观环境面临较大不确定性，风险防控压力不断上升

国内外宏观环境更加复杂严峻，各类“黑天鹅”事件频发，不确定性因素不断增多，金融、科技等风险不断上升，预防和化解各类风险挑战压力增大。一是防范化解金融风险更加紧迫。国际金融市场“黑天鹅”事件频发，社会震荡加剧，主要发达国家相继出台超大规模经济刺激政策，从长期来看将带来大规模的债务扩张和资产泡沫，增大系统性金融风险隐患，新兴市场仍将面临债务发行困难、融资成本上升、偿债压力激增等问题。随着重庆加快建设内陆国际金融中心，与国际金融市场的联系越来越紧密，内防风险扩散、外防风险传染的压力加大，金融体系脆弱性可能有所加剧。二是增加技术创新难度。美国从科技、资本等领域加紧对华“脱钩”，加大对中国输入美国的通信产品和设备的审查力度，加码高科技出口管制和限制中国企业赴美投资，关键核心技术引进困难，加之重庆基础创新、原始创新相对偏弱，创新的科学基础和教育基础等软环境“瓶颈”制约将更为明显，预防和化解科技风险挑战压力增大。

4. 区域间资源要素流动分化，区域竞争更加激烈

当前，国内各区域产业发展、招商引资、人才引进等方面竞争进一步加剧，重庆发展面临更加激烈的外部竞争。一是政策优势逐步减弱。各省（市）为集聚创新要素出台了一系列招商引资、民营经济和人才等政策，随着补贴政策和服务政策趋同，依托政策优势获取增量转移资源的可能性逐步降低。二是周边城市的虹吸效应将有所显现。周边超大城市和特大城市对重庆消费和产业项目产生吸引效应，尤其是高铁的快速发展，推动各区域生产要素加速流动，促使周边省（市）加快发挥自身新兴服务业态、创新平台及创新人群的集聚优势，对重庆产业项目、消费人群形成率先吸引效应。三是对改善软环境提出更高要求。全国各省份加快优化营商环境，对行政服务效率和配套环境的要求不断提升。重庆与上海、深圳等沿海城市相比，存在明显的软服务短板，亟须提高政府服务效率和水平，持续优化人才发展、技术创新、生活居住等环境。

5. 我国进入社会矛盾易发高发期，推进现代社会治理面临新挑战

我国进入充满挑战的重要战略机遇期，处于转变发展方式、优化经济结构、转化增长动力的攻坚阶段，社会结构和社会关系加快重构，社会利益诉求更加多元化，各类社会风险和矛盾加快凸显，对建设政府新型治理体系和提高社会治理能力提出了新的要求。一是提升社会治理能力难度增大。随着重庆工业化、城镇化加速推进，贫富分化、就业困难、公共服务短缺、社会动荡等矛盾和问题处于多发阶段，基层社会治理面临的形势更加严峻复杂，安全防控压力不断加大，征地拆迁、环境污染等矛盾纠纷不断增多。二是社会民生补短板强弱项亟须加快。在新冠肺炎疫情防控常态化与经贸摩擦政治化的背景下，产业链优化布局对重庆市的就业岗位产生深刻影响，众多行业周期性、结构性、摩擦性失业现象叠加，就业优先政策执行和创新难度不断加大。医疗卫生、文化教育、体育场馆等方面总量不足，结构失衡等问题较突出，难以满足高品质生活宜居地建设和人民群众对美好生活的内在需求。同时，随着人口老龄化程度持续加深，适老性公共服务、基础设施等有待增强。

四、对策建议

（一）加快构建现代产业体系，促进供应链、产业链稳定

一是推进区域产业协调联动发展。着力优化“一区两群”产业布局，提升产业链科学分工、协同发展水平，共同打造优势产业集群。推动成渝地区双城经济圈在电子、汽车、装备制造、医药等产业上的分工合作，合作共建产业园区，开展行政区与经济区适度分离探索，共同打造世界级产业集群。二是加快培育发展新兴产业。顺应当前全球科技、产业变革趋势和国内消费升级趋势，加快谋划智能制造、生物医药等新兴产业发展，壮大新发展动能。三是推动传统产业转型升级。发挥大数据、智能化优势，加快传统产业智能化改造，推进产业生态化、生态产业化探索，积极推动汽摩、机械制造等传统产业转型升级，保障产业链、供应链稳定，增强传统产业竞争力。

（二）引导消费转型升级，释放内需发展潜力

一是加强特色消费平台打造。统筹推进中央商务区、城市核心商圈、特色步行街区建设，打造一批品质商圈、特色商业名街、品牌夜市等消费平台、消费场景，促进国际高端商业品牌、新型消费业态集聚，增强消费人群集聚力、吸引力。二是深入推进消费转型升级。引导传统商业向线上、智慧零售等方面转型升级，积极推动特色教育、康养、展会、赛事等消费发展，着力打造一批艺术、温泉、非遗、老字号等特色消费品牌，激发重庆市消费发展活力。三是加快收入分配改革。着力稳定就业，加大困难人群就业保障，稳定居民工资性收入，同时适度扩大国债、地方政府债面向个人的发行额度，增加居民财产性收入，挖掘消费潜力。

（三）积极扩大对外开放，提升国际经贸合作水平

一是加快开放通道建设。积极融入“一带一路”倡议等国家开放战略，依托西部陆海新通道、中欧班列（渝新欧）等开放通道，推动通道沿线海外仓、集结中心建设，打造国际物流枢纽和口岸高地。二是积极培育外贸新增长点。积极发展国际物流、国际金融、国际会展、国际咨询等开放型经济，大力支持总部贸易、跨境电商、市场采购等新型贸易发展。深化服务贸易创新发展试点，推动服务贸易创新发展。三是加强区域经贸合作。联合陕西、甘肃、四川三省打造嘉陵江流域经济带，加快提升西部地区综合实力和开发开放水平。依托中新项目、自贸区等开放平台，加强与“一带一路”沿线国家的物流、经贸合作，不断提升区域合作水平和层次。

（四）着力促进创新驱动，推动经济高质量发展

一是深入推进产业技术创新。围绕产业链布局创新链，以建设国家新一代人工智能创新发展试验区为契机，推进智能制造、智慧城市等应用示范，构建以企业为主体、市场为导向、产学研融合的技术创新体系，加快突破“卡脖子”技术。二是强化创新平台打造。加快建设重庆高新区、西部（重庆）科学城、两江协同创新区，加速发展环大学创新生态圈，加快建设前沿交叉研究平台、大型科技企业孵化器等科技创新平台，引进科技企业、创新人才，为创新发展提供良好支撑。三是营造良好的创新生态环境。强化创新创业政策支持，壮大创投基金规模，推进知识价值信用贷款改革，提升“双创”活动品牌知名度和吸引力，增强资源共享、科技金融、成果转化等服务水平。

（五）深化体制机制改革，不断优化营商环境

一是持续提升政务服务水平。提速推进“放管服”改革，围绕“证照分离”改革、工程建设审批制度改革、投融资体制改革、推进“多规合一”等方面不断深入探索创新，着力提升政府效能，降低发展成本。二是加快国际化、市场化、便利化营商环境建设。全面实施市场准入负面清单制度，推动金融、电信、互联网、交通运输等领域对外开放，加快完善营商环境立法和推进公平透明执法，全面优化营商环境。三是强化要素市场保障。完善人才引进机制，放宽战略性新兴产业相关人才落户政策，增强“鸿雁计划”吸引力；着力提升资金、能源、物流等保障水平，降低要素成本，提升要素流动效率，激发经济发展活力。

（六）提升现代社会治理能力，促进社会和谐稳定

一是推进现代社会治理创新。充分利用大数据、云计算、区块链、人工智能等技术手段，探索数据驱动、人机协同、跨界融合、共创分享的“互联网＋”社会治理新模式。完善群众参与基层社会治理的制度化渠道，积极构建新时代共建、共治、共享

的社会治理格局，完善社会矛盾纠纷多元预防调处化解综合机制。二是推动公共服务补短板锻长板。优化基础教育资源配置，加大高等教育“双一流”建设投入，提高医疗文化体育优质化供给，助力高品质生活宜居地建设。三是加快生态保护和环境治理步伐。积极培育和引进危险废物处置优势企业，加大对危废处置产业的扶持力度。加快补齐水污染治理等基础设施短板，着力解决违法占用自然岸线、违规上马化工项目、违规大量堆存固体废物等问题。

参考文献

[1]中共中央关于制定国民经济和社会发展第十四个五年规划和二〇三五年远景目标的建议[EB/OL].[2020-11-03]https://baihao.com/sid=19&wfr=spider&for=pc.

[2]中共重庆市委关于制定重庆市国民经济和社会发展第十四个五年规划和二〇三五年远景目标的建议[N].重庆日报,2020-12-03(1).

[3]陈昌盛,许伟,兰宗敏,江宇.“十四五”时期我国发展内外部环境研究[J].管理世界,2020,36(10):1-15.

[4]王一鸣.建设现代化经济体系论纲[M].广东经济出版社,2020.

[5]刘世锦.中国经济增长十年展望(2020—2029):战疫增长模式[M].中信出版社,2020.

[6]王一鸣.从长期大势把握当前形势 统筹短期应对和中长期发展[N].经济日报,2020-08-12(1).

[7]沈坤荣,赵倩.以双循环新发展格局推动“十四五”时期经济高质量发展[J].经济纵横,2020(10):18-25.

[8]刘鹤.加快构建以国内大循环为主体、国内国际双循环相互促进的新发展格局[N].人民日报,2020-11-25(6).

[9]王一鸣.百年大变局、高质量发展与构建新发展格局[J].管理世界,2020,36(12):1-12.

[10]马雪松.新发展阶段:重大战略判断的时代意义[J].人民论坛,2020(35):46-49.

[11]宁吉喆.当前我国宏观经济形势、展望与政策建议[J].宏观经济管理,2020(1):5-7+13.

[12]蒲清平,杨聪林.构建“双循环”新发展格局的现实逻辑、实施路径与时代价值[J].重庆大学学报:社会科学版,2020,26(6):24-34.

专题二　“十四五”时期重庆在努力推进共建“一带一路”中发挥带动作用研究

课题组成员：易小光　丁　瑶　邓兰燕　贾静涛　苏　凡　陈　殊
汪　婧　邱　婧　王志军　夏　月

在推进共建“一带一路”中发挥带动作用，是重庆服务全国大局，发挥“三个作用”的重要内容，是习近平总书记在新时代赋予重庆的重大使命，交给重庆的战略任务。在我国全面建成小康社会，乘势而上开启全面建设社会主义现代化国家新征程的“十四五”规划新起点，在国家加快构建以国内大循环为主体、国内国际双循环相互促进的新发展格局的历史新机遇期，重庆要坚持“从全局谋划一域、以一域服务全局”，进一步明确在“一带一路”建设中发挥带动作用的内涵要义，有的放矢、铸长板补短板，切实提升全方位开放层次和水平，加快建设内陆开放高地，持续拓展“一带一路”沿线国家和地区市场，更好地引领中西部地区推进共建“一带一路”走深走实。

一、重庆在推进共建“一带一路”中发挥带动作用的核心要义

“一带一路”倡议是我国主动适应全球经济政治形势变化，统筹国内和国际两个大局，统筹自身开放发展和全球共赢发展而贡献的中国智慧，是中国联合世界携手构建人类命运共同体的创新性伟大实践。重庆是西部大开发的重要战略支点，处在“一带一路”和长江经济带的联结点上，区位优势突出，是国家区域发展和构建双循环新发展格局的重要枢纽节点。随着“一带一路”倡议的纵深推进，国家对重庆开放发展给予了更高的新期盼、新要求，2019 年习近平总书记视察重庆时，要求重庆在“共建‘一带一路’中发挥带动作用”①。

全面认识、深刻理解重庆“带动作用”的内涵要义，是重庆在共建“一带一路”中深化实践，落实习近平总书记要求，完成历史使命的逻辑起点，应充分体现和服务国家战略，立足重庆实际和优势，“从全局谋划一域、以一域服务全局”，系统把握“带动作用”的核心要义和精神实质。重庆在融入“一带一路”建设中发挥的带动作用不仅要体现在自身经济实力、开放水平和参与国内国际双循环水平要走在西部地区、长江上游乃至全国前列，更要释放和提升开放“排头兵”的辐射外溢功能，发挥带头开放、带动开放的表率作用，带动广大西部地区乃至中部地区更好地开发开放。具体来看，主要体现在以下五个作用。

（一）发挥开放型经济支撑和辐射带动作用

“一带一路”是开放之路，维护和发展开放型世界经济是其共建的基础。经济基础

① 2019 年，习近平总书记视察重庆，对重庆提出了发挥“三个作用”的殷殷嘱托，分别是：在推进新时代西部大开发中发挥支撑作用，在推进共建“一带一路”中发挥带动作用，在推进长江经济带绿色发展中发挥示范作用。

决定上层建筑，具有国际竞争力的开放型经济体系是重庆在“一带一路”共建中发挥带动作用的最为核心和关键的要义，没有足够强大、具有世界向心力的经济实力，重庆的带动作用只能沦为“镜中花、水中月”。因此，重庆带动作用的发挥，首要之务是开放型经济要走在前列，具备与带动作用相匹配的经济实力和经济辐射带动力。

一方面，重庆首先要增强自身经济整体实力，要充分发挥和依托产业门类齐全、产业基础坚实的比较优势和成渝地区双城经济圈建设的历史机遇，乘势集聚发展要素，将汽车、电子、装备等优势产业培育成世界级产业集群，做大经济体量，提升经济能级，以人均 GDP 为核心指标的综合经济实力要位居西部乃至长江上游地区前列，力争率先跨越中等收入陷阱，迈入高收入水平行列，成为西部地区高质量发展的重要增长极。另一方面，重庆还要能够带动他地共同实现面向“一带一路”的整体高水平开放，要深入分析和对接“一带一路”沿线重点国家经贸领域的潜在需求，积极“引进来”，大胆“走出去”，持续提升开放型经济势能，在进出口贸易、国际旅游、国际经济合作水平和质量方面更要引领和辐射西部地区，强化区域牵引力，带动西部地区其他省（市）加快优化贸易结构、提高外资利用水平、拓展“一带一路”沿线国家和地区市场等，实现西部地区宽领域、深层次、高水平开放。

（二）发挥国际商品要素集散核心枢纽作用

商品和要素在全球范围内流动和配置是经济全球化的核心特征。2015 年国家发展改革委、外交部、商务部联合发布的《推动共建丝绸之路经济带和 21 世纪海上丝绸之路的愿景与行动》明确指出，“共建‘一带一路’旨在促进经济要素有序自由流动、资源高效配置和市场深度融合”。因此，商品和要素跨国家、跨地区自由流动，进而实现有机集聚和扩散，是重庆在共建“一带一路”中发挥带动作用的本质要求。

重庆应积极参与和服务国内国际双循环，巩固和发挥突出的区位优势和水陆空立体通道优势，增强面向“一带一路”的国际商品要素集散枢纽能力。一方面，要夯实商品要素集散的设施支撑，在设施互联互通上走在前列。在对外开放大通道、开放大平台建设上加大发力，加快铁路、公路、水运、航空、信息等出海出境通道建设，提升西部陆海新通道、中欧班列（成渝）号、长江水运通道、渝满俄国际铁路班列等“四向”开放通道能级和效率，构建东西南北四向连通，铁公水空四式联运的通道体系，增强两江新区、重庆自贸区等开放大平台功能，引领西部地区增强与“一带一路”沿线重点国家、重点地区、重点经济体的互联互通能力。另一方面，要发挥通道平台的商品要素集散载体作用，加快建成国际多式联运运营中心，力争在降低物流成本、提高物流效率等方面走在西部前列，进而发挥辐射中西部地区的内陆国际物流枢纽功能。在物流的带动下，加快人流、资金流、信息流、技术流的市场化流动和配置，着力提升区域性要素服务能力。

（三）发挥国际交往和国际合作示范引领作用

“‘一带一路’是促进共同发展、实现共同繁荣的合作共赢之路，是增进理解信任、加强全方位交流的和平友谊之路”，增强国际交往合作是“一带一路”建设的客观要求和重要内容，有助于各国政治互信和深化利益融合，有助于促进不同文明互鉴共荣，有助于促进各国人民相知相交。

对外交往和公共服务国际合作水平是重庆建设国际化大都市的重要衡量维度，也是重庆在“一带一路”共建中发挥带动作用的软实力体现。重庆具有直辖市和国家中心城市的体制政策优势，应遵循客观规律，发挥比较优势，加快建设成为全球化城市和中西部国际交往中心，城市外向度、美誉度、影响力在西部地区位居前列，在全球城市体系中的节点位置和国际事务参与度要领先示范，与“一带一路”沿线国家和地区的政策沟通和民心相通水平要走在前列。一方面，国际交往载体和平台的数量、质量要位居中西部地区前列，要加强与重点国家和地区——尤其是东盟、日韩等 RCEP 成员国家之间的对接联系，争取更多外国领事馆、国际友好城市、国际机构和专业性国际组织落户重庆，强化对中西部地区的国际化事务服务能力。另一方面，要不断深化国际合作，在数字经济、科技教育、绿色发展、公共卫生等公共服务领域与“一带一路”沿线国际和地区广泛开展合作，国际合作广度、深度、效率以及国际合作机制创新等方面对中西部地区具有示范和引领功能。

（四）发挥国际经贸规则和环境创新探路作用

优良的营商环境已经成为重要的生产力，是“一带一路”高质量共建所依赖的土壤根基。“一带一路”倡议得到了全球 138 个国家的积极响应，各国经济发展水平、政治制度、社会风俗等差异较大，更加需要各国共同构建市场化、法治化、便利化的营商环境，以确保各项国际合作事项尤其是经贸合作项目顺利落地。

新时代共建“一带一路”，更强调规则政策等制度型开放，因此，开放规则制度创新引领性和营商环境的优良度是重庆在“一带一路”共建中发挥带动作用的内生性制度推力。重庆应充分发挥中新示范项目、自贸区等平台优势，一方面，要深化体制机制改革（尤其是政府“放管服”改革），全面对标世界银行营商环境评价标准，牢牢把握入选国家首批营商环境创新试点城市机遇，加快打造中西部领先的营商环境，在探索构建与国际通行规则接轨的制度规则、法律规范、政府服务、运作模式等方面走在西部前列，在释放创新潜能、提高政府和企业效率、降低社会成本方面先行先试，为西部地区乃至全国深化改革开放提供可供借鉴的“制度试验池”和适合推广的新模式；另一方面，要立足区域全面经济伙伴关系（Regional Comprehensive Economic Partnership，RCEP）、全面与进步跨太平洋伙伴关系协定（Comprehensive and Progressive Agreement for Trans - Pacific Partnership，CPTPP）、《中欧全面投资协定》（China-EU

Comprehensive Agreement on Investment，CAI）等关贸协定，开拓国际新市场，获取规模收益，积极开展陆上国际贸易、国际投资、多式联运等规则探索创新，助力国家增强国际经贸体系、全球治理体系中的规则制定权。

（五）发挥生态建设绿色发展表率作用

可持续发展是全球共识，习近平总书记在不同重要场合多次强调“一带一路”建设要突出生态文明理念，加强生态环保合作，共建生态文明，共同实现可持续发展目标。可见，“一带一路”是以绿色为底色的人类命运共同体，同筑生态文明之基、共谋可持续发展是“一带一路”的永恒主题。

绿色可持续发展是重庆在“一带一路”共建中发挥带动作用的持久动力和根基。重庆是长江上游流域的重要生态屏障区，生态优势和生态战略地位突出，被赋予了“推进在长江经济带绿色发展中发挥示范作用”的重要历史使命。重庆应全面贯彻绿色发展理念，发挥在西部地区、长江经济带绿色发展的示范引领功能，打造全球绿色发展典范城市，为绿色“一带一路”建设贡献中国智慧、重庆经验。一方面，生态文明制度体系建设和生态治理修复实践要走在前列，要大胆探索、先行先试，推进生态文明体制改革，以长江生态文明建设为统领，积极探索世界级大河流域生态文明建设新模式，形成一批可向“一带一路”沿线国家和地区复制推广的生态文明建设的经验做法和改革举措。另一方面，经济社会绿色转型要突出示范，推动形成绿色低碳的生产生活方式，建成“产业生态化、生态产业化”“两化路”的践行标兵，带动西部地区在融入“一带一路”建设中实现生产、生活、生态和谐发展。

二、重庆在推进共建“一带一路”中发挥带动作用的评价指标

（一）指标体系构建的理论基础

构建科学合理的评价指标体系，是重庆深化实践，在共建“一带一路”中发挥带动作用的重要“指南针”，有助于明确方向和重点，科学地分析反映现状，针对暴露出来的短板和不足精准化制定相应的强化对策或改进措施，确保重庆能切实形成和发挥带动作用。当前，未有研究机构和专家学者系统化构建重庆在共建“一带一路”中发挥带动作用的指标体系，但世界银行（World Bank，WB）等国际组织，全球化与世界城市研究网络（Globalization and World Cities Study Group and Network，GaWC）、中国社科院等国内外研究机构以及多位专家学者，围绕世界城市/全球城市、“一带一路”沿线城市竞争力、区域竞争力等方面开展了丰富的指标构建和测度研究，而竞争力是带动力的重要内核，因此前述既有研究为构建重庆带动作用指标体系提供了良好的思路借鉴和有益参考。

城市、区域和国家竞争力评价指标体系构建，总体可分为专题性评价和综合性评

价两大类。前者突出在某个重点领域开展单项评价，如世界银行发布的《全球营商环境报告》对“一带一路”沿线国家营商环境进行动态打分评价；全球化与世界城市研究网络通过城市在全球高端生产服务网络中的联络度，来衡量其在全球城市体系中的节点位置。后者则系统化地开展多领域、多维度的综合评价，选取的指标更多、更全面，例如日本森纪念财团基金会的城市战略研究所发布的“全球城市实力指数”，从经济、研发、文化交流、宜居性、环境、可达性6个方面选取70个指标来衡量全球城市实力。中国社科院与联合国人居署联合发布的《全球城市竞争力报告》，从经济活力、环境质量、社会包容、科技创新、全球联系、政府管理、人力资本潜力和基础设施8个维度选取数十个指标来评估城市可持续发展竞争力。联合国伊斯坦布尔城市年会从经济发展水平、产业结构、基础设施水平、社会开放水平、对外交流水平5个方面选定17个指标来衡量城市国际化程度。国内多位专家学者也从系统视角出发，对“一带一路”沿线国家、节点城市的经济社会发展和竞争力开展了综合评价研究，如祝晓波（2016）、冯瑞龙（2016）、胡必亮（2017）等。

（二）指标体系构建和指标选择

1. 指标体系构建思路

基于对重庆在共建“一带一路”中发挥“带动作用”内涵的深刻理解，充分借鉴国内外相关研究成果，充分考虑重庆市市情和特色优势，采用广视角、多维度、系统化的综合评价方法，从开放通道平台、开放型经济、国际交往、绿色发展、营商环境5个维度，选取代表性指标构建评价指标体系，以便通过纵横向比较，系统性定量分析查找重庆在共建“一带一路”中发挥带动作用的优势领域和短板不足，为下一步行动改良明确重点。

2. 指标选择基本原则

一是系统性原则。“一带一路”倡议具有十分丰富的内涵，涵盖经济、政治、人文、社会、生态等各个领域的国际交流合作，重庆在“一带一路”共建中的带动作用也不局限在某个单一领域，而是体现在诸多方面。因此，评价指标的选择应从整体出发，反映带动作用的各个方面及其主要特征，各指标间既相互独立又相互联系。

二是独特性原则。重庆在“一带一路”共建中的带动作用，是国家基于重庆独特的区位优势、产业优势、体制优势、生态优势，赋予重庆的独特功能定位和使命担当。因此，评级指标的选择应充分体现重庆的区域特色、区域优势，因地制宜地选取代表性、典型性指标。

三是可操作性原则。数据的可获得性和科学性是构建评价指标体系的基础，因此，重庆在“一带一路”共建中的带动作用评价指标选取必须要充分考虑数据采集难易程度，确保指标具有可靠的数据来源，便于进行纵向历史序列比较和横向空间范围比较。

3. 评价指标体系构建

遵循评价指标体系构建思路和指标选择基本原则，最终确定5个一级指标和24个二级指标，构建了重庆在共建“一带一路”中发挥带动作用的评价指标体系（表2-1）。各级指标设置具体考虑如下。

表2-1 重庆在共建“一带一路”中发挥带动作用的评价指标体系

维度	指标
开放通道平台	中欧班列运行次数（列）
	中欧班列运行货值（亿元）
	国际航线数量（条）
	机场国际货邮吞吐量（万吨）
	机场旅客吞吐量（人）
	国家级新区排名（名）
开放型经济	人均 GDP（元/人）
	进出口总额（万美元）
	实际利用外资额（万美元）
	实际对外直接投资（万美元）
	世界500强企业数量（个）
	国际旅游外汇收入（万美元）
国际交往	驻渝领事馆数量（个）
	国际友好城市数量（个）
	航空口岸入出境外国人规模（人次）
	留学生数量（万人）
	R&D 投入占 GDP 比重
	R&D 经费境外资金（万元）
	国外技术引进合同金额（万元）
	引进外国专家数量（个）
绿色发展	森林覆盖率（%）
	单位生产总值能源消费量（吨标准煤/万元）
	单位 GDP 二氧化碳排放量（吨/万元）
营商环境	营商环境总得分

（1）开放通道平台维度

体现重庆与“一带一路”沿线国家和地区的联通性层面上的带动作用，包括开放通道的联通性和开放平台的层次性，选取中欧班列运行次数、中欧班列运行货值、国际航线数量、机场国际货邮吞吐量、机场旅客吞吐量、国家级新区排名6个指标来表征。其中，重庆自2011年开行的中欧班列（原称渝新欧）是国内最先开行的中欧班列，“领头羊”效应突出。选取中欧班列运行次数和中欧班列运行货值2个指标从开行密度和运行质量两个角度系统性地衡量中欧班列通道的全球联通性。航空的全球联通性使全球化时代城市发展的支撑性日益增强，国际航线数量衡量与国外地区和城市的通达便利性，选取机场国际货邮吞吐量和机场旅客吞吐量 2 个指标衡量航空的货运及客运规模和效率。国家级新区是高层次的国家级开发开放平台，地方所拥有的国家级新区排名越高，则对国内外发展资源要素的集聚能力越强，与全球市场的要素联通性越强。

（2）开放型经济维度

体现重庆开放型经济竞争力的能级和带动力，选取人均 GDP、进出口总额、实际利用外资额、实际对外直接投资、世界500 强企业数量、国际旅游外汇收入等5 个指标刻画。其中，人均 GDP 这一指标反映地区整体经济实力、经济规模和人民生活富裕水平，其数值越高越具有城市发展向心力和吸引力。贸易畅通和资金融通是共建“一带一路”的重要内容，选用进出口总额反映对外贸易规模，体现在全球贸易分工体系中的位次；选取实际利用外资额、实际对外直接投资 2 个指标反映投资“引进来”和“走出去”水平。国际型企业是国家间开展经贸交流的核心市场主体，地区集聚的世界500 强企业越多，通常说明具有较强的跨国企业吸引力，能更深度更广度地参与全球产业链价值链分工。随着全球化的深入推进，服务业开放成为我国新时代产业开放发展的新重点，国际旅游业是重庆比较优势突出的开放型服务业类型，选取国际旅游外汇收入衡量国际旅游业的发展效益。

（3）国际交往维度

体现重庆在国际事务参与度和与“一带一路”沿线国家和地区民心相通的水平和带动作用，选取驻渝领事馆数量、国际友好城市数量、航空口岸入出境外国人规模、留学生数量、R&D 投入占 GDP 比重、R&D 经费境外资金、国外技术引进合同金额、引进外国专家数量 8 个指标来表征。其中，驻渝领事馆数量、国际友好城市数量 2 个指标体现城市外交能力，两者数量越多、层级越高，代表重庆的国际事务参与度越高。航空口岸入出境外国人规模反映地区对境外人口的流入吸引力。随着我国整体经济转型升级，创新成为引领我国新时代发展的第一动力和第一要务，毋庸置疑是国际交往领域备受关注的重要领域，采用留学生数量衡量重庆教育的国际化程度，选取 R&D 投入占 GDP 比重衡量创新资金投入规模，选取 R&D 经费境外资金、国外技术引进合同金额、引进外国专家数量 3 个指标衡量科技创新上的国际交往力度。

（4）绿色发展维度

体现重庆生态文明建设、推进绿色发展层面的带动作用，选取森林覆盖率、单位生产总值能源消费量、单位 GDP 二氧化碳排放量 3 个指标来表征。森林覆盖率指森林面积占土地总面积的比例，反映森林资源的丰富程度，体现山体、森林等生态系统保护和国土绿化实施效果，是判断环境质量优劣的核心指标。单位生产总值能源消费量和单位 GDP 二氧化碳排放量 2 个指标反映经济绿色发展转型、产业生态化成效，单位生产总值能源消费量主要衡量能源综合利用水平，重在引导节约集约、循环高效利用；单位 GDP 二氧化碳排放量揭示因产业转型升级、能源结构改变带来的二氧化碳排放情况变化，是国家和重庆实现“碳达峰、碳中和”承诺目标所考核的重要指标。

（5）营商环境维度

体现重庆突出政策沟通，在营商环境优化上发挥带动作用，选取营商环境总得分来衡量。营商环境总得分这一指标是源自国家发展改革委编制出台的《中国营商环境报告》，具有国家权威性。2018 年国家发展改革委就参考世界银行的营商环境评价标准，结合中国国情，从投资环境、信贷环境、便利度、权益保护度等方面研究建立了中国营商环境评价体系，并在东、中、西部和东北地区选取 22 个城市开展营商环境评价试点，到 2020 年评价范围已经扩大到全国 80 个地级以上城市和 19 个国家级新区，便于进行省市间、城市间的横向比较。

三、重庆在推进共建“一带一路”中发挥带动作用的发展基础

（一）发展现状

重庆顺应经济全球化趋势，全面融入共建“一带一路”国家开发开放战略，并在西部地区积极发挥带头开放、带动开放作用，近年来在开放通道、开放平台、开放型经济体系、深化国际交流合作、优化营商环境等方面取得积极成效。“十三五”期间外贸进出口年均增长 7.1%，2020 年达到 6513 亿元，居全国第 12 位；实际利用外资均保持在 100 亿美元以上，累计有 296 家世界 500 强企业落户重庆。

立体型的开放通道体系全面形成。统筹东西南北四个方向，铁公水空四种方式的开放通道体系进一步完善，成为全国唯一兼有陆港型、港口型国家物流枢纽的城市。内陆国际物流枢纽加快构建。“十三五”期间，东向——外贸集装箱快班轮快速过闸机制常态化，创新开行“沪渝直达快线”，开通渝甬班列。西向——重庆成为中欧班列全国 5 个集结中心之一，班列开行数量、运输货值均居全国第一。南向——西部陆海新通道上升为国家战略，重庆成为通道物流和运营组织中心，辐射 95 个国家和地区及 246 个港口。北向——渝满俄等国际铁路班列发展迅速。江北国际机场率先在西部地区拥有 3 条跑道，国际及地区航线达 101 条。建成中国首条针对单一国家、点对点的中新（重庆）国际互联网数据专用通道。

多元化的开放平台体系更加完善。设立重庆自贸试验区，重庆高新区成功扩区，荣昌、永川升级为国家级高新区，江津综保区、涪陵综保区、果园保税物流中心（B 型）获批并实现封关运行，成功举办智博会，渝洽会升级为西洽会，重庆港水运口岸扩大至果园港区，重庆市形成“战略平台 + 园区平台 + 功能平台 + 活动平台”的平台体系，平台功能完备，“一区两群”布局更加合理。重点平台引领作用突出，中新互联互通项目签约合作 258 个，总金额约 338 亿美元；总体方案 151 项改革任务已全部落

实，56 项创新成果在重庆市推广，铁路提单物权效力得到司法审判实践支持；两江新区实际利用外资和外贸进出口均占重庆市的 30% 以上；重庆高新区外贸进出口占重庆市比重近五成。各类开放平台集聚了重庆市外贸的八成和外商直接投资的六成。

高质量的开放型经济稳步发展。重庆市国家级外贸转型升级示范基地累计达 13 家，汽车二手车出口试点落地重庆，汽车平行进口、总部贸易转口等贸易新业态加快培育，集成电路、打印机、笔记本等加工贸易优势明显，笔记本电脑出口成为世界第一。服务贸易加快发展，服务贸易创新发展试点范围拓展到主城都市区全域，跨国金融结算保持西部第一。多元化国际市场拓展有力，东盟、欧盟、美国是重庆前三大贸易伙伴，“一带一路”沿线国家和地区成为重庆重要的经贸合作伙伴。双向投资取得明显成效，重庆市外商投资企业达 2800 家，在渝世界 500 强企业 296 家，备案对外投资企业超过 550 家，建成中德、中意、中英等 12 个国际合作产业园。

“近悦远来”的开放环境全面优化。开放型经济体制改革深入推进，投资准入及服务机制不断健全，开放型经济发展的政策措施不断完善。全面融入全国“三互”大通关改革，进出口整体通关时间持续压缩，国际贸易“单一窗口”申报量居全国前列、西部第一。纳入全国首批本外币合一银行结算账户体系试点和跨境金融区块链服务平台试点，国家金融科技认证中心在渝设立。出台自贸试验区条例，设立“一带一路”法律服务研究中心和“陆海贸易新通道”法律服务研究中心。加快建设国际化现代城市和国际消费中心城市，共有外籍人员子女学校 2 所，中外合作办学项目累计达 54 个，外商投资医院 8 家。外国人“过境免签”政策延长至 144 小时。整体营商环境位居中西部前列，纳入世界银行评价中国营商环境样本城市。

多领域的国际交流合作全面深化。中西部国际交往中心建设加速推进，乌拉圭、白罗斯在渝设立总领事馆，驻渝总领事馆达 12 家，国际友好城市达 48 个，友好交流城市达 110 个。欧洲重庆中心启动运行，中欧绿色智慧城市峰会永久落户，重庆国际交往的“朋友圈”不断扩大。中新金融峰会、“一带一路”陆海联动发展论坛、2019 上海合作组织地方领导人会晤、中俄副外长磋商会议、亚欧合作对话会等一批国际性重大会议活动在渝成功召开，新加坡国立大学（重庆）研究院、中国—匈牙利技术转移中心正式落地，重庆国际马拉松等赛事活动国际影响力不断扩大，重庆多领域国际交流合作亮点纷呈。

（二）存在的不足

开放型经济辐射带动能力不足。重庆对外贸易、利用外资以及对外投资等领域在西部地区均排名前列，但从全国来看，规模还不足，结构还不优。一是总体规模不大。2019 年重庆虽然外贸进出口总值排西部第二，但仅占全国进出口总额的 1.8%；同期，北京、上海、广东分别占全国的 9.1%、10.8%、22.6%。二是结构和质量效益不优。以机电产品为主的加工贸易是重庆外贸进出口贸易的主要方式，占外贸进出口总额比重超过40%，但产品链价值不高，整机制造和系统集成企业较少，智能手机、笔记本电脑、集成电路等产业虽形成了较为完整的产业链，但产品附加值低。总部贸易、转口贸易、保税贸易等贸易新业态新模式有待培育。2019年，美国、欧盟、东盟分别占重庆进出口量的18.8%、18.4%、16.8%，多元化贸易市场有待进一步拓展。三是“引进来”“走出去”步伐不快。2019年重庆实际利用外资占全国总额的1.7%，远低于北京（10.3%）、上海（13.8%）、安徽（13%）、河南（13.6%）等地区，世界500强企业落户数量上也有一定差距。同期，重庆对外投资占全国总额的1.1%，远低于北京（6%）、上海（7.7%）、山东（7.5%）、广东（12.2%）等地区，统筹国内外资源的能力较低。重庆外向型经济发展对比情况见表2－2。

表2－2　重庆外向型经济发展对比情况

地区	外贸进出口值（亿美元）	全国占比（%）	实际利用外资（亿美元）	全国占比（%）	实际对外投资（亿美元）	全国占比（%）
北京	4164.6	9.1	142.1	10.3	82.7	6.0
天津	1066.5	2.3	47.3	3.4	44.0	3.2
上海	4939.1	10.8	190.5	13.8	104.9	7.7
重庆	839.5	1.8	23.7	1.7	15.1	1.1
四川	984.0	2.1	92.3	6.7	15.7	1.1
贵州	65.7	0.1	6.8	0.5	0.1	0
云南	336.9	0.7	7.2	0.5	9.0	0.7
陕西	510.3	1.1	77.3	5.6	5.6	0.4

国际商品要素集散能力不强。目前，重庆推动国际要素流动的瓶颈较多，在基础设施完善和人流、物流、技术流集散功能等方面亟待加强。一是重庆铁路、公路、水路、航空等基础设施短板较为突出。西向中欧班列（重庆）绕行西安线路里程长、运行效率低。南向西部陆海新通道沿线交通基础设施存在瓶颈，通道运量有待扩容，通道物流成本相对较高。东向长江黄金水道受三峡船闸通过能力影响严重制约航运发展，枯水期涪陵至主城段航道水深不足，制约长江大型船只发展。“米”字形高铁网尚无一条通道完全建成，高铁占铁路网总长比例仅16.1%，低于全国19.7%平均水平，也低于周边省份。重庆运输线路里程和货运量对比情况见表2－3。二是带动跨境人口流动能力不强。重庆江北机场3800万人次，与北京首都机场（8000万人次）、上海浦东和虹桥机场（1.2亿人次）差距明显。口岸通关能力偏弱，口岸入关人次大幅落后四川、云南，国际游客数量不到北京的1/2、上海的1/3、广东的1/6。重庆与部分省份口岸对比情况见表2－4。重庆市外籍侨民占本地人口比重仅0.03%，远低于北京、上海、广州等国际化大都市外籍侨民占比。在渝工作生活的外国国籍人员数量近5000人，为北京的3.65%，上海的2.32%。三是物流服务能力不足。重庆社会物流总量规模较小，在西部地区比较优势不明显。2019年，重庆市货物运输总量11亿吨，仅占成渝地区的

34%，比陕西低4亿吨。物流运输方式单一，重庆市公路运输占比超过80%，铁路货运量占比仅是全国平均水平的1/3，水铁联运量仅占重庆市港口货物吞吐量的9.8%。受铁路进港条件制约、长江流域航道能级不匹配等因素影响，重庆港口水运优势没有充分发挥，四川等地区的货物绕道现象突出。四是技术转移转化不够活跃。2018年重庆技术合同成交总额为266.23亿元，落后于天津（725.26亿元）、上海（1303.2亿元）、南京（403.81亿元）、广州（719.02亿元）、深圳（576.93亿元）。

表2-3 重庆运输线路里程和货运量对比情况

地区	铁路里程（千米）	高速公路里程（千米）	总货运量（万吨）	铁路运量（万吨）	公路运量（万吨）
全国	139926	149571	4713624	438904	3435480
北京	1367	1168	22808	484	22325
天津	1185	1295	50093	9888	31250
上海	467	845	121124	487	50656
重庆	2359	3233	112970	1911	89965
四川	5242	7523	177283	7718	162668
贵州	3753	7005	83402	5523	76205
云南	4053	6003	122727	4886	117145
陕西	5419	5593	154749	44751	109801

表2-4 重庆与部分省份口岸对比情况

地区	口岸数（个）	口岸入境人数（万人次）	进出口货物（万吨）
北京	2	2689.50	9018
天津	3	416.89	27641
上海	3	4626.90	40551
重庆	2	324.11	819.3
四川	1	599.82	149.0
贵州	1	67.86	0.08
云南	19	4584.20	2612.9
陕西	1	271.40	260.0

国际交往和公共服务国际合作不够。对标国内知名城市，重庆城市管理与国际接轨不够，宜居环境、人才环境、人文精神等“软实力”打造还有较大差距。一是对外交往机构不足。驻渝领馆12家、友城48个，其中领馆比四川少8家，仅为广州的18.5%、上海的15.6%。友城比四川、广西分别少30个、60个，仅为广州的24.2%、上海的53.3%。二是城市国际化服务不足。解放碑、观音桥等现代化大型商圈周边配套环境的国际化接待能力不强，国际化货币兑换网点不够便利，具备国际标准的教育、医疗、运动健身、酒吧、餐吧等消费场所较少，拥有国际学校和国际星级酒店分别为4

所和 28 家，远低于北京、上海等城市。三是 144 小时过境免签政策联动有待增强。京津冀、江浙沪等地均已实行 144 小时过境免签政策联动，成渝两地尚未实现外籍居民从成都口岸入境而由重庆口岸出境，或者从重庆入境由成都出境等出入境便利化。四是国际人才互认存在缺失。没有相关的引进国外教师方面的职称互认制度来支撑。缺乏相关的国际奖项的国内认证机制，导致国际获奖技能人才流动任职存在一定阻碍。

国际贸易环境和规则创新引领不足。目前，重庆尽管在国际贸易规则等方面开展了一些创新，但受发展定位、政策体制等多方面因素影响，发展中客观存在引领不足的困难。一是探索国际陆上贸易规则制约较多。陆上贸易规则方面国家赋权有待强化，目前暂未有明确铁路提单物权的法律法规出台，开展铁路提单融资业务缺乏足够的法律支撑，未形成规模化。部分改革任务事权在国家部委，且未出台操作细则，难以快速落地实施。二是多式联运规则缺失。由于多式联运存在多种运输方式，其运营方式、流转规则各不相同，货物在不同运输方式间的法律保障问题较为突出，货物一单制推行困难，金融衍生服务相对缺乏，信息互联共享不足，数据“孤岛”现象严重。三是供应链金融创新有待加强。重庆市供应链相关融资需求增长很快，但针对物流业务的动态性、贸易背景的真实性、动产质押的可靠性和融资需求的快捷性，银行在机制和技术上缺乏有效解决方案，导致供应链金融产品有效供给不足，不能完全满足商贸和物流企业的融资需求。四是市场化法治化国际化营商环境有待提升。政府服务意识和能力有待提高，行政执法水平、公开透明度、企业办事便捷度等还有提升空间。具有国际视野、精通国际经贸规则、熟练运用多国语言的专业人才还不能满足新时代贸促事业高质量发展的需要。知识产权保护能力有待加强，相关行政部门“两法”衔接工作亟待加强，普法宣传教育力度不够。

四、重庆在推进共建“一带一路”中发挥带动作用的发展环境

世界正经历百年未有之大变局，“十四五”时期国际环境日趋复杂。经济全球化遭遇逆流，国际经济、科技、文化、安全、政治等格局都在发生深刻调整，世界进入动荡变革期。但我国正处于“两个一百年”交汇期、实现中华民族伟大复兴的关键时期，经济已由高速增长阶段迈向高质量发展阶段，经济发展空间广、韧性强、回旋余地大，社会主义现代化新征程开局起步，全方位对外开放和国内区域发展战略深入推进，正在形成以国内大循环为主体、国内国际双循环相互促进的新发展格局，共建“一带一路”走深走实，为重庆开放发展开辟了新天地。

（一）发展机遇

1. 新一轮科技革命和产业变革不断增添发展新动力

全球科技革命和产业变革对经济增长支撑作用持续增强，尤其是以大数据、智能

化、云计算、物联网等为代表的新技术革命将对全球产业链重构、产业分工格局产生重要影响。重庆作为国家重要的现代制造业基地，电子信息、汽车、装备制造等产业集群随着全球科技革命和产业变革浪潮加速技术革新、换代升级，紧跟世界产业发展趋势，催生新业态、创新新模式，成为全球产业链的重要一环。科技迅猛发展和社会分工的精细化，全球产业链、供应链、价值链的深度链接，有利于重庆利用政策导向、市场需求和先进适用技术，推进跨国研发和创新合作便利化，突出制造业和互联网协同创新，发展新产业、拓展新市场，与“一带一路”沿线国家和地区携手并进，培育与国际市场对接、与国家战略契合、与市场需求相符的先进制造业和现代服务业。“十四五”时期，“一带一路”建设将加速拓展产业新领域，催生产业新业态，延伸产业新链条，有利于重庆深度参与国内国际双循环、全球开放式创新和国际合作，大幅提升经济开放发展水平，增强经济高质量发展新动力。

2. 全球化的深入推进加速拓展国际市场新空间

经济全球化仍将是未来发展主流，要素配置全球化、投资贸易全球化是大势所趋，重庆必将深度参与。全球经贸往来特别是“一带一路”的经贸交流日益频繁，新亚欧大陆桥带动中欧贸易持续增长，中俄经贸合作加速中蒙俄经济走廊发展，中新互联互通走深走实推动中国与东盟合作逐步深化，孟中印缅基础设施、产能合作领域需求广阔，中巴经济走廊先行示范建设成效显著，使“一带一路”沿线国家的市场需求空间持续增长，重庆作为我国新一轮西部大开发和内陆面向“一带一路”加速开放的重要支撑，将在更广的平台上和更高的层次上参与“一带一路”建设，拓展国际市场的环境条件进一步改善。随着国家间相互依存程度不断提高，世界各国经济贸易交流合作不断深化，各国积极开展双边、多边、多层次的自由贸易协定谈判，东亚 15 个成员国正式签署 RCEP，成为全球最大的自由贸易区，使重庆在跨区域资源要素配置、拓展新兴市场空间、培育国际经济合作竞争新优势等方面拥有更多机遇。“十四五”时期，我国将继续深入推进中日韩、中欧、东盟等自由贸易区建设，进出口关税及通关条件等将不断调整优化，重庆既可充分参与全球化背景下的市场竞争，分享全球经济、社会和科技发展的最新成果，也可更好地在共建“一带一路”中发挥带动作用。

3. 我国对外开放战略的深入实施带来开放发展新机遇

“十四五”时期，我国加快构建以国内大循环为主体，国内国际双循环相互促进的新发展格局。“一带一路”建设将继续走深走实，中新（重庆）战略性互联互通示范项目、西部陆海新通道建设深入实施，中国（重庆）自由贸易试验区提档升级，给重庆实现更高层次的开放发展带来战略机遇。国家深入推进“一带一路”互联互通和产业合作，沿线国家和地区交通基础设施及配套设施将进一步改善，加强开放合作和协同创新，不断突破当前在技术、标准、水平上的差异，进一步拓展对外开放范围、层次、结构和布局，发展更高层次的开放型经济，加快形成陆海内外联动、东西双向互济的全面开放新格局，有利于重庆构建全方位对外开放平台体系，打造内陆开放高地，建设国际交往中心。在我国全方位开放格局下，重庆的战略大后方地位和引领内陆开放作用将进一步凸显，在集聚、组织周边和广大西部地区要素资源以及畅通区域循环、深度参与国内国际大循环中将发挥更大作用。

4. 重庆在国家战略地位不断提升增强集聚辐射功能

习近平总书记对重庆提出了“两点”定位，“两地两高”目标，发挥“三个作用”和营造良好政治生态的重要指示要求。成渝地区双城经济圈加快建设，重庆在国家区域协调发展战略中的重要节点作用进一步凸显，在国家开发开放中的战略地位不断提升。重庆作为内陆面向“一带一路”加速开放的重要通道和桥梁，向着更高层次的洲际国际性现代城市迈进，面向欧亚大陆桥的水陆空交通枢纽地位将持续提升，在陆上贸易规则探索、国际物流枢纽体系建设等方面拥有更多创新发展机遇。重庆作为西部唯一“铁、水、公、空”俱全的国家物流枢纽，陆港型国家物流枢纽和中欧班列集结中心示范工程建设加快推进，内外大通道和开放大平台、多式联运的“通道＋枢纽＋网络”高效集疏运体系逐步形成。重庆市大通道、大平台、大产业联动发展，对增强区域资源的集聚能力和辐射服务能力，发挥引进国外资源方面以及带动成渝地区双城经济圈建设、衔接陆水空、联动亚欧等作用和能力将更加凸显，为重庆在共建“一带一路”中发挥带动作用营造更高水平发展环境。

（二）面临挑战

1. 新冠疫情蔓延及后续影响等不确定因素陡增

新冠肺炎疫情全球肆虐，使百年未有之大变局加速演进，对经济的后续影响持续显现，导致世界经济持续低迷，全球化格局深度调整，国际贸易和投资大幅萎缩，全球产业链供应链遭受较大冲击，重庆加工贸易、进出口等将受到较大影响。粮食安全、经济衰退、金融动荡风险加剧，地区之间的贸易投资竞争更加激烈，出口的贸易壁垒和摩擦持续增多，高端产业向发达国家回流及中低端产业向东南亚、南亚等发展中国家转移趋势将加快，重庆作为重要的制造业基地，将直接影响产业链延伸、创新链布局、产业高级化进程以及国际市场的扩张开拓。国际政治、贸易环境呈现复杂多变的特点，随着各国特别是主要大国之间力量对比的不断变化，单边主义、贸易保护主义抬头，中美博弈、经贸摩擦风险上升，导致“十四五”期间“逆全球化”趋势日益加剧，重庆推进开放型经济发展面临严峻的挑战。

2. 地缘政治风险给国际贸易稳定性带来风险

“一带一路”沿线国家和地区的地缘格局复杂，政治稳定性在全球经济形势严峻的背景下面临更大挑战，处于“丝绸之路经济带”枢纽地带的中亚尤为突出，成为各方势力博弈的关键区域。大多数“一带一路”国家为新兴经济体，普遍面临更高的投资环境风险，国家主权风险，政策不连续性、恐怖主义贸易和保护主义、逆全球化思潮、宗教冲突引起的政治环境风险，产业结构单一带来的经济稳定性风险，以及政府负债高、偿债能力较差导致的信用风险。“一带一路”覆盖区域自然条件和环境复杂多样，社会文化差异巨大，对“一带一路”沿线国家基础设施投资建设不仅存在生态环境脆弱、施工难度大、灾害频繁等问题，同时也存在文化、法律、宗教等因素带来的社会环境风险。同时，随着我国经济实力不断增强，国际地位和话语权不断提高，有些国家担心中国会走“国强必霸”的路子，提出所谓的“中国威胁论”，这对我国提出新的挑战，对我国与“一带一路”国家的合作交往带来不可忽视的影响。

3. 重庆对外开放通道资源协同发展格局尚未形成

重庆在利用东西南北四个方向、铁空水空四种方式、人流物流资金流信息流四类要素上，尚未形成较具竞争力的整体合力，同类竞争、资源内耗现象突出。参与“一带一路”建设的基础设施依然滞后，干线铁路通道能力有待提升，成渝、渝怀、渝黔等干线铁路客货混行、运能趋近饱和，无法满足中长距离货物运输需求。三峡船闸拥堵常态化，通过能力不足成为制约长江黄金水道水运发展的绊脚石。航空货运体系有待完善，缺乏基地公司、大型国际航空物流企业支撑等导致航网辐射能力较弱。多式联运衔接不畅，公路、铁路、场站、港口等基础设施建设和智能化、标准化的物流信息平台都亟需加快推进，物流枢纽间互联互通不足。开放平台合力不够，重庆自贸试验区、中新（重庆）互联互通示范项目、两江新区、高新区、各类口岸、运营中心等重点开发开放平台协同引领能力还需提升，随着成都、郑州、西安、武汉、广州等各地依托强有力的平台支撑，加速拓展与“一带一路”沿线国家的经贸交流，重庆在“一带一路”建设中发挥带动作用面临越发激烈的区域性竞争。

五、重庆在推进共建“一带一路”中发挥带动作用的总体思路

（一）指导思想

高举中国特色社会主义伟大旗帜，深入贯彻党的十九大和十九届二中、三中、四中、五中全会精神，坚持以马克思列宁主义、毛泽东思想、邓小平理论、“三个代表”重要思想、科学发展观、习近平新时代中国特色社会主义思想为指导，全面贯彻党的基本理论、基本路线、基本方略，统筹推进“五位一体”总体布局，协调推进“四个全面”战略布局，深入贯彻习近平总书记对重庆提出的营造良好政治生态，坚持“两点”定位、“两地”“两高”目标，发挥“三个作用”和推动成渝地区双城经济圈建设等重要指示要求，全面把握新发展阶段，坚定贯彻新发展理念，积极融入新发展格局，以构建高质量开放型经济体系为重点，以集聚全球优质生产要素为抓手，以拓展开放通道、提升开放平台为支撑，以绿色低碳发展为导向，以优化国际营商环境为保障，强化内陆国际物流枢纽、内陆国际金融中心、国际消费中心城市、国际交往中心功能引领，着力提高城市国际化水平和产业国际竞争力，打造联结国内国际双循环的战略枢纽，建成在全国具有重要战略地位和在西部具有核心引领作用的内陆开放高地，提

高参与全球资源配置能力，更好地在推进共建“一带一路”中发挥带动作用。

（二）基本原则

坚持战略引领、辐射带动。更加注重从全局谋划一域、以一域服务全局，将融入“一带一路”与引领西部大开发、长江经济带、成渝地区双城经济圈、西部陆海新通道等国家重大战略有机联动起来，主动作为，协同创新，整体推进，在西部内陆地区开放方面持续发挥示范作用，不断增强辐射带动效应。

坚持内外统筹、陆海联动。积极主动融入新发展格局，充分利用国际国内两个市场两种资源，“引进来”“走出去”并重，发挥好通道带物流、物流带经贸、经贸带产业效应，进一步扩大对外开放，提高外向型经济发展水平，努力成为西部参与全球分工、全方位开放、联结国内国际双循环的战略枢纽。

坚持政府推动、市场主导。更好地发挥政府作用，加快营造国际化、市场化、法治化的营商环境，激发各类市场主体参与“一带一路”建设的积极性、主动性、创造性。坚持市场在资源配置中的决定性作用，壮大发展开放型市场主体，让企业在国际经济合作和竞争中蓬勃发展、更有作为，促进“一带一路”高质量、高标准、高水平发展。

坚持重点突破、整体推进。瞄准欧亚、东南亚等重点区域，进一步发挥交通通道、物流设施的基础性、先导性作用，促进国际经贸、投资、产业深度融合，强化科技、教育、卫生、文化深度合作，促进经济社会交流和文化认同，巩固开放合作的根基。

（三）发展目标

努力在新时代“一带一路”建设中带头开放、带动开放，为构建国内国际双循环发展新格局，形成“陆海内外联动、东西双向互济”开放格局作出新贡献。

到 2025 年，重庆全面融入国家对外开放和区域发展战略，在引领“一带一路”建设、长江经济带绿色发展、新时代推进西部大开发形成新格局等战略中的示范引领支撑作用显著增强，内陆开放高地基本建成，初步形成“一带一路”、长江经济带、西部陆海新通道联动发展的战略性枢纽。建成内陆国际物流枢纽和口岸高地，出海出境大通道体系更加完善，重大开放平台建设取得突破，开放口岸集聚辐射功能明显增强。基本建成国际门户枢纽城市和中西部国际交往中心，国际经济合作新优势更加突显，开放型经济发展水平显著提高，国际传播能力明显提升，营商环境达到国内一流水平。货物贸易、服务贸易进出口总额分别突破 8000 亿元、1000 亿元，对外直接投资额超过 6 亿美元。

到 2035 年，全面建成内陆开放高地、国际化国家中心城市和世界城市，融入全球的开放型经济体系基本建成，开放程度和国际化水平在中西部领先，陆海内外联动、东西双向互济开放格局全面形成，参与国际经济合作和竞争新优势明显增强。开放环境达到国际一流，对国际资源要素集聚能力大幅增强，国际交往能力显著提升，国内国际双循环核心枢纽功能全面彰显，建成具有全球重要影响力的内陆国际门户枢纽城市，成为我国内陆开放战略高地和参与国际竞争的新标杆。

六、重庆在推进共建“一带一路”中发挥带动作用的实现路径

坚持陆海内外联动与全面开放，着力在开放型经济、开放通道、开放平台、开放环境和交流合作上下功夫，加快通道培育、设施建设和开放型经济发展，立足重庆、联动西部、融入全国乃至全球，强化通道带物流、物流带经贸、经贸带产业，有机衔接“一带”与“一路”、“一带一路”与长江经济带。

（一）强化国际物流通道功能

抓住成渝地区双城经济圈建设的机遇，发挥重庆区位和交通优势，聚焦东西南北四向拓展，铁公水空四式衔接，人流物流资金流信息流四流融合，联合开拓“一带一路”大市场，统筹推进面向“一带一路”的开放通道建设，提升国际通道服务重庆开放型经济和对外交往的能力。

1. 持续优化西向国际贸易大通道

持续推进西向中欧班列通道建设，完善中欧班列国际贸易大通道基础设施。加强重庆至新疆阿拉山口、霍尔果斯口岸主要通道建设，推动建设兰渝高铁，充分置换兰渝铁路货运能力，推动襄渝铁路、宝成铁路等扩能改造，加快重庆铁路枢纽环线建设，增强重庆连接“丝绸之路经济带”的通行能力。加强与“一带一路”沿线国家政府合作，加快布局完善干支结合、多点扩散的中欧班列线路，推进重庆—阿拉山口（霍尔果斯）—杜伊斯堡的主要线路提档升级，加开重庆—明斯克—加里宁格勒—汉堡等铁海联运线路，着力解决沿途拥堵问题，新增重庆—立陶宛路线，拓展渝新欧在东欧的辐射范围。探索开行重庆—哈萨克斯坦—伊朗、重庆—哈萨克斯坦—土耳其等铁海联运线路，加快特色支线专线的拓展，大力提升通道和线路在“一带一路”沿线国家的覆盖水平。依托重庆中欧班列集结中心建设，在西欧、东欧等积极开展国际物流分拨中心、海外仓、中转仓等物流设施建设，构建干支结合、枢纽集散、辐射欧亚、联通全球的物流集散分拨体系。加快发展中欧班列冷链、特种集装箱等铁路运输，推进常态国际铁路运邮，更好地发挥中欧班列通道对中亚、欧洲等“一带一路”沿线的辐射作用。

2. 协调推进南向西部陆海新通道建设

大力提升重庆连接“海上丝绸之路”通行能力，争取国家支持，协调西部地区共同推进南向西部陆海新通道建设，推动渝黔铁路、黔桂铁路扩能改造工程，推动建设渝贵高铁置换渝黔铁路运能，加速渝怀二线运力形成，争取国家和相关省份推动泛亚

铁路建设。充分发挥重庆西部陆海新通道物流和运营组织中心重要作用，加强与钦州、湛江的区域、平台合作，推进形成国际铁海多式联运中心，提升通道多种交通方式互联互通水平和运输能力。进一步畅通由果园港始发的“渝黔桂新”铁海联运班列通道，优化完善重庆—越南线路，推动开行重庆—河内国际铁路联运班列，力促长江水道、陆海新通道与中欧班列通道实现无缝连接。依托中老、中缅、中泰等铁路建设，加强与东盟各国的合作，积极争取越南等东南亚国家对铁路等运输设施设备进行改造升级，积极开辟渝新欧泰国国际班列、缅甸国际班列、马来西亚国际班列和铁海联运线路，依托中巴经济走廊积极开行重庆—巴基斯坦（瓜达尔港）—非洲通道线路。适时推动在皎漂港、河内、仰光、曼谷、吉隆坡谋划布局海外仓、物流集散中心，进一步畅通东南亚—重庆—欧洲货物双向流通，让欧洲与东南亚贸易互动，实现产业互补，为重庆打造内陆开放高地提供有力支撑。做强重庆—东盟公路物流大通道，推进跨境公路运输班车的协同合作，优化和完善班车海外分拨中心网点布局，提高货源招揽和集聚能力，进一步畅通西部陆海新通道。

3. 畅通东向长江黄金水道和铁海联运通道

加快完善东向陆海通道结构，推进长江、襄渝铁路、沪渝高速、沪蓉高速等通道重要线路段的改造和提档升级，积极推动渝湘高铁、沿江高铁、成南达万高铁等项目加快建设，积极推动长江航道重庆主城至涪陵段提升改造，争取国家加快相关工程建设，致力解决三峡拥堵问题，着力疏解长江水运瓶颈，推动三峡新通道建设。依托水路、铁路和公路网，常态化开行渝沪、渝深、渝甬等沿江铁路运输班列，开发面向四川、贵州、陕西、甘肃等地的铁水联运精品路线，形成以辐射西部、华东、华南等区域为主的跨区域物流干线运输网络。推动与重庆国际物流枢纽园区融合发展，加强果园港、涪陵龙头港、江津珞璜港、万州新田港等港口建设，在江津、涪陵、万州等区（县）建设集结分拨中心。加快推动重庆—洋山江海直达船型研究，提高重庆至洋山的外贸集装箱在上海外高桥港的中转效率。积极争取外贸集装箱专轮、“五定”快班轮等优先通过三峡船闸等优惠政策。依托沿海发达海运，加快开行重庆—烟台（日照）—韩国—日本铁海联运线路，推动在韩国光州、日本福冈谋划布局物流集散分拨中心，提升重庆与日韩地区的互联互通水平。

4. 拓展北向国际铁路物流通道

积极对接中蒙俄经济走廊，拓展向北经二连浩特直达蒙古、俄罗斯、白俄罗斯的国际铁路运输通道，有效覆盖独联体国家。加强重庆北向交通建设，推动渝西高铁尽早开工，打通重庆至包头、银川方向高铁通道，充分置换西康铁路货运能力。继续加大“渝满俄”班列开行力度，争取国家支持开展与蒙古、俄罗斯的国际协调，拓展二连浩特口岸出境通路，加强重庆对外开放合作战略与俄罗斯跨欧亚大铁路、蒙古国草原之路倡议的战略对接，推进铁路、公路等互联互通建设，加强通关和运输便利化，促进过境运输合作。推动蒙古国和俄罗斯铁路对陈旧线路进行升级改造，改善沿线国境站、换装站的场站布局和配套设施设备，促进中俄蒙三方铁路点线能力的匹配衔接。推动渝满俄班列与西部陆海新通道铁海联运班列对接，以西部物流园和渝新欧班列为平台，强化零等待国际中转，扩大通道服务范围。

5. 提升空中现代国际物流通道

依托中新“空中丝绸之路”完善国际航空货运网络，以东南亚、中亚、欧洲等“一带一路”沿线国家为重点，争取空中通道基本覆盖全球主要经济体。积极拓展国际通航城市和国际客货航线，争取新开和加密重庆至欧美、东盟、日韩、南亚、澳大利亚、非洲客运航线，加快打造以伦敦、法兰克福、新加坡为中转的航空客货运中转网络，强化机场货运航线网络优势形成广覆盖、高密度的航线体系。大力发展国际通程中转联运航线，加强与北京、上海、广州、深圳、乌鲁木齐、昆明等机场中转合作，重点培育欧美、东亚、南亚、东盟间经重庆中转的洲际航线，提升国际中转效率和服务水平。加快江北机场第四跑道和T3B航站楼的建设，开展第五跑道前期工作，提升重庆江北国际机场中转集散能力，加快规划建设重庆第二国际机场。加大对国际航空物流的政策支持力度，提高航空运力，降低航空运价，保障航空货源。吸引国内外航空物流巨头在重庆建立基地或设立地区性营运总部，积极培育新的国际航线。推动中国国际货运航空、中国货运航空、南方航空等国内外知名企业将重庆作为连接国内中西部—国际市场的航空门户枢纽，深化与新加坡机场间合作，借力中新（重庆）互联互通项目，创新以重庆为运营中心、新加坡为转运中心的国际集散货物流模式，提升航空口岸功能，完善货运航线网络，大力发展点式中转货运，积极开展空空中转、空地联运，高质量建设中新“空中丝绸之路”。

（二）构建高质量开放型产业体系

抓住全球产业链重塑的机遇，大力实施以大数据、智能化为引领的创新驱动战略发展行动计划，着力提升产业开放水平，大力发展外向型先进制造业，突出发展服务贸易，加快建设数字贸易国际枢纽港，加强产业链供应链安全可控，努力构建具有国际竞争力的开放型产业体系。

1. 提升外向型先进制造业水平

围绕融入“一带一路”建设，加快推动优势外向型制造业深度融入全球产业分工体系。一是瞄准世界行业龙头企业开展招商。重点引进人工智能、集成电路、传感器、智能制造、新能源汽车、工业机器人、生物医药、新材料等行业跨国龙头企业，引进研发机构，打造公共性设计研发平台。二是加强对日、韩等国家在高端汽车、高清、集成电路、IC产业、智能制造、软件产业、生物医药等领域的招商，进一步完善重庆市产业链，打造特色产业集群。三是积极推进“一带一路”沿线国家的产业合作。积极推动优势产业、优秀企业、优质产品围绕“一带一路”沿线国家需求高水平海外布局。鼓励企业开发海外战略资源（农业、中东欧矿产等），支持长安汽车等龙头企业积极探索建立海外仓、体验店模式深度，推进餐饮等特色产业“走出去”，推动境外经贸合作区建设。

2. 突出发展服务贸易

依托两江新区、保税区、口岸等开放载体，加快发展服务贸易，提升重庆面向“一带一路”的服务水平。一是优化服务贸易结构。稳定并拓展旅游、运输、对外工程承包等传统服务贸易，重点培育计算机和信息服务、咨询、研发设计、通信、金融等新兴服务贸易出口。推动文化创意、广播影视、数字出版、动漫游戏、教育等文化服务出口。加强中医药、体育、餐饮等特色服务领域的国际交流合作。扩大先进服务、先进技术进口规模，带动产业转型升级。二是推动服务贸易创新发展。突出服务贸易与货物贸易、对外投资、高端服务业联动发展。积极鼓励技术贸易、通信服务、计算机信息服务发展，着力扩大跨境交付服务贸易规模，加快发展跨境电商、保税贸易、总部贸易、转口贸易等新兴服务贸易，全面推进服务贸易创新发展试点，建设一批特色服务出口基地。三是加快发展国际服务外包。积极发展与制造业联动的研发设计、信息技术服务、交通物流、电子商务、会展服务、金融服务、节能环保服务和人力资源服务等服务外包，增加高技术含量、高附加值外包业务比重。着力建设服务外包示范城市，加快建设一批主导产业突出、创新能力强、体制机制先行先试的服务外包产业集聚区，形成一批具有重庆特色的服务外包产业示范园区。

3. 积极培育数字贸易

依托重庆市“云联数算用”要素集群建设，重点培育面向“一带一路”数字交付、数字内容、数字服务等服务贸易新领域，建设数字贸易国际枢纽港，形成与国际接轨的高水平数字贸易开放体系。一是加快数字贸易信息基础设施建设。依托重庆国家级互联网骨干直联点、中新（重庆）国际互联网数据专用通道等骨干项目，对接“中国—东盟”信息港、“中巴经济走廊数字信息大通道”，加快5G、物联网等新一代信息基础设施建设，推动数据中心和先进计算资源互联互通和共享，加快在渝布局国际数据储备、国家级数据灾备中心、国家一体化大数据中心等数据服务项目，打造连接“国际陆海新通道”和“一带一路”的重要信息枢纽，营造数字经济国际合作的创新生态。二是创新探索数字贸易规则。以自贸试验区为依托，以跨境数据安全有序流动为目标，探索建立以数据分级分类规则、数据跨境流动安全评估规则、数据保护能力认证规则、跨境数据交易规则、跨境数字贸易“沙盒机制”等为核心的数字贸易规则体系。探索推进政府治理数字化变革，利用数字技术再造数字经济监管框架和监管流程，打造数字化营商环境。积极参与和推动国家开展数字贸易（电子商务）议题国际谈判。三是着力培育数字贸易新业态新模式。围绕建设国家数字经济创新发展试验区，进一步推动增值电信、云计算等重点领域扩大开放，大力发展数字贸易业态，促进数字经济和实体经济深度融合。推动智能制造、智慧物流、数字内容、跨境电商、跨境金融结算、数据服务外包等一批跨境数字经济合作项目建设，着力建设数字化产品出海平台，打造西部地区出海产业中枢。

4. 培育安全可控的供应链

与“一带一路”沿线国家合作，加快构建全球供应链，培育一批重点供应链服务平台企业，切实提升重庆市重点产业的供应链竞争力，增强产业链供应链安全可控。一是培育本地国际化企业。在信息技术、新材料、高端制造、新能源、制药与医药装备、汽车、节能环保、数字创意等领域，实施“本土跨国企业培育行动”，大力培育牵引性、带动性强的本土国际化企业，实现从设计到生产再到销售的产业链全球布局。鼓励制造业企业、批发零售企业、电商企业等进行对外贸易经营者备案登记，开展进出口业务。二是加强共同打造供应链。鼓励纺织服装等劳动密集型行业企业在劳动力资源丰富的“一带一路”国家当地构建供应链体系，培育一批平台型企业，为中小外贸企业提供报关、报检、物流、融资、退税、信保、法律等综合服务。推动与“一带一路”沿线国家合作建设各种原材料物流分拨中心，在“一带一路”沿线选择有条件的国家建设合作产业园，以便更好地配置全球供应链资源。三是提高产业安全可控水平。利用开放的全球产业链分工实现效率的要求，围绕重点新兴产业和支柱产业，找出产业链供应链“堵点”和“断点”，有的放矢瞄准世界500强、行业100强等龙头企业，实施精准招商，补齐产业链供应链短板。培育产业链“链主”，支持龙头企业做大做强，鼓励利用全球专利数据库，精准找到核心技术的发明者或掌控者，制定有针对性的研发投入策略，部分产业链分工支持与“一带一路”沿线国家合作来实现。

（三）建设高能级对外开放平台体系

深度对接和融入国家“一带一路”和西部陆海新通道等对外开放战略，加快构建对外开放平台体系，完善各类口岸功能，拓展对外开放的高度、广度、深度，形成全方位开放格局和国际合作竞争新优势。

1. 强化国际要素集散功能平台

加快内陆国际物流枢纽、国际信息枢纽、国际航空枢纽、内陆国际金融中心、国际技术转移中心建设，增强面向全球人流物流资金流信息流等国际要素集散功能，打造联结国内国际双循环的战略枢纽。

建设内陆国际物流枢纽。统筹东西南北四个方向、铁公水空四种方式、人流物流资金流信息流四类要素，建设对接全国、连通国际的综合物流枢纽。完善航空物流园区保税物流、保税展示交易等功能，积极申报空港型国家物流枢纽，增强订舱、仓储、结算等组织功能。加快推进T3B航站楼和第四跑道建设，尽快启动重庆第二机场建设。协调中欧班列、西部陆海新通道、长江航运和国际航空物流运营组织，构建无缝衔接的多式联运集疏运系统，建设亚欧国际货物转运中心。加快国际邮政快递处理中心、铁路货运站、公路货运分拨中心等重大项目建设，推动铁路、轨道交通、快速路进港进站进机场，实现重庆国际物流园、渝北空港物流园、果园港物流基地和南彭贸易物流基地四大物流枢纽互联互通，畅通铁路、公路、水路、航空物流枢纽之间“微循环”。深化果园港港口型国家物流枢纽与青白江铁路型国家物流枢纽合作，携手四川共建内陆国际物流枢纽群和国际多式联运综合试验区。加强境外集疏网络建设，推进境外集装箱还箱点、分拨集散中心、境外班列到达点等设施共建共享。

建设国际信息数据门户枢纽。围绕网络强国建设，构建集立体网络、泛在感知、智能计算、创新试验等于一体的新型基础设施体系，探索打造全球数据港、国际离岸数据中心和在岸数据中心，建设国际信息数据门户枢纽。依托重庆国家级互联网骨干直联点、中新（重庆）国际互联网数据专用通道等骨干项目，加快5G、物联网等新型信息基础设施建设，以“一带一路”沿线国家和地区为重点，强化互联网国际数据专用通道建设，提升国内国际信息联通能力，促进数据跨境流动，营造数字经济国际合作的创新生态。推进川渝数据共建共享，积极争取国家支持川渝共建国际数据港，对接“中国—东盟”信息港、“中巴经济走廊数字信息大通道”，加快在渝国际数据储备、国家级数据灾备中心等数据服务功能建设。

建设国际航空枢纽。积极推动重庆江北国际机场扩容，建设一批城市候机楼，规划建设重庆第二国际机场，加快“两群”机场改扩建，构建“双枢纽＋多支线”的运输机场体系，增强航空服务辐射能力，加速融入全球航空网络。以直达为重点加密和拓展国际客运航线网络，重点突出连通国际商务城市、国际旅游城市、国际新兴市场的商务航线、文旅航线以及洲际航线，增强航空全球连接能力。加快布局主基地航空公司，争取航权、时刻、空域等航运资源配置，扩大面向欧美、“一带一路”沿线国家的航权开放。探索川渝串飞航线，加强空运市场和政策协同。

建设内陆国际金融中心。以解放碑、江北嘴为核心，引进国内外知名金融机构来渝设立金融机构总部、功能性总部、区域性总部、结算中心，谋划布局西部私募证券交易市场、西部国家数据交易中心、知识产权交易中心、大宗商品交易中心等一批特色金融要素市场，提升金融资源优化配置效能。依托重庆国家金融科技认证中心，加快完善金融科技产品、服务、管理认证体系，探索与“一带一路”沿线国家的国际金融科技认证认可合作，争取国家支持建设重庆市金融大数据服务中心。积极探索建立对接“一带一路”国家多层次资本市场的合作机制，试点开展优先股、股权众筹、创新类债券、资产证券化产品等直接融资产品创新。深化中新金融合作，争取在渝金融机构赴新加坡等东盟国家设立海外窗口、分支机构，开展上市、发债等业务。争取亚洲基础设施投资银行等在渝设立服务东南亚、南亚国家的业务拓展中心和运营管理中心。鼓励东盟地区中央银行和国际金融组织在渝设立代表处。

建设国际技术应用创新中心。依托西部（重庆）科学城建设，争取国家支持重庆建设“一带一路”科技创新合作示范区。加强与“一带一路”沿线国家科技交流合作，共建一批产业创新中心、技术创新中心、工程研究中心、制造业创新中心等科创基地，重点推进新加坡国立大学重庆研究院等高端研发机构建设，做大做强中国—匈牙利和中国—新加坡等国际技术转移中心，成为“一带一路”科技交流合作的典范。引进世界500强企业设立研发中心，共建海外人才联合创新创业基地。引进国内外知名高校设立分校，共建“一流大学、一流学科”，成立一批利益共享、风险共担、具有核心技术能力的产学研综合体，实施重大战略产品、重大工程集成攻关，推动科研成果在渝完善和转化。

2. 推进制度创新开放平台建设

发挥自贸区和中新项目对外开放引领作用，以制度创新为重点，深入开展试点、示范，加快形成一批可复制可推广的制度创新成果。

高标准建设中国（重庆）自由贸易试验区。参照海南自由贸易港政策，争取国家支持设立内陆自由贸易港，开展首创性、差异化改革探索，打造自贸区2.0版。依托中欧班列（重庆），探索标准统一、广泛适用的陆上贸易融资规则，实现铁路运单、提单融资标准化、规模化，提高境内外银行、企业等市场主体对铁路提单的认可度和接受度。创新跨境公路运输提单、内河航运提单，推动提单确权登记，创设提单融资产品。鼓励银行开展人民币贸易融资和项目融资，支持重庆企业“走出去”，强化与东盟、中亚和欧洲的经贸往来。积极争取引入自由贸易账户，开展本外币合一账户体系试点，允许区内资本自由流入流出和自由兑换，进一步提升国际贸易便利化。

高水平打造中新互联互通示范项目。加快中新（重庆）多式联运示范基地、中新金融科技合作示范区、中新航空产业园等合作示范区建设，促进重庆与新加坡“点与点”项目合作、西部地区与东盟“面对面”互联互通。发挥中欧国际铁路联运通道、国际陆海贸易新通道等联接“一带一路”沿线国家和市场优势，加强中欧班列、铁海联运等国际物流领域合作，共同培育多式联运物流品牌、共建境内外物流集聚分拨网络，开展集拼集运运输组织，切实提升运营效率，增强国际竞争力。大力发展国际供应链运营、跨境电商、转口贸易、外贸综合服务平台等新型国际贸易产业，打造“一带一路”进出口商品集散中心。

3. 提升口岸开发开放平台能级

推动各类开放平台提档升级、协同发力，拓展丰富开放平台功能，加快形成类型齐全、功能完备、布局合理、优势互补的开放平台体系，提升平台系统集成和要素聚合水平。

完善开放平台体系。强化主城都市区平台聚合效应，充分发挥中新互联互通项目、自贸试验区、两江新区、重庆高新区、西部（重庆）科学城、重庆经开区等国家级平台引领作用，突出海关特殊监管区域辐射带动功能，推动增设两江水土综合保税区，推动铜梁、潼南等升级创建国家级高新区。渝东北三峡库区城镇群发挥万州经开区龙头带动作用，做大做强万州综合保税区，拓展万州—开州—云阳板块开放功能，争取国家支持设立三峡新区。渝东南武陵山区城镇群在有条件的区县有序设立海关、边检等机构，推动市级开放平台提档为国家级开放平台。

拓展开放平台功能。支持两江新区发挥对外开放龙头带动和引领示范作用，优先承接国家重大战略项目、试点示范项目，强化全球资源配置功能、科技创新策源功能、高端产业引领功能、开放枢纽门户功能，加快打造高端要素集聚地、世界级创新创业集群，积极创建内陆开放型经济试验区。支持重庆高新区、西部（重庆）科学城聚焦新一代信息技术、生物医药、资源环境、新能源、新材料、先进制造等科学领域，前瞻部署基础研究、应用研究及国际前沿技术研究，结合国际国内需求和重庆产业基础，加快科技成果转化，加强科创人才集聚，着力建成创新“策源地”和未来产业“承载区”。引导国家级经开区在开发建设、招商引资、管理体制、运营模式等方面加大创新探索力度，进一步集聚产业要素，带头转型升级，加快补链强链，完善综合配套，带动区域经济高质量发展。推动其他产业园区立足区域资源禀赋做强开放型特色优势产业，深化全球产业合作，重点加快中德、中瑞、中以、中韩、中日等国际合作产业园建设。

提升拓展口岸功能。推动重庆铁路口岸、万州机场由临时口岸转为正式开放口岸，涪陵龙头港、万州新田港、江津珞璜港设立水运口岸。争取国家支持开展动态调整指定口岸试点，根据需要增设进境肉类、粮食、水果等指定口岸，形成功能齐备、运行良好的口岸功能体系，提升口岸开放能级。加快智慧口岸建设，构建智慧口岸综合服务平台体系，打造一批智慧口岸应用示范工程，提升口岸信息化智能化应用管理水平。深化国际国内通关合作，重点围绕中欧班列（重庆）和西部陆海新通道建设，用好中欧、中新海关 AEO 互认、中欧“安智贸”协定等合作项目，完善国际贸易“单一窗口”数据互联互通合作机制，推进“一带一路”沿线国家重点口岸实现“通关+物流”数据点对点对接共享。积极对接上海口岸，协同推进亚太示范电子口岸网络（Asia - Pacific Model E - Port Network，APMEN）互联互通。创新口岸通关模式，加强口岸通关和服务窗口规范化建设，推行企业海关认证事项“一站式”办理。试点推行进口货物“船边直提”、出口货物“船边直装”。

（四）提升国际贸易投资开放水平

抢抓国内国际双循环机遇，突出一般贸易转型升级，推动加工贸易创新发展，做优做强国际贸易，构建国内国际双循环贸易网络，提升国际贸易投资开放水平，打造内陆国际贸易中心。

1. 壮大国际贸易投资主体

放宽外资准入限制，引进和培育一批特色突出、规模较大、外向度较高的市场主体，设立一批综合总部、地区总部和功能总部，着力培育内陆开放新优势。

推动服务业开放主体建设。持续探索和复制推广自贸试验区改革试点经验，按照负面清单模式，拓宽利用内外资领域，有序推动现代服务业全方位对外开放。重点扩大金融、电信、医疗、教育、养老、文化等领域开放，强化战略性新兴服务业招商引资规模，做强龙头企业，做大规模以上企业，培育小微企业，推动服务型企业国际化发展。

推进制造业开放主体建设。突出具有竞争优势和潜在竞争优势的产业，聚焦数字经济及新一代信息技术、新能源和智能网联汽车、高端装备制造、人工智能、生物医药、新材料等领域开放，招引与培育结合，尽快形成新的增长点。通过固链延链强链，推动电子信息、汽摩、装备、材料、医药、消费品等产业链供应链向高端环节延伸，培育一批跨国经营市场主体，鼓励有实力的企业在“一带一路”沿线国家投资建设合作区和境外生产加工基地。

推动农业领域开放合作主体建设。依托荣昌苎麻、涪陵榨菜、潼南柠檬、大足冬菜等外贸转型升级基地建设，以“一带一路”为重点，积极开展对外投资合作，引导农业技术输出、品种试验示范、农业投资合作向具备条件的国家和地区集聚，培育一批农产品出口企业，打造农产品出口知名品牌。

2. 提升对外贸易水平

积极创新加工贸易方式，推动一般贸易提档升级，积极培育新型贸易，促进重庆市对外贸易水平提升。

推动加工贸易创新发展。积极引导代工企业技术创新，巩固电子信息等加工贸易产业，鼓励代工企业加大研发投入，从产品加工转向产业链两端的增值环节综合加工服务，推动制造业由生产型向生产服务型转变，与服务贸易、互联网+、智能制造深度融合。发挥中欧班列（重庆）、西部陆海新通道运营中心优势，集聚中东欧、东南亚资源，创新拓展加工贸易品类。

突出一般贸易转型升级。巩固劳动密集型产品出口，提升汽车、摩托车、通机等优势产品出口规模，推动装备制造业和大型成套设备及技术、标准、服务出口，扩大农产品出口。依托中欧班列（重庆）和国际航空货运，发展转口贸易、过境贸易，做强汽车转口贸易、平行汽车进口、二手车出口等产业链。持续推进外贸转型升级示范基地建设，加快运用现代技术改造传统产业，大力培育以技术、品牌、质量、服务和标准为核心的外贸竞争新优势。

培育新型贸易。围绕“一带一路”沿线国家需求，加快建设跨境电商综合试验区，完善跨境电商智能货物集散中心，鼓励企业在海外建设在线销售平台、跨境电商公共“海外仓”和境外展示中心，争取跨境电商进口药品和医疗器械试点，扩大跨境电商正面商品清单品类。大力发展“保税+商品展示交易”“保税+维修”“保税+研发”“保税+租赁服务”等保税贸易新业态，开展海关监管仓及海外仓建设。

3. 加强国际经贸合作

充分发挥重庆“一带一路”节点城市作用和国家战略多重叠加优势，全面加强“引进来”，努力承接国际产业转移，与“一带一路”沿线国家一道主动参与全球产业分工。提高“走出去”质量，引导企业参与“一带一路”沿线国家投资合作，提升外向型经济水平。

提高吸引外资的质量和水平。把利用外资作为主动参与全球价值链的有效途径，破除制约全球价值链、供应链发展的投资障碍或瓶颈。优化外商投资政策，发挥外资企业对贸易发展的重要作用。进一步放宽外资准入限制，以产业投资的增长带动贸易增长，取消汽车外资股份比例限制，引进一批智能制造、新材料、节能环保等重点外资制造业项目。以江北嘴 CBD 为核心，提升总部经济发展能级，完善跨国公司总部经济支持政策，鼓励跨国公司地区总部、投资性公司等功能性机构集聚，推进已有跨国公司地区总部拓展贸易、研发、物流和结算等全球营运功能，打造全球订单中心、供应链管理中心和资金结算中心。融入全球创新体系，面向未来发展和国际市场竞争，在符合国际规则和通行惯例的前提下，支持两江新区、重庆高新区、重庆经开区等加快引进集聚国际高端创新资源，深度融合国际产业链、供应链、价值链。

推动更高水平的“走出去”。把对外投资作为稳定重庆产业链、供应链的重要举措，推动产品输出、产业输出与资本输出相结合，促进国内产品、设备、技术、标准和服务等一体化走出去。积极开展国际产能和装备制造合作，推动汽车、摩托车、化工、工程机械等优势制造企业加快国际布局，开展境外技术、资源、能源投资合作，鼓励境外工程承包，加快模式创新，支持企业探索以项目管理总承包、建设—经营—转让、公私合营等方式承接境外工程项目，推动投资带动成套设备等出口。支持轨道等装备制造企业参与“一带一路”沿线国家互联互通项目建设，推动重庆摩托车、电子信息、节能环保等优势产能向东南亚、中亚、西亚、北非等地区有序转移，鼓励重庆制造企业通过并购、参股、合作等方式，获取境外知名品牌营销网络和先进技术，提升本土公司的能级和水平。鼓励金融资本和产业资本联合走出去，发展跨国并购基金和跨境股权投资，主动布局全球价值链、产业链、供应链，发挥投资对贸易的带动作用。

（五）打造高质量开放的国际化城市

充分发挥重庆“一带一路”节点城市作用和国家战略多重叠加优势，全面加强国际交往，推进经济外向度、国际知名度、国际参与度协同提高、良性互促。

1. 建设中西部国际交往中心

加大国际组织机构、国际商业机构的引进力度和友好城市结交力度，积极承办国际展会、国际赛事，不断扩大城市国际影响力。

拓展城市外交广度和深度。加大国际组织机构、国际商业机构的引进力度和友好城市结交力度，提升国际影响力，扩大国际交往“朋友圈”。加快重庆国际领事馆区建设，吸引国际组织、“一带一路”沿线国家地区官方机构、商务机构、新闻传媒机构等来渝常驻，打造国际组织和跨国机构聚集地。加强与国际知名城市特别是“一带一路”沿线国家的交往与合作，积极与欧盟、非洲、东北亚和东南亚等“一带一路”沿线国家和地区的城市建立国际友好城市关系，扩大经贸往来，互办城市文化友好年。加强与友好城市和友好交流关系城市在教育、研发、人才培养、健康医疗、旅游、国际汇演等领域的交流合作。重点深化国际教育交流合作，实施“留学重庆计划”，大力推进共建“一带一路”教育行动，支持引进名校师资来渝开展教学和科研合作，吸引各类人才来渝留学、创业就业。

提升城市会议博展影响力。立足重庆优势产业和特色文化旅游资源，提档升级现有展会规格，积极争取布局更多高端展会新项目，打造一批辐射全国、具有世界影响力的高端会展项目和品牌。高标准办好中国国际智能产业博览会、中国西部国际投资贸易洽谈会，提升中新（重庆）金融峰会、西部农交会、西部旅交会等大型展会的专业化、国际化水平。推动现有展会引入国际标准化组织（International Organization for Standardization，ISO）质量管理体系，申请国际展览业协会（The Global Association of the Exhibition Industry，UFI）、国际大会及会议协会（International Congress & Convention Association，ICCA）等国际会展机构认证。积极申办上合组织成员国地方领导人论坛、中国—中东欧国家地方领导人会议及专项领域会议、达沃斯论坛商业圆桌会议等与中国主场外交相关的国际政务商务等专业会议论坛项目，力争成为系列重要国际会议的永久性或周期性举办地。以“长江风景眼”广阳岛为载体，打造长江生态文明建设高峰会、世界内河生态文明建设研讨会等展会。

积极举办、承办国际赛事。加强与国际体育组织和国家体育主管部门的联系合作，积极申办重大国际国内赛事，逐步将重庆打造成为中西部地区体育赛事活动中心。借助成渝地区双城经济圈建设机遇，加强与四川合作，联合申办奥运会等国际国内高水平综合运动会和单项顶级赛事，高水平办好2023年第18届男足亚洲杯。实施重庆赛事品牌战略，提升重庆国际马拉松、武隆国际山地户外运动公开赛、金佛山·绳命国际绳索救援邀请赛等赛事的国际影响力。鼓励社会力量投资组建体育赛事公司，举办各类体育赛事，创建自主品牌赛事。推动国家级运动项目训练基地落户重庆，吸引国内外高水平运动队来渝训练、竞赛和表演。

2. 建设国际消费中心城市

对标国际一流消费城市，完善消费设施布局，聚集优质消费资源，培育消费新模式，优化消费软环境，提升消费舒适度，打造具有全球影响力的综合性国际消费中心城市。

打造国际消费聚集区。加强高端消费载体和场景建设，拓展新型消费产业和各类生活型服务业发展空间，夯实国际消费中心城市的载体支撑。以长嘉汇景区为核心，重点推进解放碑、江北嘴、弹子石等中央商务区国际化发展，打造一批精品云集享誉世界、服务创新引领全球、消费环境优质舒适、监管模式接轨国际的国际消费目的地。打造寸滩国际新城等一批新的国际功能承载区，加快布局跨境O2O体验店、进口商品集散分拨中心、跨境电子商务智能货物集散中心，做大做强保税商品展示交易中心，合理规划布局离境退税定点商店，打造离境退税示范街，增强对国际高端消费的吸引力。

加强国际消费资源集聚。加快国际品牌、高端产业等要素资源集聚融合，强化“买全球卖全球”商业贸易功能和资源集聚功能，建设西部地区国际品牌入驻和购物首选地。集聚国际高端知名品牌在渝开设首店、旗舰店、体验店及首发首秀新品，培育一批新品发布专业服务机构，引进一批拥有较强品牌运作能力、具有全球视野的商业运营商、品牌贸易商、设计师、职业经理人等。集聚国际国内名品优品，打造世界进口商品超市和国内品牌“世界橱窗”。

增强本土品牌国际影响力。实施“重庆消费”全球推广活动，大力宣传“山城夜景”“火锅之都”“温泉之都”“世界桥都”等重庆名片，打造重庆购物节、重庆时装周等消费名片，增强全球消费吸引力。加强老字号保护和技艺传承，培育一批彰显重庆地方特色的“渝货精品”，重点推动涪陵榨菜、江小白、谭木匠等具有全国知名度的重庆老字号和优势品牌向“世界名品”转变，增强本土制造消费品对国际国内消费者的吸引力。

营造国际化消费环境。优化城市消费硬环境和软环境，建设国际消费环境标杆城市。加快国际标准的对接和国际规则的推行，推动建设符合国际惯例、具有重庆特色、与重庆城市功能定位相适应的国际化商业服务业服务质量体系，树立行业国际标准化服务标杆。建立健全消费诚信监管体系，探索设立重庆市跨境电子商务消费者维权中心，完善消费维权机制。创新完善新品发布制度及“产地直达”“前店后库”等业务模式，为境外新品来渝发布提供国际化、专业化服务。

3. 建设国际化公共服务体系

结合国际化现代城市建设，与国际标准接轨，提供安全、便捷、周到的国际化公共服务设施，提升城市服务国际化水平，营造智慧化、智能化、人人向往的国际化宜居环境。

建设与国际对接的公共服务体系。规划建设公共场所国际化引导标识和便利化服务设施，推出多语种便民服务平台，提升政府门户网站外文网页、外文报刊、电视、广播等涉外信息传播平台的国际化水平。在悦来、龙盛、大学城等布局一批高品质的国际社区和高端人才集聚区及万盛黑山谷外籍人士休闲度假地，规划建设具有国际化水平的音乐厅、剧院、博物馆、艺术中心及国际医院、国际学校，营造国际化生活氛围。建设与国际大都市相适应、开放包容的健康医疗体系，引进国际先进的医疗技术机构、医疗管理公司，开展特色化、差异化医疗服务。大力发展国际特色教育，鼓励优秀跨国教育机构与市内教育机构开展人才、资本方面的合作，创设覆盖素质教育、职业教育、继续教育在内的多领域优秀国际课程体系。完善在重庆工作的外籍工作人员社会保障制度，将长期在渝工作、学习的外籍人士逐步纳入基本医疗保险、工伤保险和失业保险等公益性保障范畴。

建设绿色智慧宜居城市环境。创新政府管理理念，按照产业发展特征和要素资源保障支撑能力，构建与重庆城市发展相适应的高效集约、节能环保、绿色循环的经济体系，不断降低都市区产业的能源、资源消耗水平。大力推进"公共都市"建设，重点加快城市轨道交通和城际铁路建设，逐步解决城市交通拥堵等城市病。推进海绵城市建设，严格控制并治理解决城市大气、水体、噪声等主要污染问题，建设碧水青山、人文厚重的绿色生态城市。推进智慧城市建设，运用大数据、云计算等信息技术提升公共行政、商务办公、医疗健康、教育科技、社会保障、交通出行等智慧化水平。

（六）着力打造一流国际营商环境

紧抓重庆推进全国营商环境创新试点城市建设契机，对接 RCEP、CPTPP、CAI 等关贸协定，统筹推进制度创新、资源整合、流程再造，持续打造市场化、法治化、国际化营商环境，构建与国际通行规则接轨的开放制度体系，推动由商品和要素流动型开放向规则等制度型开放的转变，全面优化综合服务环境，把重庆建设成为"一带一路"贸易投资最便利、行政效率最高、服务管理最规范、法治体系最完善的城市之一。

1. 营造便捷高效的政务环境

优质的政务环境是优化营商环境的重中之重，抓政务环境就是抓机遇。要在融入"一带一路"建设中发挥带动作用，重庆应主动对标国际先进水平，把政务环境建设作为优化营商环境的突破口，营造更具吸引力的投资环境和创业氛围，激发带动开放新活力。

精简行政审批环节和审批事项。持续深化"放管服"改革，深入政务服务流程再造，最大限度精简审批环节和审批事项，压缩项目审批时间。进一步压缩企业开办时间，减并工商、税务、社保等流程。推行"证照分离"改革，重点在"照后减证"上下功夫，对暂时不具备条件取消的，通过"多证合一"等方式优化服务。推行市场主体简易注销改革，深化商标注册、专利申请等便利化改革。要严格明确规定限时办结"最多跑一次"，把基本流程、需要材料等一次性交代清楚，把"办事不求人"落到实处。

加快建立健全权力清单、责任清单和负面清单。要进一步缩减市场准入负面清单，推动"非禁即入"普遍落实。政府要坚决把不该管的事项交给市场，最大限度减少对资源的直接配置。权力清单和责任清单要梳理政府部门的具体权力和法定责任，让权力在阳光下运行，做到"法无授权不可为""法定责任必须为"。负面清单要规范政府和市场、企业的关系，让市场准入公开透明，做到"法无禁止皆可为"，将"三张清单"公之于众，接受社会监督。

加快探索完善"一带一路"专项政策。加大力度将《重庆市进一步鼓励外商投资若干政策规定》落到实处，在放宽市场准入、强化财税扶持、支持项目用地、加强人才支撑等方面针对"一带一路"区域提供更加完善的专项政策。为海外高层次人才创造良好的工作和居住环境，优化生活配套等服务，优化出入境管理政策，对外商投资企业的外籍高级管理人员和紧缺急需的专业型人才提供办理签证及停留居留便利化服务。

2. 探索创新陆路贸易规则体系

重庆应进一步强化“一带一路”规则探索者的角色和意识，在陆上贸易便利化规则的制定和完善上积极有为、主动推进。

加快塑造陆上贸易便利化核心规则。针对陆上贸易所覆盖的运输规则、通关规则、金融规则等重要领域，以现有海上贸易惯例和规则为参照，重庆应积极探索陆上贸易便利化核心规则。以《世界海关组织“经认证的经营者”（AEO）互认实施指南》等相关法律文件为基础，积极吸收和借鉴国际先进经验和成果，并结合“一带一路”沿线国家地区的实际情况，积极探索陆上通关规则，深化陆上贸易规则探索，强化与国际多式联运规则对接，推进多式联运“一单制”，打破既有口岸管理和物流运行模式，争取将果园港打造成为多式联运试点，在单证、信息、安检等标准方面互通，以及铁路、水运、公路、航空口岸通关整合一体化方面开展积极探索。明确铁路运输责任风险，完善铁路运单的物权属性，完善国际铁路提单融资工程，探索建立多式联运“一单制”快速交付、维权便利、标准通用的新物流运作模式，稳步拓展单证的境内外区域和货物应用面，提升多式联运“一单制”新模式的国际认可度。

积极推动“一带一路”陆上贸易规则国际磋商机制落地。建立与国际通行规则相衔接的制度体系，利用双边和多边机制，积极推动与铁路合作组织、国际铁路联盟、世界海关组织等国际机构、行业协会和智库合作，推动建立统一的陆上贸易规则体系。积极争取国家发展改革委、商务部、外交部和交通运输部等国家部委将“陆上贸易规则”有关议题纳入我国与沿线国家贸易、投资、运输和外交等磋商机制。建立推动涵盖境内外铁路、海关、检验检疫等部门以及地方政府和货代、金融、物流等企业的陆上贸易协调机制，促进监管互认、信息互换和执法互助。以重庆自贸区为试点，逐步向国际通用规则靠近，在接轨国际的制度规则、法律规范、政府服务、运作模式等方面率先实践，在一定领域、区域内先行试点企业投资项目承诺制，为全国深化改革开放提供可供借鉴的“制度试验池”和适合推广的新模式。

以物流信息化促进统一规则探索。实现管理手段的创新，通过提升信息化和供应链管理水平，利用互联网、大数据能力优化运输组织，缩短运行周期和增加货物实载率，降低综合物流成本。加强与铁路、公路、水路、民航、邮政、海关、检验检疫等信息资源有效对接，打通物流信息链，实现物流信息全程可追踪。依托物流信息平台，开展物流资讯共享，减少信息时差，提升国际物流运输流程管理数字化水平。建立智能转运系统，提高多式联运换装转运的自动化作业水平，优化作业环节，提升作业的智能化水平。

3. 营造开放便利的投资贸易环境

优化投资贸易环境，促进国际贸易制度和手续的简化与协调，将加速要素的跨境流通视作“一带一路”贸易便利化规则构建的重点与难点，重庆应在该领域先行先试，努力做出成绩。

促进贸易投资便利化。提升口岸物流综合服务效能，依托国际贸易“单一窗口”开展监管、查验指令信息与港口作业的双向交互试点工作，实现货物在港状态实时查询，提高进出口货物提离速度。加快推进重庆智慧口岸建设，进一步完善口岸基础设施。大力提升投融资便利性，在重庆自贸区稳步推进资本项目收入结汇支付便利化试点工作，探索建立本外币统一规则的自由贸易账户体系，促进跨境投融资便利化和资本项目可兑换。提升跨境贸易便利化水平，进一步压缩进出口整体通关时间，创新完善供应链金融、贸易、监管等体系。

努力建立与国际接轨的法治化市场环境。把公平公正贯彻到立法、执法、司法、守法等各环节，依法保护各类市场主体产权和合法权益。用法治厘清政府和市场的边界，尊重市场经济规律，通过市场化手段在法治框架内调整各类市场主体的利益关系。完善国际化的法制保障体系，探索设立中国—东盟自由贸易区仲裁机构、重庆国际商事仲裁院、重庆国际物流法院等机构，建立多元化化解机制和专业化审理机制，切实保护投资者合法权益。加大产权保护力度，严厉打击各类侵害产权和欺行霸市、商业贿赂、制假售假等严重扰乱市场秩序的行为，建立定期专项检查制度。以成渝地区双城经济圈建设为契机，努力促进要素的市场化配置，大力清理废除妨碍统一市场和公平竞争的各种规定和做法。

以重庆自贸区建设为引领，探索国内贸易便利化法律体系试点。重庆自贸区建设以来，在贸易、金融、投资规则方面都进行了有益的探索和实践，在陆上贸易规则方面更是先行一步，为陆上贸易便利化的规则建立积累了有益的经验。重庆自贸区要积极主动与现行的国际贸易惯例与规则相对接，完善司法服务和保障，营造陆上贸易规则运行的法治环境，并为未来陆上贸易便利化国际规则的谈判提供基础和支撑。

（七）加强科教文卫等多领域全方位合作

培育新形势下重庆参与国际合作和竞争的新优势，加快推动重庆科教文卫领域从均衡化向优质化提升，推动教育、科技、文化艺术、医疗卫生等领域的对外开放，搭建多领域国际交流合作平台，促进重庆在共建“一带一路”中多方位发挥带动作用。

1. 加强科技领域合作交流

重庆应充分利用成渝地区地域、学科等方面的优势，广泛和深入开展国际间科技领域合作，以沿线重点国家为立足点，与各国开展国际科技合作，以期建立长久和稳固的合作关系，创造更多的经济效益和社会效益。紧抓川渝两地共建“一带一路”科技创新合作区和国际技术转移中心建设的契机，共同筹备举办“一带一路”科技交流大会，持续优化重庆科技创新环境。

加强与新加坡科技合作共建。依托中新（重庆）战略性互联互通示范项目，集中在金融、生物医药、信息通信、物流等领域进行科技合作。以新加坡国立大学（新国大）（重庆）研究院为纽带，充分利用新国大学科优势、人才优势和丰富的全球资源，全方位促进重庆科教创产协同创新体系建设，并进一步积极开展高端研发平台、高新产业孵化基地和教育培训中心建设。加大对新方优秀科技人才的引进力度，加强对符合条件的高层次人才在落户、医疗、教育等方面的服务保障，聚集高端人才，积极开展与新加坡金融科技项目的合作，使两地金融科技的发展和市场之间资金的有效流动产生巨大的协同效应。

加大与东南亚、南亚地区国家科技转移合作交流。加强与东南亚、南亚地区在农业、基础设施、电子信息等领域的科技合作。依托重庆高校及科研院所平台资源共同培养农业、电子信息、管理、科研等方面的科技人才，提升重庆市科技人才的国际化水平。构建“一带一路”技术转移协作联盟，实施“一带一路”技术转移行动，支持国际技术转移中心建设。支持重庆企业承担对东南亚和南亚各国的交通、通信、水电等基础设施建设，采取科技计划资金优先配套支持的方式，引导其扩大对外科技合作交流规模。

加快与中东欧国家的科技合作。加强重庆与匈牙利、捷克在智能终端、临床医学等领域开展科技成果转化等创新创业活动，支持企业与中东欧国家科技园区内的高科技企业、研发机构、行业组织等积极开展技术研发项目对接与合作。加大对中东欧国家在数字与人工智能、个性化医疗、航空材料等领域的高新技术引进及成果转化。发挥重庆在“一带一路”和“西部大开发”战略中的支点地位，依托两江新区、高新区等创新平台，推动重庆与中东欧先进制造产业园区的建设，在生物科技、环保技术、医疗健康、智慧物流等领域开展科技合作。

2. 推动教育领域开放协同发展

教育软实力是文化自信的重要体现，可以实现“民心相通”，也是经贸深度合作的必然需要。重庆应加强与“一带一路”国家开展教育互联互通合作，在力所能及的范围内承担更多的责任和义务，为区域教育大发展作出更大的贡献。重庆在教育软实力的建设中，也应针对不同国家及领域发挥优势、突出特色。

加强与东南亚、南亚国家的职业教育合作。针对东南亚职业教育不足的情况，重庆应与东南亚及南亚国家大力开展职业教育合作，填补重庆与马来西亚、越南、菲律宾等国在高职教育领域的交流与合作的空白。积极争取国家和相关部门支持，联合重庆工商大学、重庆医科大学和国投集团远达环保工程有限公司等单位在重庆市开展发展中国家技术培训班，在语言、卫生、金融、外贸、农业、旅游、通信信息、防灾救灾、环境保护等多个领域为东南亚部分国家开展职业技能培训，并依托重庆工程学院、重庆工业职业技术学院与重庆力帆实业（集团）在海外建设国家工程师实训基地，面向沿线国家急需建设行业开展高铁、电信运营、跨境物流、土木工程等课程培训。

加强与中东欧国家在语言、高等教育及留学生培养领域的合作。充分发挥重庆高校语言教育教学优势，支持鼓励高校拓展“一带一路”沿线国家非通用语种专业建设，提升重庆大学、四川外国语大学、西南大学、四川美院等高校的国际化水平。双方高校应优化专业、课程和学科设置，积极开展商学、工程类、国际法、农学、语言、艺术等学科的交流。鼓励市内高校、科研机构、智库与中东欧国家的科研院所，积极组建跨学校、跨学科的具有国际水准的交叉学科研究院（中心）及研究生交叉培养平台并建立长期合作关系。

加强重庆教育领域“引进来”和“走出去”。着力打造“一带一路”学术交流平台，努力将重庆建设成为西部国际人才培养和培训基地，吸引各国专家学者、青年学生开展交流学术研究，推进学术共享、教育资源共享进程。重庆在教育软实力的构建中也应注重“引进来”和“走出去”相结合，鼓励有条件的高校参与沿线国家孔子学院的建立工作，并在沿线重点国家设立孔子学院，以教育为媒介，提升重庆教育的国际影响力，推进文明交流互鉴。

3. 促进文化领域交流推广

积极构建川渝文化推广同盟，拓展文化交流的深度和广度，不断培育重庆市在“一带一路”沿线国家国际人文的影响力，打造重庆品牌，使重庆成为“一带一路”文化交流合作高地。

积极推广巴渝特色文化产品。加强重庆本土特色文化的传播与扩展，积极开展文化交流活动，不断缩小文明差异的鸿沟和文化的差异。充分利用重庆独具特色的文化资源优势，整合艺术、文物、非遗、出版、影视资源，整体呈现和输出巴渝文化品牌，积极向外推广川味、川剧，加快发展自己的特色文化产品，并形成品牌，积极推动文化产品走进各国市场。依托“经典中国”“丝路书香”“丝绸之路影视桥”等国家工程，广泛传播大足石刻、恐龙化石、川剧、杂技、当代艺术、渝版图书和影视剧等特色品牌，不断开发外向型的巴渝文化产品。充分发挥华人华侨在文化交流中的促进作用，依托重庆石宝寨“中国华侨国际文化交流基地”等平台优势，定期邀请华人华侨来渝开展文化交流活动，传播重庆特色文化，“以侨为桥”积极推动政府间及民间多领域、宽层次的文化交流。

大力促进旅游“走出去”与“引进来”。加快发掘重庆山地特色、绿色发展、长江文化、巴渝文化等独特的优势资源，强化城市品牌形象塑造。积极探索与“一带一路”国家开展旅游合作与宣传推介，积极推动举办旅游合作论坛、旅游行业高峰会议以及互办旅游年等大型旅游节事活动，以此为契机吸引双方旅游从业者加强关注和相互沟通，加大旅游市场营销力度，大力拓展重庆与东南亚、南亚、中东欧相关国家相互推动市场和客源交流合作。重庆应加大对外旅游政策便利，包括在旅游签证的便利化、关税、边防边检、质检、口岸建设等方面加强政策上的沟通与合作。进一步增加直飞热门景点的航班数量，提升“一带一路”旅游签证发放的效率，通过蓬勃发展的旅游业，拓展重庆与各国的文化交流。

促进文化艺术交流常态化。加强国际合作交流，扩大对外文化传播，探索常态化文化交流合作机制。面向“一带一路”尤其是渝新欧、渝昆泛亚通道沿线重点国家，集中开展“欢乐春节”“重庆文化周”“巴渝风情展”等活动，积极推动“一带一路国家人文交流”基地在重庆落地。探索建立文化保税区，设立保税商品展销中心，为文化外贸提供通关便利，打造西部对外文化贸易基地。配合孔子学院、中国文化中心在友好城市积极开展文化年、文化周交流活动，唱响重庆文化品牌。积极打造“互联网＋文化”新模式，进一步拓展文化产品的传播渠道，创新传播方式，丰富传播内容，扩大传播范围，拓展文化贸易合作新路径。

4. 进一步加强卫生领域合作

在当前全球疫情大流行背景下，重庆应更加深入秉持人类命运共同体理念，积极探索完善“一带一路”卫生合作机制，为构建更加紧密的人类卫生健康共同体提供力所能及的支持。

因地制宜打造具有重庆特色的对外医疗服务品牌。结合重庆市康养资源，整合现有温泉资源并根据不同理疗功能进行分类规划，打造医疗旅游特色产品，发挥旅游产业集群化作用。同时，结合重庆丰富的中药材资源，如石柱黄连、垫江丹皮、巫溪川党、江津陈皮等，结合中医及少数民族特色医疗积极开发食疗配套产品，不仅有助于重庆医疗服务品牌的打造，也有利于推动重庆市医疗服务业的发展。

共同促进全球公共卫生事业发展。与“一带一路”沿线各国加强深化国际合作联防联控，针对东南亚、南亚部分国家卫生基础薄弱、公共卫生资源不足的情况，重庆应当积极开展卫生援助工作。集中重庆优势医疗资源，依托西南医院、新桥医院、重庆医科大学等医疗平台向外派遣医疗队，进行对外卫生援助，聚焦于捐赠药品、设备，开展“光明行”公益医疗活动，实施传染病疫情暴发的公共卫生援助等一系列工作。同时在当地援建包括综合性医院、流动性医院、中医中心等在内的医疗设施项目。

加强与相关国家开展医疗平台合作。将“引进来”与“走出去”相结合，一方面探索中东欧对口国家在重庆自贸区内设立中外合资、合作医疗机构，引进先进理念、技术和管理模式，并形成可推广的经验。对接匈牙利、捷克等国医疗卫生领域的先进经验，对接两江新区大健康产业发展趋势，争取引进中东欧医疗机构在渝设立国际医院、康复中心、养老院等机构。另一方面，鼓励市内有条件的医疗机构和社会资本与中东欧国家开展医疗机构合作，在境外建立一批高水平医疗机构，吸引境外消费者到国内接受中医药诊疗、中医药养生保健、中医药教育培训等服务，着力推动市内有条件的中医医疗机构的“走出去”进程，提升市内医院国际化水平。

加大卫生人力资源开放合作力度。搭建医务人员培训平台，系统引入中东欧国家医疗服务体系。重庆应加大双方医疗机构及高等院校的交往，依托华沙医科大学、卢布林医科大学开展一系列医疗培训项目，学习中东欧国家先进的医疗理念及技术，为重庆市医疗服务行业发展培育一批优质人才。以两江新区为载体，引入波兰、匈牙利、捷克等国的优质医疗资源及服务体系，提档升级健康服务体系。加大对印度尼西亚、越南等国提供卫生技术人员和管理人员培训的力度，包括中医理疗、护理培训等项目，在此基础上对接重庆市第三军医大学、重庆医科大学等高校的优质教育资源，为当地留学生提供高水平、高层次的学历学位教育。

（八）加快推动绿色低碳发展

紧抓共建“一带一路”的历史性机遇，深入践行“绿水青山就是金山银山”理念，加快建设内陆开放高地和山清水秀美丽之地，带动长江经济带、广大西部地区加快绿色发展，与“一带一路”沿线国家和地区共筑生态文明之基。

1. 推动共建“一带一路”与长江经济带绿色发展有机融合

充分发挥重庆作为“一带一路”和长江经济带联结点的比较优势，把努力在推进共建“一带一路”中发挥带动作用和在推进长江经济带绿色发展中发挥示范作用有机融入“两高、两地”建设中。一是突出国家中心城市的绿色发展示范作用。牢固树立绿色发展理念，强化“上游意识”，以三峡库区生态保护为重心，大力开展先进生态修复技术应用试点示范，推动长江流域江河湖库、左右岸、干支流协同治理，加强水、气、土、固废污染防治和环境管理等生态环保重点领域的国际合作，推动国际先进生态环保技术研发、科技成果转移转化，广泛应用于山水林田湖草系统修复、“两江四岸”治理和“四山”保护提升中，以国际化视野推进广阳岛“长江风景眼、重庆生态岛”建设。二是逐步丰富面向“一带一路”的绿色发展国际合作机制和交流平台。充分依托中国—东盟、欧亚、中非合作论坛等国际间合作平台，借助重庆智博会、长江大河歌会、世界自然保护大会等地方平台的影响力，加强政府部门、环保科研机构、企业与“一带一路”沿线合作，提升重庆参与“一带一路”生态治理合作的能力。积极对接“一带一路”生态环境保护合作规划，加快建立务实高效的生态环保合作交流体系、支撑平台和产业技术基地，打造内陆参与生态环保国际合作的重要窗口，在长江经济带绿色发展的国际合作中发挥示范作用。

2. 推动绿色发展与面向“一带一路”开放合作协同并进

正确把握生态环境保护和开放发展的关系，积极探索绿色发展与开放合作协同并进新路径。一是大力提升经济绿色发展国际化水平。持续优化产能布局，推动绿色技术创新，加快重点行业和重要领域绿色化改造，以企业集聚化发展、产业生态链接为重点，大力发展生态环保信息、技术、商贸等公共服务平台，推动重庆市国家级经开区、高新区制造业朝生态、绿色方向优化升级。积极联合“一带一路”国家和地区开展环保产业技术合作园区及示范基地建设合作，推动以电子信息、汽摩、智能制造等工业行业以及环保企业为主的产业国际合作，探索重庆面向中亚、东盟、中东欧、南亚等地区的环保产业合作和技术创新转移基地建设，引导绿色智能产业和环保产业集群式发展。二是提高环保服务市场开放水平。加快建设面向“一带一路”的生物多样性数据库、生态环保信息技术等公共服务平台，积极开展生态环保科技合作交流，加大对“一带一路”建设生态环保服务与支持，加强与“一带一路”国际友城间生态合作伙伴关系建设。加强进出口贸易环境管理，鼓励扩大大气污染治理、水污染防治、危险废物管理及处置等环境产品和服务进出口。三是推进绿色贸易发展。加强与“一带一路”国家和地区绿色供应链的国际合作与示范，以渝新欧班列运营为重点，加快建立绿色供应链管理体系，从生产、流通、消费全产业链角度推动绿色发展。

3. 加快形成在共建“一带一路”中绿色发展典范效应

把绿色发展贯穿于推进共建“一带一路”全过程，加快铸就富有带动力的绿色发展典范。一是提升基础设施运营管理绿色化水平。加快推进铁路、公路、港口等绿色基础设施建设，强化绿色交通、绿色物流、清洁能源等节能环保实践，鼓励各行业采用更先进、环境更友好的标准，以渝新欧班列为重点大力发展面向“一带一路”的绿色国际物流，提高绿色发展竞争力。二是大力发展绿色金融。引导生产要素向绿色产业流动，推动金融机构积极创新组织经营机制与推进“一带一路”发展的金融工具、管理模式，创新绿色信贷、保险、金融、债券、环境权益等产品，延伸绿色信贷主体与行业范围，增强面向共建“一带一路”的绿色资产流动性。三是加大生态建设外援支持力度。依托国家战略投资和大型企业对外投资平台，加强对“一带一路”沿线国家和地区的绿色产业投资，加大对“一带一路”建设的生态环保服务与支持，推动绿色先进技术在“一带一路”沿线国家和地区转移转化，鼓励重庆环保企业开拓沿线国家市场，积极开展节能减排、生态环保领域基础设施及能力建设，引导优势环保产业集群式“走出去”，探索与“一带一路”沿线国家和地区共建生态环保园区，以生态环保、污染防治、环保技术与产业、人员培训与交流等为重点领域，创新生态环保领域国际合作与外援模式。

七、重庆在推进共建“一带一路”中发挥带动作用的对策建议

（一）争取国家支持

“一带一路”是全球性的伟大倡议，重庆在共建“一带一路”中发挥带动作用离不开国家的大力支持，必须积极争取国家政策、项目、资金等，扩大国家要素的集成效应。

1. 争取国家支持重庆的开放大通道大平台建设

在开放通道方面，争取国家支持重庆打造联通泛亚及全球的铁海联运和国际铁路大通道；支持重庆建设长江上游航运中心，尽快启动三峡第二通道建设；支持重庆西部航权开放试点、货运机场建设，打造国际航空枢纽，支持川渝共建世界级机场集群。争取国家建立中欧班列、西部陆海新通道共建共商共享统筹协调机制，制定并规范各

地区统一的定价、单证、结算等运输贸易规则，制定统一对外的合作谈判、通道宣传和品牌运营规则，并将西部陆海新通道纳入我国与有关国家战略对话框架。支持重庆拓展中欧班列和西部陆海新通道旅游功能，开通国际旅游班列。

在开放平台方面，争取国家支持重庆建设内陆自由贸易港，在重庆和成渝地区双城经济圈布局更多国家级高新区、经开区、自主创新示范区等重大开发开放平台，共享东部地区相关政策。支持重庆自贸区制度创新和政策倾斜，放宽相关准入和业务范围限制。赋予重庆口岸更多特殊商品进口监管的功能，提升口岸开放功能，争取将果园港纳入国家的“一带一路”通关协作试点口岸。

2. 争取国家对重庆开放发展的资金、科技等要素支持

在金融资金方面，支持重庆与新加坡探索共建中新（重庆）国际金融园区，支持开展中新跨境理财合作试点、中新债券市场柜台业务合作试点、中新基金互认试点等创新业务试点工作。争取亚洲基础设施投资银行、丝路基金、国家政策性银行、中央财政资金与重庆地方财政、社会资本共同出资设立产业发展海外投资基金，支持开展国际产能合作、对外投资等。争取中央财政专项补助、税费减免等政策，支持重庆外贸企业转型升级，提升外向型经济发展水平。

在科技创新方面，支持重庆建设“一带一路”科技合作示范区和“一带一路”国际技术转移中心，争取在重庆和成渝地区布局更多的国家重大科技基础设施、前沿交叉研究平台，支持重庆结合“一带一路”沿线国家和地区重大科技发展需要、科研基础条件和合作意愿，建设一批“一带一路”联合实验室，推动以大数据、智能化为重点的先进技术成果的国内外双向转移转化。

3. 争取国家对重庆建设中西部国际交往中心的支持

继续争取国家对重庆外事工作的支持，加快培育国际交往载体，以“一带一路”沿线国家和地区为重点，积极推进在川渝缔结了友好城市的外国政府在重庆设立总领事馆，积极拓展国际友好城市“朋友圈”，多渠道吸引更多境外办事机构、外国金融机构落户川渝。争取国家支持重庆积极探索申办、联合举办川渝两地“一会两地办”“一会轮流办”“一会联合办”等形式的重大国际国内会议和赛事。争取重庆面向“一带一路”开放重大项目（事项）纳入国家相关规划。

（二）强化地方支持

重庆在共建“一带一路”中发挥带动作用应强化地方主动作为，聚焦短板和薄弱环节，加强体制机制和政策创新，强化地方化政策支持力度。

1. 强化组织领导

充分发挥市推进“一带一路”建设工作领导小组的统筹协调作用，认真落实国家推进“一带一路”建设各项决策部署和市委市政府要求，进一步健全开放发展体制机制，优化各职能部门职能职责，强化本市共建“一带一路”年度工作计划安排和督查考核，确保实施效果。研究推进共建“一带一路”统计监测工作，加强对本市国际产能合作、双向贸易投资、科教文化交流等全方位国际合作情况的统计分析。

2. 优化市级政策支持体系

围绕“一带一路”建设重点领域和重庆薄弱环节，以规则制度开放为突破口，进一步优化完善重庆市在财税金融、产业投资、人才引智等领域的开放发展政策体系，提高政策供给有效性，形成正确导向与合理预期。积极探索经济区和行政区适度分离改革，建立健全川渝地区地方税收分成、产业转移成本分担收入共享等制度，共同承接国内国际产业转移。加大开放型产业发展的投入力度，优先强化对战略性新兴产业、填链强链的重大产业项目的资金保障。强化涉及开放的专项资金统筹利用，提高资金集中使用效率，确保重点任务、重点项目建设落地。聚焦企业关切，严格落实国家和重庆各项优化营商环境政策，常态化抓牢抓实重庆市及各区县营商环境考评工作。扩大 144 小时过境免签试点范围，提高国际企业、机构、组织及游客在渝投资消费的积极性。完善人才管理体制和人才支持政策，探索跨国培养与跨境流动的人才培养机制，分层分类为人才提供便捷服务，进一步营造近者悦、远者来的人才发展环境。

3. 强化项目保障

坚持落实项目规划，围绕内陆开放通道、平台及开放型经济、国际交往合作等领域，积极争取和策划实施一批关系全局和长远发展的重大项目。建立健全重庆共建“一带一路”重大项目库，统筹相关政策和资金优先支持入库项目建设，定期跟踪项目库建设进展。完善重点项目推进机制，针对规划设计、用地审查、环境影响评价、资金筹措、项目审批核准等项目前期工作，加强综合协调与服务，确保项目落地。健全投资项目管理制度，强化政府投资项目监管，完善投资项目后评价制度，提高政府投资管理水平和投资效益。

（三）强化风险防范

“一带一路”沿线国家和地区的政治体制、经济社会制度、地理条件、人文风俗等方面差异较大，潜在风险较多。重庆带动作用的发挥需突出重点合作领域，加强风险防控能力建设，全面提高境外安全保障和应对风险的能力。

1. 健全完善风险防范的机制和载体

加快制定出台重庆参与“一带一路”建设境外安全保障工作实施方案，完善安全风险评估、监测预警、应急处置“三位一体”的海外安全保障体系。加强国际商事纠纷解决能力建设，促进完善“一带一路”争端解决机制，发挥重庆两江国际仲裁中心作用，探索跨国仲裁合作联结机制；发挥“一带一路”国际商事调解中心重庆调解室作用，多元化解企业矛盾纠纷。加强涉外突发事件应急指挥机制建设，积极组建本市境外安全服务平台和涉外应急救援队伍，鼓励引导有实力的安保企业在“一带一路”相关国家和地区提供专业化服务，大力发展涉外法律服务机构，探索建立涉外法律服务创新服务园（孵化中心），推动设立“一带一路”法律服务研究中心，强化涉外法律智力支持。以国际友好城市为重点，深化国际警务合作，合力打击跨国犯罪。

2. 提升企业海外风险防范能力

引导企业有序参与“一带一路”建设，规范企业投资行为，加强国有企业境外投资监管。建立与外资企业及外商投资企业协会的常态化联系机制，建立企业诉求受理分级办理机制。加大信息收集、整理、分析和发布力度，加强对海外疫情防控、国际经贸摩擦、国际政经形势、大宗商品价格等方面的预警工作，发布“一带一路”沿线国家和地区投资风险评估报告和法律服务指南，帮助企业提高国际投资贸易风险防控及应对能力。提升企业的海外工程项目风险管理能力，指导企业建立投资决策全周期的风险管控体系，做好项目前期的目的地风险调查评估和风险管理预案，建立和完善投资项目的负面清单管理制度，严防仓促盲目投资，加强项目执行管理，加大对重大项目执行过程的监控力度。支持企业利用政策性的出口信用，把出口信用保险嵌入风险防范机制，利用商业保险机制化解风险。

（四）加强新闻宣传

重庆应加强国际宣传工作，讲好重庆“一带一路”故事，促进国际社会对重庆的了解和认同，为重庆在共建“一带一路”中发挥带动作用，营造和平合作、开放包容、互学互鉴、互利共赢的国际舆论氛围。

1. 拓宽国际宣传渠道，壮大宣传队伍

借助国家共建“一带一路”网站、重庆市政府部门外文门户网站等在线媒体资源，积极宣传重庆共建“一带一路”的规划政策、开放平台、海外园区、国际化企业以及各项成果，引导社会力量广泛参与。加强与“一带一路”相关国家、友好城市等国家（城市）的主流媒体合作，建立互联互通、共享互惠的丝路媒体“朋友圈”，用国际化、本土化语言有效传播新时代共建“一带一路”的重庆声音，讲好重庆故事。积极争取引入国际知名新闻传媒机构在重庆设立驻中国西部地区办事处、代表处和记者站等宣传机构，大力培养从事“一带一路”宣传的国际权威专家、记者和评论家，打造具有国际影响力的新闻团队。进一步发挥外国留学生、外国专家学者、海外华侨华人、国际非政府组织等民间力量的积极作用，构建立体化的传播通道。

2. 强化国际视野，提升宣传质量

突出宣传的国际融通性，避免一味自我宣传和自说自话，注重紧贴国际社会实际，针对传播对象的特色，有针对性突出“一带一路”关联主题，拓宽内容形式，创新方法手段，强化面对不同国家、不同方面的精准对应宣传，增强宣传的国际共情力和凝聚力。做好宣传内容规划，创作一批易于引起共鸣和具有国际影响力的纪录片、宣传片、影视作品、自媒体作品等优秀作品，集中展现重庆特色和形象。创新思维，借鉴CGTN（中国国际电视台）英语新闻纪录片《武汉战疫纪》的成功经验，学会用西方受众习惯的表达方式讲述“一带一路”重庆故事。在中国人自己讲的基础上，积极探索以中外合作共讲、外国人讲的方式，联动开展国际传播宣传，以便更好地突破文化壁垒，促进交流沟通。

参考文献

[1]孙永福，易小光．重庆融入“一带一路”发展战略研究[M]．中国经济出版社，2020.

[2]陆大道．科学地认识“一带一路”[J]．科技导报，2018，36(3)：1.

[3]林毅夫．中国“一带一路”倡议对世界的影响[J]．探索与争鸣，2018(1)：30－33＋141.

[4]王一鸣．“一带一路”离不开金融创新[N]．学习时报，2015－08－06(8).

[5]易小光．努力发挥好重庆在推进共建“一带一路”中的带动作用[N]．重庆日报，2020－04－20(4).

[6]金鑫．重庆如何在推进共建“一带一路”中更好发挥带动作用[N]．重庆日报，2020－04－20(3).

[7]李敬．在推进共建“一带一路”中发挥带动作用[N]．重庆日报，2019－04－26(7).

[8]陈默．用“工笔画”的精谨绘制“一带一路”新蓝图——重庆在推进共建“一带一路”中发挥带动作用侧记[J]．当代党员，2020(8)：19－21.

[9]祝继高，王谊，汤谷良．“一带一路”倡议下的对外投资：研究述评与展望[J]．外国经济与管理，2021，43(3)：119－134.

[10]巴曙松，王志峰．“一带一路”沿线经济金融环境与我国银行业的国际化发展战略[J]．兰州大学学报：社会科学版，2015，43(5)：38－49.

[11]推动共建丝绸之路经济带和21世纪海上丝绸之路的愿景与行动．[EB/OL]．https://www.yidaiyilu.gov.cn/yw/qwfb/604.htm.

[12]祝晓波，李利．“一带一路”沿海节点城市发展度研究[J]．商业经济研究，2016(18)：205－207.

[13]冯瑞龙，黄匡忠，王秣萍．论中国“一带一路”沿线城市评估的指标体系构建[J]．大陆桥视野，2016(9)：26－33.

[14]汤凯，许锦锦．“一带一路”节点城市竞争力测评与优化[J]．经济问题探索，2016(9)：65－71.

[15]胡必亮，潘庆中．“一带一路”沿线国家综合发展水平测算、排序与评估(总报告)[J]．经济研究参考，2017(15)：3－15.

[16]赵娟，石培基，朱国锋．西部地区对外开放度的测算与比较研究[J]．世界地理研究，2016，25(4)：93－101.

[17]杜莉,马遥遥."一带一路"沿线国家的绿色发展及其绩效评估[J]. 吉林大学社会科学学报,2019,59(5):135-149,222.

[18]赵可金."一带一路"民心相通的理论基础、实践框架和评估体系[J]. 当代世界,2019(5):36-41.

专题三 “十四五”时期重庆在长江经济带促进“产业生态化、生态产业化”示范发展研究

课题组成员：易小光 何靖波 李 权 蒋安玲 罗宇航 蒲昌权
李 霞 黎 慧 邹於娟 汪 婧

党的十八大以来，绿色发展纳入我国新时期新发展理念，生态文明建设被提高到前所未有的高度，“绿水青山就是金山银山”理念已经深入人心，成为全党、全社会、全体人民的共识。当前，我国经济已经转向高质量发展阶段，经济社会发展亟须转型，推动生态优先绿色发展，成为满足人民对美好生活的向往的重要抓手。产业生态化、生态产业化作为解决生产生活环境、增加生态产品供给、破解贫困地区发展困境的最直接手段，成为新时期发展的必然选择。重庆作为长江上游重要的生态屏障，担负着保护一江清水，维护三峡库区生态安全的重任，通过产业生态化、生态产业化构建生态经济体系，破解长江经济带绿色发展难题，成为新时期重庆完成习近平总书记对重庆绿色发展殷殷嘱托的使命和任务，也是重庆加快推动成渝地区双城经济圈建设，更好地在长江经济带绿色发展中发挥示范作用的应有之义。本文拟从理论渊源上研究产业生态化、生态产业化内涵，通过借鉴国内外实践经验，聚焦当前重庆产业生态化、生态产业化的问题和线索，探讨推动重庆在长江经济带促进产业生态化、生态产业化的路径，以期为长江经济带实现绿色发展提供理论和实践支撑。

一、“产业生态化、生态产业化”的概念及内涵

在国家经济社会发展的历程中，“产业生态化、生态产业化”不是一个必经的道路，而是一个可选择的道路。国际上，特别是西方国家对“产业生态化、生态产业化”的关注源于经济发展与环境、资源之间的矛盾，认为“产业生态化、生态产业化”是生态经济体系的重要组成部分，是推动人与自然和谐共生的重要手段之一。

（一）“产业生态化、生态产业化”的理论渊源

“产业生态化、生态产业化”的理论渊源主要有两种：一种是马克思主义的理论，另一种是西方经济学的理论。

1. 马克思主义的理论强调人与自然和谐共生

“人靠自然界生活”，认为“人是自然界的一部分”“动物只生产自身，而人再生产整个自然界。”人不是简单地适应自然，而是可以通过实践有意识地改造自然。马克思强调人在同自然的互动中生产、生活、发展，不以伟大的自然规律为依据的人类计划，只会带来灾难，人需要按照美的规律去建造大自然。恩格斯指出“人也反作用于自然界，改变自然界，为自己创造新的生存条件。”“但是我们不要过分陶醉于我们人类对自然界

的胜利。对于每一次这样的胜利，自然界都对我们进行报复。”恩格斯列举了美索不达米亚、希腊、小亚细亚等地区为了生产破坏自然的教训，提出了“能够认识和正确运用自然规律”的观点，从而“一天天地学会更正确地理解自然规律，学会认识我们对自然界习常过程的干预所造成的较近或较远的后果”。这些思想深刻揭示了人与自然的辩证统一关系，人类善待自然就会获得自然的馈赠，反之就会受到自然的惩罚。

2. 西方经济学注重发展与资源依存关系

20 世纪 60 年代以来，西方经济学者对工业化与经济增长的关系、经济增长与资源的关系进行了批判，希望高度重视生态环境与地球资源的承载容量，从而诞生循环经济、生态经济学论、清洁生产等理论观点。循环经济思想首先由鲍尔丁提出，他认为“经济系统是一个类似于宇宙飞船的封闭循环系统，循环利用内部的自然资源才是合理的发展方式，才能实现资源和空间的持续利用”。生态经济学论是 20 世纪 60 年代后期正式创建的，鲍尔丁率先在《一门科学——生态经济学》中提出了“生态经济学”的概念。该理论主要聚焦人类经济活动与自然生态之间相互作用的关系，目的是推进人类社会经济在生态平衡的基础上实现持续稳定发展。清洁生产是发达国家在工业化发展中对经济发展进行反思而提出的一种环保型发展战略，要求在生产过程、产品、服务中始终坚持环境保护策略，以减少资源消耗以及对生态环境的破坏，这也是一种关注微观企业的认知。清洁生产得到了美国、日本、德国等发达国家的认可。

综上所述，这些理论来源于发达国家工业化实践，各个国家在不同的发展阶段，为解决当时的经济社会发展与资源环境之间的矛盾而提出的方法论。

3. 联合国倡议坚持绿色可持续发展

联合国作为全球权威的国际组织，提出了可持续发展、绿色经济等倡议，逐步形成了绿色发展理念，其所倡导的理念得到了发达国家和发展中国家的普遍认同，具有较强的普适意义和指导作用。

可持续发展。1980 年 3 月，联合国大会首次使用了“可持续发展”概念。1987 年，联合国第 42 届大会通过世界环境与发展委员会的《我们共同的未来》报告（以下简称《报告》），把可持续发展定义为“持续发展是在满足当代人需要的同时，不损害人类后代满足其自身需要的能力”，《报告》指出“保护环境的根本目的在于为了确保人类的持续存在和持续发展”。可持续发展战略的提出标志着一种新发展观的诞生，并得到了大多数国家的认同。在之后的 30 多年里，以可持续发展为核心的《里约环境与发展宣言》《21 世纪议程》《2030 年可持续发展议程》等联合国文件得到了越来越多国家的共识。

绿色经济。2011 年，联合国环境规划署发布了《绿色经济报告》，将“绿色经济”定义为“可以促进人类福祉和社会公平，降低环境风险和生态稀缺的经济”，认为“发展绿色经济将成为加快经济增长的全新引擎”。联合国提出的“绿色经济”概念，为全球绿色发展提供了新的理念。

4. 我国生态文明体系建设在探索中前进

在2018年全国生态环境保护大会上，习近平总书记首次提出“生态文明体系”，并明确了其内涵，提出“以产业生态化和生态产业化为主体构建生态经济体系”。“产业生态化和生态产业化”是我国生态文明体系的重要组成部分。近年来，我国积极响应国际组织提出的绿色发展倡议，结合我国国情形成了生态文明建设理论，通过理论指导实践、逐步探索形成了系列政策体系。

一是积极响应生态环保和绿色发展的国际倡议。为积极响应国际组织绿色低碳发展的倡议，我国提出了中国特色的绿色发展理念，并勇担大国环保责任。2011年，联合国提出的“绿色经济”概念，为新时代我国提出绿色发展理念提供了外部借鉴。2015年，联合国可持续发展峰会通过了《2030年可持续发展议程》，巴黎气候变化大会通过了《巴黎协定》，这是联合国为应对国际气候变化，实现人类可持续发展做出的行动，我国积极加入这一行动。继巴黎气候变化大会之后，法国环境委员会联合全球专家又起草了《世界环境公约》，我国也积极参与其中。在第二届联合国环境大会上，我国发布了《绿水青山就是金山银山：中国生态文明战略与行动》报告，向全世界做出中国为推动生态文明建设的大国承诺。

二是我国生态环保法律制度与政策不断完善。2012年以来，在党中央、国务院的决策部署下，我国生态文明建设和生态环境保护法律制度体系加快完善，积极推行各类污染防治、生态工程建设和资源节约、环境保护制度建设。2015年，实施新修订的《中华人民共和国环境保护法》，将保护环境作为国家的基本国策，被称为史上最严厉的新法，加大了环境保护法律法规对经济发展方式的优化和约束，全面推动绿色发展稳步前进。2017年，国务院政府工作报告提出“蓝天保卫战”，强化大气污染治理等政策实施。2018年，中央全面深化改革委员会第一次会议提出“以解决突出环境问题、改善环境质量、推动经济高质量发展为重点，夯实生态文明建设和环境保护政治责任，推动环境保护督察向纵深发展”；组建了中华人民共和国生态环境部；启动了第一轮中央生态环境保护督察工作；颁布《中共中央国务院关于全面加强生态环境保护坚决打好污染防治攻坚战的意见》，开启了污染防治攻坚战。2019年，《中华人民共和国土壤污染防治法》《环境影响评价公众参与办法》等法律法规正式实施，持续填补了环境保护领域特别是污染防治领域的立法空白；启动了第二轮中央环保督察。2020年，全面推进全国海洋生态环境保护等各专项的环境保护“十四五”规划编制工作，积极推动中央和国家机关生态环境保护责任清单制定。

三是习近平生态文明思想逐渐形成。党的十八大以来，以习近平同志为核心的党中央高度重视生态文明建设，生态文明建设进入了新阶段。2012年，中国共产党第十八次全国代表大会通过《中国共产党章程（修正案）》，把“中国共产党领导人民建设社会主义生态文明”写入党章，正式将生态文明建设纳入执政党的行动纲领，是全世界第一个这样做的政党。2015年，党中央根据我国的实际国情，在党的十八届五中全会上正式提出了绿色发展理念，并作为指导我国未来经济和社会发展的新发展理念之一。2016年，习近平总书记在重庆召开的推动长江经济带发展座谈会上，为推动长江经济带发展指明了方向，提出要“共抓大保护、不搞大开发”，走“生态优先、绿色发展”之路。2017年，习近平总书记在党的十九大报告中提出了必须树立和践行“绿水青山就是金山银山”的理念；推进绿色发展，建立健全绿色发展体制机制，构建绿色发展经济体系等中国特色社会主义生态文明体系。2018年，习近平总书记在全国生态环境保护大会上强调“加大力度推进生态文明建设、解决生态环境问题，坚决打好污染防治攻坚战，推动我国生态文明建设迈上新台阶”。这些理论和实践进一步丰富了习近平的生态文明思想。

（二）国内外关于“产业生态化、生态产业化”的认识及观点

习近平总书记在2018年5月召开的全国生态环境保护会议上指出，要加快建立健全“以产业生态化和生态产业化为主体的生态经济体系”，这一论断进一步推动国内学术界加快围绕“两化发展”进行相关研究。虽然国外学者也对“产业生态化、生态产业化”相关内容进行了研究，但较少直接应用这两个概念，因此，此部分主要梳理国内相关学者对“产业生态化、生态产业化”两个概念的研究。

1. 关于“产业生态化”的研究

学术界对“产业生态化”的研究最早可以追溯到循环经济。学术界对“产业生态化”的研究时间较早、系统性较强。总结国内外先进地区在推行清洁生产、循环经济、可持续发展等方面的经验，这些理念都是产业生态化的具体体现。学者们也对“产业生态化”的概念进行了一系列的研究。西方学者对“产业生态化”的研究起源于罗伯特·埃尔斯在1988年提出的产业代谢理论，他认为“人们不应当孤立地看待经济系统和生态系统，两者是通过物质、能量的吸收和返还有机联系起来的统一体。”接着很多学者提出了产业生态系统的概念，认为“是一种低消耗、高效率的生产模式”，微观层面是企业内部实施清洁生产，提高资源利用率；中观层面是实现产业园区内部的资源循环利用；宏观层面是实现全产业的生态型循环经济。

中国学者将“产业生态”动词化，引申出“产业生态化”的概念。“产业生态化”一词最早出现在刘则渊所著的《产业生态化与我国经济的可持续发展道路》（1994）一文中，他认为“产业生态化就是把作为物质生产过程为主要内容的产业活动纳入大生态系统中，把产业活动对自然资源的消耗和对环境的影响置于大生态系统物质、能源的总交换过程中，从而实现大生态系统的良性循环与可持续发展”。陆根尧等、赵丹阳等、张国俊等针对全国或具体省（市）的产业结构生态化进行了研究，认为“产业结构生态化”是指以产业生态学原理和生态规律为基础，构建和谐高效的产业结构，使得多个生产环节通过物质、能量的多级利用，实现经济的高效产出和资源环境的持续利用。陈洪波认为“产业生态化是从产业组织管理的角度出发，进行生产流程的生态

化改造”。

总的来说，学者们对产业生态化概念和内涵的理解，主要是基于生态经济学、产业生态系统研究。

2. 关于“生态产业化”的研究

“生态产业化”的研究可以追溯到自然资源价值论、生态产品（或生态服务）市场价值等相关理论。国内学术界对“生态产业化”的研究相对较晚，“生态产业化”的概念也是近期才逐步清晰并全面推进的，可以说“生态产业化”是“生态产业”的动词化。陈效兰认为，生态产业是依据产业生态学原理、循环经济理论及五律协同原理组织起来的基于生态系统承载能力，并具有较高的自然、社会、经济、技术和环境等五律协同的产业，主要包括生态农业、生态工业、生态信息业、生态服务业。黄志斌、单晓娅、张丽萍、吴诚、叶金国等学者从生态系统角度、生态资源转化等角度对“生态产业化”的概念和内涵进行了研究。陈洪波认为“生态产业化重点在于盘活生态资源、连接一、二、三产业，通过市场化的手段实现生态资源保值增值。”张云和赵一强认为“生态产业化是按照社会化大生产、市场化经营提供生态服务，生态产业化包括多种方式和路径，其扶贫和增加内生发展潜力功能需要得到体现。”

总的来说，学者们对产业生态化概念和内涵的理解，主要是从生态系统角度、生态资源转化等角度进行的。

（三）“产业生态化、生态产业化”的基本内涵

“产业生态化”是依据生态经济学原理，运用生态、经济规律和系统工程的方法来经营和管理传统产业，以实现经济效益最大、资源高效利用、生态环境损害最小和废弃物的多层次利用。产业生态化就是按照生态化的原则去改造、发展产业，核心是通过模仿自然生态系统来构造产业的生态系统，让资源在构建的产业生态系统中实现循环利用和高效利用，从而降低废弃物的产量和增加最终产品的产量，将产业生产对资源和环境的不利影响降到最低。产业生态化的最终目的是实现绿色生产、绿色消费，形成绿色财富。

“生态产业化”是将生态资源作为一种特殊的资本即生态资本来运营，按照社会化大生产、市场化经营的方式来提供生态产品和生态服务，实现生态资源保值增值，促进生态环境和社会经济良性循环发展。生态产业化就是按照发展产业的思路去利用生态资源。生态产业化的核心是生态优势如何转化成产业优势，实现生态资源的价值，让生态资源和产业要素一样实现产业化发展。同时，由于生态资源的地域差异较大，所以生态产业化发展模式一般具有显著的地方特色。生态产业化的最终目的是实现生态价值和经济价值并举，推动生态资源的保值增值，把绿水青山变成金山银山。

本文认为“产业生态化”和“生态产业化”本质上都是一种过程，是协调统一的生态思想。总体来说，产业生态化和生态产业化是生态经济体系的重要组成部分，生态经

济是新时代中国特色社会主义的主要经济形态，是我国生态文明建设的基础与重要支撑。产业生态化是生态产业化的基础，生态产业化是巩固、扩大和转化产业生态化成果的保证(图3-1)。

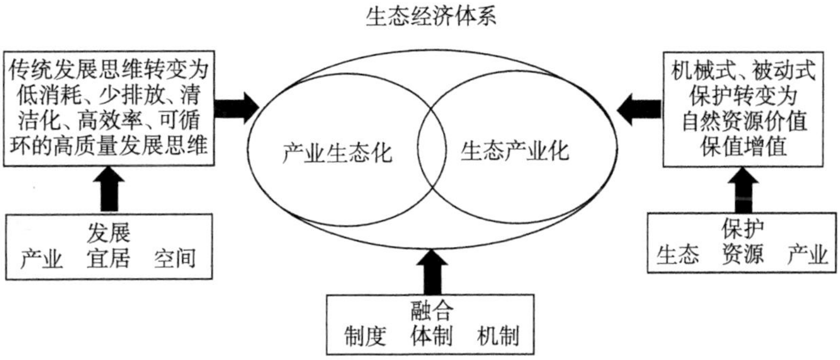

图3-1 产业生态化与生态产业化的关系

二、重庆“产业生态化、生态产业化”的基础条件

党的十九大以来，重庆加快生态文明建设，实施生态文明体制改革，绿色产业发展逐步壮大，为产业生态化、生态产业化创造了比较好的基础条件，但是对标“两高”目标和打造成渝地区双城经济圈高质量发展样板新要求，重庆“两化”建设任务依然很艰巨。

（一）发展基础

近年来，重庆不断夯实“两化”发展自然本底，产业绿色化转型加快，推动生态环保区域合作进展顺利，长江上游重要生态屏障进一步筑牢，山清水秀美丽之地建设成效显著。

1. 生态资源优势突出，“两化”发展自然本底较好

重庆地处长江上游和三峡库区腹心地带，国家生态战略地位重要，自然环境优越，生态资源丰富，产业生态化和生态产业化发展的自然禀赋较好。

生态环境相对优越。水系发达，长江横贯全境，流程691千米，嘉陵江、乌江、涪江、綦江、大宁河等数百条大小河流纵横交汇，库、塘、堰、渠星罗棋布，水网密度大，素有“山城”之称，山系绵延，森林资源丰富。2019年，重庆地表水总体水质良好，森林覆盖率为50.1%，高出全国平均水平27.1个百分点，环境空气质量达标天数为316天。根据中国工程院发布的“生态文明建设若干战略问题研究（二期）”项目研究成果暨生态文明发展水平评估报告，重庆生态文明指数位居全国第三。

自然资源较为富集。动植物资源丰富，有野生维管植物227科1302属6000余种，其中，国家一级重点保护野生植物9种，国家二级重点保护植物39种；拥有各类动物资源600余种，其中金丝猴、华南虎、蜂猴、黑鹳等国家重点珍稀保护动物近100种。重庆还是全国重要的中药材产地之一，现有中药种质资源近6000种，几乎各区（县）均有中药材种植，石柱素有中国“黄连之乡”的美誉，酉阳被誉为“世界青蒿之乡”。矿产资源富集，域内发现各类矿产69种，查明资源储量矿产45种，页岩气、水能、地热能等能源资源丰富，产业化开发自然禀赋较好、前景较广。

人文旅游资源多样。长江三峡国际黄金旅游带享誉世界，拥有大足石刻世界文化遗产、武隆喀斯特和南川金佛山两大世界自然遗产。国家4A级以上景区114个、5A级景区8个，其中4A级景区分别比北京、上海、成都多15个、26个、40个。重庆独特的地貌和山水城市夜景，以及火锅、解放碑、洪崖洞等名片，成为国内外游客心中的“网红城市”，具有特殊的魅力和知名度，旅游资源开发潜力较大。

2. 产业蓬勃发展，“两化”发展产业支撑较强

重庆是国家中心城市，经济和产业基础良好，产业生态化和生态产业化实践探索蓬勃有力，为“两化”示范铺垫了良好的前期基础。

产业发展整体基础较好。2019年，重庆实现GDP 2.36万亿元，在国内城市中排第五位，GDP占西部地区比重达到11.5%，现代产业体系较为健全。工业门类齐全，拥有全国41个工业大类中的39个，已构建了电子、汽车、摩托车、装备、材料、消费品、能源、生物医药等支柱产业多点支撑的现代工业体系，形成了一批具有较强国内外竞争力的支柱产业集群。现代服务业支撑力增强，商贸、金融、数字服务、大健康、文化旅游、物流业六大支柱产业加快向价值链高端延伸，2019年重庆市服务业增加值12 557.5亿元，居西部第二位，占GDP比重高达53.2%。三产融合型农业经济活力日增，2019年重庆市农业增加值1581.15亿元，形成了柑橘、榨菜、生态畜牧、生态渔业、茶叶、中药材、调味品、特色水果、特色粮油、特色经济林十大山地特色农业产业。

产业绿色低碳化转型成效显著。循环工业园区、绿色工业园区建设扎实有力，累计创建国家级绿色园区3个、国家级绿色工厂35家，市级绿色园区和绿色工厂示范单位94家。汽车、化工等重点行业加快低碳转型，工业节能减排成效明显，2019年规模以上企业工业综合能源消费量从2006年的0.69吨标准煤下降到0.2吨标准煤（图3-2）。农业化肥农药减量化进展突出，2018年重庆化肥使用量、农药使用量分别较2015年下降4.6%、5.5%。智慧农业、循环农业、设施农业等绿色农业新兴模式快速发展，截至2020年8月，重庆市已建成126个市级智慧农业试验示范基地①。绿色旅游、绿色餐饮、绿色物流等绿色服务业加快发展，截至2020年8月，重庆已创建中国绿色饭店（餐饮）企业17家，“绿色快递邮政城市”试点推进有力，超过2000个菜鸟驿站、1000个快递网点积极响应和行动，规模化投放了一批绿色化、减量化、可循

① 数据来源于2020线上中国国际智能产业博览会智慧农业高峰论坛。

环利用的快递包装和设备。

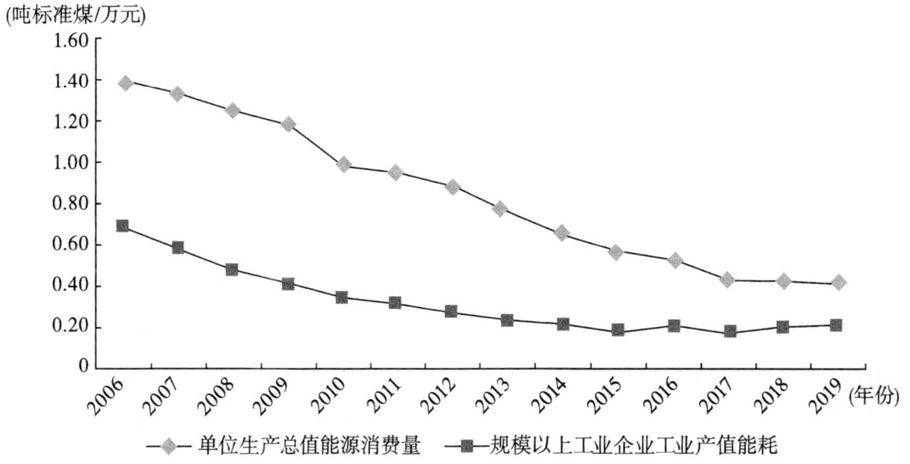

图 3－2　2006—2019 年重庆经济发展能源消耗情况

生态资源经济开发步履坚实、势头强劲，环保产业迅速发展。2015 年以来，重庆积极借鉴国内外先进经验，加快推进环境保护事业产业化，环保产业规模逐年扩张。截至 2019 年底，重庆市入统环保企业达 1414 家，其中 184 家环保企业被认定为高新技术企业，环保产业实现营业收入 1032.82 亿元，连续四年以平均 20% 的速度强劲增长（图 3－3）。生态资源旅游化、农业化、工业化多元产业化开发势头良好。生态旅游业品牌效应逐渐显现，中心城区持续放大美丽山水、8D 魔幻城市风貌亮点，成为热门网红旅游城市。渝东北三峡库区城镇群和渝东南武陵山区城镇群依托长江三峡、乌江画廊、秦巴山和武陵山森林资源，生态旅游观光、健康旅游、养生旅游、乡村旅游发展强劲。生态资源的农业化特色高效开发进程加快，优质高效粮油、柑橘、茶叶、中药材、生态种养等特色农业规模逐步壮大，品牌效应不断增强，市场知名度逐渐提高。截至 2020 年 7 月，重庆市已有 62 个农产品获国家地理标志认证，涪陵榨菜、奉节脐橙等品牌价值逐年升高。优势矿产、药材等资源的工业开发利用稳步推进，生物制药、清洁能源、特色矿产加工等产业加快发展。

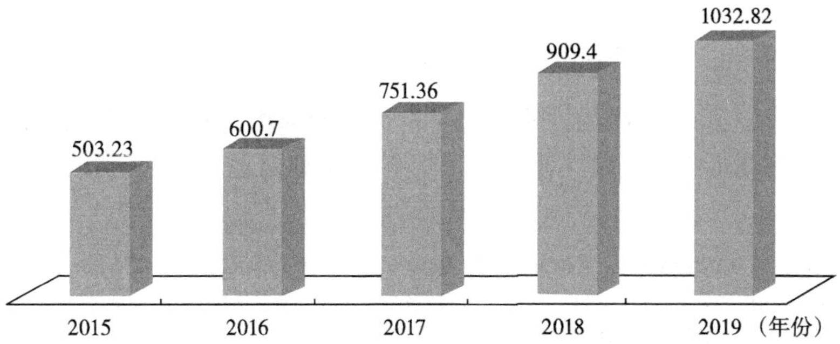

图 3－3　2015—2019 年重庆环保产业营业收入情况（单位：亿元）

3. 体制机制加快健全完善，“两化”发展的制度保障有力

党的十九大以来，重庆聚焦“生态优先、绿色发展”，大力推进制度创新和健全优化，“两化”示范发展的制度设计和要素支撑不断完善，制度动力稳步增强。

生态保护管理制度体系持续完善优化。2018—2020 年，聚焦生态修复建设密集出台一系列法规条例和规范性文件，生态环境保护的制度根基持续筑牢。初步建立全域覆盖的“三线四系一单”① 生态环境分区管控体系，“市级—区（县）—镇街—村社”四级河长制、“市级—区（县）”两级林长制持续健全，设立河长 1.7 万名，实现重庆市 5300 余条河流、3000 余座水库“一河一长”“一库一长”全覆盖，林长制试点范围从南岸区扩大到重庆市 15 个区（县）②。2020 年，重庆市长江流域 10 年禁捕制度正式实施。区（县）横向生态补偿机制不断完善，截至 2018 年 11 月，市域内流域面积 500 平方千米以上且流经 2 个及以上区（县）的 19 条次级河流，涉及的 33 个区（县）全部签订生态流域补偿机制。

自然资源资产产权制度体系加快建立健全。重庆于 2014 年正式启动碳排放权交易试点，是全国西部地区唯一参与全国碳市场联合建设的市，拥有西部地区首个全国碳市场能力建设中心——全国碳市场能力建设（重庆）中心。2020 年 4 月，发布《重庆市自然资源资产产权制度改革实施方案》，明确了健全自然资源资产产权体系、明确自然资源资产产权主体、开展自然资源统一调查监测评价等 9 个方面的主要任务，提出在 2020 年底基本建立归属清晰、权责明确、保护严格、流转顺畅、监管有效的自然资源资产产权制度。截至 2018 年底，重庆已有 197 家主要碳排放企业纳入碳排放权交易试点。截至 2020 年 5 月，重庆碳排放权交易试点累计成交量 1000 万吨，累计成交金额 5576 万元。

绿色金融加快发展。近年来，先后出台《重庆市绿色金融发展规划（2017—2020）》《加快推进重庆市绿色金融发展行动计划（2017—2018）》，绿色发展顶层设计不断强化。绿色金融的载体、组织、产品和服务日趋完善。围绕低碳产业发展、水资源保护两大领域，大力建设绿色产业园示范基地（两江新区）、长江水源涵养与保护示范区（万州区）两个绿色金融示范区，成功上线测试绿色金融大数据系统，2019 年 6 月成立了重庆银行业首家绿色支行——兴业银行两江绿色支行，正在积极争取国家气候投融资试点。

4. 初步建立起成渝地区双城经济圈生态合作机制

2018 年以来，尤其是 2020 年成渝地区双城经济圈建设上升为国家战略以来，川渝两地生态协同治理机制加快建立健全。2018 年，川渝两地环保部门签订《共同推进长

① 生态保护红线、环境质量底线、资源利用上线、制定生态环境准入清单。

② 主城区缙云山、中梁山、铜锣山、明月山“四山”涉及的江北区、沙坪坝区、九龙坡区、大渡口区、南岸区、北碚区、渝北区、巴南区以及联系紧密的江津区、璧山区、三峡库区和大巴山、七曜山、大娄山涉及的万州区、綦江区、巫山县、石柱县等 15 个区（县）探索开展林长制试点。

江上游生态环境保护合作协议》，在水污染联防联治、大气污染联防联控、危险废物跨省转移、环境执法、应急等方面建立8项合作机制，加强生态环境保护联防联控。2020年，两地生态环境、林业、气象、自然资源等部门密集签署多项合作协议，加快建立生态共建共保工作机制，组织开展多次联合行动，为成渝地区推进“两化”奠定了较好的基础（表3－1和表3－2）。

表3－1　2020年以来成渝地区生态协同治理签署的部分协议文件

序号	协议文件	签订部门和主要内容
1	《筑牢长江上游重要生态屏障助推成渝地区双城经济圈建设合作协议》	两地林业部门签订，共同实施长江“两岸青山·千里林带”等多项生态治理工程，共建长江千里林带
2	《深化规划和自然资源领域合作助推成渝地区双城经济圈建设合作协议》	两地自然资源部门签署，将在国土空间规划编制、区域经济布局等9个方面深入合作
3	《成渝地区双城经济圈建设水利合作备忘录》	两地水利部门签订，将在河流联防联控方面合作，共护长江母亲河
4	《成渝地区双城经济圈建设气象合作协议》	两地气象部门签订，共建一体化气象防灾减灾救灾体系
5	《深化川渝两地大气污染联合防治协议》	两地环保部门签订，开展大气污染联防联控、危险废物跨省市转移协同治理、环境联合执法
6	《危险废物跨省市转移“白名单”合作机制》	
7	《联合执法工作机制》	
8	《放射源安全监管跨区域合作协议》	
9	《跨省流域上下游突发水污染事件联防联控机制》	
10	《深化川渝两地水生态环境共建共保协议》	四川省生态环境厅、重庆市生态环境局签订，双方将进一步建立健全川渝两地协作机制，统筹推进流域水环境保护、水生态修复和水资源管理

表3－2　2019—2020年成渝地区生态环保部门联合行动概况

序号	行动依据	行动概况
1	《联合执法工作机制》	2020年4月1日以来，重庆市渝北区、江津区、合川区、永川区、大足区、潼南区、荣昌区、开州区、梁平区、城口县等区（县）与四川省泸州市、内江市、隆昌市、开江县、邻水县、安岳县等区（县）开展联合执法12次，检查企业100余家。这是重庆市和四川省启动首次环保联合执法行动
2	四川省内江市、泸州市生态环境局与重庆市永川区、荣昌区生态环境局签订的《大气污染联防联控工作协议》	2020年6月下旬，重庆市渝北区、永川区、合川区、荣昌区生态环境局会同四川省内江市、泸州市、广安市、达州市生态环境局，组成4个联动帮扶组，对重庆市渝北区、永川区、合川区、双桥经开区及四川内江等20余个毗邻区（县）域开展联合检查，突出VOCs检查重点行业10个、企业30余家，发现并移交涉大气环境问题线索23条

续表

序号	行动依据	行动概况
3	《危险废物跨省市转移“白名单”合作机制》	四川按照“白名单”直接审批61件申请转移到重庆处置的危险废物转移，共批准转移危险废物2.58万吨。重庆按照“白名单”直接审批3件申请转移到四川处置的危险废物转移审批，共批准转移危险废物435吨

资料来源：中国环境报 http：//huanbao. newssc. org/system/20200720/002966146. htm.

5. 生态试点示范工程稳步推进，“两化”示范项目引领强劲

广阳岛片区长江经济带绿色发展示范、国家“无废城市”试点、国家山水林田湖草生态保护修复工程试点等国家级引领性标杆性生态示范工程稳步推进，主城区“两江四岸”治理提升、缙云山生态修复等生态治理项目成效明显，积累了生态保护与经济发展双向互促、良性循环的有益经验，有利于重庆探索可在全国复制推广的经验，在西部乃至全国形成示范带动效应。

专栏3－1　广阳岛片区长江经济带绿色发展示范项目案例

广阳岛位于铜锣山、明月山之间，是重庆中心城区面积最大的江心绿岛，是长江干流的“生态宝岛”，自然景观独特、山水资源丰富、人文底蕴深厚。在广阳岛片区①开展长江经济带绿色发展示范，高起点高质量规划建设“长江风景眼、重庆生态岛”，是重庆探索产业生态化、生态产业化，推动“绿水青山”转为“金山银山”的具体行动，更是重庆在推进长江经济带绿色发展中发挥示范作用的核心引领。

一、广阳岛片区的六大示范

广阳岛片区主要从六个方面开展绿色发展示范：①在优化生产生活生态空间上作出示范，把好山好水好风光融入城市建设，打造高品质生态示范区。②在实施山水林田湖草生态保护修复上作出示范，系统实施“护山、理水、营林、疏田、清湖、丰草”措施，统筹推进一江两岸山体、水系湿地、消落区等治理保护。③在推进产业生态化、生态产业化上作出示范，积极发展绿色产业，打造绿色家园。④在践行生态文明理念上作出示范，坚持国际化、绿色化、智能化、人文化理念，将广阳岛打造成生态文明国际交流合作的重要平台。⑤在依法保护、依法监管上作出示范，坚持规划先行、立法先行，以法制为保障规划引领广阳岛片区的绿色开发。⑥在体制机制政策创新上作出示范，形成科学高效、运转有序的管理体制，积极探索开发建设新路径新模式。

① 2019年4月2日，国家推长办印发《关于支持重庆广阳岛片区开展长江经济带绿色发展示范的意见》。广阳岛片区以广阳岛为中心，东至南岸区界及江北区鱼嘴镇界，南至东西大道和南涪路，西至南岸区南山街道界、南山街道大坪村界以及江北区铁山坪街道铁山社区界，北至沪渝高速公路，面积约168平方千米。

二、广阳岛片区项目建设的主要举措

分类管控和实行生态保护负面清单：分为核心管控区、重点管控区和协调管控区，实行差别化管控。核心管控区，生态用地占比不低于80%，标志性景观建筑高度不超过70米，禁止土地出让和商业开发建设。重点管控区，严格控制建设用地规模、建筑高度和开发强度，禁止破坏广阳岛整体景观的活动。协调管控区，控制新建、改建、扩建建设项目的建筑高度，禁止有损生态文明建设和环境保护的活动。

推行“自然恢复+技术创新”生态修复模式。立足人与自然和谐共生，充分尊重自然，遵循自然规律。在生态修复中，坚持自然恢复为主、人工修复为辅。尊重“土宝贝”，栽种了大量慈竹、巴茅草、鸭跖草、黄葛树、乌桕、小叶榕等重庆土生植物，修复成本低、生态效应突出，岛上生物多样性更丰富、生物链更稳定。积极推进利用大数据工具实现生态修复的全方位可视化监管，成功打造长江上游生态屏障（重庆段）山水林田湖草生态保护修复工程试点信息管理平台和矿山生态修复管理系统平台，清楚掌握和可视化展示工程试点进度、效果，实现矿山生态修复申报、审批、查询、统计、交易、监管等“一张图”管理。2020年6月23日，国家长江办充分肯定了广阳岛片区“自然恢复+技术创新”的生态修复模式。

多元化投融资模式创新：2019年12月，由重庆市国资委出资成立注册资本金30亿元人民币的市属国有独资重点企业——重庆广阳岛绿色发展有限责任公司（以下简称公司），受重庆市政府委托承担广阳岛片区整体规划建设相关工作任务。公司加强与三峡集团、国家开发银行合作，积极争取央企资金和低息贷款支持。2020年8月，公司与长江环保集团（三峡集团开展长江大保护工作的实施主体）签订投资合作协议，合资成立了广阳岛生态环境建设公司，成功争取国家开发银行为广阳岛片区绿色发展示范项目提供低息贷款260亿元，有力保障了片区生态修复项目和生态基础设施建设资金需求。

资料来源：《在推进长江经济带绿色发展红发挥示范作用》，重庆日报，2020年9月30日

（二）重庆推进“两化”存在的主要障碍

遵循新时代绿色发展理念，对标“两高”发展目标和共同守护好成渝地区巴山蜀水美丽画卷新要求，重庆推动产业生态化、生态产业化还存在一些障碍和不足。

1. 坚定生态优先发展的工作责任意识不强

党的十八大以来，习近平总书记对生态文明建设提出了一系列重大思想观点，重庆有些区（县）在坚决贯彻落实相关重要指示上的工作责任意识还不强。一是对人与自然和谐共生的自然观认识不足。“道法自然”“不违四时”这些顺应自然保护自然的传统思想尚未充分被区（县）政府理解，在工作中被忽视。例如，重庆市开州区、城口县、彭水县等地方政府违反自然保护地管理规定，擅自侵占、甚至支持破坏生态资源开发建设房地产。二是对“良好生态环境是最普惠的民生福祉”的民生工作解决不到位。区（县）政府解决群众强烈反映的环境污染问题的能力不足。例如，潼南区先后在潼南工业园（北区）引进20个规划明令禁止的工业项目，导致园区环境问题突

出，群众反映强烈，特别是臭气扰民问题，2017—2019年群众举报多达625件，园区环境问题长期得不到有效解决。三是贯彻最严格制度、最严密法治、保护生态环境的工作力度还存在薄弱环节。例如，2016年重庆市政府及区（县）政府承诺严格按照第一轮中央环保督查要求开展整改工作，但是2019年第二轮中央环保督查发现，合川工业园区渭沱组团、江津硌璜工业园区均未按要求建成污水处理厂，秀山县电解锰企业锰渣场整改工作敷衍应对等整改不力问题。①

2. 推进“两化”的制度设计有待加强

重庆推进“两化”，统筹推进法律制度、政策引导、法治能力等制度设计是短板。一是生态法律体系有待完善。2017年3月修正的《重庆市环境保护条例》部分内容需要及时适应《中华人民共和国水污染防治法》（2017年6月修正）、《中华人民共和国土壤污染防治法》（2018年）、《中华人民共和国固体废物污染环境防治法》（2020年4月修订）等新要求。在司法实践中，惩治污染环境犯罪仍面临发现难、立案处罚难等困境。严管重罚的法治思想在实践中的约束力不够，重庆生态环境刑事案件中，大多处以数万元至几十万元罚金和1~2年有期徒刑，未对监管渎职采取严厉法治，未能突出严管重罚的思想。二是差异化的政策引导需要加强。推进“两化”不能搞“一刀切”，要树立区（县）级政府的差异化的政绩考核目标，要因地制宜、因势利导，形成差异化、特色化的政策引导。例如，支持“智造重镇”科技创新、绿色环保的产业政策效果有待提升，避免自然生态和人文资源之地的文旅融合、农旅融合、城旅融合等政策同质化竞争，提升传统农产品的生态附加值的农业政策激励和市场引导还不足等。三是需要从制度上增强法治能力建设。重庆在自然保护区管护、整治纳税大户企业的污染行为等方面，需要加强制度约束，提高法治能力。重庆农业野生植物原生境保护区管护还存在短板②。区（县）政府对治理“三线一单”范围内的医药化工、冶金等高污染企业［往往是区（县）财政的纳税大户］的硬约束力度不够。重庆市域内的土壤耕地重金属污染治理和流域水污染生态修复需要长期不懈努力。总体来看，重庆需要从制度设计上加强“两化”的保障。

3. 推动高质量发展的基础工作还比较薄弱

在贯彻落实“共抓大保护、不搞大开发”的长江大保护战略决策中，重庆需要进一步夯实高质量发展的基础。一是经济发展优先于生态保护的思想基础还未全面彻底改变。先污染后治理、以牺牲生态环境为代价换取经济利益的工作思路还普遍存在，自查改正的工作力度有待加强。二是产业发展的生态基础还比较弱。生态农业发展方

---

① 生态环境部网站，中央第四生态环境保护督察组向重庆市反馈督察情况，2020年5月9日，http://www.mee.gov.cn/xxgk2018/xxgk/xxgk15/202005/t20200509_778512.html.

② 市农业生态站开展农业野生植物原生境保护区情况调研，2019年9月9日，重庆市农业生态与资源保护网，http://www.cqnync.cn/cqhjz/details.aspx? topicId=746850&ci=3807&psi=86.

面，重庆虽然“三品一标”[①] 农产品 4783 个，总产值 196.55 亿元[②]，但是“三品一标”农产品产值仅占重庆市农林牧渔业总产值的 9.6%。农业面源污染治理基础工作欠缺，城乡干部群众对治理农业面源污染是心有余而力不足，农业面源污染防治投入不足、补贴政策不完善，农业面源污染监管力度不够，农业面源污染基治理适用技术不多[③]。水产养殖尾水直排、化肥农药减量工作不严不实、部分污水处理厂长期高负荷运行等因素对次级河流水环境的影响比较大。中国科学院研究显示，以重庆为代表的四川盆地的粮食耕地土壤重金属污染总体上处于轻度和中度状态[④]。农药化肥对农田土地的污染很严重，土壤物理化学成分无法满足生态绿色农产品的生产条件。传统产业生态化转型方面，重庆与沿海省（市）相比，产业内部结构欠优，产业生态化发展水平还不高，绿色发展指标与发达地区仍有较大差距。国家统计局、国家发展改革委、原环境保护部、中央组织部对 2016 年各省（自治区、直辖市）生态文明建设情况进行了 2016 年生态文明建设年度评价，从评价排名看，重庆市绿色发展评价指数在长江经济带处于中游水平（表 3-3）。三是建设绿水青山就是金山银山的样板还比较少。长江流域水生态涵养带退耕还林、长江上游特有鱼类多样性保护、三峡库区重要支流鱼类资源恢复、长江防护林建设、天然林保护、国家储备林基地建设等绿色生态屏障建设与国家生态战略目标还有比较大的差距。总结 2018 年和 2019 年的国土绿化提升行动工作，针对长江及主要支流两岸，重庆还存在造林绿化质量不高、生态屏障功能脆弱等问题[⑤]。从 2017 年到 2020 年 9 月，生态环境部公布了四批 88 个“绿水青山就是金山银山”实践创新基地，重庆仅武隆区和南岸区广阳岛入选，远远少于四川[⑥]和贵州[⑦]的入选数量。

表 3-3　主要地区绿色发展评价指数

地区	资源利用指数	环境治理指数	环境质量指数	增长质量指数	绿色生活指数
江苏	86.89	81.67	84.04	82.1	79.71
湖北	86.07	82.28	86.86	73.48	70.73
浙江	85.87	84.84	87.23	82.33	77.48
甘肃	85.74	75.38	90.27	70.65	69.29

① “三品一标”是政府主导的安全优质农产品公共品牌，即无公害农产品、绿色食品、有机农产品和农产品地理标志，是传统农业向现代生态绿色农业转变的重要标志。

② 重庆将培育发展一百七十个“三品一标”产品，2019-05-06，http://www.moa.gov.cn/xw/qg/201905/t20190506_6288433.htm.

③ 重庆市人大农业与农村委员会.关于重庆市农业面源污染防治情况调研报告，2018 年 11 月 26 日市五届人大常委会第七次会议，http://www.ccpc.cq.cn/home/index/more/id/214338.html.

④ 中国粮食主产区耕地土壤重金属时空变化与污染源分析，环境科学，2018(10).

⑤ 重庆“绿水青山”渐成“金山银山”，重庆日报，2020-01-10。

⑥ 四川省巴中市恩阳区、巴中市平昌县、九寨沟县、稻城县入选。

⑦ 贵州省兴义市万峰林街道、赤水市、贵阳市乌当区、贵阳市观山湖区入选。

续表

地区	资源利用指数	环境治理指数	环境质量指数	增长质量指数	绿色生活指数
云南	85.32	74.43	91.64	70.45	68.74
上海	84.98	86.87	81.28	93.2	80.52
重庆	84.49	79.95	89.31	78.49	70.05
四川	84.4	75.87	86.25	72.97	68.92
湖南	83.7	80.84	88.27	77.38	69.1
陕西	82.84	78.69	82.41	74.41	69.5
贵州	80.64	77.1	90.96	71.67	69.05

数据来源：在国家统计局网站《2016年生态文明建设年度评价结果公报》。

4. 推进成渝双城经济圈“两化”发展的工作有待深化

重庆和四川共建经济圈，合力打造区域协作高水平样板是落实国家重大战略落地的必然要求。但是两地在协同推进成渝地区高水平发展的基础工作方面还处于起步阶段。一是尚未推动产业链绿色化、智能化、一体化发展，围绕汽车、电子信息、装备制造、生物医药等重点产业补链成群、提升产业链安全性、高端化升级、一体化发展等的合作尚未启动。二是生态环保联建联治工作层面还不高，两地合作机制主要集中在重庆的区（县）和四川的市之间，尚未上升到国家部委、四川省、重庆市多方工作机制层面。三是合作方法有待加强，双方生态环境部门组织开展联合执法和交叉执法行动时，在专项防治行动中，使用信息化方式方法还有待加强。

5. 促进区域“两化”发展的省际政府合作基础还比较薄弱

重庆的“两化”建设，不能只是重庆的单打独斗，更需要在省际政府的共同主导下，建立广泛的区域合作机制和利益协调机制，实施有效的建设行动。目前来看，有效推进“两化”的跨区域政府合作机制还存在较大的难度。一是沿长江大区域生态产业走廊建设缺乏统筹规划，且任务重、跨区域跨流域合作难度大，生态联保机制需要加快建立。二是带动西南片区生态产业协作、产业生态合作，仅有合作协议，缺乏利益协调机制和制度约束机制。三是长江上游地区城市之间的发展水平差距较大，进而形成不对等的绿色产业和保护生态的政策博弈。

三、“十四五”时期重庆“产业生态化、生态产业化”示范发展思路

“十四五”时期，我国生态文明建设将实现新进步，生产生活方式绿色转型成效显著，能源资源配置更加合理，利用效率大幅提高，为到2035年广泛形成绿色生产生活方式，基本实现美丽中国建设目标奠定坚实基础。重庆将深入贯彻习近平总书记对重庆提出的营造良好政治生态，坚持“两点”定位、“两地”“两高”目标，发挥“三

个作用”和推动成渝地区双城经济圈建设等重要指示要求，推动山清水秀美丽之地建设取得重大进展，生产生活方式绿色转型成效显著，能源资源利用效率大幅提高，生态文明制度体系不断健全，生态环境持续改善，城乡人居环境更加优美，长江上游重要生态屏障更加巩固①，为到2035年基本建成山清水秀美丽之地，成为经济强、百姓富、生态美、文化兴的现代化重庆奠定更加坚实的基础。

（一）发展思路

深入贯彻党的十九大和十九届二中、三中、四中、五中全会精神，按照“五位一体”总体布局，深入践行新发展理念，围绕构建产业生态化、生态产业化为主体的生态经济体系，加快落实市委市政府决策部署，坚持生态优先、绿色发展，立足生态资源禀赋，厚植生态优势，遵循“在发展中保护、在保护中发展”的原则，以供给侧结构性改革为主线，加快推动传统产业改造升级，实现绿色低碳发展；积极探索建立生态产品价值实现机制，加快推动生态资源科学合理利用，让绿水青山产生巨大的经济效益；加快建立健全生态文明要素市场体系，促进“生态+”技术创新和模式创新，推动一、二、三产业融合发展，形成“产业生态化、生态产业化”共生发展的生态经济发展新局面，推动重庆山清水秀美丽之地建设取得重大进展，有力支撑重庆在长江经济带绿色发展中发挥示范作用，加快建设国际化、绿色化、智能化、人文化现代城市。

按照上述思路设计，应遵循以下原则。

生态优先，绿色发展。积极践行生态文明理念，把生态建设和环境保护放在首位，统筹处理好经济发展、生态保护和环境治理的关系，加强生态保护和环境治理，积极探索产业生态化和生态产业化的绿色发展新模式，实现生产、生活、生态和谐发展，推动形成绿色低碳的生产生活方式，走人与自然和谐发展之路。

创新驱动，提升发展。把创新作为核心驱动力，积极培育产业生态化和生态产业化的新产业、新业态、新模式，逐步做大产业生态化和生态产业化增量。积极采用先进适用技术，普及节地、节水、节能和减排的生产模式，推进资源能源循环化、集约化和节约化利用，促进既有产业走生态化发展道路，并通过“生态+”的模式，积极探索生态产业化发展之路，逐步优化产业生态化和生态产业化存量。

彰显优势，融合发展。依托重庆强大的产业基础，以生态工业、生态旅游业、绿色物流业、生态康养业、生态农业等产业为重点，打破业态及产业发展边界，促进重庆一、二、三产业融合发展，积极培育发展“生态+”“科技+”“互联网+”等新业态、新模式、新产业，满足人民对美好新生活的新需要。充分发挥重庆的生态优势，挖掘生态潜力，促进生态优势向产业优势转变，加快构建产业多元、形式灵活、市场

① 中共重庆市委关于制定重庆市国民经济和社会发展第十四个五年规划和二〇三五年远景目标的建议．重庆日报，2020-12-03.

竞争力强、带动区域经济发展效果好的融合发展模式。

优化布局，集约发展。要坚持尊重自然、顺应自然、保护自然的发展规律，设定并严守资源消耗上限、环境质量底线、生态保护红线，按照“蓄蓝、增绿、保黄、控红、留白”的空间管控思路，科学确定生态空间、农业空间和发展空间，实现生产空间集约高效、生活空间宜居适度、生态空间山清水秀①，努力建设成为人与自然和谐共处的美丽家园。推进产业向园区集中，人口向城镇集中，土地向适度规模化经营集中，形成布局合理，生产、生活、生态组团有序发展的空间格局，促进重庆产业发展的生态化和高质量化。

统筹规划，分步推进。要加强对重庆产业生态化、生态产业化示范的统筹规划、战略布局等顶层设计，在经济发展与生态保护中找到结合点，既立足当前稳增长，又着眼长远可持续，形成以点带面、点面结合、全面推进生态经济发展的格局。鼓励探索创新和试点先行，凝聚各方共识，实现重点突破，总结推广经验，积极稳妥、扎实有序推进产业生态化、生态产业化工作，促进重庆高质量发展。

市场主导，政府引导。坚持发挥市场在资源配置中的决定性作用，更好地发挥政府作用，建立政府、企业、社会组织、公众等多元主体共同参与的互利共赢模式，使产业生态化、生态产业化成为市场主导、自然发展的过程，成为政府引导、科学发展的过程。建立产权明晰、透明公开、公平公正的生态资源产业化交易市场，制定生态产品和服务的统一标准规范，实行标准化生产和全过程化控制②。加大税收、金融、法制等相关手段和政策引导，促进企业自觉参与到生态产业与可持续发展中。

（二）发展目标

1. “产业生态化、生态产业化”目标体系

根据《中共中央办公厅、国务院办公厅关于印发〈生态文明建设目标评价考核办法〉的通知》（厅字〔2016〕45号）要求，参考国家发展改革委、国家统计局、环境保护部、中央组织部制定的《绿色发展指标体系》和《生态文明建设考核目标体系》，借鉴国内学术学者关于“产业生态化”和“生态产业化”的测度评价研究的思路和结论，分析认为实现产业生态化重在加强因产业发展而产生的污染防治，提高全过程资源能源利用效率，生态产业化重在加强自然生态系统保护修复，促进生态系统功能价值转化为生态经济价值。因此，本文从资源利用、污染防治、生态保护、经济效益四个维度进行考量，构建起涵盖24个指标的“两化”目标体系，全面评价“两化”发展质量（表3－4）。

① 莫神星、张平，新型城镇化绿色发展面临的几个重要问题及应对之策，兰州学刊，2020(11)

② 江泽林，乡村振兴战略中的产业生态与生态产业，中国经贸导刊，2018(03).

表 3－4 “产业生态化、生态产业化”发展目标体系

一级指标	二级指标
资源利用	单位 GDP 能源消耗（吨标准煤/元）
	单位 GDP 用水量（吨/元）
	农田灌溉水有效利用系数
	单位 GDP 建设用地面积（%）
	一般工业固体废物综合利用率（%）
	农作物秸秆综合利用率（%）
污染防治	单位 GDP 工业废水排放量（吨/元）
	单位 GDP 二氧化碳排放量（吨/元）
	单位 GDP 二氧化硫排放量（吨/元）
	单位耕地面积化肥使用量（千克/公顷）
	单位耕地面积农药使用量（千克/公顷）
	空气质量优良率（%）
	工业污水集中处理率（%）
	环境污染治理投资占 GDP 比重（%）
生态保护	重要江河湖泊水功能区水质达标率（%）
	湿地保护率（%）
	森林覆盖率（%）
	新增矿山恢复治理面积（公顷）
	流域生态补偿金额（亿元）
经济效益	战略性新兴产业增加值占 GDP 比重（%）
	旅游产业年产值（亿元）
	大健康产业年产值（亿元）
	“三品一标”农产品年产值（亿元）
	碳排放权交易额（亿元）

2.“十四五”时期重庆“产业生态化、生态产业化”示范发展的目标体系

到 2025 年，全域现代化生态产业体系初步构建，经济产业发展实现绿色化、高质量，生态资源利用实现集约化、高效益，“产业生态化、生态产业化”发展制度逐步完善且运行有效，率先将生态优势转化为经济社会发展优势，示范引领长江经济带绿色发展的作用初步发挥。到 2035 年，建成高质量、高效益的现代化生态产业体系，形成更加成熟、更加有效的“产业生态化、生态产业化”发展制度体系，资源利用高效、污染防治有力、生态保护严格、经济效益显著，成为示范引领长江经济带绿色发展的区域标杆（表 3－5）。

表3-5 重庆市“产业生态化、生态产业化”示范发展目标体系

一级指标	二级指标	2019年参考值
资源利用	单位GDP能源消耗（吨标准煤/万元）	0.407
	单位GDP用水量（立方米/万元）	32.4
	单位GDP建设用地面积（%）	24.9（跟2015年比）
	一般工业固体废物综合利用率（%）	73.54
污染防治	单位GDP工业废水排放量（吨/万元）	0.954
	单位GDP二氧化碳排放量（吨/万元）	0.000 89
	单位耕地面积农药使用量（千克/公顷）	2019年农药使用量1.65万吨
	空气质量优良率（%）	86.6
	工业污水集中处理率（%）	城市生活污水处理率94%
	环境污染治理投资占GDP比重（%）	1.99
生态保护	重要江河湖泊水功能区水质达标率（%）	饮用水源水质达标率（100%）/纳入国家考核的42个监测断面水质达到或优于三类的比例为97.6%
	森林覆盖率（%）	50.1
	新增矿山恢复治理面积（公顷）	—
	流域生态补偿金额（万元）	流域横向生态补偿资金共9691.8万元
	居民对生态环境质量的调查满意度（%）	—
经济效益	战略性新兴产业增加值占GDP比重（%）	战略性新兴制造业增加值分别增长12.6%和11.6%，分别高于重庆市平均水平6.4个和5.4个百分点，增加值占重庆市规上工业的比重分别达到19.2%和25.0%
	旅游产业年产值（亿元）	旅游总收入5739
	大健康产业年产值（亿元）	1580
	“三品一标”农产品年产值（亿元）	2018年，重庆市有效期内“三品一标”产品总产值196.55亿元
	碳排放权交易额（万元）	2014年至2020年5月底，重庆市碳排放权交易试点累计成交量1000万吨，累计成交金额5576万元①

① 碳市场让重庆能源转型与经济发展并进,《中国能源报》,2020-07-13.

专栏3-2 目标体系构建说明

一、目标体系构建思路

立足重庆市“产业生态化、生态产业化”的基础和所面临的环境，围绕“十四五”时期的示范发展重点方向，特别是应对碳达峰后的稳步减排要求，参照“产业生态化、生态产业化”目标体系，以新发展理念为指导，兼顾产业发展和生态保护，经济结构和综合效益，充分考量重庆市情特征和数据指标可获得性，从资源利用、污染治理、生态保护、经济效益四大维度，构建形成“十四五”时期重庆“产业生态化、生态产业化”示范发展的目标指标体系。

二、目标体系构建原则

前瞻性和可操作性相结合。设计规划目标时，既要对未来发展趋势有科学精准的判断，也要注意指标数据的可量化、可获取和纵向横向可比。

问题导向和目标导向相统一。在考虑重庆市“十四五”时期“产业生态化、生态产业化”的示范发展方向重点的同时，又要结合当前的短板和问题，突出指标的导向和激励作用。

与上位规划相衔接。选取指标时参考全国、长江经济带、重庆市的生态环保规划、绿色发展规划等关于“两化”方面的指标。

三、目标体系指标选择

遵循目标体系构建思路和基本原则，最终确定4个一级指标20个二级指标，涵盖重庆“十四五”期间推动“产业生态化、生态产业化”的示范发展重点任务。各级指标设置具体考虑如下。

资源利用。该维度主要衡量“产业生态化”导向下重庆市资源能源的综合利用情况，重在引导节约集约、循环高效利用。下设4项指标中，单位GDP能源消耗、单位GDP用水量、单位GDP建设用地面积三项指标是衡量重庆市“十四五”时期，单位产出的主要能源、水、土资源投入情况；一般工业固体废物综合利用率主要衡量工业领域固废物回收再利用情况，旨在倡导资源的循环高效利用，提高生产全过程资源利用率。

污染防治。该维度主要衡量“产业生态化”导向下为保持提升环境质量而采取的污染防治措施及效果。下设6项指标中，单位GDP工业废水排放量衡量工业污染水量排放情况，对应“产业生态化”下的水体环境质量改善；单位GDP二氧化碳排放量衡量因产业转型升级、能源结构改变带来的二氧化碳排放情况变化，是我国碳达峰行动的重要内容；单位耕地面积农药使用量衡量单位耕地上有污染危害的农业投入品使用情况，旨在考察土壤环境质量；空气质量优良率衡量对空气污染排放的治理情况，旨在考察空气环境质量；环境污染治理投资占GDP比重则衡量地方政府及全社会在环境污染治理方面的重视程度和投入情况。

生态保护。该维度主要衡量“产业生态化”导向下重庆对自然生态系统的保护力度、保护效果以及保护意识。重庆生态尤以山水见长、享誉世界。因此，生态保护水平选择以下5项指标，其中，重要江河湖泊水功能区水质达标率衡量自然环境水体质量和保护程度；森林覆盖率衡量山体、森林等生态系统保护和国土绿化实施效果；新增矿山恢复治理面积是立足重庆老工业基地的市情，衡量重庆推动生态修复的力度和效果；流域生态补偿金额衡量各级政府对流域生态系统的重视程度和保护力度；居民对生态环境质量的满意度是定期开展调查，了解居民对本地自然生态和环境质量是否满意。

经济效益。该维度主要衡量“产业生态化”导向下经济结构优化，因生态带来的经济效益。下设5项指标中，战略性新兴产业增加值占GDP比重衡量通过产业结构优化为资源环境承载减压的程度；旅游产业年产值、大健康产业年产值、“三品一标”农产品总产值则衡量生态产业发展情况，代表将生态系统功能价值转化为市场经济价值的能力；碳排放权交易额是通过建立碳排放权市场交易体制应对碳达峰的重要举措性指标，体现生态环境转变为经济效益的制度性探索。

四、推动重庆“产业生态化、生态产业化”的战略任务

（一）突出转型升级，大力发展绿色制造业

1. 加快推进传统工业体系绿色升级

针对重庆市现有制造业基础，在汽车摩托车、材料、生物医药、消费品、农副食品加工等传统制造业中加强试点示范与典型模式的推广应用，普及数字化设备，打造智能工厂，促进传统制造业与大数据、移动互联网深度融合，实现制造过程智能化、绿色化升级。

推动信息管理系统集成应用，加强试点示范与典型模式的推广应用。加强政府引导支持，推进智能制造和智能服务试点示范与典型模式推广应用。实施一批绿色制造示范项目，打造一批具有示范带动作用的绿色工厂和绿色供应链。积极参与国家试点示范，支持和引导企业申报国家智能制造试点示范、智能制造综合标准化与新模式应用项目。强化市级智能制造试点示范，加大数字化车间和智能工厂建设力度，进行市级数字化车间和智能工厂试点认定。通过总装企业的智能制造应用示范，带动配套企业实现智能化应用。促进智能应用，加强在智慧城市、智慧园区、智慧教育、智慧商圈、智慧社区建设中信息化产品的创新应用，促进智能产品的场景建设。

普及数字化装备。引导企业更新数字化装备或利用智能化技术改造非数字化装备。广泛开展“机器换人”行动，深入实施智能制造工程，加快制造业生产过程智能化改造。积极部署在线监测系统，推进生产设备、制造的系统集成和互联互通，推进制造设备、生产线、制造车间之间的系统集成和互联互通，建设一批具备信息深度自感知、智慧优化自决策、精准控制自执行能力的智能工厂。引导重点企业开展智能工厂建设，支持汽车生产、电子信息制造业企业智能化升级。围绕轻工、纺织、化工、钢铁、有色、建材、民爆等领域，加快智能制造核心装备的引进培育力度，引导企业应用先进制造技术，提高装备保障能力和制造水平。

大力推进制造业与大数据、移动互联网深度融合。全力推进制造业信息系统集成融合、云化改造和迁移，形成企业级、行业级全环节制造信息数据链或生态，提升工业软件企业对智能制造系统解决方案供给能力，推进企业数字化和网络化，实现智能化升级。推进平台化、网络化升级，大力发展软件与工业 APP。开展大规模个性化定制，面向生产制造全过程、全产业链、产品全生命周期等发展网络化协同制造和远程运维服务。推进互联网、大数据、人工智能等先进技术在企业研发设计、生产制造、物流仓储、经营管理、售后服务等关键环节的深度应用。

构建工业经济循环产业链。推动企业间、行业间、产业间废弃物或副产物交换利用，促进产业循环链接。深度布局重庆市化工产业循环经济园区，促进危化品装置搬迁改造和退城入园。农产品加工行业重点利用稻壳、米糠、麦胚、麸皮等副产物生产稻壳碳、米糠油、米糠蛋白、玉米油、麦胚油、膳食纤维等，利用皮毛、内脏、血液等副产物生产医药、生化产品等，利用酒糟、废液、果渣、茶渣等生产饲料、有机肥料等。煤电行业重点加强粉煤灰和脱硫石膏的利用，构建煤电—粉煤灰—建材、筑路、建筑工程，发电—脱硫石膏—建材及装饰材料等产业链。建材行业重点发展基于建筑废弃物生产绿色建材，在水泥、混凝土、墙体材料和机制砂石等产品中提高消纳产业废弃物能力，利用农作物秸秆等农林剩余物以及废旧木制品发展生物质建材。

2. 大力发展绿色制造业

按照绿色、循环、低碳发展要求，利用先进生态技术，培育发展资源利用率高、能耗排放少、生态效益好的新兴产业，重点发展节能环保、清洁生产、清洁能源、新能源汽车等绿色工业①。

大力发展节能环保产业。大力发展节能环保产业集群。积极引进或加快培育龙头企业，壮大经营主体数量。加快中小微型创新性环保产业企业培育。积极发展污水和污泥处理设备、大气污染防治设备（产品）、固体废弃物收运处理设备、环境修复和环保服务业，打造国内重要的节能环保装备研发生产基地。积极突破节能环保关键技术，引导企业加大对环保关键技术的研发投入力度。重点实现环境污染治理、环境监测、生态保护与修复、再生资源综合利用等节能服务技术突破和节能装备（产品）制造、环保装备（产品）制造、资源综合（循环）利用等节能装备制造技术突破，力争把重庆打造成为全国甚至国际市场重要的固废处理技术、装备及服务供应基地。注重产业聚集，以提升大渡口环保科技产业园等专业产业园的基础设施水平、服务水平等为重点，加快环保产业集聚，积极引进重大、重点环境保护项目。

大力发展清洁生产产业。加大清洁原辅材料利用。大力发展无毒、无害原料替代

① 2019 年，国家发展改革委、工业和信息化部、自然资源部、生态环境部、住房和城乡建设部、中国人民银行、国家能源局联合印发了《绿色产业指导目录（2019 年版）》，规定绿色产业共分为节能环保、清洁生产、清洁能源、生态环境产业、基础设施绿色升级和绿色服务六大类。由于本文通篇整体性需要，本节仅从工业层面阐述工业的产业生态化。

使用和危险废物治理、生产过程废气处理处置及资源化综合利用。推进热电联产提供能源。促进使用低毒低害和无毒无害原料，降低产品中有毒有害物质含量。注重生产过程清洁化改造。鼓励企业采用化学需氧量、二氧化硫、氮氧化物、重金属污染物削减等先进适用技术实施清洁化改造，推进源头预防和减少污染物产生。大力开展生产过程的循环改造，鼓励使用节水和废水处理处置装置，加大生产过程废渣处理处置及资源化综合利用力度。加强工业产品绿色设计及制造。大力推进工业产品绿色设计示范试点，鼓励企业设计开发具有无害化、节能、环保、低耗、长寿命和易回收等特性的绿色产品。

大力发展清洁能源制造。风电装备方面，大力发展新能源与清洁能源装备制造。继续发挥海装风电、重庆 ABB 等龙头企业的带动作用，在继续做大做强风电装备、电力装备等基础上，积极发展页岩气装备等能源装备，壮大重庆市能源装备规模。建立大型风电装备绿色设计平台。光伏制造方面，以万州大全新能源公司为龙头，带动太阳能需要多晶硅、硅片和组件的研发及制造。加大引进先进太阳能电池及部件智能制造项目。氢能装备制造方面，力争在制氢、氢气储运、燃料电池及燃料电池汽车、加氢站建设、相关零部件与设备制造等方面形成完整产业链。页岩气装备制造方面，以较好的仪器仪表制造基础，依据行业技术标准带动相关装备制造，研发高质量产品，进入页岩气产业装备市场。

大力发展新能源汽车、绿色船舶制造。大力发展新能源汽车。重点完善新能源汽车“大小三电”及氢燃料电池等环节，补齐智能网联汽车的智能感知元件、自动驾驶系统、网联终端等领域的短板。推进纯电动、混合动力、增程式、燃料电池多元发展，促进新能源汽车技术升级。大力引进技术领先的新能源乘用车，包括家庭轿车、新能源 MPV 等项目；提升发展新能源商用车，包括轻客新能源物流车、新能源公交客车、新能源专用车。重点引进和支持企业开发续航里程长、充电时间短、安全性能高的中高端新能源汽车产品，使产品质量技术达到国内先进水平。积极探索氢能源汽车、太阳能汽车的研发以及公交客车领域的推广应用。加快推进燃料电池研发。大力发展汽车电子，重点突破汽车电子芯片、车载视觉、激光雷达、毫米波雷达和智能底盘等关键基础技术研发。大力发展绿色船舶制造。依托重庆船舶工业公司、特种船舶、中国船舶重工集团公司等骨干企业，从船型、节能、材料多方面优化绿色船舶设计理念，加大绿色船舶制造技术研发。优化船舶节能减排技术，加快液化天然气/液化石油气运输船等产品产业化步伐。重点研发新型公务执法船、排污打捞船、特种产品运输船、内河豪华旅游船、大型豪华游艇等特种船舶。

（二）加快推进服务业产业生态化，大力发展绿色服务业

1. 引导生活性服务业向精细化、高品质、绿色化方向转型升级

顺应品质生活需求和消费升级趋势，降低资源和能源消耗强度，引导生活性服务

业向精细化、高品质方向转型升级，重点推进零售批发、餐饮住宿、旅游等行业服务主体生态化、服务过程清洁化、消费模式绿色化，推动商业模式创新，增加服务有效供给，提升服务质量水平，不断满足人民日益增长的高品质消费需求。

大力发展生态旅游业。深度挖掘区域生态资源禀赋，探究全域深厚的历史人文底蕴，充分研究文化历史、自然地理、人文特色等因素，深度挖掘最具特色、最有影响力的旅游资源，培育最具区域特色的旅游精品，推动“旅游+”纵深发展，构建全域生态旅游格局，打造国际一流生态旅游目的地。以渝东北、渝东南为重点，充分挖掘生态资源，推动康养、避暑、休闲等多层次生态产品供给。渝东北重点推动长江三峡自然景观带与秦巴山生态人文景观带融合联动发展，构建横跨秦巴、穿越三峡、贯通平原与盆地、串联黄河与长江的多自然风貌、多人文风情的世界级旅游经济廊道。渝东南突出“神奇武陵风光，隽秀乌江画廊”等自然生态和“土家族苗族风情、淳朴古镇边乡”等渝东南民俗文化，推动渝东南武陵山城镇群生态旅游资源一体化开发利用，加快大仙女山、乌江画廊、武陵仙乡、世外桃源、黄水林海、边城古镇主题旅游区开发，将武陵山生态民俗旅游带打造为自然生态与民族风情相融合的生态民俗旅游目的地。

促进旅游业生态化发展。注重景区开发建设与资源环境保护相结合，深入推进旅游和文化、自然资源、生态环境、市场监管等相关部门协同联动的全域旅游综合管理体制建设。加快推进绿色景区建设，推行绿色出行，扩大景区新能源车辆使用比例。建设立体化旅游交通网络，做靓景区旅游环线和连接线，打造景区间体验式交通和慢行系统。利用信息化手段全面提升旅游服务水平，深化景区景点互联网、物联网设施设备建设与应用，建设智慧景区（旅游度假区），实现智能导游、电子讲解、在线预订、信息推送等功能全覆盖，推进无纸化游览。严格落实景区垃圾分类收集和运输，用新科技、新玩法培养游客垃圾分类的意识，引导游客进行垃圾分类。深入推进“厕所革命”，提升旅游景区、交通沿线、旅游辐射地、商业街区等厕所的建设和管理标准化水平。

推进其他生活性服务业生态化发展。推进行业管理信息化，鼓励企业建立以信息技术为核心的企业内部管理信息系统、销售时点管理系统等信息系统，大力推广传统服务企业的清洁生产审计、ISO14000 环境管理体系认证、环境标志认证。对于商贸业，重点推动品质升级、业态创新，引导现代化高端商贸要素集聚，培育壮大服务消费、绿色消费和信息消费等新兴消费市场，引导城乡商贸市场均衡优质发展。大中型贸易市场或商场应当推进连锁经营、建设绿色市场、建立市场废弃物回收再生利用机制、扩大绿色标志或环境标志产品的比例、使用可降解塑料袋、推行包装简单化和绿色化、使用节能电器和节水器具等。利用大数据、物联网等新一代信息技术，全流程优化商品生产、流通与销售各环节，积极发展新零售。对于住宿、餐饮业，继续深入推进绿色饭店、绿色餐厅、绿色酒店、“绿色客房”创建工作。鼓励饭店、酒店采用更多节能建筑，推广节能、节水、节材理念，提高从业人员节约意识，鼓励小份菜、奖励打包等餐饮消费行为。推进行业管理信息化，鼓励企业建立以信息技术为核心的企业内部管理信息系统、销售时点管理系统和掌上电脑点菜系统等信息系统，以信息技术改造提升传统餐饮娱乐业。对于居民服务业，运用移动互联网、物联网等现代信息技术，提升居民服务和管理水平，推进居民服务规模化、标准化、品牌化发展，构建集日常监管、突发事件应急处置和远程视频督察、养老、物业等于一体的智能社区。加快优化和完善城市社区物流配送网络，打造社区商业电子商务平台和便民服务网，同时实现其与医疗、交通、养老、社区服务等公共服务平台的资源共享、互通。

2. 专业化、高端化打造绿色服务等生产性服务业

推动生产性服务业向专业化、高端化拓展，突出高技术、创新型服务模式，大力发展节能环保服务、环境检测及治理、绿色金融等绿色服务业，推进交通运输业、物流业等传统生产性服务业创新升级，有效提升重庆生产性服务整体质量和竞争力水平。

大力发展节能环保服务业。加快培育一批具有系统设计、成套设备集成、工程施工、调试运行和运营能力的环保服务企业，推行环保服务总承包和环境治理特许经营，开展环境污染第三方治理，发展环境投资、环境修复、环境监理、环境标志产品认证、环境金融等新兴环保服务业。对公共建筑、公共机构和各类企业采用合同能源管理，实施节能改造，开展能源审计和“节能医生”诊断。打造集咨询设计、工程承包和运营管理的“一站式”节能服务模式，推动节能评估、节能审核、能源计量审查、碳排放核查、节能低碳产品认证和能源管理体系认证等新型节能服务业。

大力发展环境检测及治理服务。加大大气环境、水环境等领域环境监测技术研发及技术服务力度。针对火电、钢铁、水泥、玻璃、炼焦等排污对象的污染物（重金属、有机物、汞、二氧化碳等），重点研发空气与烟气重金属监测产品。加强颗粒物离子成分、有机碳无机碳成分、元素成分、光吸收、光散射特征的测量。聚焦固废资源循环利用、环境修复、环境检测、污水治理、烟气治理等行业领域，优化要素资源配置，加快绿色产业发展。聚焦固废资源循环利用、环境修复、环境检测、污水治理、烟气治理等重点领域，优化要素资源配置，大力发展环境检测及治理的绿色服务业。

大力发展绿色金融业。支持设立绿色发展基金，鼓励符合条件的机构发行绿色债券等产品。大力推动重庆资源与环境交易所、重庆环境保护产业股权投资基金等环保投融资平台发展。探索发展环保设备设施的融资租赁业务，引导融资租赁、资产证券化、信托公司加大对环保企业的融资支持。积极推动“绿色信托”，制订信托计划，向投资者发售获得资金，以股权或债权的形式投入环保企业，环保企业则将所获资金投入具体环境保护项目，并履行监管职责。充分利用重庆环保产业股权投资基金，推动园区企业发展。

提档升级交通运输及物流业。推进运输节能改造。推进货运车型标准化工作，淘汰老旧不合规车辆，推广安全高效、技术先进、绿色环保的先进货运车型，推广动厢式化、轻量化、标准化货运车辆。大力推广集装化运输，鼓励汽车整车物流企业探索多式联运等先进运输组织模式。大力发展轨道交通，提倡更多使用电动车和混合动力车辆等形式的现代绿色交通工具。建立绿色物流体系。大力投入使用绿色物流技术与设备，贯彻执行运输、装卸、仓储等环节的绿色标准，研发推广“绿色、低碳、环保”的包装，打造智慧物流大数据平台、多式联运智能化应用工程，建立绿色物流体系。推动物流标准化建设。大力发展现代物流模式，在物流节点、交通枢纽（节点）、大宗货物集散地等区域，新建和改造提升一批集运输仓储、分拣包装、信息和金融服务等功能为一体的物流园区。提速共用托盘标准化试点，积极推进共同配送业务发展。

（三）大力发展现代山地特色高效农业

着力转变农业资源利用与生产发展方式，推动农业发展由粗放经营向可持续发展转变，由数量增长向质量效益同步增长转变，由资源消耗和物质要素投入向科技创新和劳动者素质提高转变，走资源节约、环境友好、产品安全、产出高效的现代农业发展道路。

1. 以供给侧结构性改革为重点，建立现代山地特色高效农业体系

优化现代山地特色高效农业生产布局。主城片区在保护好“四山”生态屏障和水域生态廊道的前提下，重点发展林果花卉和都市观光休闲农业。渝西片区围绕城郊现代特色效益农业，建设一批生态高效的标准化农产品生产基地。渝东北片区合理开发大山区、大库区的独特资源，依托峡江山水等资源，重点发展生态农业、生态旅游等特色生态产业。渝东南片区突出民族地区扶贫开发和特色经济发展，发挥山区资源多样性的优势，重点发展山地特色农业，培育高山避暑纳凉、乡村生态休闲、民俗文化旅游等特色优势产业。

以调整粮经作物面积比为重点调整种植业结构。促进农业结构不断优化升级，粮经作物面积比调整到2∶3。大力发展特色水果、茶叶、中药材等特色经济作物，新增改造200万亩以上。

以特色生态养殖为重点调整畜牧业结构。统筹考虑种植和养殖规模，以及耕地、林地、草地等资源承载能力，妥善处理好畜牧业生产和环境保护的关系，推进以草食牲畜为重点的畜牧业结构调整。科学合理确定养殖密度，适度调减生猪生产，发展牛羊兔等草食牲畜，蜜蜂、家禽等特色生态畜牧业，优化畜产品供给结构，形成规模化生产、标准化养殖、集约化经营的畜牧业发展格局。

2. 以生态资源利用为重点，推进产业提档升级

合理利用生态资源、特色产业发展优势。加强粮食生产功能区、重要农产品生产保护区和特色农产品优势区建设。充分利用山、水、林、湖、草等生态资源和人文历史资源，重点发展柑橘（脐橙、晚熟柑橘、柠檬等）、榨菜、生态渔业、草食牲畜、中药材、茶叶、调味品、蜜蜂、木本油料、脆李、龙眼、烟叶、蚕桑等特色种养业，加快构建多品种、小规模、精品化的特色产业发展新格局。打造一批优势、特色生态产业区，建设以奉节、万州、忠县、开州、云阳为核心的长江三峡柑橘产业带，在石柱、南川等重点区（县）建设一批 GAP 道地中药材基地，建设南川、永川等中高山有机茶叶产区。

适度开发农业多种功能。以忠县、南川、潼南、梁平等农旅融合试点区（县）为重点，打造农旅融合示范基地，加快培育一批生态游、乡村游、观光游、休闲游、农业体验游等农旅融合产业。开发农业农村生态、旅游和民俗文化资源，保护具有民族文化特色的乡村风貌，发掘和保护重要农业文化遗产，传承农耕、民族文化，支持建设具有民族特点的地域，具有历史特色的景观旅游村镇。

3. 以生态治理修复为重点，推进资源持续利用

推进生态综合治理。实施“千年良田”工程，成片推进耕地宜机化改造和规模化推进高标准农田建设，强化耕地质量等级调查与评定，有序推进坡耕地水土流失综合治理，提高土壤生态水平，增加土地肥力。大力实施石漠化治理、国土绿化、植树造林等工程。统筹推进流域水生态保护与治理，开展长江干支流域、长寿湖等江河湖库农业面源污染综合防治。开展渔业资源环境调查，加大增殖放流力度。

大力发展节水农业。因地制宜推进中型灌区续建配套、节水改造，加快节水农业发展，加强小型农田水利建设，完善田间节水设施设备，推广抗旱节水品种、深耕深松、智能灌溉水肥一体化、循环水养殖等技术。到 2022 年，新增改善灌溉面积 1066.67 平方千米，发展高效节水灌溉面积 573.33 平方千米，农业灌溉水有效利用系数达到 0.646。

实施化肥和农药零增长行动。坚持化肥减量提效、农药减量控害，化肥、农药使用量实现零增长，利用率保持在 40% 以上。发展高效缓（控）释肥等新型肥料，提高肥料利用效率；实施测土配方施肥，提高有机肥施用比例。集成推广种肥同播、化肥深施等高效施肥技术。强化源头治理，加强对农药使用的管理，规范经营主体农药使用行为。

推进农业废弃物资源化综合利用。推进病死畜禽无害化处理和粪污综合利用，配套建设畜禽粪污治理设施；推广、示范农作物秸秆基料化、肥料化、饲料化、能源化和原料化等新技术。推广、示范旱作农业技术应用，推进可降解或加厚农膜研发和应用示范；开展残膜、农药包装废弃物等生产资料回收利用、收集处理，建设一批废旧农膜等生产资料回收加工网点或收集处理系统。

4. 以种养业协调发展为重点，推进生产方式转变

大力推广间（套）作。因地制宜推广、示范复合型生态种植模式，科学利用耕地资源，促进耕地种养结合。重点推广玉米—大豆间（套）作；推广果园生草栽培，重点推广果园种植豆类作物和豆科牧草。

鼓励生态循环种养。推进现代饲草饲料产业体系建设，引导发展以青贮玉米为主的优质饲草料种植，全面提高种植比较效益。加大对“粮改饲”的扶持力度。统筹考虑种植和养殖规模，以及土地资源的消纳能力，推进发展种养结合的生态循环农业。推广稻渔共生、稻鸭共生、鱼菜共生等综合种养技术新模式，示范稻田综合种养技术。

全面推行农业标准化生产。实施“质量兴农”先进标准专项，制定严于国家、行业标准的企业标准，培育发展农产品团体标准，实现一个品牌一套保障农产品质量安全的生产技术规范或操作规程。强化标准转化应用，积极推广标准化生产技术，强化全程质量控制，不断增加绿色、有机的生态农产品供给。

（四）推进“产业生态化、生态产业化”先行示范

统筹生态、生产、生活三大空间，坚持生态优先、绿色发展，加强生态保护与修复，筑牢长江上游重要生态屏障，扎实推进“产业生态化、生态产业化”，促进经济社会朝着绿色高质量发展，建设人与自然和谐共生的现代化社会。

1. 打造全域生态文明示范空间

构建“一岛两江四岸四山”城市生态大格局。一是构建城市生态治理格局。坚决贯彻“共抓大保护、不搞大开发”方针，系统推进广阳岛与“两江四岸”“四山”的融合，形成“一岛两江四岸四山”的重庆主城生态大格局和主骨架，不断向市民提供更多优质的生态产品。加快推进广阳岛片区长江经济带绿色发展示范建设，精心打造“长江风景眼、重庆生态岛”。二是筑牢长江上游重要生态屏障。支持“一岛两江四岸四山”的生态保护与修复，强化生态环境保护与修复科技的创新供给，聚焦广阳岛生态修复、两江岸线消落带修复等重大环境问题，打造三峡库区、长江经济带山水环境综合治理样板。全面推行林长制，持续推进“两江四岸”治理、“四山”保护，大力实施“两岸青山·千里林带”工程，持续提高重庆市森林覆盖率。三是持续改善生态环境质量。强化实施河湖长制，把修复长江生态环境摆在压倒性位置，推进江河湖库、左右岸、干支流协同治理，提升生态系统质量和稳定性。坚持山水林田湖草系统治理，实施一批水土保持、水源涵养、生物多样性保护等重大工程，提升生态安全屏障治理。强化企业污染防治主体责任和公众参与的主动性，加快构建多元共治、多元共享的“一岛两江四岸四山”治理体系。

构建三峡库区绿色示范生态空间。一是健全多维政策支撑。从流域视角精准优化库区（流域）治理范围，精准划定生态红线，精准完善“生态补偿＋环境审计＋环境税收＋环境影响评价”多维政策支撑。推动渝东北三峡库区城镇群绿色高质量发展，推动适宜发展区域土地集约使用、产业集聚发展、人口集中承载，支持万州及渝东北地区探索三峡绿色发展新模式，打造“三峡绿色新区”。二是构建库区GEP核算评价体系。以三峡库区生态保护为重心，建立库区“正面清单＋负面清单”双清单制度，探索库区生态产品交易制度，打造高质量绿色发展的制度环境。三是构建三峡库区多

层次风险地图。推进“三峡库区绿色发展试点示范区”建设，积极探索与四川、贵州、陕西等在乌江、嘉陵江等跨域干支流流域开展生态经济合作、生态精准补偿、流域精准扶贫等协同发展，打造共建、共治、共享的生态治理格局。

2. 构建绿色产业发展示范生产空间

推进农村产业空间绿色转型。一是完善生态全产业链。因地制宜发展气候经济、山上经济、水中经济、林下经济等，把空气变财气、青山变金山、绿水变富水、林地变宝地。打造特色村镇，以特色生态农产品为基础，构建乡村现代生态产业的全产业链。突出新旧共生，激活农村破旧、闲置农房资源，创新经营模式，发展民宿、农旅等新业态，打通城乡资源流转通道。二是大力发展新产业新业态。推动农村一、二、三产业融合发展，做大做强农副产品，培育发展农业龙头企业，加快发展休闲农业、乡村旅游、农村电商等新产业新业态。推进智慧农业建设，加快大数据、智慧气象等现代技术在农业领域的应用。三是加快建设农业现代化示范区。深入推进农业供给侧结构性改革，加快发展现代山地特色高效农业，推进农业品种、品质、品牌建设，建设农业现代化示范区，提升农业发展质量效益。

夯实绿色工业生产空间。一是推进制造业高质量发展。深入推进大数据、智能化发展方向，加快高新技术产业发展和传统产业转型升级，发挥生产空间优势，培育具有国际竞争力的先进制造业集群，推动制造业高质量发展。强化绿色发展的法规和政策保障，支持绿色技术创新，推进清洁生产，发展环保产业，推进重点行业和重要领域绿色化改造。二是统筹要素资源配置。推进西部陆海新通道建设，突出重庆运营中心与进出口货物集散地的中心作用，将整个长江经济带的产业资源、交通运输资源、国际贸易资源作为统一体通盘考虑。三是严控污染行业进入标准。深入开展质量提升行动，提升产业链、供应链现代化水平，实施产业基础再造工程和产业链水平提升工程，推进破除“化工锁江”，筑牢绿色生产空间。

推进生态服务业生产空间。一是推动一、二、三产业融合发展。加快推动现代服务业与现代农业、先进制造业深度融合，强化市场主体服务供给，推动生产性服务业向专业化、价值链高端延伸，推进现代服务业数字化进程。二是推动生活性服务业向高品质和多样化升级。加强公益性、基础性服务业供给，促进现代服务业高质量发展。加快内陆国际金融中心建设，提升金融服务实体经济能力，推进服务业标准化、品牌化建设。三是推动人工智能等信息技术与传统产业融合发展。利用人工智能、大数据、物联网等新兴技术，对传统服务产品和行业进行效能提升，形成智慧旅游、智能物流、智能共享等新兴生态服务业。

3. 构建城乡融合发展示范生活空间

推动高品质城乡生活空间重构。一是加快以人为核心的新型城镇化进程。优化完善城镇体系，做强中心城区，建好郊区新城，促进现成扩容提质，建设一批特色小城镇，促进大中小城市和小城镇协同发展。落实城市更新行动，推进城市生态修复、功能完善工程，全面提升城市经济品质、人文品质、生态品质、生活品质，加快建设国际化、绿色化、智能化、人文化现代城市。二是推进城乡要素互联互通。坚持多元化、多样化发展导向，带动特色城乡空间重构，打通城乡交通、物资、信息等流通环节，构建高效、一体化的城乡发展空间。推进城乡公共设施和公共服务一体化发展，加强城乡教育均等化，加快建成覆盖城乡养老、医疗保障体系，健全和完善新型农村合作医疗制度。三是推进城乡融合示范空间建设。统筹生产、生活、生态、安全需要，优化“多规合一”的国土空间规划体系，突出“江城”“山城”特质，打造绿色示范、结构优化、产城融合的城乡融合发展示范空间。

推动农村绿色生活空间建设。一是推进脱贫攻坚与乡村振兴有效衔接。坚持农业农村优先发展，推动实施乡村振兴战略，实现巩固脱贫攻坚成果同乡村振兴的有效衔接，绘制农村美、农业强、农民富的美好图景。探索城乡融合发展体制机制和政策体系，鼓励城市资金、技术、人才等投入乡村振兴实业，推动形成工农互促、城乡互补、协调发展、共同繁荣的新型工农城乡关系。二是推进农村生产生活绿色发展。开展农村绿色、创建活动，强化点源污染源头防治，将污染防治精准到“点”，加强园区良性集聚，实现产业集群式、链条式、配套式绿色发展。三是推进生态环境治理和保护。强化土壤污染风险管控和修复，大力推行农药化肥减量行动和农业生产废弃物资源化利用行动，大力发展循环经济，加快构建废旧资源利用体系，推行垃圾分类和减量化、资源化。深化重点领域、重点流域水污染防治，全面实行排污许可制，梯次推进城乡黑臭水体治理。

专栏 3-3　重庆市“生态产业化、产业生态化”重点项目基本情况

一、广阳岛生态系统保护修复工程

广阳岛位于重庆主城南岸区段长江江心，市委、市政府认真贯彻共抓大保护、不搞大开发的方针，调整广阳岛原规划300万平方米的开发建设，规划以点带面建设山清水秀美丽之地，依托广阳岛建设长江生态文明创新实验区。

目标定位：坚定贯彻新发展理念，着眼长远，高起点高标准高质量抓好长江经济带绿色发展示范建设，融入生态、经济、生活元素，精心打造“长江风景眼”“重庆生态岛”，建设宜居宜业宜游的现代城区。通过广阳岛生态建设项目，以广阳岛片区开展绿色发展示范为契机，带动长江上游其他地区探索各具特色的生态环境与经济社会协调发展的新路径和新模式。同时，以广阳岛片区为代表的长江上游绿色发展示范区，通过与长江中、下游其他示范地区的统筹协同，形成全流域绿色发展大格局。

主要做法：发布《广阳岛片区规划实施方案》《关于加强广阳岛片区规划管理的决定》等政策文件，划定山体、水系、绿地系统、景观视线通廊，严控建设规模和开发强度，房地产开发用地全部取消，岛内公共建筑规模不超过20万平方米；实施自然恢复、生态修复，广阳岛生态保护修复迈上法治化轨道，进一步增强了“生态岛”规划的刚性约束。系统推进岛内山水林田湖草生态保护修复，重点开展岛内土地修复和绿化提升，加大生态绿化护岸、岛

周湿地和水土的保护力度，开展森林抚育，改造纯木林、低效林，构筑广阳岛生态保护屏障。

二、两江四岸核心区整体提升实施工程

两江四岸核心区由包含长江、嘉陵江交汇区域的朝天门—解放碑片区、江北嘴片区、弹子石—龙门浩片区围合而成，整体提升后对于推动成渝地区双城经济圈建设，推动国际化、绿色化、智能化、人文化现代城市建成具有重要意义。

朝天门将会被塑造为“山水之门、人文之门、开放之门”：塑造“山水之门”方面，逐步恢复消落区生态自然驳岸，在朝天门广场补植高大乔木；塑造“人文之门”方面，恢复部分老码头及历史场景，保护历史遗存；塑造“开放之门”方面，改造朝天门广场下部建筑空间，局部恢复巴渝河街意向。此外，提升滨江岸线品质，贯通洪崖洞—朝天门—湖广会馆三点的多层沿江步道，提升岸线景观，设置公共休闲空间。活化历史文化资源，原址保护修缮千厮门明清城墙遗址公园、朝天门宋城墙遗址博物馆，恢复望龙门缆车功能。

江北将会被雕琢为“记忆之城、未来之城”：利用江北嘴自身独特的资源优势，打造生态担当、文明承载、城市彰显的空间载体。恢复5000米水岸生态，实施江北嘴大台阶生态化改造，优化景观小品。打造特色主题景点，重点打造莺花渡、金沙火井、三台九趣、故城觅踪、长嘉汇流五大景点，以及芦花捣衣、潮音观澜、鹞岩揖城、三洞影月、七门玉带等特色景观，通过山城步道串联五大景点、特色景观与公共建筑。

南岸将会被打造为城市会客厅：重点选择观览山城江城美景的最佳区域，将弹子石广场至慈云寺滨江地带整体打造为1300米城市会客厅。迁建城市规划展览馆，更新改造钟楼广场片区，规划建设开灯仪式广场，建设市民活动中心；打造弹子石—海棠烟雨公园滨江山城步道。重点打造黄葛晚渡公园等节点，以高科技等手段展现黄葛晚渡等巴渝文化场景；策划实施“开灯仪式”，以城市会客厅为主要的点灯和观礼场所，以滨江广场等作为重要观礼点，依托“山、水、桥、城”特色元素进行精心设计。

（五）强化“产业生态化、生态产业化”的创新支撑

1. 强化绿色技术研发创新

围绕绿色低碳循环发展方向，加快相关绿色技术研发并积极推广，促进产业加快生态化改造，强化产业生态化技术支撑。

强化绿色技术研发。围绕清洁生产、节能环保、清洁能源、城市绿色发展、城乡绿色基础设施、生态保护与修复、生态农业等领域①，前瞻性布局一批研发项目，重点实现清洁生产、废弃物循环利用、污染处理等关键共性技术、前沿引领技术、现代工程技术、颠覆性技术突破和创新，突破关键材料、核心工艺、工业控制装置、仪器设备的技术瓶颈，自主研发一批拥有知识产权、国内外先进的关键核心绿色技术，切实提升绿色技术水平。

① 重庆市发展和改革委员会、重庆市科学技术局关于印发《重庆市构建市场导向的绿色技术创新体系的实施方案》的通知，重庆市人民政府公报，2020-03-20.

加大绿色技术推广力度。围绕推动产业生态化，在生产方面推广零排放、零污染技术，实现资源完全循环利用。利用绿色技术加大农业、制造业等产业的改造力度，减少排放量，提升循环经济水平。生活方面大力推广节能产品，鼓励发展节能建筑，加大利用循环技术改造提升余热利用水平。支持政府和企业采购本地企业生产的首套绿色技术装备，推动绿色装备加快发展。围绕解决环境中存在的突出问题，在清洁、低碳、循环等技术领域，重点选择一批技术推广，并明确推广模式、技术重点以及阶段性目标。加大财税支持和绿色金融支持力度，推动绿色技术全面推广。

2. 加大生态资源利用技术创新力度

将生态资源科学合理地转化为经济效益，加大生态资源利用技术和生态修复技术的研发创新，实现更高水平的生态利用和生态修复，为广大老百姓增加更多的生态福祉。

强化生态资源利用技术研发。进一步强化对水资源、森林资源、负氧离子等生态资源的综合利用和研发创新，促进生态资源科学有效利用。围绕生态产业发展的技术需求，支持由有实力的龙头企业牵头，在生态农业、资源综合利用、能源消纳、中药大品种二次开发利用、文化传承、重点文物保护与旅游服务等领域，开展新产品、新设备、新技术的研发与集成创新，促进关键核心技术攻关与产业化。

强化生态修复技术创新。围绕实现绿水青山，重点推进生态系统调查评价技术与装备、工程建设技术与装备、化学处理方法与技术、生物处理方法与技术、生态修复效果评价技术等国土空间生态修复技术创新。在国家技术指导准则下，加快形成一批指导实践的基础理论和共性关键技术，积极参与国家国土空间生态修复工程技术创新体系与标准制定，发挥技术创新对山水林田湖草生态修复的支撑作用。

3. 强化生态技术研发创新平台支撑

围绕推动绿色技术和生态资源利用技术创新，加快各类绿色技术创新平台建设，强化技术创新合作，促进“产业生态化、生态产业化”的技术创新成果转化利用。

建设一批生态技术研发平台。围绕环保技术、生态资源利用技术等方面，强化政产学研合作，加快建设一批创新平台，聚焦“产业生态化、生态产业化”技术创新关键领域，持续强化创新。在绿色技术领域加快培育一批国家、市级工程研究中心、技术创新中心、科技资源共享平台等创新平台（基地），并建立评估考核激励机制和动态调整机制。选择适宜地区建设基础性、长期性野外生态观测研究站等科研监测观测网络，推动各类绿色技术创新平台（基地）向社会开放共享，并主动向全社会发布并持续动态更新绿色技术研发成果。市级科技计划项目向绿色技术创新基地平台倾斜。

强化生态技术创新合作。积极与国内外节能环保技术公司合作，在关键技术研发、技术人才培育、节能环保技术推广等方面开展深度合作，推动生态技术研发水平尽快提升。进一步提高对绿色技术的研发能力和水平，强化对外部的技术成果、技术资源的选择、消化以及吸收能力，积极创新绿色技术产品在研发试验、生产制造、营销服务等相关环节的管理方式。进一步发挥人才资源的优势，加快健全政产学研用协同攻关的体制机制，强化与科研院所的联动，不断推动生产技术尽快实现新陈代谢，保证企业研发生产的绿色技术创新成果实现高效快捷应用。

4. 推动业态、商业模式创新

结合未来发展趋势，积极培育生态展示、生态权益交易等业态和商业模式创新，增强"产业生态化、生态产业化"示范发展动力。

培育生态展示。"产业生态化、生态产业化"可以通过生态展示产生更多的间接效益。通过召开区域生态发展大会或论坛，开展生态展示和体验等新模式，延伸价值链，进一步提升生态产业化的附加值。在生态旅游、文化创意、康养等领域选取一批生态产业化示范项目，通过参与体验、观光旅游以及会议论坛等方式，开展生态产业化成果展示，争取纳入市级、国家级示范，带动本地及周边地区加快生态产业化进程。

培育生态权益交易。生态权益交易可以让更多无形生态资产实现市场价值。探索研究生态权内涵及认定办法，科学设定生态权交易机制，开展生态权交易试点。鼓励市场主体和个人将生态资源股份化入股，参与到生态旅游、美丽乡村、特色小镇等项目中，在项目运营产生效益后，通过分红等方式获得收益。依托重庆良好的森林资源，加大碳汇交易试点，将农民和集体经济组织的森林资源设计成碳汇项目上市交易，鼓励纳入碳排放权交易市场的重点排放单位购买林业碳汇，使老百姓在保护好森林的同时获得市场化的森林生态效益补偿。

（六）构建"产业生态化、生态产业化"发展体制机制

健全的体制机制是"产业生态化、生态产业化"发展的重要助推器。重点是探索产业与生态协同发展机制，建立健全生态资源市场化改革与分配制度，完善生态补偿和生态产品评估机制，建立生态环境监督管理体制。

1. 探索产业与生态协同发展机制

构建生态与经济社会和谐共生的产业体系。融合空间布局、产业发展、城市建设、港口岸线建设、沿水景观打造，推进生态保护、环境治理、水资源合理利用一体化，推动生产、生态、生活"三生融合"，建立起生态与经济社会和谐共生的产业体系。

推动产业与生态"两化"融合。建立健全严格的生态环境标准体系，推进产业结构升级，推进长江两岸企业技术改造、各类工业园区循环化改造，构建起生态、循环的现代工业体系；将生态优势转变为产业（经济）优势，通过充分利用各类生态资源，促进生态旅游业、绿色金融等现代服务业发展。

建立产业项目负面清单管理制度。充分发挥市场和政府的作用，引导市场经营主体积极开拓技术产业市场和开发生态、绿色产业。

建立区域协同与联动机制。通过长江经济带各省市区域合作，建立区域协同和联动机制，实现山、水、林、田、湖、草等跨区域污染治理、生态保护与修复。耕地、

能源、水能等跨区市场交易，协同解决生态问题，共谋生态经济发展。

2. 建立健全生态资源市场化改革与分配制度

推进生态资源市场化。既要按照市场规律配置生态资源，激发市场主体活力，又要推进市场化管理。要激发市场主体活力。深化环境税费制度、资源环境价格改革，综合运用土地、财税、金融、人才等多种政策，调动地方积极性，引导各类市场主体参与生态环境建设。要健全市场化管理制度。建立健全初始分配制度，规范排污权、用能权、碳排放权等管理；拓展碳市场功能，深化碳排放交易试点；全力推行排污许可证制度；加快推行污染第三方治理和合同能源管理等市场化模式。

深入实施农村集体产权制度改革。全面深化农村“三变（资源变资产，资金变股金，村民变股民）”改革，以山地生态农业为支撑，借鉴渝北区“双十万工程”的经验，推进“三社（农民专业合作、供销合作、信用合作）”“三位一体”融合发展，成立村级生产互助农业股份合作社，内设生产合作、供销合作、资金互助“三部”，实行现代股份制运营，形成“三社”融“一社”、“一社”统“三部”的新型经营组织形态，推动资源变资产、资金变股金、农民变股东，从而带动农民增收、产业增效、生态增值。

搭建生态资源产权及产品交易平台。试点探索水权、排污权、生态标志产品、碳汇等市场交易平台，建立健全流域生态补偿管理与合作平台。重点是建立农村集体生态资源产权交易平台体系，健全重庆市、区（县）农村产权交易平台，建立乡镇农村产权流转交易中心和村级服务站点，提高农村要素资源利用率。搭建生态产品交易平台，大力发展生态资源要素交易，建立森林碳汇、碳交易所，发展绿色金融等。

大力发展市场认可的产品认证制度。将生态资源优势转化为产业优势，丰富生态产品供给。积极开展绿色食品、有机产品等生态产品认证；积极对接国家有关部门，开展有机产品认证示范区创建，启动创建市级有机产品认证示范区。

3. 完善生态补偿和生态产品补偿与评估机制

完善生态补偿机制。坚持“谁受益、谁补偿”的原则，建立健全重庆市场化的区域联动的生态补偿机制。在空间方面，统筹建立并实施双城经济圈及周边地区“三线一单”生态环境分区管控制度，积极争取并建立跨流域跨区域的横向生态补偿长效合作与投入机制。在方式方面，推动以政府主导与市场主体相结合，促进长江流域、保护地区与受益地区通过产业转移与园区共建、资金补偿与对口协作等多种方式建立横向补偿关系，探索开展产权交易、生态扶贫、绿色投资等多样化补偿方式。在渠道方面，创新生态补偿融资方式，在国家和地方财政转移支付资金的基础上，争取设立长江流域生态补偿专项基金，建立长江流域生态补偿“资金池”。在范围方面，拓展生态补偿范围，加大对重点区域生态补偿力度。

建立生态产品价值评估机制。生态产品的价值包括生态资本价值、产品使用价值、增加就业价值、政绩激励价值和经济刺激价值等，通过市场交换和政府补偿等方式实现。探索建立生态产品价值评估机制，重点从生态产品服务价值（使用价值）和生态产品交换价值两个方面进行核算，从而使生态价值能够清晰量化，也能使生态产品有序定价，满足产品交换所需。

建立生态产品价值实现机制。建立政府主导、企业和社会各界参与、市场化运作、可持续的生态产品价值实现机制。其价值实现的路径主要有市场路径、政府路径、政府与市场混合型路径。实现方式包括公共支付补偿、生态产权市场交易、贸易计划与保护银行、捆绑物质性产品销售等。

4. 建立生态环境共建共保和监督管理体制

强化生态共建和环境共保。构建以长江、嘉陵江为主体，其他支流、湖泊、水库、渠系为支撑的绿色生态走廊。统一环保标准，深化大气污染联防联控，加强跨界水体环境治理，加强土壤污染及固废危废协同治理。

建立生态环境监督管理体制。强化排放主体责任。参照国际先进水平，制定最严格的节能环保、污染排放地方标准，并严格按标准执法；加大污染源在线监测推广力度，推进生态环境监督市场化；加强节能环保执法力量，推进环保执法体系全覆盖，从而形成政府、企业、公众共治的环境治理体系。强化管理主体责任。建立完善环境督查与环境审计、生态损害赔偿等制度措施，严格落实党政同责、一岗双责、终身追究等制度，落实林长制、河长制、湖长制等推进措施，建立考核奖惩机制，重点对环境损害、资源消耗、生态效益等指标进行考核。强化社会监督。加大政府和企业环境信息公开力度，引导、鼓励社会公众和社会团体主动参与监督，建立企业环境信用体系。

五、保障措施

加快推进绿色认知普及，强化融资能力、人力引进和重点项目支撑能力，将“生态+”融入经济社会发展各方面，将生态优势转化为发展动能，推动经济社会高质量发展。

（一）提升绿色认知和行为

大力倡导绿色生产消费，强化企业绿色消费责任，提倡生产及使用节能环保家居产品，加大绿色环保产品的生产和开发力度。广泛开展绿色生活行动，引导城乡居民形成勤俭节约、绿色低碳、文明健康的消费和生活方式。深化实施垃圾分类，注重垃圾分类投放、分类收集、分类运输、分类处理全流程系统化管理的智能化建设。继续倡导“光盘行动”，提倡绿色餐饮消费。围绕“绿色生产、绿色包装、绿色流通、绿色经营、绿色消费”全产业链环节，加大媒体宣传力度，加快树立社会绿色消费理念，积极培育形成绿色生态文明价值观。积极探索生态文明实践模式，加快开展绿色示范县、示范社区（镇村）、示范企业（家庭）等创建工作，建立健全多元共治机制。

（二）建立健全组织保障

建立由常务副市长主持的工作联席会，市发展改革和市生态环境局双牵头的工作推进小组，制定重庆“产业生态化、生态产业化”相关规划以及行动计划，在产业规划、科技保障、试点示范等方面开展相关工作。加快编制全域产业生态化和生态产业化“十四五”规划纲要，制定绿色产业目录清单，根据生态绿色发展规划纲要和绿色产业目录制订行动计划。设立以绿色发展为核心的政绩考核体系，在区（县）中试点推行新的考核评估办法。建立产业生态化水平评价指标体系，做好关于产业生态化的落实、规制和评估，为政府不断改进和完善产业生态化进程提供真实的反馈。全面接受社会监督，接受主流媒体的监督，更好地发挥新媒体的监督作用。畅通民意通道，通过搭建互动交流平台，鼓励媒体和公众参与重庆市生态经济体系建设。

（三）提升要素保障水平

创新人才培育机制。高标准实施“英才计划”，探索建立绿色发展人才培育和发展机制，在大文旅产业、现代农业等生态绿色发展领域加快绿色科技人才培养，制订专项发展计划，推进高层次绿色发展人才快速集聚。依托市内高等院校和科研院所，加大绿色发展领域创新型人才和应用型人才培育，加大市外高层次人才引进力度。鼓励在渝科研院所与市外绿色发展先进技术、相关科技机构开展合作，联合培养绿色发展人才。

拓展资金来源渠道。建立长江流域横向生态补偿机制，设立长江流域生态保护修复基金，推动国家绿色发展基金向重庆倾斜。推动设立分别负责基础设施建设、智能化改造、生态保护修复、国有资产经营、土地一级开发和城市特许经营的招商引资和投资建设事项的公司主体。进一步加大财政转移支付力度，加强农村公路、水利、市政等基础设施和教育、卫生、养老等公共服务设施建设。鼓励和引导各类新型金融机构来重庆设立分支机构，加快发展中小金融机构。落实国家鼓励社会投资的政策措施，拓展 PPP 模式投资规模和范围。大力发展绿色金融，鼓励金融机构发行绿色债券，引导符合条件的绿色企业发行绿色企业债券和公司债券。

（四）加强重点项目储备

围绕“产业生态化、生态产业化”示范发展，建立重大项目储备库，制定和落实产业禁投清单，策划和实施一批促进绿色发展的重大项目，并纳入年度投资计划和三年滚动计划，推动重大项目纳入国家重大项目储备库。支持国家重点生态功能区实施三峡库区后续污染治理、生态修复项目、生态防护林建设、国家储备林基地建设等重大生态环保工程建设，强化区域水污染治理和支流水生态保护。支持重庆开展渝东北三峡库区、秦巴山区、渝东南武陵山区重要生态系统保护与修复工程试点。

（五）强化法律制度保障

加快完善生态环境保护、资源能源利用、循环经济发展等重点领域的市级立法工作，完善各部门的规章制度，加强政府对企业生态化的服务监管。组织修订《重庆市环境保护条例》，把生态建设、生态修复、绿色产业发展，以及国家级生态保护区、广阳岛生态区等重点生态功能区纳入法律保护范围。加大环保监管执法力度，推进环境监管网格化管理，对污染环境、浪费资源、破坏生态等违法行为实行"零容忍"。出台相关政策鼓励企业、科研机构在产业工艺和流程等环节加大创新，积极在生产、销售、消费各个环节推广产业生态化成功经验。完善自然资源产权制度，以环境承载为上限，清晰界定产权边界，完善土地权、林权、水权等规章制度。

参考文献

[1]马克思．1844年经济学哲学手稿[M]．中共中央党校出版社,2014.

[2]恩格斯．自然辩证法[M]．人民出版社,1984.

[3]中共中央宣传部理论局．新中国发展面对面[M]．学习出版社、人民出版社联合出版,2019.

[4]陆根尧,盛龙,唐辰华.中国产业结构生态化水平的静态与动态分析:基于省际数据的实证研究[J].中国工业经济,2012(3):147－159.

[5]赵丹阳,佟连军,郭付友．基于结构调整视角的吉林省产业生态化发展[J]．应用生态学报,2016,27(9):2933－2940.

[6]张国俊,王钰晗,庄大昌.广州市产业结构生态化时空演变特征及驱动因素[J].地理研究,2018,37(6):1070－1086.

[7]陈洪波．构建生态经济体系的理论认知与实践路径[J]．中国特色社会文化研究,2019(4):55－62.

[8]陈效兰．生态产业发展探析[J]．宏观经济管理,2018(6):60－62.

[9]张云,赵一强．环首都经济圈生态产业化的路径选择[J]．生态经济,2012(4):69.

[10]文传浩．努力在推进长江经济带绿色发展中发挥示范作用[N]．重庆日报,2019－08－29(15).

[11]李杨杰．现代生态产业体系的业态划分及空间布局初探[J]．重庆三峡学院学报,2020(4):36.

[12]中共中央文献研究室．习近平关于社会主体生态文明建设论述摘编[M]．中央文献出版社,2017.

[13]尚二萍,许尔琪,张红旗,等．中国粮食主产区耕地土壤重金属时空变化与污染源分析[J]．环境科学,2018(10):280－293.

[14]赵童,王琳琳,刘微．重庆“绿水青山”渐成“金山银山”,重庆日报[N].2020－01－10.

[15]市农业生态站开展农业野生植物原生境保护区情况调研．重庆市农业生态与资源保护网,2019－9－9. http://www.cqnync.cn/cqhjz/details.aspx? topicId＝746850&ci＝3807&psi＝86.

[16]国家发展改革委、工业和信息化部、自然资源部、生态环境部、住房和城乡建设部、中国人民银行、国家能源局．关于印发绿色产业指导目录(2019年版)的通知(发改环资〔2019〕293号).[EB/OL].[2019－03－05].https://www.ndrc.gov.cn/fggz/hjyzy/stwmjs/201903/t20190305_1220625.html

[17]重庆市发展和改革委员会．重庆市科学技术局关于印发《重庆市构建市场导向的绿色技术创新体系的实施方案》的通知[J]．重庆市人民政府公报,2020(5):33－38.

[18]国家发展改革委,科技部．关于构建市场导向的绿色技术创新体系的指导意见(发改环资〔2019〕689号)[EB/OL].[2019－05－14].https://www.ndrc.gov.cn/fzggw/jgsj/hzs/sjdt/201904/t20190419_1130654.html.

[19]重庆市综合经济研究院,铜仁市发展和改革委员会．铜仁市创建新时代绿色发展先行示范区规划研究[M]．中国经济出版社,2019.

专题四　“十四五”时期重庆建设西部高质量发展重要增长极研究

课题组成员：易小光　丁　瑶　苟文峰　罗丛生　李　林　陈　殊
贾静涛　邓吉敏　郑秋霞

成渝地区双城经济圈建设上升为国家战略，是党中央对新时代区域协调发展作出的重大布局，给成渝地区高质量发展带来了重大历史机遇。“十四五”时期是重庆深入贯彻习近平总书记对重庆提出的营造良好政治生态，坚持“两点”定位、“两地”“两高”目标，发挥“三个作用”和推动成渝地区双城经济圈建设等重要指示要求的关键时期，积极把握新发展阶段，践行新发展理念，融入新发展格局，不负重托、把握机遇，唱好“双城记”，建好“经济圈”，以时不我待的奋进姿态打造西部高质量发展重要增长极，对推动我国高质量发展意义重大。

一、西部高质量发展增长极的理论内涵

与其他地区增长极相比，西部高质量发展增长极既有增长极的普遍涵义，也有其独特的特殊内涵。对西部高质量发展增长极理论内涵的理解，需要从普遍涵义中寻求理论支撑，在特殊意义中把握内在逻辑。

（一）增长极的理论内涵和功能

增长极理论体系的建立和完善是一个长期的实践过程，国内外学界对增长极的研究主要体现在内涵界定、功能范围和实践应用等方面。

1. 增长极理论的提出和完善

20 世纪 50 年代，法国经济学家佩鲁最先提出了增长极的概念和内涵。佩鲁认为，经济增长极在地理空间上表现为一定规模的城市，体现为产业增长极、城市增长极或潜在的经济增长极等形式，能够引领一个区域经济的发展，在区域内对周边地区能产生较强辐射能力，产业体系较为完善和发达，同时具备较为发达的服务体系。之后法国经济学家布德维尔（Boudeville）、瑞典经济学家缪尔达尔（Myrdal）、美国经济学家赫希曼（Hirschman）等分别在不同程度上进一步丰富和发展了这一理论。一是把经济空间推广到地理空间。法国经济学家布德维尔（Boudeville）的“区域发展极”理论认为，经济空间不仅包含了经济变量之间的结构关系，也包括了经济现象的区位关系或地域结构关系。因此，增长极概念应当有两种含义：一种是在经济意义上特指推进型主导产业部门；另一种是在地理意义上特指区位条件优越的地区。二是地区经济意义上增长极理论的发展。缪尔达尔（1957）的“二元经济结构”理论认为，经济发展过程在空间上并不是同时产生和均匀扩散的，而是从一些条件较好的地区开始，一旦

这些区域由于初始优势而比其他区域超前发展，这些区域就能通过累积因果过程不断积累有利因素，从而进一步强化和加剧区域间的不平衡。三是产业经济意义上增长极理论的深化。赫希曼（1958）在《经济发展战略》中提出了“发展是一连串不均衡的锁链”的命题，即“核心区—边缘区”理论，“发展确实是按照主导部门带动其他部门增长，由一个行业引发另一个行业增长的方式进行的。”为了论证这个观点，他提出了产业关联效应概念。四是增长极理论空间组织上的表现。弗里德曼（Friedman）考虑到区际不平衡较长期的演变趋势，将经济系统空间结构划分为中心和外围两部分，二者共同构成一个完整的二元空间结构。中心区发展条件较优越，而外围区发展条件较差，经济发展必然伴随着各生产要素从外围区向中心区的净转移。在经济发展初始阶段，二元结构十分明显，表现为一种单核结构；随着经济进入起飞阶段，单核结构逐渐被多核结构替代。五是增长极理论的动态演变。从动态角度来看，增长极理论形成了区域经济梯度推移理论，该理论的基础是美国的跨国企业问题专家弗农（Vernovn）等人的“工业生产生命循环论”，认为区域经济的发展盛衰主要取决于该地区产业结构的优劣及转移，而产业结构的优劣又取决于主导专业化部门在工业生命周期中所处的阶段。与梯度推移理论相类似的是日本学者提出的雁行模式，他们将日本、亚洲四小龙、东盟、中国等国家和地区列为不同的发展梯度，并冠之以第一、二、三、四批大雁等。

2. 我国增长极理论的演进

我国学者结合我国实际，也对增长极理论进行了诸多完善和探讨。主要有以下三个方面：一是“梯度推移理论”。夏禹龙、刘吉等（1982）提出，我国要改变通过全面先进、齐头赶超来拉平地区差距的方式，自觉按照技术梯度，让一些有条件的地区首先掌握世界先进技术，逐步向“中间技术”地带、“传统技术”地带转移，从而逐步缩小地区差距。二是“点轴系统理论”。陆大道（1984）认为，经济中心总是首先集中在少数条件较好的区域，这个区域就是点轴开发模式的点。随着经济发展，点与点之间，由于生产要素交换需要交通线路以及动力供应线、水源供应线等相互连接起来，形成轴线。这些轴线一经形成也会吸引人口、产业向轴线两侧集中，并产生新的增长点，点轴贯通就形成点轴系统。在此基础上，陆大道又提出了T型发展战略，认为东部沿海和长江沿岸地带构成的T型地域具有地理位置优越、经济技术雄厚、交通便捷等多项优势，应当作为全国的一级重点开发轴线。三是“层级增长极网络”。窦欣（2009）提出了“层级增长极网络”概念，认为层级增长极网络是在具有较发达的交通条件的区域内，由一个或几个大型或特大型核心增长极率领的若干个不同等级、不同规模的增长极构成的增长极体系，大体可分为核心增长极、次核心增长极、边缘层增长极及腹地等多个层次。

3. 高质量发展增长极内涵

国内外学者关于增长极的内涵研究基本一致，归结起来，增长极是区域发展的龙头，是通过资源集聚实现某个区域经济实力的率先崛起，并依托与周边区域的经济势差，以市场机制传导力引导区域经济发展。从区域角度看，增长极具有较强的集聚辐射能力和综合服务能力，是区域经济空间网络体系中的经济增长中心、要素集聚配置和辐射中心，是区域发展的核心。从经济角度看，增长极是区域空间范围内要素集中度最高的区域或极核，表现为人口、物质、技术、资金、信息等各种资源要素在空间上的高效自由流动，是区域发展的“领头雁”和核心引擎。从功能角度看，增长极往往具备较为完善的服务功能、产业功能、开放功能和创新功能，是区域发展的功能承载主体。高质量发展的增长极具备产业带动作用、枢纽带动作用、开放带动作用和功能传递作用。从绿色发展角度看，增长极的产业体系和发展一般呈现绿色化、低碳化和循环化等特点，绿色生产方式和绿色生活理念深入人心，在一定空间范围内是区域绿色、可持续发展的示范和样本。

而高质量发展的增长极则是增长极发展的高级阶段，是在一定地域范围内，在经济、政治和文化生活中起着中心组织作用的经济综合体。“高质量”主要体现在五个方面：高能级的产业结构，依托具有国际竞争力的现代产业体系，占据全球产业链、供应链、价值链、创新链的高端环节；高效率的网络枢纽，依托空中、水上、陆上、网上等立体化基础设施网络，实现对人流、物流、资金流、信息流的高效集散；高端化的服务业态，依托金融、商贸、物流、创意、信息等现代服务业，在区域经济中充分发挥资源配置、枢纽组织和平台服务功能；高水平的创新能力，依托集聚的创新要素、雄厚的科技实力和良好的创新生态，成为重大科技成果诞生地和创新重要策源地；高层次的开放格局，依托独特的区位优势和发达的交通体系，形成面向全球、引领周边的贸易和投融资网络（图4－1）。

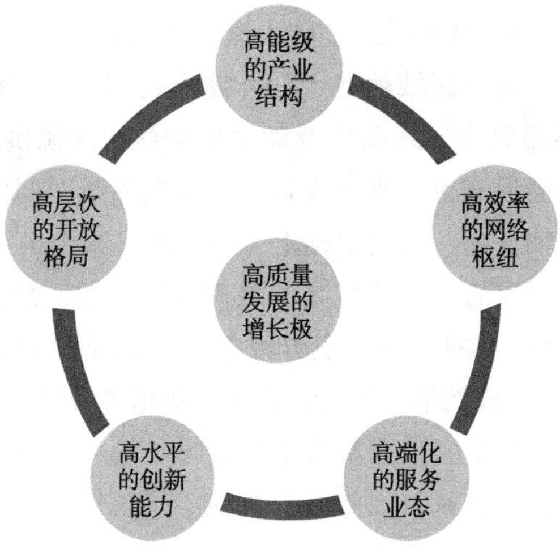

图4－1　高质量发展增长极的主要特征

（二）西部高质量发展增长极的特征

西部高质量发展的增长极是一个具有区域指向的增长极概念。对其概念内涵的理解认识，需要把握“西部”和“高质量”两个关键词，即空间上的特有指向性和发展水平的层次性。结合对增长极理论的梳理，本文认为，西部高质量发展增长极是引领西部地区高质量经济发展的龙头，并在全国的经济中心、创新中心、开放高地和综合枢纽有重要影响力，是引领周边较大范围乃至全国产业迭代升级、先进制造业和现代服务业发展，具有全国影响力，参与全球资源配置，综合经济实力雄厚、产业能级高、结构优、集聚辐射能力强的综合型经济枢纽。

与其他增长极相比，西部地区高质量发展增长极具有以下特征：一是从影响和辐射范围维度，西部高质量发展的增长极既是西部地区高质量发展的龙头，是引领者、带动者和示范者，也是在全国范围内具有较强辐射力和影响力，在世界范围具有较高知名度的经济综合体，体现出“引领西部、影响全国、联通全球”三个区域性特点。二是从功能配置和发展能级维度，西部高质量发展的增长极是以新科技革命及数字化、智能化为导向，制造业高端、服务业发达、要素流动频繁、科技创新活跃、对外贸易繁荣的综合功能中心，在西部地区乃至全国具有较强“人无我有、人有我优、人优我特”核心竞争力，是先进生产力的典型代表，体现出规模大且实力强、功能全且布局优两个功能性特点。三是从发展模式维度，西部高质量发展的增长极的发展模式更加集约和现代，更加绿色和生态，是深入践行“绿水青山就是金山银山”理念的国家重要生态安全屏障，绿色低碳的生产生活方式和内涵式发展的经济增长模式成为经济社会发展主旋律，具有鲜明的绿色发展和内涵式增长特点。四是从开放的维度，西部高质量发展的增长极，是围绕“一带一路”倡议和西部陆海贸易新通道等国家重大开放战略，在开放中合作，在合作中实现共赢的开放型增长极，是在国际合作和全球竞争中具有一定优势，开放环境优越、开放体制健全的内陆开放高地。

二、重庆建设西部高质量发展重要增长极重大意义

把重庆建设成为西部高质量发展重要增长极，对于全面增强重庆综合发展能级，加快形成对西部地区高质量发展示范带动效应，强化以国内大循环为主体、国内国际双循环相互促进新发展格局服务能力，意义重大。

（一）支撑国家加快形成开放新格局的需要

当今世界正处于大发展大变革大调整时期。我国进入充满挑战的重要战略机遇期，外部环境更加复杂困难。全方位推动和扩大更高水平开放，在危机中育新机，于变局

中开新局，加快塑造以国内大循环为主体、国内国际双循环相互促进的新发展格局，推动我国开放型经济向更高质量发展，既是适应我国比较优势和社会主要矛盾变化的客观要求，也是适应国际环境复杂深刻变化的迫切要求，更是当前和未来较长时期我国经济发展的战略方向。

2008年国际金融危机以来，我国经济已经在向以国内大循环为主体转变。未来一个时期，国内市场主导国民经济循环特征会更加明显，经济增长的内需潜力会不断释放。在此背景下，西部地区就成为未来扩大内需、释放消费潜力的战略承载点，成为提升供给体系对国内需要适配性，形成需求牵引供给、供给创造需求更高水平动态平衡的关键。因此，依托重庆发展基础优势，加快打造成为西部高质量发展重要增长极，有利于西部地区立足国内大循环，畅通国内国际双循环，更加深度融入国家区域协调发展战略和更加积极主动的对外开放战略，进一步促进内陆地区加大开放力度，实现由内陆腹地向开放前沿转变，增强国家向西开放支撑力和服务大局能力，助力形成陆海内外联动、东西双向互济全面开放新格局。

（二）落实国家区域协调发展战略的需要

我国改革开放从沿海到内陆、由东部到西部的梯次发展取向，使得东部沿海地区实现率先发展，成为全国经济持续快速增长的“龙头”。而西部地区位于我国第三个地理阶梯，受大山大水阻隔，各省市依然处于工业化和城市化发展的中期阶段和内循环、封闭式发展状态，区域发展不平衡不充分表现更为突出，以开放促改革、以改革促发展要求更为迫切。

当前，我国经济已由高速增长阶段转向高质量发展阶段，对区域协调发展提出了新的要求。习近平总书记强调，要发挥各地区比较优势，形成几个能够带动全国高质量发展的重要增长极。过去40年改革开放取得的巨大成就，离不开沿海三大城市群的龙头带动作用。新时代背景下，在内陆地区培育形成一个具有全国意义的增长极，对于进一步优化发展格局，解决不平衡不充分的问题具有特别的意义。因此，进一步放大重庆产业区位、生态、产业、体制四大优势，提升发展质量，释放经济势能，围绕成渝地区双城经济圈建设，打造成为西部高质量发展重要增长极，将更快推动我国经济纵深由沿海向内陆拓展，形成以长江经济带串联东部沿海城市群和内陆城市群，多点支撑、协调发展新格局，为推动我国区域协调发展和高质量发展作出新的更大的贡献。

（三）提升高质量发展示范带动效应的需要

城市群是以中心城市为核心与相对独立城镇群落的集合体，是支撑区域经济增长、促进区域协调发展的增长极，是参与市场竞争合作的核心平台。在国家区域协调发展战略引导下，国家相继在西部地区布局和培育了成渝、呼包鄂榆、关中平原、宁夏沿黄、兰西格、天山北坡、滇中、黔中等城市群，旨在通过城市群的示范带动作用推动西部地区实现高质量发展。

近年来，西部地区城市群逐步实现了高速增长和快速扩张发展，经济实力和对外开放水平加快提升，已成为辐射带动周边发展的区域性增长极。但与东部地区城市群或增长极相比，西部地区仅成渝地区双城经济圈上升为国家战略，也是西部地区最为发达、最具成长潜力的国家级城市群和西部增长极。与之同时，成渝地区双城经济圈的发展水平、对外开放水平和城镇化水平，与长三角、珠三角、粤港澳甚至中部长江中游城市群相比，差距仍然较大，增长极培育和城市群发展尚不成熟。而呼包鄂榆城市群、关中平原城市群、宁夏沿黄城市群、兰西格城市群、天山北坡城市群、滇中城市群、黔中城市群等西部城市群，还处于地区性、松散型城市群发展水平，城市群内部分工和整合关系尚没有完全建立起来，发展方式仍处于粗放阶段，辐射带动范围不大、作用不强。基于此，以成渝地区双城经济圈建设为契机，加快推动重庆做大经济总量、创新发展模式和发展理念，加快成为发展潜力巨大、发展方式科学合理的高质量增长极，不但有利于引领和带动成渝地区实现高质量发展，助力成渝地区双城经济圈建设，也有利于加快内陆开放和综合配套改革探索，提升发展能级和发展质量，率先走出一条符合西部地区发展实际的新路，为西部地区高质量发展提供示范。

（四）全面增强重庆综合发展能级的需要

党的十八大以来，习近平总书记高度关注重庆发展，先后对重庆提出“两点”定位、“两地”“两高”目标、发挥“三个作用”和营造良好政治生态的重要指示要求。2020 年 1 月，成渝地区双城经济圈发展正式上升为国家战略。对重庆来说，最核心的是贯彻落实好习近平总书记考察重庆重要讲话的精神，最关键的是推进成渝地区双城经济圈建设，要把习近平总书记的殷殷嘱托全面落实在重庆大地上，推动国家重大战略在重庆走深走实。

重庆作为中西部地区唯一直辖市、国家中心城市，需要进一步打好区位、生态、产业、体制“四张优势牌”，加快提升产业能级、创新能级、开放能级、服务能级，以高能级的产业结构、高效率的网络枢纽、高端化的服务业态、高水平的创新能力、高层次的开放格局带动和引领成渝地区双城经济圈发展，打造具有“双中心”相向发展、“双枢纽”设施网络、“双引擎”产业体系、“双门户”开放高地等鲜明特征的具有全国影响力的重要经济中心。加快推动重庆建设西部高质量发展增长极，承载着习近平总书记的信任重托和殷切期待，是顺应我国经济发展空间结构变化趋势和区域经济协调发展客观规律的内在要求，有利于全面增强重庆综合发展能级，推动我国东中西部形成优势互补、高质量发展的区域经济布局。

三、重庆建设西部高质量发展重要增长极的现实基础

高质量发展增长极在国家区域经济布局中发挥着组织经济活动、主导经济发展、连接国内外市场功能的重要作用，其特征为经济实力强、产业能级高、基础设施体系完善、科技创新水平和对外开放程度高。“十四五”时期，重庆建设西部高质量重要增长极已经具备一定基础条件，但也面临诸多短板制约。

（一）发展基础

党的十九大以来，重庆深入贯彻新发展理念，深化供给侧结构性改革，不断优化空间结构，综合经济实力明显提升，区域辐射引领作用不断增强。

1. 综合经济实力不断提升

2019年，重庆实现地区生产总值23605.8亿元，是“十二五”末的1.5倍，仅次于四川、陕西，居西部地区第三位。其中，主城都市区实现地区生产总值18180亿元，是2015年的1.6倍，经济总量居西部城市第一位；人均GDP89689元，中心城区人均GDP超过10万元；实现社会零售品总额6601.22亿元，固定资产投资增速居西部城市前列，需求动力强劲；三次产业结构从2015年的5.8∶48.8∶45.4优化调整为4.7∶41.2∶54.1，其中，中心城区产业结构比进一步优化为1.1∶30.5∶68.4（表4－1）。

表4－1　重庆与西部主要城市的部分经济指标对比

城市	GDP（亿元）	人均GDP（元）	城镇居民可支配收入（元）	固定资产投资增速（%）	社会消费品零售总额（亿元）	三次产业结构比
重庆中心城区	9334.22	101508	—	5	4122.75	1.1∶30.5∶68.4
重庆主城都市区	18180.00	89689	—	5.1	6601.22	4.7∶41.2∶54.1
成都	17012.65	103386	45878	10	7478.40	3.6∶30.8∶65.6
西安	9321.19	92256	41850	1.1	—	3.0∶34.0∶63.0
昆明	6475.88	93853	46289	2.8	3056.57	4.2∶32.1∶63.7
贵阳	4039.60	81995	38240	1.5	1380.41	4.0∶37.0∶59.0

2. 现代产业体系逐步健全

重庆依托良好的区位优势和国家老工业基地产业基础，抢抓国家重大战略机遇，加快内陆开放步伐，不断调整优化产业结构，产业体系逐步健全，发展水平稳步提升。一是制造业规模位居西部地区前列。制造业门类齐全，拥有国民经济分类中全部31个制造业大类行业，是全球最大的笔记本电脑生产基地和国家重要的汽车摩托车、手机

生产基地，2019 年重庆规模以上工业全员劳动生产率达 34 万元/（人·年），高于全国（23 万年/人·年）平均水平；微型计算机、手机产量分列全国第二位、第三位；摩托车及通机出口继续保持全国第一位。同时，制造业新动能加快培育，“芯屏器核网”全产业链加快构建，2019 年高技术制造业和战略性新兴制造业增加值占规模以上工业比重分别达到 19.2% 和 25%。2019 年重庆“芯屏器核网”全产业链发展情况见表 4－2。二是服务业由规模扩张逐步向高质量发展转型。服务业在产业结构中的地位和作用持续提高，2019 年服务业增加值居西部城市第二位，对经济增长的贡献率提高到 54.1%，税收贡献率超过 60%。同时，服务业内部结构不断优化，金融业、现代物流、旅游占服务业增加值比重分别提高到 17%、9.3%、13.2%；新兴金融、国际物流及城乡配送、电子商务及跨境结算等崭新服务业正加快培育。2019 年重庆与西部主要城市的产业发展指标对比情况见表 4－3。三是特色高效农业规模和效益双提升。拥有国家和市级特色农产品优势区 11 个，已经形成全国规模最大的晚熟鲜食柑橘基地、青菜头鲜销基地和榨菜原料加工基地。2019 年，第一产业增加值达到 1551.42 亿元，较 2015 年增长 35%。以市级“巴味渝珍”为龙头的重庆农产品品牌体系加快构建，累计获得国家地理标志认证农产品达 62 个。特色优势农业“接二连三”全产业链融合发展，6 个乡村旅游项目被列为全国乡村旅游发展典型案例。西部省（市）企业入选 2019 年中国企业 500 强数量见表 4－4。

表 4－2　2019 年重庆“芯屏器核网”全产业链发展情况

智能产业	销售收入（亿元）	增速（%）	主要产品、产量、销售收入（产值）及增速
芯	192	3.1	晶元制造：103 万片，产值 21 亿元，持平 封装测试：178.6 亿颗，产值 140.9 亿元，增长 2.9%
屏	582	13.5	玻璃基板：26 万片大板，产值 44.7 亿元，增长 130% 液晶面板：1545 万片，产值 261.6 亿元，增长 8%
器	3204	9.0	智能手机：9878.4 万台，产值 600 亿元，下降 3% 智能音箱：2800 万台，产值 60 亿元，基本持平 智能可穿戴设备：1287.2 万台，产值 145 亿元，增长 98% 笔电整机：7614.2 万台，产值 2370 亿元，增长 12.9%
核	264	持平	汽车电子：2000 万台/t 套/件，销售收入 192 亿元，持平 仪器仪表：1700 万套，销售收入 72 亿元，增长 14.3%
网	2422	23.7	软件产品：销售收入 404 亿元，增长 25.4% 信息技术服务：销售收入 1079 亿元，增长 22.9% 物联网：销售收入 752 亿元，增长 33.1%

表 4-3　2019 年重庆与西部主要城市的产业发展指标对比情况

指标	主城都市区	成都	西安	昆明	贵阳
第一产业增加值（亿元）	864.18	612.18	279.13	270.29	161.34
第二产业增加值（亿元）	7482.41	5244.62	3167.44	2078.75	1496.67
第三产业增加值（亿元）	9833.19	11155.86	5874.62	4126.84	2381.59
工业增加值（亿元）	5584.99	—	1868.86	1319.21	—
高技术制造业增加值增速（%）	12.6	11.9	9.6	2.9	8.3
高技术制造业增加值占规模以上工业增加值比重（%）	19.2	—	42.5	—	19.5
战略性新兴产业增加值增速（%）	11.6	8.4	14.9	—	—
战略性新兴产业增加值占规模以上工业增加值比重（%）	25	—	26.3	—	—
规模以上工业主营业务收入（亿元）	19244.75	11690.24	5740.80	4842.1	2105.06

表 4-4　西部省（市）企业入选 2019 年中国企业 500 强数量

城市	中国企业 500 强（家）	中国民营企业 500 强（家）
重庆	14	15
四川	14	11
陕西	8	5
云南	7	2
贵州	0	1

备注：中国企业 500 强榜单由中国企业联合会、中国企业家协会发布；中国民营企业 500 强榜单由全国工商联发布。

3. 创新能力位居西部前列

聚焦“智造重镇”“智慧名城”，深入实施以大数据、智能化为引领的创新驱动发展战略，材料科学、生物科学、山区桥梁隧道等基础研究领域以及新一代信息技术、大数据智能化、生物医药等产业技术领域已在全国形成一定优势，综合科技创新水平居全国第七、西部第一①。一是创新投入强度持续提高。2019 年，重庆 R&D 经费投入强度 1.99%，居西部城市第三位，较 2015 年提高 0.4 个百分点。规模以上工业企业研发投入占西部总量的 26% 以上，研发投入强度达 1.49%，居全国第四。二是创新平台加快建设。西部（重庆）科学城、两江协同创新区建设稳步推进。截至 2019 年底，累计拥有市级及以上重点实验室 182 个、市级及以上工程技术研究中心 364 个、新型研发机构 83 个、科技创新基地 782 个、众创空间 215 个、孵化器 58 个。三是创新主体持续壮大。腾讯西南区域总部、科大讯飞西南总部等大数据智能化行业标杆企业落户重庆，

① 中国科学技术发展战略研究院《中国区域科技创新评价报告 2019》。

拥有誉存科技、云丛科技、猪八戒等“独角兽”企业。截至2019年底，有效期内高新技术企业3141家，是2015年的3倍，科技型企业1.69万家，国内专利申请数和授权数均位列西部第三。四是创新生态持续优化。创新政策体系、科技金融服务不断完善。累计引进两院院士等高端人才43名，高档数控机床、工业机器人智能控制等先进技术项目加快建设，两江新区获批设立国家海外人才离岸创新创业基地，环大学创新生态圈已累计引进独立法人研发机构40余家。2019年重庆与西部主要城市科技创新指标对比情况见表4－5。

表4－5　2019年重庆与西部主要城市科技创新指标对比情况

指标	重庆	成都	西安	昆明	贵阳
R&D经费支出占GDP比重（%）	1.99	2.66	5.77	0.8	1.53
国家重点实验室（个）	10	10	23	3	2
国家工程技术中心（个）	10	14	2	2	2
大科学装置（个）	0	1	1	0	0
高新技术企业（家）	3141	4149	3673	1000	1005
“双一流”大学（所）	2	8	7	1	1
高端研发机构（个）	34	—	—	—	—
专利申请数（万件）	6.73	8.08	7.24	2.39	2.09
专利授权数（万件）	4.39	5.08	—	1.24	1.08
国家级众创空间（个）	44	48	59	25	18
国家级科技企业孵化器（个）	17	19	22	10	3
“两院”院士（人）	15	32	61	12	13

4. 对外开放水平不断提高

围绕内陆开放高地建设，重庆全面融入共建“一带一路”、长江经济带发展和西部大开发等国家开发开放战略，全面推进通道、平台、口岸、市场主体和营商环境建设，基本形成全方位开放总体布局。一是开放程度不断提高。2019年主城都市区进出口总额为5724.79亿元，居西部城市第二位，是2015年的1.3倍。实际利用外资连续5年保持在100亿美元以上，名列中西部城市前列。实际对外直接投资额保持在10万美元以上，累计引进外商投资总额超过1000亿美元，截至2020年底有296家世界500强企业落户重庆。拥有国际友好城市48个、国际友好合作关系城市（地区）104个、外国驻渝领事馆12个，国际交往“朋友圈”不断扩大。2019年重庆与西部主要城市的对外开放指标对比情况见表4－6。二是开放通道加快建设。依托中欧班列、西部陆海新通道、长江黄金水道、渝满俄国际铁路班列和国际航空大通道，构建起东南西北四个方向和铁公水空四种方式的立体综合通道体系。截至2019年底，中欧班列（渝新欧）累计开行4539班，居全国前列。2019年重点城市中欧班列开行情况见表4－7。三是开放平台体系更加完善。重庆自贸试验区设立，江津综合保税区、涪陵综合保税区、果园保税物流中心（B 型）获批并实现封关运行，成功举办智博会，渝洽会升级为西洽会，重庆港水运口岸扩大至果园港区，重庆市已形成“战略平台 + 园区平台 + 功能平台 + 活动平台”多元化的平台体系，集聚了重庆市外贸的八成和外商直接投资的六成。重庆主城都市区与西部城市的国家级开发开放平台情况见表 4 - 8。四是开放环境全面优化。基本形成“近悦远来”的开放环境，整体营商环境位居中西部前列，纳入世界银行评价中国营商环境样本城市。国际贸易“单一窗口”申报量居全国前列、西部第一，纳入全国首批本外币合一银行结算账户体系试点和跨境金融区块链服务平台试点，国家金融科技认证中心在渝设立。外国人“过境免签”政策延长至 144 小时。

表 4 - 6　2019 年重庆与西部主要城市的对外开放指标对比情况

城市	进出口总额（亿元）	实际利用外资总额（亿元）	外商直接投资（亿美元）	世界 500 强企业（家）	外国领事馆（个）	友好城市（个）	国际友好合作关系城市（个）
重庆	5724.79	103.1	23	293	12	48	104
成都	5822.7	544	20	301	19	42	61
西安	3243.06	70.57	40.2	203 *	4	34	67
昆明	892.35	43.92	—	43（境外）	8	23	20
贵阳	281.21	120.59	27.8	约 30	0	12	—

表 4 - 7　2019 年重点城市中欧班列开行情况

名称	开行时间	班列		货值	
		年度班列	累计班列	年度货值	累计货值
中欧班列（重庆）	2011 年 1 月	1542 班	4539 班	547 亿元	1800 亿元
中欧班列（成都）	2013 年 4 月	1576 班	约 4600 班	约 50 亿美元	—
中欧班列（西安）	2013 年 11 月	2133 班	约 3500 班	约 47 亿美元	—
中欧班列（郑州）	2013 年 7 月	1000 班	2760 班	33.54 亿美元	117.8 亿美元
中欧班列（武汉）	2012 年 10 月	322 班	约 1500 班	约 150 亿元	—

表 4 - 8　重庆主城都市区与西部城市的国家级开发开放平台情况

城市	具体情况
主城都市区	国家级新区 1 个：两江新区 国家级开放平台 2 个：中国（重庆）自由贸易试验区、中新（重庆）战略性互联互通示范项目 国家级开发区 6 个：重庆高新技术产业开发区、重庆经济技术开发区、长寿经济技术开发区、璧山高新技术产业开发区、荣昌高新技术产业开发区、永川高新技术产业开发区 海关特殊监管区域 4 个：两路寸滩保税港区、西永综合保税区、江津综合保税区和涪陵综合保税区 保税监管场所 3 个：铁路保税物流中心（B 型）、南彭公路保税物流中心（B 型）和果园港保税物流中心（B 型） 其他国家级开发开放平台 1 个：重庆临空经济示范区

续表

城市	具体情况
成都	国家级新区1个：天府新区 国家级开放平台1个：中国（四川）自由贸易试验区 国家级开发区2个：成都经济技术开发区和成都高新技术产业开发区 海关特殊监管区域3个：成都高新综合保税区、成都高新西永综合保税区和成都国际铁路港综保区 保税监管场所3个：成都铁路保税物流中心（B型）、成都空港保税区物流中心（B型）及天府新区成都片区保税物流中心（B型） 其他国家级开发开放平台1个：成都临空经济示范区
西安	国家级新区1个：西咸新区 国家级开放平台1个：中国（陕西）自由贸易试验区 国家级开发区4个：西安经济技术开发区、陕西航空经济技术开发区、陕西航天经济技术开发区和西安高新技术产业开发区 海关特殊监管区4个：西安综合保税区、陕西西安出口加工区、西安高新综合保税区和西安航空基地综合保税区 保税监管场所1个：西安空港综合保税物流中心（B型） 其他国家级开发开放平台1个：西安临空经济示范区
昆明	国家级新区1个：滇中新区 国家级开放平台1个：中国（云南）自由贸易试验区 国家级开发区3个：昆明经济技术开发区、嵩明杨林经济技术开发区和昆明高新技术产业开发区 海关特殊监管区1个：昆明综合保税区 保税监管场所2个：昆明高新保税物流中心（B型）和腾俊国际陆港保税物流中心（B型）
贵阳	国家级新区1个：贵安新区 国家级开放平台2个：贵阳经济技术开发区和贵阳高新技术产业开发区 海关特殊监管区1个：贵阳综合保税区 其他国家级开发开放平台1个：贵阳临空经济示范区

5. 基础设施建设加快推进

随着重庆国家中心城市等国家战略加快推进，重庆市交通、新基建等建设进入提速发展阶段，基础设施支撑能力不断增强。一是外联内畅水平不断提升。初步形成“一枢纽十一干线”铁路网，“米”字形高铁骨架网加快建设，“三环十二射多联络”高速公路网络不断完善。高铁营业和在建规模超过1000千米，高速公路单位面积密度居西部地区前列，长江上游航运中心基本建成。江北机场作为中西部首个拥有三座航站楼的机场，拥有国内航线271条、国际航线95条，居西部前列。二是城市轨道建设居中西部首位。重庆作为西部地区首个开通轨道交通的城市，截至2019年底累计建成轨道交通线路10条、运营里程329千米，总里程长度居中国城市排名第六位、西部城市排名第一位。在建轨道交通10余条（段），如9号线一期、18号线、江跳线、市域快线璧铜线等，总里程约250千米。三是新型基础设施加快建设。依托中新战略性互联互通合作项目，建成中国首条中新（重庆）国际互联网数据专用通道。获批建设国家新一代人工智能创新发展试验区和国家数字经济创新实验区，5G网络、人工智能、数据中心等新型基础设施加快布局。2019年，重庆已建成5G基站1万个，处于全国第一梯队，主城区5G网络覆盖率超90%。国家工业大数据中心重庆分中心成立，重庆城市大数据资源中心即将建成。互联网、人工智能等技术与传统基础设施加快融合，城市智能化、现代化治理水平稳步提升。2019年重庆与西部主要城市基础设施指标对比情况见表4-9。

表4-9　2019年重庆与西部主要城市基础设施指标对比情况

指标		重庆	成都	西安	昆明	贵阳
铁路	客运量（万人次）	8406.8	123395*	6331.5	3211.7	3352
	货运量（万吨）	1692.5	663*	487.2	1789.9	1264
公路	客运量（万人次）	50990	9434*	15261	4540	83823
	货运量（万吨）	89965	28207*	26901	33377	60082
水运	客运量（万人次）	756.34	40	0	123.1	299
	货运量（万吨）	21093	19.4*	0	11.8	14
航运	旅客吞吐量（万人次）	4478.7	5585.9	4722.1	4807.6	2191.1
	货邮吞吐量（万吨）	41.1	67.2	38.2	41.6	12
	国际/国内航线数量（条）	95/271	126/212	88/225	78/270	25/228
轨道交通运营条数（条）/长度（千米）		10/329	7/302.2	5/161.5	4/88.7	1/35.11
5G基站数量（个）		10000	10032	4000	1000	1500

注：带*数据为2018年数据。

6. 城市发展质量不断提升

重庆深入实施"一区两群"协调发展战略，做强做优城市空间结构，不断完善国家中心城市功能，经济社会发展的空间承载能力明显增强。一是城市空间规模明显扩大。城市发展的重点由原主城9个区扩至主城都市区21个区，面积由5479.72平方千米拓展至2.87万平方千米，空间范围明显扩大。经济体量、常住人口数量也由9334.22亿元、919.55万人扩大至18180亿元、2027万人，体量优势突出。二是城市发展能级明显提升。主城都市区作为成渝地区双城经济圈的核心部分，初步形成"核心带动、多中心支撑"、分工合理的空间发展格局。中心城区围绕"强化提能级"，国际交往、科教创新、先进制造、现代服务等高端功能不断完善；主城新区作为新型工业化主战场，围绕"扩容提品质"，"双百"城市建设稳步推进，现代产业体系逐步构建。主城都市区对西部地区的辐射引领作用将不断增强。三是产业发展的载体平台进一步扩大。拥有两江新区、重庆高新技术产业开发区、重庆经济技术开发区等国家级开发开放平台，重庆高新区成功扩区，荣昌、永川升级为国家级高新区，重庆国家级高新技术产业开发区增至4个，铜梁、涪陵、潼南正在积极争取创建国家级高新区，未来产业发展的平台载体支撑不断强化。

专栏4－1　主城扩容前后主要数据对比

主城区（中心城区）：包括渝中区、江北区、沙坪坝区、大渡口区、九龙坡区、渝北区、北碚区、巴南区和南岸区，国土面积5479.72平方千米。2019年，地区生产总值9334.22亿元，人均地区生产总值106107元，常住人口919.55万人，常住城镇人口806.71万人，常住人口城镇化率91.22%。

主城都市区：包括渝中区、江北区、沙坪坝区、大渡口区、九龙坡区、渝北区、北碚区、巴南区、南岸区、涪陵区、长寿区、南川区、綦江区、江津区、璧山区、永川区、铜梁区、合川区、潼南区、大足区和荣昌区21个区，国土面积28700平方千米。2019年，地区生产总值18180亿元，人均地区生产总值90062元，常住人口2027万人，常住城镇人口1552.83万人，常住人口城镇化率76.6%。

（二）存在问题

对照具有全国影响力的重要经济中心目标，参考国内外重点城市群和国家中心城市建设经验，强化重庆的中心城市带动作用、推动重庆建设西部高质量发展重要增长极，仍然面临产业竞争力不强、城镇空间布局不合理、综合枢纽功能不完善、区域创新能力亟待提高、城市国际化品质有待提升等问题。

1. 产业整体竞争力有待增强

近年来，重庆产业结构持续优化升级，产业发展基础不断夯实，但产业规模总体偏小，现有产业大而不优，结构较为单一，导致产业集聚能力、引领带动能力和研发创新能力不足，与高质量和增长极发展要求存在较大差距。一是产业规模能级有待提升。重庆虽然产业门类较为齐全，但工业、服务业规模总体偏小。2019年，重庆规模以上工业总产值2.1万亿元，占成渝地区工业产值比重超过33%，但由于成渝地区工业规模（6.3万亿元）远低于珠三角（9万亿元）、长三角（22.4万亿元），若成渝地区工业规模要赶上珠三角，重庆产业规模至少还要扩大1万亿元。同时，服务业发展水平整体不高，服务业增加值在成渝地区占比33.9%，低于北京在京津冀52.3%的占比，其中知识密集型服务业占GDP比重约17%，低于国际1/3的发展规律。此外，重庆现有规模上千亿元的产业集群仅6个，规模最大的电子信息产业产值5700亿元，产业集群体量与四川等省（市）还有较大差距。二是产业结构仍需优化。产业结构相对单一，汽车、电子信息两大产业约占重庆市规模以上工业半壁江山，战略性新兴产业占比相对较小，对重庆市产业的支撑作用有待增强。同时，现有产业大而不优，产品结构处于中低端，产品附加值低，个性化、多样化的高端产品供给不足。如汽车单车价值9.4万元、税收贡献6000元，分别低于全国14万元、1.8万元的平均水平，新能源汽车、智能手机产量分别占总产量的2.7%、56.7%，均低于全国平均水平；研发设计、信息服务、检验检测等高端服务业产品和服务多数处于产业链中低端，面向国内国际市场竞争优势不明显。重庆和四川主要支柱产业发展情况见表4-10。

表4-10 重庆和四川主要支柱产业发展情况

地区	产业名称	主营业务收入（亿元）	占全部工业比重（%）
重庆	电子信息	5700	26.9
	汽车	3307	16.2
	消费品	3128	15.3
	材料	2942	14.8
	装备	2009	9.8
	能源	1369	6.7
四川	电子信息	10259	24.4
	食品饮料	8646	20.6
	装备制造（含汽摩）	7537	17.9
	能源化工	7325	17.4
	先进材料	5780	13.8

2. 中心城区引领带动不足

重庆集大城市、大农村、大山区、大库区于一体，城乡区域发展差距较大，城镇体系“不强不大不优”现象突出。一是主城都市区引领功能不强。主城都市区GDP占重庆市76%，在成渝地区双城经济圈占比26.2%，远低于上海大都市圈在长三角45.4%的占比。面积占主城都市区80%以上的渝西12个区GDP仅为主城都市区的48.6%，空间布局、人口规模与其经济规模不相匹配。二是区、县、城综合实力普遍不强。从经济总量看，重庆市38个区（县）仅6个GDP超过1000亿元，暂无区（县）GDP超过2000亿元，而四川GDP超过2000亿元的地级市有7个。从城镇规模看，重庆市还没有建成区百平方千米、城区人口百万人的“双百城市”，而四川有6个“双百城市”，重庆大中小城市连绵分布、逐级传动的协同联动发展格局尚未形成。同时，与四川毗邻的10个区（县）仅江津GDP超过1000亿元，总体实力较弱；而四川与重庆接壤的达州、广安、遂宁、内江、泸州5个地级市GDP均超过1000亿元。重庆和四川部分市（区、县）经济总量情况见表4-11。

表4-11 重庆与四川部分市（区、县）经济总量情况

四川	地区生产总值（亿元）	重庆	地区生产总值（亿元）
成都市	17012.65	渝北区	1848.24
绵阳市	2856.2	九龙坡区	1462.88
宜宾市	2601.89	渝中区	1301.35

续表

四川	地区生产总值（亿元）	重庆	地区生产总值（亿元）
德阳市	2335.91	江北区	1240.07
南充市	2322.22	涪陵区	1178.66
泸州市	2081.06	江津区	1036.74
达州市	2041.49	沙坪坝区	976.78

3. 综合枢纽功能不够完善

近年来，重庆加快枢纽建设，人流物流资金流信息流集聚集散能力显著增强，但与国际门户枢纽城市建设要求还有较大差距。一是交通枢纽功能有待提升。重庆高铁通道少、标准低，单位面积密度每百平方千米约为0.6千米、低于贵州的0.8千米，设计时速350千米的高铁仅1条（成渝高铁），尚无高铁直达京津冀、长三角等地区。6车道及以上高速公路占比仅12%，主城都市区尚未形成1小时轨道通勤圈。航空年旅客吞吐量和货邮吞吐量均不及成都。二是物流枢纽功能有待提升。重庆社会物流总量规模较小，在西部地区比较优势不明显。2019年，重庆市货物运输总量11亿吨，仅占成渝地区的34%，比陕西低4亿吨。港口集疏运系统有待健全，果园港铁水联运量占港口吞吐量的比重不到10%。物流专业化、国际化、智能化程度偏弱，铁路集装箱运量占铁路货运量比仅20%左右，低于国际上30%的平均水平，5A级物流企业仅5家，远低于北京的30家、广东的31家。三是信息枢纽功能有待提升。5G规模组网刚刚起步、覆盖不足，虚拟（增强）现实、超高清视频等5G应用产业仍在培育期。数据中心集约发展水平不高，运行成本竞争力不强，重庆电力成本0.5元/千瓦·时，远高于四川（0.35元/千瓦·时）、贵州（0.35元/千瓦·时）、内蒙古（0.27元/千瓦·时）等地区。四是现代金融支撑能力不足。重庆与内陆国际金融中心建设要求还有较大差距，银行、证券、期货、基金等多元化金融机构发育不足，金融规模效应还未形成。2019年，重庆市存贷款余额7.7万亿元，远低于四川（14.2万亿元）；银行业金融机构法人54家，不足四川的1/3；证券公司仅1家，而四川有4家；境内上市企业54家，分别比广州、成都、武汉少53家、25家和5家；市属国企资产证券化率52%，远低于沿海发达地区（80%）；私募股权基金数量仅为四川的58.5%，基金规模仅为四川的70%。2019年部分城市境内上市公司及跨境结算情况见表4-13。

表4-12　重庆与周边省份交通主要指标比较

主要指标	重庆	四川	贵州	湖北	湖南	陕西
200km/h及以上铁路里程（千米）	937	1564	1369	1532	1923	1132
高速公路里程（千米）	3233	7523	7002	6707	6802	5593
普通国省干线公路二级及以上比例（%）	52	50	48	84.1	54	73.5
省会城市民航机场旅客吞吐量（万人次）	4479	5586	2191	2715	2691	4722

表 4－13　2019 年部分城市境内上市公司及跨境结算情况

类别	广州	天津	成都	武汉	重庆
上市公司（家）	107	54	77	59	54
上市公司市值（亿元）	16366	7748	7666	6521	5978
跨境人民币结算量（亿元）	32600	1823	1340		1099

4. 区域创新引领能力有待提升

随着重庆科技创新平台、主体、人才加快培育，科技创新成果大量涌现，影响力和辐射力不断提升，但与建设具有全国影响力的西部地区高质量科技创新中心城市还有较大差距，对周边省市的引领能力也有待提高。一是创新投入强度仍需进一步增强。2019 年，重庆市研发经费投入强度（1.99%）虽居西部第三位，但仍低于全国（2.23%）平均水平，与周边的陕西、湖北等省份也存在明显差距。二是创新基础有待加强。两院院士分别比四川、陕西少 46 人和 56 人；国家实验室、国家制造业创新中心和大科学装置仍未实现“零的突破”，中央部门所属的在渝院所仅 4 家，分别比四川、陕西少 23 家和 34 家；“双一流”大学仅重庆大学和西南大学，仅为四川、陕西的 1/4。三是创新型市场主体相对较少。有效期内的高新技术企业 3141 家，不足全国总数的 2%；规模以上工业企业有研发机构的占比仅 15%；创新型领军企业偏少，研发投入强度超过 4% 的企业占比仅 9%，“独角兽”企业仅 2 家，创新示范引领和创新活动组织能力不够。重庆与四川等省份科技创新实力比较情况见表 4－14。

表 4－14　重庆与四川等省份科技创新实力比较情况

地区	R&D 经费（亿元）	R&D 强度（%）	两院院士（人）	国家重点实验室（个）	国家工程技术中心（个）	大科学装置（个）	“双一流”大学（所）	众创空间（个）	孵化器（个）
广东	3099	2.88	105	27	23	0	5	716	962
江苏	2780	2.79	102	—	—	2	15	699	695
山东	1495	2.10	57	—	—	0	3	580	378
浙江	1670	2.68	—	13	14	1	3	622	321
北京	2234	6.31	830	117	64	7	34	147	152
陕西	584.6	2.27	71	25	7	1	8	224	69
上海	1525	4.00	193	44	5	5	14	152	180
湖北	957.9	2.09	80	27	19	2	7	275	192
天津	463	3.28	38	13	12	0	5	151	72
安徽	754	2.03	—	11	9	8	3	265	157
四川	871	1.87	61	14	16	1	8	156	147
重庆	469.6	1.99	15	10	10	0	2	215	58

5. 国际化水平有待提升

受早期城市规划建设的历史局限及“两江四岸”规划限制等，重庆国际化大都市功能和品质亟待提升。一是开放型经济发展水平仍需提升。重庆市外贸进出口总额只有四川的85.6%，仅占全国的1.8%；外贸依存度24.5%，分别比陕西、四川、广西高10.9个、10个和2.4个百分点。中欧班列与周边省（市）线路、货源同质化问题突出，比较优势正在削弱。航线网络覆盖面和通达性不高，国际航线95条，比成都少31条，基地航空建设、国际航线航权分配、空域和时刻资源释放等在西部地区仍处于劣势。二是国际化服务水平有待提高。对外交往机构不足，驻渝领馆12家、友城48个，其中领馆比四川少8家，友城比四川、广西分别少30个、60个。具有影响力的国际展会、赛事依然不多，缺乏类似上合组织峰会、金砖国家峰会、达沃斯论坛、世界互联网大会等具有全球影响力的高端会议。国际化社区、国际学校、涉外医院总体偏少，与国际接轨的涉外公共服务水平仍需提升。三是城市国际化生活体验不足。以渝中半岛为主的老城区部分建筑密集度高，基础配套设施老旧且改造滞后，普遍缺乏公共活动空间、街头绿地、停车场地，交通拥堵、停车难等问题较为突出。解放碑、观音桥等现代化大型商圈周边配套环境与国际化都市品质极不协调，商圈环境还有待大力改善。国际化货币兑换网点不够便利；具备国际标准的教育、医疗、运动健身、酒吧、餐吧等消费场所较少，重庆市拥有国际学校和国际星级酒店分别为4所和28家，远低于北京、上海等城市。

四、重庆建设西部高质量发展重要增长极的思路与目标

（一）总体思路和目标

1. 总体思路

以习近平新时代中国特色社会主义思想为指引，全面贯彻党的十九大和十九届二中、三中、四中、五中全会精神，紧紧围绕习近平总书记对重庆提出的营造良好政治生态，坚持“两点”定位、“两地”“两高”目标，发挥“三个作用”和推动成渝地区双城经济圈建设等重要指示要求，坚定不移贯彻新发展理念，以推动高质量发展为主题，以深化供给侧结构性改革为主线，立足构建以国内大循环为主体、国内国际双循环相互促进的新发展格局，聚焦发展先进制造业、数字经济、现代服务业、高效特色农业，全力优化、强化产业链、供应链，构建高质量的产业体系；聚焦强化对外开放、国际消费、国际金融、国际交往四大国际化服务功能，重点提升主城都市区国际影响力和竞争力，建设高辐射力的现代都市；聚焦对外贸易创新、壮大外资规模、拓展开放空间，推进贸易投资自由化便利化，深化外贸外资外经联动，建设形成高水平的开放经济体系；聚焦提升产业能级、服务能级、创新能级、开放能级，做实做优科技、

制度创新平台和产业发展平台，打造形成高能级的开发开放平台；聚焦提升政务服务、激发市场活力、创新体制机制、对标国际先进，着力打造市场化、法治化、国际化营商环境，营造形成高竞争力的企业发展环境。

2. 建设目标

到2025年，重庆市经济高质量发展成效显著，综合经济实力进一步提升，经济总量和城乡居民收入迈上新台阶，高质量的产业体系、高辐射力的现代都市、高能级的发展平台、高竞争力的营商环境初步形成，具有全国影响力的重要经济中心、科技创新中心、改革开放新高地、高品质生活宜居地建设取得实质性进展，带动全国高质量发展的重要增长极和新的动力源基本建成，对全国经济发展的影响力和带动力进一步增强，对全国经济增长的贡献率持续提高。

（二）构建衡量指标体系

立足重庆发展的阶段和基本市情，围绕“十四五”时期重庆建设西部高质量发展重要增长极的思路和目标，聚焦重庆发展的方向和重点，充分借鉴国内外关于构建发展质量指标体系的有益方法和经验，重点考虑经济结构优化、城市品质提升、发展环境改善等重点领域，兼顾总量指标、突出结构和效益指标，构建前瞻引导性强、区域特色突出的衡量重要增长极建设成效的指标体系，引导重庆市加快实现高质量发展。

1. 指标体系构建原则

坚持问题导向与目标导向并重。指标体系设计与指标选择要充分考虑重庆打造西部高质量发展重要增长极中存在的短板与问题；同时结合成渝地区双城经济圈等国家战略调整、国内外产业发展、新一轮技术创新等重大因素变化，着眼于重庆区域空间生产力布局调整和未来发展的重点与方向，充分体现指标体系的问题与目标导向作用。

坚持系统观念与区域特色并重。指标体系设计与指标选择要紧密结合国家、市级重大决策部署，立足新发展阶段，以新发展理念为统领，在构建新发展格局中展现新作为，瞄准重庆建设西部高质量发展重要增长极的着力点，充分考虑重庆集大城市、大农村、三峡库区和民族地区为一体的特殊市情，体现指标体系的科学系统性和重庆的区域特性。

坚持质量第一与效率优先并重。指标体系设计与指标选择要以高质量发展为主线，从单纯追求速度转向质量第一、效益优先，改变粗放型外延式增长路径，强化创新发展和绿色发展，推动经济发展实现质量变革、效率变革、动力变革，全方位提升经济的创新能力和竞争能力，突出重庆经济发展方式转变的阶段性特征。

坚持前瞻引领与可操作性并重。指标体系设计与指标选择要体现一定的前瞻引领性，但同时也要具备较强的公认性和可操作性，须是能够通过观察、测试、评议等方式得出明确结论的定性或定量指标，确保数据的获得性、延续性，以对重庆建设西部高质量发展重要增长极进程进行监测评估。指标设计也要注重横向可比性，便于全国各省（市）比较，对标对表动态优化发展。

2. 指标体系构建

充分借鉴国内外有益经验和方法，聚焦重庆建设西部高质量发展重要增长极的思路和目标，本文将从高质量的发展格局、高效益的产业体系、高效率的投入产出、高层次的对外开放、高标准的生态建设等 5 个维度，构建重庆建设西部高质量发展重要增长极的衡量指标体系（图 4 –2）。

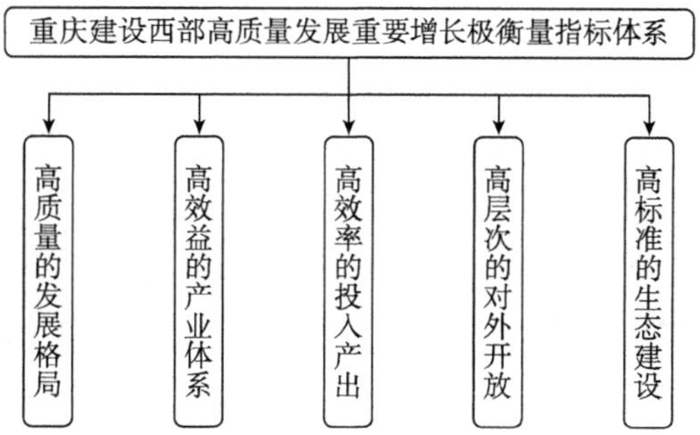

图 4 –2　重庆市建设西部高质量发展重要增长极衡量指标体系框架

高质量的发展格局。建设成为西部高质量发展重要增长极，需要形成高质量发展格局，即在质量效益明显提升的基础上实现经济持续健康发展，增长潜力充分发挥，经济结构更加优化，进一步提升重庆经济社会影响力和辐射力。因此，对于高质量的发展格局的指标设计，本文紧扣经济实力、创新驱动、绿色发展、民生福祉等方面，重点选取人均地区生产总值、常住人口城镇化率、城乡居民人均可支配收入比、R&D 经费支出占 GDP 比重、全要素生产率、城市人类发展指数、新增劳动力受教育年限 7 个衡量指标。

高效益的产业体系。建设成为西部高质量发展重要增长极，需要高效益的产业体系作为有力支撑，即需加快促进传统产业转型升级，发展壮大战略性新兴产业，推进产业基础高级化、产业链现代化，进一步提高重庆经济质量效益和核心竞争力。因此，对于高效益的产业体系的指标设计，本文紧扣新兴业态、产业结构、产业效益等方面，重点选取战略性新兴产业产值占规模以上工业产值比重、数字经济增加值占 GDP 比重、现代服务业增加值占 GDP 比重、旅游总收入、产品质量合格率 5 个衡量指标。

高效率的投入产出。作为西部高质量发展重要增长极，需要较高的投入产出效率，增加对资源要素的聚集能力，即需提升人力资本、土地等要素产出效率以及投资贡献、消费贡献，形成高效率的投入产出，进而促进经济发展效率提高。因此，对于高效益的投入产出的指标设计，本文紧扣人力资本、资本效率、消费贡献、土地效率等方面，重点选取全员劳动生产率、地区劳动生产率差异系数、民间投资（扣除房地产）增长率、消费对经济增长的贡献率、规模以上工业地均增加值5个衡量指标。

高层次的对外开放。随着国家区域开放战略的深化调整，重庆建设西部高质量发展重要增长极，需要深度融入全球经济发展，营造良好的营商环境，提升内陆开放水平。因此，对于高能级的开放合作的指标设计，本文紧扣开放发展理念，以及打造具有全国影响力的改革开放新高地目标定位，从营商环境、外资外贸、城市国际化等方面，重点选择城市营商环境指数、服务贸易出口增速、周边省（市）外贸货物量占比、世界500强企业来渝投资项目数、年举办国际会展次数5个衡量指标。

高标准的生态建设。生态文明建设是高质量发展的重要内容，重庆建设西部高质量发展重要增长极，需坚持生态优先、绿色发展，认真践行“绿水青山就是金山银山”的发展理念，有力增强高质量发展的可持续能力。因此，对于高标准的生态建设的指标设计，本文紧扣资源保护、节能减排、环境容量和城镇人居环境提升等方面，重点选择生态环境满意度、城市$PM_{2.5}$年均浓度、规模以上工业单位增加值能耗降低率、地表水达到或好于Ⅲ类水体比例、空气质量优良天数比率5个衡量指标。重庆建设西部高质量发展增长极衡量指标体系见表4－15。

表4－15　重庆建设西部高质量发展增长极衡量指标体系

指标维度	指标名称	备注
高质量的发展格局	人均生产总值（万元/人）	指当年地区生产总值与常住人口之比，是衡量区域经济发展水平的重要指标，相比以往用GDP指标考核，更能体现经济发展水平
	常住人口城镇化率（%）	指一个地区城镇常住人口占该地区常住总人口的比例，是衡量一个地区社会经济发展水平的重要标志之一
	城乡居民人均可支配收入比	指城镇居民人均可支配收入与农村居民人均可支配收入之比，该指标衡量了城乡收入差距，比值的缩小在一定程度上可体现城乡发展的协调性
	R&D经费支出占GDP比重（%）	指当年科学研究与试验发展（简称R&D）经费支出占同期GDP比重。国际上通常采用R&D活动的强度指标反映一国的科技实力与核心竞争力，是高质量发展的重点关注指标
	全要素生产率（%）	指广义技术进步贡献率，是除去劳动、资本、土地等要素投入之后的“余值”，包括知识、教育、技术培训、规模经济、组织管理等方面的改善
	城市人类发展指数	基于联合国开发计划署提出的人类发展指数计算方法得出的指标，是一个综合性指数较好的衡量城市福利水平，等于预期寿命指标、教育指标、收入指标的几何平均数
	新增劳动力受教育年限（年）	指一定时期内，劳动力受教育年限的平均数，该指标相较于以往的国民受教育年限、劳动力受教育年限等指标更能体现全社会教育水平的提升程度

续表

指标维度	指标名称	备注
高效益的产业体系	战略性新兴产业产值占规模以上工业产值比重（%）	指一定时期内战略性新兴产业产值占同期规模以上工业产值的比重。战略性新兴产业是指对经济社会全局和长远发展具有重大引领带动作用、成长潜力巨大的产业
	数字经济增加值占 GDP 比重（%）	指一定时期内数字经济增加值与地区生产总值之比，反映数字经济的引领作用
	现代服务业增加值占 GDP 比重（%）	指一定时期内现代服务业增加值与地区生产总值之比；现代服务业的发展在很大程度上体现着城市功能的高端化
	旅游总收入（亿元）	指一定时期内旅游目的地国家或地区向国内外游客提供旅游产品、购物品和其他劳务所获得的货币收入的总额。这一经济指标综合反映了旅游目的地国家或地区旅游经济的总体规模状况经营成果
	产品质量合格率（%）	指制造业产品质量合格率，是按照规定的方法、程序和标准实施质量抽样检测，判定为质量合格的样品数占全部抽样样品数的百分比，目前由国家市场监督管理总局逐年发布全国及各省（直辖市、自治区）数据
高效率的投入产出	全员劳动生产率［万元/(人·年)］	指当年根据产品的价值量指标计算的平均每一个从业人员在单位时间内的产品生产量，是考核企业经济活动的重要指标，体现企业的生产效率
	地区劳动生产率差异系数	是全员劳动生产率的演变指标，指主城区劳动生产率与主城外的劳动生产率的比值，主要侧重刻画区域协调发展水平
	民间投资（扣除房地产）增长率（%）	指民间投资（除房地产外）与上年同期相比较的增长率
	消费对经济增长的贡献率（%）	指一定时期内消费增加额占以支出法核算 GDP 的比重
	规模以上工业地均增加值(万元)	指一定时期内，地区规模以上工业企业增加值与企业实际拥有的土地面积之比，是衡量企业发展质效、土地资源利用率的关键指标
高层次的对外开放	城市营商环境指数（%）	该指数用以反映城市发展过程中营商环境的综合情况。当前，国家发改委正在部分城市开展试点，拟从投资环境、信贷环境、便利度、权益保护度等方面对一个城市的营商环境进行综合评价，具体指标还在优化调整过程中，尚未对外正式公布
	服务贸易出口增速（%）	指服务贸易出口额相对于上年的增长，是衡量开放度和贸易国际化程度的重要指标
	周边省（市）外贸货物量占比（%）	指进出口货物的来源地或目的地是周边省市的数量占进出口货物总量的比例；此指标能衡量重庆建设内陆开放高地的成效，可以有效反映重庆口岸的吸引和集聚效应
	世界 500 强企业来渝投资项目数（个）	指世界 500 强企业累计在重庆投资的项目数，是衡量投资环境国际化、经济外向度和营商环境国际接轨程度的重要指标
	年举办国际会展次数(次)	指当年举办国际会展次数，是衡量城市国际吸引力，承办国际高规格会展的硬件支撑和软件服务能力水平的重要指标

续表

指标维度	指标名称	备注
高标准的生态建设	生态环境满意度（%）	指经调查获取的公众对生态环境的总体满意程度；是推动生态文明建设的出发点和落脚点，也是检验生态文明建设成效的重要指标
	城市 $PM_{2.5}$年均浓度（%）	指城市范围内大气中直径小于或等于2.5微米的颗粒物在环境空气中的浓度的年内平均值。$PM_{2.5}$浓度是衡量空气质量的重要指标之一
	规模以上工业单位增加值能耗降低率（%）	指一定时期内，地区每生产一个单位的规模以上工业增加值所消耗的能源与上年同期相比的降低率。设置该指标可以反映重庆主要节能政策措施所取得的效果，起到检验节能降耗成效的作用
	地表水达到或好于Ⅲ类水体比例（%）	指市控以上断面达到或优于Ⅲ类水标准的比例
	空气质量优良天数比率（%）	指当年主城区空气质量优良以上的监测天数占全年监测总天数的比例

五、对策建议

（一）构建高质量的现代产业体系

为了把握新一轮产业变革新趋势，重庆应当积极与西部地区协同打造电子信息、装备制造以及战略性新兴产业三大世界级产业集群，打造一批在消费品、材料、生物医疗等领域具有国内影响力的产业集群，加快"芯屏器核网""云联数算用"数字经济建设，推动生产性服务业向专业化和价值链高端延伸，生活性服务业向高品质和多样化升级。

1. 协同打造三大世界级产业集群

（1）共建世界级电子信息产业集群

顺应全球科技革命和产业变革趋势，共同推动电子信息产业集群规模迈上万亿级，不断开创重庆市制造业高质量发展新的增长点。

推动现有优势领域做强。加快5G（第五代移动通信）、人工智能、VR（虚拟现实）/AR（增强现实）/MR（融合现实）等技术在电子终端产品植入，加强智能可穿戴、智能音箱、智能家电、智能家居、智能车载设备等新型终端产品研发，推动代工企业加快智能化、柔性化改造步伐，积极承接东部沿海地区摄像头、触摸屏等配套产业转移，完善电子终端产业链条。加快液晶面板产线建设，提高超高清面板排产比例，加强后端显示模组、显示器件研发，积极承接玻璃基板、高端光学膜、掩膜板等上游光学材料配套产业转移，完善液晶显示产业链条。

培育壮大新一代信息技术产业。加强功率半导体芯片、化合物半导体芯片、MEMS

（微机电系统）等专用芯片领域中高端新品研发，积极引进存储芯片、通信芯片等大尺寸、窄线宽通用芯片晶圆线，进一步完善工具提供、工程流片、检验检测等第三方服务体系，提升5G、超高清视频、汽车电子、卫星导航定位、人工智能、物联网等领域初创型FabLess（无晶圆）企业集聚能力和产品研发能力，健全硅片、载板、封装、测试等上下游产业链条，加快构建完整的集成电路产业链条。加大超高清影视摄像机、大屏拼接显示、电影投影机等重点产品领域和音视频处理芯片、编解码芯片、存储芯片等关键器件领域的引进培育力度，持续推进超高清电视内容建设，加快构建超高清视频产业链条。加强基带芯片、毫米波幅相控制芯片、宽带通用集成射频收发芯片等5G芯片研发，加大5G微基站、通讯模组领域引进培育力度，推动天馈线规模化发展，加快构建5G设备产业链条。加强基于MEMS架构的车用激光雷达、毫米波雷达、位置传感器，电子终端用惯性传感器、重力感应传感器、指纹识别传感器，工业机器人用视觉传感器、力矩传感器等智能化产品、组件及生产工艺研发，加快构建智能传感产业链条。加快5G（第五代移动通信）、大数据、人工智能、区块链等技术在软件产品中植入的速度，加强工业软件、高端行业应用软件、新兴软件和工业APP（应用程序）等新品开发，加速在智慧政务、智慧医疗、智慧教育、智慧交通及车联网、智慧农业等领域形成一批典型应用场景，拓展软件信息服务业发展空间。

前瞻布局新型电子器件研发。加强低功耗高性能新原理硅基器件、硅基光电子、混合光电子、微波光电子等领域前沿技术和器件研发，统筹布局量子芯片、量子编程、量子软件以及相关材料和装置制备关键技术研发，推动量子计算机的物理实现和量子仿真的应用。加强类脑芯片、超导芯片、石墨烯存储、非易失存储、忆阻器等新原理组件研发，推进后摩尔定律时代微电子技术开发与应用。

（2）共建世界级装备制造产业集群

顺应装备高端化、智能化、成套化发展趋势，提升新能源汽车、工业机器人、节能环保、增材制造等主导产品质量稳定性，进一步完善关键零部件本地配套体系，增强总承包和系统解决方案供给能力，共同培育世界级装备制造产业集群。

加快现有优势领域升级步伐。统筹布局汽车整车、动力系统基础数据库和汽车风洞、试验场等基础设施，加强中高端新整车和ECU（发动机控制系统）、TCU（变速器控制系统）等汽车电子产品研发，提升辅助驾驶系统、自动驾驶系统装车比例和轻量化材料应用比例，加大自动变速器、汽油机增压器、电控高压共轨喷射等关键配套领域引进培育力度，完善汽车产业链条，提升单车价值。加强巡航车、赛车及越野车等中高档产品和新能源产品研发，积极承接东部沿海地区摩托车整车产能转移。加强大型风电机组、火电机组、水电机组和超高压、特高压变压器等产品研发，积极引进培育油气勘探成套设备、油（气）管输成套设备和LNG成套设备企业。

培育壮大新能源汽车和高端装备制造产业。加强纯电动汽车、插电式混合动力（含增程式）汽车、燃料电池汽车模块化高性能整车平台、多能源动力系统集成、智能能量管理控制等整车集成技术和先进模块化动力电池、燃料电池系统、新一代车用电机驱动系统解决方案等关键零部件技术研发，统筹布局充换电、加氢、V2X 等基础设施建设，壮大智慧出行、智能绿色物流等后市场业务规模，构建新能源汽车良好生态。加强六轴机器人、双腕机器人和精密高效磨齿机、精密数控车床、数控加工中心等中高端产品研发，加大减速器、伺服电机、数控系统等关键配套培育领域引进培育力度。加强跨坐式单轨车辆、城际车辆等领域新品研发，加大交流牵引传动系统、制动系统等关键配套领域引进培育力度，共同争取中车集团在成渝地区布局更多项目。加速军用航空技术转化，加快推动现有民用直升机、轻型飞机消化技术、提升产能和适航取证，共同争取区域内航电系统、机身材料企业尽快进入国际客机供应链体系。提升烟气脱硫脱硝、垃圾高效清洁焚烧发电、工业废水处理等领域总集成总承包、系统解决方案提供能力，加大 $PM_{2.5}$（细颗粒物）脱除、土壤重金属电动分离等工业领域和高效空气净化器、深层次净水器等家用领域节能环保装备引进培育力度。

前瞻布局增材制造装备和激光加工装备研发。加强激光/电子束高效选区熔化、大型整体构件激光及电子束送粉/送丝熔化沉积、光固化成形、激光切割、激光焊接等领域研发，加大增材制造装备、激光加工装备和合金粉末材料、生产级热塑性塑料、光敏树脂等相关材料领域引进培育力度。

（3）共建世界级战略性新兴产业集群

共同推动互联网、大数据、人工智能等与制造业深度融合，加快新型传感器卫星及应用、基因工程、生物菌种等战略性新兴产业融合化、集群化、生态化发展，共建世界级战略性新兴产业集群。

新型传感器。重点发展压力、流量、压电等与重庆市支柱产业紧密相关、量大面广的 MEMS 传感器，打造先进感知国家产业创新中心。远期面向医疗、物联网等领域，重点发展气体、生化等新型传感器。

卫星及应用产业。重点以全球低轨卫星移动通信与空间互联网系统为引领，加快引进产业链上下游企业，形成集聚效应，积极争取国家卫星互联网产业发展顶层设计，赋予重庆更多功能定位，支持开展低轨移动通信芯片与终端核心技术攻关，形成各类行业终端批量生产能力。远期逐步完成低轨卫星移动通信与空间互联网项目组网，拓展在各相关领域应用范围，建设全国低轨卫星移动通信芯片和终端研发生产基地。

基因工程。重点推动重庆市在研创新产品尽快上市，实现基因工程药物“零的突破”，加快引进一批市外已上市创新产品落户生产。远期依托陆军军医大学、重庆医科大学在分子病理学、免疫学等学科人才优势，打造从药学研究、安全评价、工艺研发、中试放大到临床试验的科技成果转化体系和大分子药物生产加工平台，缩短基因工程药品研发生产上市周期，逐步构建起研发制造优势。

生物菌种产业。重点支持天友乳业、市农科院、市中药院等企业加大食药用菌（含益生菌）特色菌种的筛选培育，形成特色菌种规模化生产能力，助力脱贫攻坚和乡村振兴；支持博唯生物、乾泰生物、澳龙生物等企业筛选培育基因工程菌种、多杀菌素、微生态制剂等生物医药菌种。远期利用西南地区丰富的微生物资源，依托西南大学、市中药院、南芯医疗、畜科院等建立普通、药用和兽医微生物等国内领先的生物菌种保藏机构，加强与相关应用企业合作，在基础菌种上筛选培育形成若干有竞争力的商品化菌种并形成规模化制造能力。

2. 做大做强一批国内重要产业集群

（1）建设具有全国影响力的消费品产业集群

面向消费升级需求，共同深入推进“三品”战略，拓展营销渠道，加强设计创意植入，深化消费品产业与文旅、商贸产业融合发展，不断增加高品质消费品供给。

加快食品、纺织、轻工升级步伐。加快规模化、规范化种（养）殖基地建设，打造武陵山区、秦巴山区绿色无公害食品品牌，普及低温压榨、冷鲜排酸等先进工艺，提高精深加工产品比重。推动白酒“金三角”建设，打造国内中高端白酒集聚区。推动川菜、火锅、小面等地方特色美食工业化、规模化生产。推动化学纤维、染整、纺纱、织布和成衣等纺织服装产业链上下游深度融合，壮大个性化定制等新兴业态规模，积极承接沿海地区成衣产能转移和国际快消品牌服装订单。推动造纸、家具、皮革等轻工行业加快绿色化改造，大力发展循环经济。

培育壮大时尚潮流消费品。在文创用品、工艺美术品和旅游商品领域加快文化创意元素、工业设计理念植入，加速智能化改造，打造一批具有全国影响力的时尚潮流精品。加强承接东部沿海地区个性美妆、文体用品、钟表、眼镜等产能转移，打造一批时尚潮流消费品集聚区。

（2）建设具有全国影响力的材料产业集群

面向产业升级和城市建设需求，加快结构调整和新品开发，提升行业绿色、安全、循环发展水平，增加高品质材料供给。

加快冶金、建材升级步伐。推动炼铁、炼钢、冷轧、热轧等钢铁产业链和氧化铝、电解铝、铝加工等铝产业链转型升级，加强高强镀锌汽车钢、轴承钢、工模具钢等精品钢材和航空航天用铝、轨道交通用铝、汽车用铝等中高端铝材研发，加大电子用铜领域引进培育力度。推动成渝地区玻璃产业链深度融合，壮大日用玻璃、绝热隔音玻璃等玻璃制品规模。支持承接东部沿海地区钢结构产业转移，加大装配式建筑引进培育力度。

培育壮大新材料产业。推动苯、PX（对二甲苯）等上游原料和下游合成化工产业链延伸，加快打造 PTA（精对苯二甲酸）—PET（聚对苯二甲酸乙二醇酯）、MDI（二苯基甲烷二异氰酸酯）—PU（聚氨酯）、DMC（碳酸二甲酯）—PC（聚碳酸酯）等合成材料产业链。加快承接东部沿海地区电子用高纯试剂、电子特种气体、环境友好型涂料、水处理剂等精细化工产业转移。壮大玻璃纤维及复合材料、钛合金材料、电池正极材料、多晶硅材料等现有优势品种规模。

前瞻布局前沿新材料研发。提升石墨烯薄膜规模化连续稳定生产能力，尽快形成大面积石墨烯薄膜和石墨烯微片规模生产能力，加快石墨烯及碳基产品在触控显示、电池负极、特种涂料等领域应用。加快纳米纤维、纳米粉体等生产线建设，延伸发展纳米过滤材料、纳米膜材料、纳米纺织材料、纳米吸附材料等成品。加大增材制造用金属粉末、无机粉末等增材制造材料领域引进培育力度。加强超导材料技术储备。

（3）建设具有全国影响力的生物医药产业集群

面向重大疾病发现和居民健康管理领域需求，加快生物技术药产业化步伐，推动医疗器械、化学药原料药及制剂、布局生命科学技术研发，共同提升生物技术产业发展能级。

加快中药、化学药升级步伐。加快道地中药材规范化种植基地建设，加强中医优势病种领域中药新药、经典名方产品开发和大品种药物二次开发，推动中药配方颗粒研发及生产。加强基于新靶点和新作用机制的化学创新药研发，加快专利到期药仿制、临床、一致性评价和上市步伐，积极承接原料药产业转移，壮大CRO（药物合同研究）等新兴业态规模。

培育壮大生物技术药和数字医疗器械产业。加强基于CAR—T（嵌合抗原受体T细胞免疫疗法）、TCR—T（基因修改的T细胞受体治疗法）等基因重组T细胞治疗药物及间充质干细胞、神经干细胞、造血干细胞等细胞生物制品研发，加大基于免疫抗体技术、蛋白重组等基因工程技术的生物制品和新型疫苗领域引进培育力度，积极开展动物用疫苗产品研发。加快高端新型影像技术（核磁共振成像、动态光学成像等）、医疗机器人等大型医疗器械产业化步伐，加大心血管系统状态监测设备、无（微）创生理生化指标检测、体外快速诊断筛查和人工器官、体外循环系统、生物支架材料、组织工程产品等新兴领域引进培育力度。

前瞻布局生命科学技术研发。加强基因编辑技术体系联合攻关，开发针对重大遗传性疾病、感染性疾病、恶性肿瘤等的基因治疗新技术。建立相关动物资源平台、临床研究及转化应用基地，促进基于基因编辑研究的临床转化和产业化发展。加强基因组化学合成、生物体系设计再造、人工生物调控等关键技术攻关，研究推进人工生物及人工生物器件临床应用和产业化。推动生物育种、生态保护、能源生产等领域颠覆性技术创新，构建基础原料供给、物质转化合成、民生服务新模式，培育合成生物产业链。

3. 培育壮大数字经济等新经济新业态

面向“智造重镇”“智慧名城”建设需求，深入推动产业数字化、数字产业化，大力实施智能化项目改造，推动应用场景建设，深化与大数据智能化领军企业战略合作，推动数字深度融合形成新业态，共同培育壮大数字经济。

推动应用场景建设。继续聚焦建设“云联数算用”要素集群，并在“用”这一方面，打造典型智能化应用场景。继续以新型智慧城市建设主要抓手，在智慧名城、“小切口、大民生”、5G 试点示范、中新国际数据专用通道、智慧社区等五大领域，构建一系列智能化应用场景，将技术进行有效转化。继续做好针对大数据、人工智能、区块链等新一代信息技术与实体经济融合的最新成果征集并发布，在重庆市范围内起到引领示范作用。积极引导英特尔 FPGA 中国创新中心、两江新区物联网产业协同创新中心、SAP 赋能创新中心和中小企业智能化中心、阿里飞象工业互联网平台、工业互联网创新中心、中移物联网 OneNeT 平台等赋能中心发挥引领示范作用，在人才培训、技术服务、平台搭建、开发测试、协同创新等方面助力产业数字化转型升级。

优化数字经济综合体布局。根据重庆市数字经济发展目标，统筹规划现有产业发展基础，强化重点区域集聚效应，依托六大重点园区加快国家数字经济创新发展试验区建设。其中：两江数字经济产业园重点探索发展智能制造、数字内容和基础设施建设；西永微电子园重点探索重大数字技术攻关突破，集成电路、新型显示、智能终端、软件技术、数字内容、软件及信息服务等数字产业集聚化发展；中国智谷（重庆）重点探索集成电路、智能终端、物联网、智能超算、人工智能、网络安全等数字产业集聚化发展；仙桃国际大数据谷重点发展智能汽车、智能终端、生命健康、航空产业、数字城乡等五大核心产业；渝中区块链产业创新基地重点发展区块链产业，聚力打造以区块链为龙头的数字经济示范区，加快推动区块链产业创新基地扩容提质增效，积极创建国家级区块链产业创新示范园区；江北大数据产业园聚焦大数据、智能化、电梯物联网、游戏动漫、国际物流、智能出行、工业互联网等领域发展。

加快引进龙头企业形成产业集聚。着力培育引进国内或全球知名龙头企业，发挥龙头企业对产业的支撑带动作用，推动优质创新资源共享，投融资体系对接，品牌效应辐射，产业发展要素集聚。引进国内外知名大数据、智能化赋能企业和创投基金来渝设立赋能中心建设，深度挖掘赋能中心服务功能，集聚优质资源，提供产业链对接、研发平台共享、金融支持、营销渠道协同等深层次赋能服务。聚焦平台型龙头企业基于产业生态，通过投资、孵化不断裂变大量技术创新和模式融合的种子企业、瞪羚企业、独角兽企业。加快建设百度西部智能驾驶开放测试基地，积极推动西南总部落地和数据审核业务布局；加快阿里巴巴集团区域总部，客户体验中心、风险管理事业群中心重点项目落地推进，加快推进盒马鲜生供应链运营中心、中国智能物流骨干网节点等项目；加快腾讯数字内容产业基地建设；加快浪潮西部运营总部、工业互联网西部总部、浪潮区块链产业总部和浪潮研究院，服务器生产基地建设；加快 360 集团网络安全协同创新产业基地建设。加快推进腾讯云启创新基地、华为智能超算中心、国家智能传感器创新中心、联想赋能中心项目落地建设。

推动数字深度融合形成新业态。开展大数据人工智能区块链等和实体经济深度融合的研究，促进融合发展。在农业上，积极推进生产端的智慧农业，积极将物联网技术运用到传统农业中去，继续推广消费端的农村电商，通过网络平台各种服务嫁接于农村资源，拓展农村信息服务业务、服务领域，拓宽农产品销售市场。在工业上，加快推进5G在工业领域的融合应用，实施“5G+工业互联网”行动计划，加快构建网络、平台、安全三大功能体系，培育5G与工业互联网融合叠加、互促共进、倍增发展的产业生态。在增强型移动宽带（eMBB）场景，高可靠低延时通信（uRLLC）场景，大规模机器类通信（mMTC）场景上积极推进5G网络的融合应用。在服务业上，在消费零售领域、智慧物流领域、电子支付领域、社交娱乐领域、线上教育领域加快新一代信息技术的融合发展应用，延续良好的发展势头，并加快向规范提质方向发展。

4. 开展三大现代服务业提质建设行动

（1）开展国家（西部）科创中心建设行动

以推动科技创新为主攻方向，协同推进规模与效率提升，深化技术创新、模式创新、业态创新，培育高端研发平台，加强成果交易转化，推广大数据智能化应用，加快国家（西部）科创中心建设。

培育高端研发平台。争取国家在重庆布局重大科研基础科目，引进有全球影响力的科研机构，推动已经在渝布局有生产性企业的国际国内知名企业在渝设立研发中心、工程研究中心。争取到2022年，新增医学工程、山区桥梁及隧道工程、能源装备安全、智能网联汽车等5家国家科技创新基地，电子核心零部件、高端交通装备、新材料及高性能合金材料、机器人及智能装备、节能环保、生物医药等10家国家企业技术中心。

提质增效成果交易转化。加快建设重庆市科技成果转化服务中心，加强科技成果转化综合服务，在高校和科研机构重新认定30家科技成果转化服务中心，加快新技术、新工艺、新产品的转化与应用。科技服务云平台，提升服务能级，打造全国一流的重庆科技服务大市场。加强军民融合创新平台建设，支持民用先进技术在国防科技工业领域的应用，推动军用技术成果向民用领域转化和产业化。

推广大数据智能化。发展跨学科复杂智能理论，开展类脑智能前沿研究，推进类脑智能软硬件技术融合研发，发展高级机器学习和智能认知理论。策划实施一批市级重大科技计划项目，突破知识自动获取和智能决策技术，突破理解认知技术瓶颈，发展人机交互及识别、环境感知、运动控制技术，加强智能物联网技术研究，开展边缘计算与多源信息融合、泛在连接与异构集成、信息智能融合计算、主评估与决策等技术攻关，研发智能物联网核心器件，建立智能物联网安全与协同测试体系，推动重点领域产品研发应用。联合龙头企业共建重庆智能超算中心，完善大型科学设施共享服务平台。

（2）开展国际知名文化旅游目的地建设行动

立足“山水之城·美丽之地”城市形象定位，突出“三峡、山城、人文、生态”四大主题，围绕“精品旅游产品”“巴蜀文化旅游走廊”“全域旅游示范区”建设，深入推进国际知名文化旅游目的地建设行动。

打造精品旅游产品。重点做好以长江三峡、世界遗产、文化非遗、观展观演、国际研学等为代表的精品旅游产品，围绕“山城”品牌，推进主城区“山城步道”建设，开展主城区“两江四岸”景观照明设施建设布局，推进主城区网红景点周边吃住行娱乐购要素配套。深入挖掘大足石刻世界文化遗产，形成一批集传统文化教育、民俗文化体验、休闲娱乐度假为一体的世界遗产类旅游产品。围绕“温泉”品牌，全面启动温泉国际高端产品开发、温泉示范基地建设，加快开发一批温泉康养、温泉医疗等多业态复合型产品。围绕红色抗战主题游，重点推出抗战文化研学游、红岩文化党性教育游、历史文化科普游等旅游产品，推出一批经典优秀文艺作品。围绕特色古镇主题游，注重磁器口古镇、偏岩古镇等古镇文化与生活相融合，打造一批特色民宿、特色美食、特色文创活动，形成“一镇一特色，一镇一风貌”。

打造巴蜀文化旅游走廊。争取国家层面设立巴渝文化旅游走廊建设协调机构，系统推进相关工作。进一步健全完善川渝两地协同合作机制，整合两地优质文旅资源，精心设计一批具有引领性、示范性的巴蜀文化旅游重点项目。推进旅游产品协同创新和品牌共享，深化区域文旅联盟合作，实施“川渝地·巴蜀情”区域品牌培塑、巴蜀文创产品联合开发。

推动全域旅游示范区和特色小镇创建。对照国家《全域旅游示范区创建工作导则》，加强对重庆市全域旅游发展的统一规划布局和统筹开发管理。着力推进武隆、巫山国家全域旅游示范区创建，形成可借鉴可推广的经验和模式，树立全域旅游发展标杆。推动潼南区双江镇、北碚区金刀峡镇、綦江区青年镇、綦江区东溪镇、江津区塘河镇、九龙坡区走马镇等一批特色小镇建设，通过挖掘特色、完善设施和升级旅游产品，促进小镇产业功能、旅游功能、文化功能和社区功能深度融合，将特色小镇逐步培育成为区域性旅游目的地。

（3）开展国际会展名城建设行动

立足重庆会展业发展的目标、使命和要求，以深入实施国际会展名城行动计划为抓手，加快推进重庆国际会展名城建设。

打造会展高端平台。集中力量办好中国国际智能产业博览会、中国西部国际投资贸易洽谈会、中国（重庆）军民融合博览会、中新（重庆）战略性互联互通示范项目金融峰会、中新（重庆）战略性互联互通国际论坛、财富论坛，积极申办系列高端国际会议及专业论坛，提高会展项目的国际参展商和采购商比重，提高展会品牌影响力。引导建立“大中小”“高中低”“近中远”“全融专”相结合的展会题材体系，因地制宜丰富行业性、地域性展会题材。加大会展项目国际招商力度，提高展会品牌影响力，鼓励品牌会展导入国际标准化组织（ISO）质量管理体系，申报国际认证。

引进国内大型巡回品牌展会。进一步发挥行业主管部门作用，促进会展机构与国际知名会展业组织、行业协会、会展企业等建立合作机制。积极引进全国糖酒商品交易会、全国制药机械博览会、全国畜牧业博览会、中国零售业博览会、全国药品交易会、中国国际农业机械展览会、全国汽车配件交易会、中国国际体育用品博览会、中国教学仪器设备展示会、中国国际广告节和中国零售商大会等国内大型巡回品牌展会（论坛）。

提升会展智能化、绿色化、专业化服务水平。支持重庆国际博览中心建设成为全国“第六代+”智慧型数字化会展场馆。促进绿色会展发展，鼓励和促进展览展示企业使用环保材料，提升会展经济绿色发展水平。引入和培育会展机构，进一步提升多国语言翻译、同声传译等专业服务水平，增强举办国际商务、政务会议的服务能力。

（二）建设高辐射力的现代化国际都市

建设现代化都市圈已成为各地打造高质量发展增长极的重要抓手。重庆应以主城都市区为核心，建设国际性交通、物流、通信枢纽，营造国际一流消费环境，集聚多层次资本要素市场，推进对外交往平台建设，提升国际化服务水平，打造具有全球影响力的国际门户枢纽、国际消费中心城市、内陆国际金融中心、中西部国际交往中心。

1. 建设高水平国际枢纽门户城市

依托水、陆、空立体交通网络优势，以全球视野谋划国际战略通道建设，争取国家研究制定促进成渝地区国际交通物流通信枢纽高质量发展的政策措施，在西部陆海新通道物流和运营组织中心建设方面给予技术指导、政策支持，推进交通物流领域的创新举措在成渝地区先行先试，助力重庆高水平打造国际枢纽门户城市。

拓展对外大通道建设。聚焦东南西北四个方向的出市、出海、出境通道建设，完善铁路、公路、航空和水运立体发展的综合国际大通道网络体系，大幅提升通道运输能力。一是向东畅通连接东部沿海地区的出海大通道。尽快启动实施三峡船闸新通道建设，推进长江干线航道系统整治，提升长江黄金水道航运能力。加快推进渝宜汉和渝万汉双通道，打造沿长江高速铁路大通道，构建沿江综合立体交通走廊，形成与沿海地区多方式多通道的高速连接。二是向西畅通连接丝绸之路经济带大通道。优化组织运营模式和运行网络体系，提升中欧班列（重庆）服务效能。规划建设兰渝、汉巴渝高铁，着力优化提升重庆—兰州、西安综合交通走廊能力，连接关中城市群、兰西城市群、天山北坡城市群，沟通丝绸之路经济带。规划重庆至自贡—雅安城际铁路，衔接川藏铁路，打通连接西藏大通道。三是南向打造铁海联运出海大通道。依托西部陆海新通道建设，加快建设黔江至吉首高铁联络线、安张铁路，力争尽快开工渝贵高铁、广安至涪陵至柳州铁路，高质量打造重庆至贵阳至南宁至北部湾、重庆至昆明至东南亚综合交通走廊，连接黔中城市群、滇中城市群、北部湾城市群、粤港澳大湾区，沟通21世纪海上丝绸之路。四是向北畅通中蒙俄通道。主动对接中蒙俄经济走廊建设，加快推进渝西高铁、郑万高铁建设，释放襄渝铁路货运能力，实现“渝满俄”班列常态化开行。

构建国际综合交通枢纽。统筹铁公水空交通枢纽建设，努力建成通达全球、衔接高效、功能完善的国际性综合交通枢纽。一是构建引领内陆开放的世界级机场群。加快建设江北国际机场 T3B 航站楼和第四跑道，推动重庆新机场纳入国家规划并力争在“十四五”期间开工，与成都双流国际机场、天府国际机场共同打造“双核四大”国际航空枢纽体系。二是加快建设长江上游航运中心。加快内河水运开发，全面提升长江航运能力，打造以重庆果园港港口型国家物流枢纽为核心，江津珞璜港、涪陵龙头港、万州新田港为支撑，9 个重点港口为补给的现代港口群。加快主要港口与铁路、高等级公路的连接线建设，大力发展多式联运，形成无缝衔接的集疏运体系。三是构建国家综合性铁路枢纽。以高铁站场为依托，构建形成以重庆为中心的“米”字形高速铁路网，打造成为中国“八纵八横”高铁网络体系的主要节点。

建设国际物流枢纽。统筹东西南北四个方向、铁公水空四种方式、人流物流资金流信息流四类要素，加快建设对接全国、连通国际的综合物流枢纽。一是培育国际物流枢纽集群。加快建设铁路货运站、公路货运分拨中心和进港铁路专用线，实现重庆国际物流园、渝北空港物流园、果园港物流基地和南彭贸易物流基地四大物流枢纽互联互通，加强国际多式联运集疏体系建设，降低国际联运物流成本，联动四川共建国际多式联运试验区。二是建设内陆口岸高地。利用现有海关指定监管场地，做大做强铁路和水运口岸，打造内陆国际物流分拨中心和亚欧铁路货物转运中心。统筹规划国家多式联运集疏系统，推动中国西部“公铁水空”一体化无缝对接的综合物流和多式联运发展。协调中欧班列、西部陆海新通道、长江航运和国际航空物流运营组织，提升“公铁水空”联运组织效率和运输服务一体化水平。

打造轨道上的都市区。牢固树立轨道交通引领城市发展格局的理念，统筹规划建设高速铁路、市域铁路、城市轨道一体化、融合发展的多层次轨道交通网络，实现都市区一小时通勤、相邻区之间半小时通勤。一是加快完善高铁网络。加快推进渝湘高铁、渝昆高铁建设，尽快启动渝贵高铁、兰渝高铁、成渝高铁快线、渝西高铁建设，加快形成“米”字形高铁网络。二是加快推进市郊铁路建设。积极推动江津、铜梁、合川至中心城区市域铁路建设，高效利用国铁干线开行涪陵、永川、长寿、綦江、荣昌、潼南至中心城区的公交化列车，提升中心城区与支点、节点城市的互联互通水平。三是不断完善拓展城市轨道网。按照“中心加密、两槽加速、外围辐射”的总体思路，加快推进城市轨道交通第四期建设规划项目建设，构建“一环二十二线”城市轨道网络，缓解中心城区交通拥堵压力。四是着力推进高速铁路、市域铁路、城市轨道“三铁融合”发展。强化一体无缝衔接、零距离换乘，积极探索市域铁路江津至跳蹬线、铜梁至璧山线与城市轨道交通贯通直达，逐步实现市域铁路与国铁干线、城市轨道交通融合运营。

建设国际信息数据门户枢纽。围绕网络强国建设，构建集立体网络、泛在感知、智能计算、创新试验等于一体的新型基础设施体系，探索打造全球数据港、国际离岸数据中心和在岸数据中心，建设国际信息数据门户枢纽。一是加快新型网络设施建设。开通至“一带一路”沿线国家和地区的直达国际光纤网络，提升成渝国际和省际出口带宽水平，加快5G基站建设，推动国家级互联网骨干直联点宽带扩容，建设工业互联网标识解析体系国家顶级节点和二级节点、地方工业互联网创新中心。二是建设城市感知体系。围绕智慧建筑、市政物联、广域物联、工业物联等重点应用场景，建设全面覆盖、动态监控、快速响应的城市感知体系，构建城市泛在感知"神经网络"。三是建设智能超算中心。围绕大数据、人工智能、装备制造等方面开展一批重点特色应用，努力建设技术先进、功能齐全、服务一流的国际化超算中心。

2. 建设高品质国际消费中心城市

对标国际一流消费城市，完善消费设施布局，聚集优质消费资源，培育消费新模式，优化消费软环境，提升消费舒适度，打造具有全球影响力的综合性国际消费中心城市。

优化消费设施空间布局。强化高端消费载体和场景建设，夯实国际消费中心城市的载体支撑，切实增强全球消费资源的空间集聚能力。一是优化提升国际消费核心区。以长嘉汇景区为核心，布局总部经济功能区、金融开放实验区、国际合作展示区、山水人文艺术地标性景观、"夜重庆"休闲文化艺术走廊，加快国际品牌、高端产业等要素资源集聚融合，拓展新型消费产业和各类生活型服务业发展空间，建设享誉全球、非去不可的国际消费核心区。二是发展壮大国际消费商圈。以中心城区为核心，改造提升解放碑步行街，扩容提质观音桥、南坪、三峡广场、杨家坪等成熟商圈，培育发展两路寸滩保税港保税商圈，大力布局智慧型、融合型、体验型、国际化消费新业态，有序推进成熟商圈、新兴商圈的场景化、智能化、国际化，打造一批精品云集享誉世界、服务创新引领全球、消费环境优质舒适、监管模式接轨国际的世界级商圈商街。

培育发展国际消费品牌。瞄准全球优质商品和服务，吸引集聚更多、更新、更潮的国际消费品牌，加速融入全球高端消费网络，成为西部地区国际品牌入驻和购物首选地。一是强化首店、旗舰店的品牌集聚带动功能。以"解放碑—弹子石—江北嘴"为载体，吸引世界著名消费品牌在渝开设全球首店、亚洲首店、中国（内地）首店、西南首店及旗舰店、体验店，集聚一批国际高端知名品牌、原创设计师品牌、高级定制品牌等在渝首发首秀新品，增强重庆国际一线消费品牌集聚度和时尚消费引领度。二是加快高端品牌集聚载体建设。加快布局跨境O2O体验店、进口商品集散分拨中心、跨境电子商务智能货物集散中心，做大做强保税商品展示交易中心。鼓励大型商贸企业拓展全球直采业务能力，不断丰富进口商品供给，打造成西部地区首要进口商品超市。三是推动老字号品牌国际化。瞄准国际品牌方向，挖掘提升老字号品牌价值，培育一批代表重庆制造水平、彰显重庆地方特色的"渝货精品"，重点推动涪陵榨菜、江小白、谭木匠等具有全国知名度的重庆老字号和优势品向"世界名品"转变，增强本土制造消费品对国际国内消费者的吸引力。

培育国际消费新业态新模式。把握国际消费新潮流，大力培育时尚消费的新业态新模式，促进线上线下深入融合、商品和服务消费互动融合、流通和生产对接融合，汇聚提升城市时尚消费的影响力和辐射力。一是培育发展国际时尚消费新业态。整合城市消费资源，培育一批有国际影响力的网站、期刊、电视、广播等时尚传媒品牌，打造一批“博览会”“购物节”“时尚周”“消费展”等国际产品和服务消费新平台，鼓励国内外重要消费品牌发布新产品、新服务，促进时尚、创意等文化产业新业态发展。深入挖掘重庆美景美食、巴渝文化等独特性资源，建设国际购物名城、国际美食名城、国际会展名城、国际文化名城、国际旅游名城。二是推动消费融合创新。推动消费与新一代人工智能、大数据、云计算、物联网等现代信息技术融合发展，大力发展智慧零售、绿色零售等新零售，通过“线上+线下、商品+服务、零售+体验”等升级改造，推动传统商业平台向数字化集成化平台转型。鼓励大型零售企业“走出去”建立海外采购中心、直采基地、物流配送中心、海外仓等，搭建本土商品境外分销和服务网络，加快融入全球采购、全球配送的供应链。

提升国际消费服务质量。加强国际化消费服务质量标准体系建设，优化国际化消费环境，推动重庆消费服务向规范化、品质化升级，切实增强消费者的体验感、获得感。一是完善入境和免税消费政策。在江北国际机场等区域试点建设离境退税定点商店、进境免税店，推进国际化结算和货币兑换平台建设，提高国际消费服务便捷水平。二是完善国际化服务标准体系。鼓励消费领域龙头企业，对标国际一流企业，积极参与零售、会展等消费服务的相关国家标准、行业标准制定和修订工作，制定实施更为严格的内部服务标准，树立行业国际标准化服务标杆，引领带动重庆市国际化服务标准体系等级提升。三是优化城市消费环境。加强与国际通行经贸规则对接，提升跨境贸易投资便利化水平，营造内外资企业一视同仁、公平竞争的营商环境，增强重庆对全球高端商务商贸品牌企业的吸引力。

3. 建设高能级内陆国际金融中心

以成渝地区双城经济圈建设为契机，加快聚集金融机构，创新发展多元化金融产品，推动金融深层次开放，争取国家支持在渝金融机构赴新加坡等东盟国家设立海外窗口、分支机构，开展上市、发债等业务，谋划布局一批特色金融要素市场，提升金融资源优化配置效能，建设成为立足成渝、辐射西部、面向东盟的内陆国际金融中心。

推进金融机构高质量聚集。引进一批具有国际竞争力和跨境金融资源配置能力的金融机构，谋划布局一批多层次资本市场、特色金融要素市场、跨境投融资平台，促进专业服务机构发展，加快形成具有国际影响力的多元化金融机构体系。一是推动金融机构集聚。引进国内外知名金融机构来渝设立金融机构总部、功能性总部、区域性总部、结算中心、业务管理中心、研发运营后台服务机构。积极争取在重庆自贸试验区设立中外合资的西部陆海新通道投资（私募）基金，亚洲基础设施投资银行等在渝设立服务西部陆海新通道和“一带一路”业务拓展中心和运营管理中心。二是推动资本要素市场集聚。加快石油天然气交易中心的建设，配套跨境结算与投融资便利化措施，推进形成亚太地区领先的天然气现货与衍生品交易市场。积极争取国家支持设立西部证券或股权交易市场，开展私募股权投资基金和创业投资基金创新试点。依托重庆矿产进口规模、水运优势以及成渝地区的资源禀赋，探索设立铁矿石、天然气、再生铝等大宗商品期货交易所，提升对大宗商品资源要素聚集和辐射效应。三是推动金融配套服务机构集聚。鼓励国际国内知名会计师事务所、律师事务所、资产评估机构、信用评级机构在渝设立分支机构或区域性总部，加强对信息咨询、培训、代理、法律等金融辅助产业的支持引进力度，打造专业化金融支持服务体系。设立中国西部金融研究院，打造有全国影响力的金融财经智库品牌。

创新发展多元化金融业态。充分发挥金融在现代产业体系中的引领作用，加快发展科技金融、绿色金融、消费金融等新业态，扩大金融服务领域，推动金融产品创新，增强金融服务实体经济能力。一是大力发展科技金融。积极吸引金融机构和大型科技企业在渝布局金融科技子公司、金融科技研发中心、开放式创新平台，开展知识产权融资、银保联动、投保联动等科技金融产品和服务创新。推进中新金融科技合作示范区建设，探索建设金融支持数字物流中心，打造离岸金融科技服务中心。加快推动金融数据中心和云服务平台建设，争取西部国家数据交易中心、国家金融科技实验室等金融科技基础设施布局建设，将重庆建设成为具有国际竞争力的金融科技中心。二是推动绿色金融改革创新。依托碳排放交易市场，推出碳排放权质押、碳交易履约保险、碳配额远期等一批创新产品业务。联合四川共同打造长江经济带绿色金融改革创新试验区，加快绿色债券、绿色资产证券化产品发行，探索发行绿色项目永续债、优先债，提高绿色资产的吸引力。三是建设消费金融新高地。依托网络小贷聚集地，发挥好消费金融公司牌照优势，推动金融深度嵌入线上与线下消费场景，有效提升消费金融供给能力，打造国家级消费金融中心。

提升金融对外开放水平。统筹国际国内两种资源、两个市场，用好自由贸易试验区等平台，以更大的力度、在更大的范围推进金融对外开放。一是提升跨境融资能力。深化中新互联互通项目下金融合作，支持在渝金融机构赴新加坡等东盟国家申请数字牌照银行、保荐上市、发债等业务牌照资格，设立海外窗口、分支机构。探索建立对接中西部地区和“一带一路”沿线国家多层次资本市场的合作机制，试点开展优先股、股权众筹、创新类债券、资产证券化产品等直接融资产品创新。二是创新国际贸易金融服务。推动完善国际铁路提单融资工程，创新跨境公路运输提单、内河航运提单，推动提单确权登记，创设提单融资产品，构建跨区域的“物流＋金融＋商贸”生态圈。三是加强境内外金融交流合作。加快建设国家金融科技认证中心，探索与“一带一路”沿线国家的国际金融科技认证认可合作。推进“国际供应链金融与区块链融资平台”项目建设，打造覆盖“一带一路”和国际陆海贸易新通道国家及地区跨境金融服务的先进数字支撑平台。

4. 建设高标准中西部国际交往中心

进一步深化国际城市的交流合作，推进对外交流交往平台建设，积极承办国际展会、国际赛事，不断扩大城市的国际影响力，打造中西部国际交往中心。

推进对外交流交往平台建设。加大国际组织机构、国际商业机构引进力度和友好城市结交力度，提升国际影响力，打造中西部国际交往中心。一是争取一批国家来渝设立领事馆或商务机构。加快推动渝中区打造中西部国际交往中心核心区和重庆外事机构集聚区，争取“一带一路”沿线国家领事机构和办事机构入驻重庆。积极争取联合国、世界银行以及国际教育、文化等专业类国际组织机构来渝设立亚洲区和大中华区分支机构，打造国际组织和跨国机构聚集地。二是扩大国际交往“朋友圈”。积极与欧盟、非洲、东北亚和东南亚等“一带一路”沿线国家和地区的城市建立国际友好城市关系，扩大经贸往来，互办城市文化友好年。加强与友好城市和友好交流关系城市在教育、研发、人才培养、健康医疗、旅游、国际汇演等领域的交流合作。重点深化国际教育交流合作，实施“留学重庆计划”，大力推进共建“一带一路”教育行动，支持引进名校师资来渝开展教学和科研合作，吸引各类人才来渝留学、创业就业。

培育引进国际展会。立足重庆优势产业和特色文化旅游资源，提档升级现有展会规格，积极争取布局更多高端展会新项目，打造一批辐射全国、具有世界影响力的高端会展项目和品牌。一是提升现有高端展会品牌价值。高标准办好中国国际智能产业博览会、中国西部国际投资贸易洽谈会，进一步提升中新（重庆）金融峰会、西部农交会、西部旅交会等大型展会的专业化、国际化水平。推动现有展会引入国际标准化组织（ISO）质量管理体系，申请国际展览业协会（UFI）、国际大会及会议协会（ICCA）等国际会展机构认证。二是积极培育引进国际国内高端会展新项目。发挥重庆区位优势和国家中心城市作用，争取承办中国与东盟领导人会议、“一带一路”科技交流大会，积极申办上合组织成员国地方领导人论坛、中国—中东欧国家地方领导人会议及专项领域会议、达沃斯论坛商业圆桌会议等与中国主场外交相关的国际政务商务等专业会议论坛项目，力争成为系列重要国际会议的永久性或周期性举办地。以“长江风景眼”广阳岛为载体，打造长江生态文明建设高峰会、世界内河生态文明建设研讨会等展会。

积极承办国际赛事。加强与国际体育组织和国家体育主管部门的联系合作，积极申办重大国际国内赛事，逐步将重庆打造成为中西部地区体育赛事活动中心。一是引入一批国际性高端体育赛事。积极申办国际、国内高水平综合运动会和单项顶级赛事，高水平办好2023年第18届男足亚洲杯。借助成渝地区双城经济圈建设机遇，加强与成都的会展合作，联合成都申办奥运会、亚运会等大型国际体育赛事，提升重庆在国际上的影响力。二是培育一批国内外知名高端体育赛事。实施重庆赛事品牌战略，提升重庆国际马拉松、武隆国际山地户外运动公开赛、金佛山·绳命国际绳索救援邀请赛等赛事的国际影响力。鼓励社会力量投资组建体育赛事公司，举办各类体育赛事，创建自主品牌赛事。推动国家级运动项目训练基地落户重庆，吸引国内外高水平运动队来渝训练、竞赛和表演。

（三）构筑高水平的开放经济体系

为了在更加开放的国内国际双循环新发展格局有新作为，重庆应当加快促进“一带一路”“西部陆海新通道”“成渝地区双城经济圈”等国家战略叠加联动，强化联动内外通道平台建设、国际市场开拓能力、跨境资源配置能力。推动出口迈向中高端，提升进口综合效益，促进服务贸易持续增长，提高吸引外资的质量和水平，推动更高水平的“走出去”，打造国内大循环的中心节点和国内国际双循环的战略连接点。

1. 促进对外贸易优进优出

坚持以“推动全方位开放”为重点，围绕推动出口迈向中高端，提升进口综合效益，不断攻坚克难、改革创新，为建设内陆开放高地积极贡献力量。

推动出口迈向中高端。积极推进国际陆海贸易新通道和“一带一路”沿线国家的产业合作，推动出口市场结构和布局从传统市场为主向多元化市场发展转变。促进战略性新兴产业和高技术产品出口，提高中高端、高附加值商品出口比重，打造人工智能、集成电路、传感器、智能制造、新能源汽车等新的出口主导产业，推动出口由电子信息等加工贸易产品为主向摩托车、通机、IT 产品等产品和轨道交通、通信设备、工程机械等大型成套设备并重转变，提高汽车、新材料、中医药、生物医药等出口占比。扩大短期和中长期出口信用保险规模，进一步扩大出口信用保险保单融资和出口退税账户质押融资规模。支持新能源汽车、机器人、传感器等关键零部件和系统集成制造等先进加工贸易发展，鼓励加工贸易企业向研发设计、检测维修、结算中心等领域拓展，支持重点企业联合行业龙头企业建设汽车、摩托车、数控机床和航天航空等境内外售后维修服务中心和备件生产基地。支持企业建设国际营销体系和培育自主品牌，建立境外展示中心、分拨中心和零售网点，鼓励企业在境外注册商标和申请专利，培育一批具有全球影响力的自主品牌。

提升进口综合效益。充分发挥进口对提升消费、调整结构、发展经济、扩大开放的重要作用，实行积极的进口政策，不断扩大进口规模，优化进口商品结构。适应消费升级和供给提质需要，支持与人民生活密切相关的日用消费品、医药和康复、养老护理等设备进口。发挥口岸平台作用，推动酒类、汽车、农产品、医药等产品进口做大规模。聚焦市内支柱产业发展，精准确定进口重点领域，充分发挥《鼓励进口技术和产品目录》的作用，扩大大型装备、先进技术设备、关键零部件进口。发挥自贸区制度创新优势，支持融资租赁企业开展进口设备融资租赁业务，扩大飞机、工程机械及高端装备领域融资租赁规模。持续发挥外资对扩大进口的推动作用，支持先进设备、先进技术进口，合理增加优质消费品进口，鼓励贸易企业经营代理国外品牌，引导境外消费回流。稳定铁矿石、大豆等大宗商品进口。依托两江新区、海关特殊监管区域、高新区等各类区域，不断推进监管创新、服务创新，大力培育进口促进平台。

2. 推进服务贸易创新发展

以重庆服务贸易创新发展试点建设为契机，积极推动服务贸易领域扩大对外开放，促进服务贸易规模持续增长，培育服务贸易融合新业态、新模式，全面推进服务贸易创新发展。

促进服务贸易规模持续增长。继续巩固旅游、运输等传统服务领域的规模优势，推动文化贸易、技术贸易、离岸服务外包、专业服务等资本技术密集型服务领域发展，提升在服务进出口中的占比。积极培育数字贸易、金融保险、医疗健康等潜力型服务产业发展，鼓励企业承接高端服务外包业务，重点发展医药研发、商务管理、工业设计和动漫网游等知识流程服务外包业务，推动邮轮经济发展，培育服务贸易新增长点。聚焦跨境电子商务、保税商品展示及保税贸易、互联网云计算大数据产业、跨境结算和投融资便利化等领域，做大做强服务贸易主体，促进在岸与离岸业务融合发展，培育全球资源整合型服务供应商，集聚一批创新能力强、集成服务水平高、具有国际竞争力的服务贸易总部型企业，打造一批具有较强国际影响力的服务外包骨干型企业。

促进服务贸易融合发展。顺应数字化、网络化、智能化发展趋势，鼓励依托云计算、大数据、移动互联网等新技术开展服务贸易模式创新。探索“大数据＋服务贸易”新路径，重点培育猪八戒网、国家生猪大数据、忽米网、集创家等平台型代表企业，鼓励服务外包、众包、“互联网＋”等创新模式，开展国内外项目合作。支持发展跨境电子商务，建设好中国（重庆）跨境电子商务综合试验区，加快在重庆市设立一批跨境电子商务示范园区。探索“线上保税展示＋跨境电商”商业新模式，聚合网易考拉、阿里巴巴菜鸟、唯品会、欧菲斯伙伴等头部企业，吸引境外消费回流，促进内外服务贸易融合发展。促进服务贸易和货物贸易“软”“硬”结合。依托西部科学城建设，鼓励利用技术服务提高货物贸易企业的研发创新能力，利用文化服务助力货物贸易企业市场开拓和品牌打造。进一步丰富完善多式联运，推动国际航运帮助货物贸易企业降本增效。积极发展离岸金融，提升货物贸易企业资金周转、规避汇兑风险等能力。发挥会展对贸易的促进功能，提高智博会、西洽会、中国—新加坡金融峰会等国际会展活动的辐射力和影响力，加快建设国际会展之都。培育一批运行规范有序的外贸综合服务企业，加强融资信用担保、供应链金融、国际保险等服务能力，强化对重庆市外贸质量发展的支撑。

推动服务贸易领域扩大对外开放。稳步实施国家服务贸易创新发展试点，加快服务贸易促进机制、管理机制、监管模式等先行先试。对标国际高标准，在充分竞争、有限竞争类重点服务领域和自然垄断类服务领域的竞争环节，分别以全面取消、大幅放宽、有序放开为原则，推动取消或放宽对服务贸易的限制措施。树立在发展中规范、在规范中发展的理念，坚持包容审慎原则，构建有利于服务贸易自由化便利化的营商环境，积极促进资金、技术、人员、货物等要素跨境流动。探索与数字经济和数字贸易发展相适应的灵活就业制度与政策，推进签证便利化。健全境外专业人才流动机制，推动职业资格互认，畅通外籍高层次人才来渝创新创业渠道。进一步发挥自贸区、中新项目、国家级新区、服务外包示范城市等平台作用，推动服务业和服务贸易集聚发

展，打造特色服务出口基地，形成平台梯队，谋划新兴服务贸易集聚区建设，推动服务贸易全方位布局和发展

3. 推动投资贸易深度融合

依托自贸试验区、中新互联互通项目等重大开放平台优势，提高招商引资质量水平，增强外贸产品国际竞争力和企业“走出去”能力，大力发展口岸经济，激发外贸新动能。

提高吸引外资的质量和水平。把利用外资作为主动参与全球价值链的有效途径，破除制约全球价值链、供应链发展的投资障碍或瓶颈。优化外商投资政策，发挥外资企业对贸易发展的重要作用。进一步放宽外资准入限制，以产业投资的增长带动贸易增长，扩大金融、航运、文化、医疗、体育、养老和专业服务等服务业领域开放，取消汽车外资股份比例限制，引进一批智能制造、新材料、节能环保等重点外资制造业项目。以江北嘴 CBD 为核心，提升总部经济发展能级，完善跨国公司总部经济支持政策，鼓励跨国公司地区总部、投资性公司等功能性机构集聚，推进已有跨国公司地区总部拓展贸易、研发、物流和结算等全球营运功能，打造全球订单中心、供应链管理中心和资金结算中心。融入全球创新体系，面向未来发展和国际市场竞争，在符合国际规则和通行惯例的前提下，支持两江新区、重庆高新区、重庆经开区等加快引进集聚国际高端创新资源，深度融合国际产业链、供应链、价值链。

推动更高水平的“走出去”。把对外投资作为稳定重庆产业链、供应链的重要举措，推动产品输出、产业输出与资本输出相结合，促进国内产品、设备、技术、标准和服务等一体化走出去。积极开展国际产能和装备制造合作，推动汽车、摩托车、化工、工程机械等优势制造企业加快国际布局，开展境外技术、资源、能源投资合作，鼓励境外工程承包加快模式创新，支持企业探索以项目管理总承包、建设—经营—转让、公私合营等方式承接境外工程项目，推动投资带动成套设备等出口。支持轨道等装备制造企业参与“一带一路”沿线国家互联互通项目建设，推动重庆摩托车、电子信息、节能环保等优势产能向东南亚、中亚、西亚、北非等地区有序转移，鼓励重庆制造企业通过并购、参股、合作等方式，获取境外知名品牌、营销网络和先进技术，提升本土公司的能级和水平。鼓励金融资本和产业资本联合走出去，发展跨国并购基金和跨境股权投资，主动布局全球价值链、产业链、供应链，发挥投资对贸易的带动作用。

大力发展口岸经济。加强铁路、港口、机场、公路口岸基础设施建设，实现点、线、面联动，提升口岸功能，优化口岸监管模式，打造“互联网 +”口岸经济，增强区域辐射集聚能力。优化口岸体系，支持果园港港口型国家物流枢纽提档升级为综合保税区，推动重庆铁路口岸和万州五桥机场航空口岸正式开放。探索建设重庆公路物流无水港，支持长寿港区、珞璜港区、龙头港区和新田港区为开放口岸，珞璜铁路综合物流枢纽具备口岸监管作业能力。建立便捷高效的通关运行机制，推动“单一窗口”

试点建设，进一步优化口岸部门之间的协调配合，提升口岸贸易便利化水平。优化口岸服务能力。进一步简化货物进出口报关流程，加快与沿海、沿边及长江沿线口岸建立区域通关协作和信息共享机制，积极参与检验检疫一体化通关数据交换平台建设，开展跨区域联防联控和联合执法。建立适应离岸贸易、中转集拼、保税维修、跨境电子商务发展的口岸监管制度。打造“互联网+”口岸经济，加大重庆市电子口岸建设力度，推动重庆市内各口岸、海关特殊监管区域之间“区港联动”“区区联动”，同时强化与长江沿线、新疆沿边等地口岸的联动，推动口岸联检，实现电子口岸辅助执法联动、口岸物流协同作业等功能。积极探索发展“网上自贸区”，推动网上涉外经济的发展。积极运用物联网技术推动“安智贸”升级，完善智能化信息系统，实现进出口贸易标准化、智能化，在更大程度上便利国际贸易。

4. 拓展开放发展新空间

充分发挥重庆“一带一路”节点城市作用和国家战略多重叠加优势，重点在高标准建设中新（重庆）战略性互联互通示范项目，深化成渝地区双城经济圈开放协作等方面探索新的路径。

建设支撑国家自由贸易区和“一带一路”倡议的重要节点城市。落实国家自由贸易区战略，全方位参与自由贸易区等各种区域贸易安排合作，深度参与国际规则制定，构建互利共赢的自由贸易区网络。构筑“一带一路”贸易投资网络，加快与沿线国家部门和重要经贸节点城市等签署经贸合作协议和备忘录，积极争取亚投行、丝路基金等对重庆“一带一路”重大项目的支持。鼓励企业到沿线国家开展国际产能和装备制造合作，通过投资、承建等方式合作建设境外经贸合作区和产业园区。发掘“一带一路”贸易增长点，充分利用本土和沿线国家的品牌展会等平台扩大进出口规模，支持沿线国家在渝建立进口商品直销网点，合作建立营销网络、仓储物流基地、分拨中心等，推进与沿线国家实现贸易稳步增长，谋划建设“一带一路”贸易商联盟。

高标准建设中新（重庆）战略性互联互通示范项目。积极推动陆海新通道国际合作。发挥重庆和新加坡双枢纽作用，高标准编制好陆海新通道国际合作规划，积极推动陆海新通道与中欧班列（渝新欧）联动，联通东南亚和中亚、欧洲等市场，推动形成“双枢纽”“多节点”的国际物流通道体系。加快推动陆海新通道沿线国家、地区农产品贸易合作，积极打造中新农业合作新示范，加快推进农产品生产基地建设，推动重庆等西部优质农产品走进新加坡、走向东盟和更广阔市场。深入推进中新（重庆）国际互联网数据专用通道建设。加强通道应用推广、政策创新研究工作，争取在重庆开展中新跨境服务贸易与跨境数据流动试点，探索建立跨境数据分级分类管理规范及安全保护机制，有序推进跨境数据典型应用示范。积极引导各类市场主体利用数据通道开展合作，壮大中新信息通信创新合作联盟，推动更多大数据、智能化产业项目合作。深化金融服务合作，持续拓宽跨境融资渠道，继续加深渝新“理财通”、绿色融资、巨灾保险、基金互认等领域合作。加强金融科技领域合作，与新方共同举办重庆金融科技周等活动。加快建设中新金融科技合作示范区，打造中新互联互通项目金融服务领域实体展示区。与新加坡及东盟其他国家央行加强合作，共同举办好中新金融峰会。加强航空产业合作，与运营渝新航线的航司开展合作，增强渝新航线的网络通达能力。用好成渝两地 144 小时过境免签政策，推动“航空 + 旅游”产业融合发展。促进重庆江北机场与新加坡樟宜机场全面合作，努力提升江北机场服务水平，助力重庆市国际航空枢纽建设。深化交通物流领域合作。加快推动中新（重庆）多式联运示范基地建设，打造长江上游最大的多式联运综合交通枢纽和物流贸易集散中心。积极搭建综合贸易与物流公共信息服务大平台，通过运用现有的通信基础设施和信息化系统，连接重庆市政府相关部门、贸易物流企业以及社会民众，实现政务信息、需求信息、物流供给信息深度整合、统筹管理。

深化成渝地区双城经济圈开放协作。共建内陆开放门户。发挥重庆、成都中心城市的极核作用，强化两江新区、天府新区川渝两地重要节点功能，打造成渝地区双城经济圈建设的重要引擎和内陆开放的重要战略平台。加强商务领域大项目、大产业、大政策等协同互动，争取国家优先布局重大战略项目、试点示范项目。共建川渝自贸试验区协同开放示范区。共同推动国家赋予更大改革自主权，推动铁路运单物权化、“铁路 +”多式联运“一单制”等各类改革创新举措和差别化试点集中落实、率先突破和系统集成，着力打造“极核牵引、圈层支撑、毗邻拓展”的具有国际重要影响力的内陆特殊经济功能区。加强贸易转型升级合作。承接国际国内产业转移，推动“补链成群”发展，提升技术、品牌、质量、服务等核心竞争力。打造川渝统一品牌和产地标识。相互支持建设外贸转型升级基地。推广运用市场采购贸易、跨境电子商务、总部贸易转口贸易、保税商品展示交易等新业态新模式。合力打造国际化营商环境。加快推动成渝地区对外开放由商品和要素流动型开放逐步向规则制度型开放转变。

（四）打造高能级的发展平台

开发开放平台是一个地区打造高质量增长极的核心载体，带动周边发展的动力源。因此，重庆必须聚焦提升产业能级、服务能级、创新能级、开放能级，构建“1236”高能级发展平台体系，即做强两江新区一大核心引擎，做靓三峡新区和广阳岛两大国际生态文明示范区，做实西部（重庆）科学城、自贸区、中新（重庆）互联互通示范项目三大科技和制度创新平台，做优长嘉汇大景区、重庆经开区、长寿经开区、璧山高新区、永川高新区、荣昌高新区六大城市产业发展平台。

1. 做强两江新区核心引擎功能

发挥两江新区核心引擎功能。支持两江新区优先承接国家重大战略项目、试点示范项目，强化全球资源配置功能、科技创新策源功能、高端产业引领功能、开放枢纽门户功能，发挥对外开放龙头带动和引领示范作用。依托礼嘉智慧公园、两江数字经济产业园、两江协同创新区，培育壮大数字经济、智能经济、共享经济等新业态，开展智慧社区、智慧商圈、智慧交通、智慧城管等应用场景示范，争创国家数字服务出口基地，努力成为国家数字经济创新发展试验区和新一代人工智能创新发展试验区的核心区。推动寸滩保税港区功能加速向果园港转移，加快保税商圈、邮轮母港、“一带一路”国际商务中心等重大项目建设，拓展大宗商品分拨中心交易功能，打造背靠西部、面向欧亚的国际分拨和贸易中心以及“一带一路”进出口商品集散中心。推动江北嘴做大做强金融科技创新试验区、国际投融资路演中心等功能平台，争取更多金融牌照、国际性金融机构及结算中心落地。推动悦来国际会展城承办更多国际性会议、展览、论坛活动，打造西部国际会客厅。

2. 做靓两大国际生态文明示范区

牢固树立“绿水青山就是金山银山”的理念，围绕生态产业化、产业生态化，积极探索生态产品价值实现的新路径、新模式、新机制，推动区域自然资本整体性增值和经济转型升级，构建绿色低碳循环发展产业体系，着力打造三峡新区、广阳岛两大国际生态文明示范区。

培育打造三峡新区。发挥地处三峡库区腹心、毗邻渝陕川鄂的特殊区位，联合达州高质量建设万达开统筹发展示范区，合力共建三峡（万州）综合保税区、万达“双飞地”港口、万州现代物流园、达州“无水港”、开州浦里新区等开放平台，积极打造自贸试验区协同改革先行区。以“生态产业化、产业生态化”为导向，大力发展智能循环型工业、现代高效型山地农业、集散融合型文化旅游业、绿色智慧型物流、休闲养生型大健康业、功能共享型金融业，着力将生态优势转化为发展动能，打造服务三峡库区、辐射川东北、面向全国乃至全球的国际旅游目的地。

做美做优长江风景眼。以广阳岛为核心，联动周边区域，聚焦大生态、大健康、大文旅、大数据，统筹布局长江生态保护展示、大河文明国际交流、巴渝文化传承创新、生态环保智慧应用、城乡融合发展示范五大功能，精心策划一批特色鲜明、内涵丰富、影响力大的项目，积极探索生态产品价值实现的新路径、新模式、新机制，推动区域自然资本整体性增值，打造成为产业高度聚集、城市功能完善、生态环境优美的生态之城。

3. 做实三大科技和制度创新平台

坚持科技创新和制度创新“双轮驱动”，着力在“壮主体、建平台、重创新、优环境”上下功夫，以制度创新激发科技创新巨大潜能，做实西部（重庆）科学城、中国（重庆）自由贸易试验区、中新（重庆）互联互通示范项目三大科技和制度创新平台。

高质量打造西部（重庆）科学城。以服务先进制造业为导向，联动两江协同创新区、璧山科技创新小镇，打造成为创新人才最活跃、创新环境最优良、创新资源最集聚、具有国际影响力的创新策源地。聚焦大数据、人工智能、生命科学等领域，争取国家大科学装置、国家重点实验室、交叉前沿研究平台、重大科技基础设施、科研院所等创新平台、研究机构向成渝地区倾斜，从人才、教育、资金、项目等方面给予支持，形成重大源头创新与前沿突破的强力支撑。加强与国内外大院大所、知名企业合作，共同设立新型研发机构，争取在空间互联网、车联网、云 VR/AR 等重大科技创新领域突破一批关键性技术。鼓励企业建立海外研发机构，建设具有自主知识产权的“专利池”，提升企业科技创新国际影响力。培育发展一批高新技术企业、高成长型科技企业，逐步形成“专精特新”中小企业、隐形冠军、专精特新“小巨人”企业、瞪羚企业、准独角兽企业、独角兽企业六级梯队，为产业创新提供强大动力。

高水平建设中国（重庆）自由贸易试验区。参照海南自由贸易港政策，尽快启动内陆自由贸易港申建工作，加快知识产权、创新要素流动、竞争政策、争端解决等制度探索，形成促进更高水平开放的政策体系。加强川渝自贸试验区制度创新联动，高水平建设川渝自贸试验区协同开放示范区。依托中欧班列（成渝），开展陆上贸易规则探索，组织国际贸易运输单证标准化试点，开展贸易监管、国际运输领域国际合作和便利化制度探索。依托西永综保区、两路寸滩保税港区等重点开放平台、培育研发设计、保税检测、全球维修和绿色高端再制造等高水平加工贸易，联合四川共同争取产业准入、监管和财税支持政策，完善新型国际贸易和国际市场投融资服务的系统性制度支撑体系。推动扩大自贸区创新政策复制推广范围，争取国务院同意，在成渝地区双城经济圈毗邻地区设立相对连片的示范区实体建设区域。

高标准打造中新（重庆）互联互通示范项目。依托中新示范项目建设，争取在金融科技、中新基金互认、中新跨境理财合作、跨境数据有序流动等方面获得国家政策支持，打造“一带一路”合作新示范。依托西部陆海新通道建设，加快中新（重庆）多式联运示范基地、中新金融科技合作示范区、中新航空产业园等合作示范区建设，促进重庆与新加坡“点与点”项目合作、西部地区与东盟“面对面”互联互通。依托中新国际互联网数据专用通道，与新方共同开展中新数字贸易产业合作，推进数字服务贸易、离岸数据服务外包、互联网创新孵化等新业态发展，探索建设离岸数据中心。发挥中欧国际铁路联运通道、国际陆海贸易新通道等连接“一带一路”沿线国家和市场优势，加强中欧班列、铁海联运等国际物流领域合作，共同培育多式联运物流品牌，共建境内外物流集聚分拨网络，开展集拼集运运输组织，切实提升运营效率，增强国际竞争力。加快完善口岸体系，大力发展国际供应链运营、跨境电商、转口贸易、外贸综合服务平台等新型国际贸易产业，打造“一带一路”进出口商品集散中心。

4. 做优六大城市产业发展平台

聚焦城市强功能、提品质，产业强链条、提能级，全力推动长嘉汇大景区、重庆经开区、长寿经开区、璧山高新区、永川高新区、荣昌高新区六大城市产业发展平台建设，为高质量发展提供重要支撑。

长嘉汇大景区。瞄准国际化、绿色化、智能化、人文化的现代城市标准，强化国际交往、总部经济、国际金融、国际商务等核心功能，打造集国际服务功能、高端产业集聚、时尚健康生活于一体的国际化大都市核心引领区。高标准建设江北嘴国际金融中心、开埠文化遗址公园等一批具有国际影响力的城市地标、人文地标、旅游地标、标志性景观，将两江四岸核心区建设成为历史人文风景眼、山水城市会客厅、商业商务中心区，全面展示历史与现代完美交融、文化与科技交相辉映、人文与山水相得益彰的国际都市风貌。

重庆经开区。以重庆东站建设为契机，推动重庆经开区由功能单一的工业园区向功能多元的城市空间转变，突出高起点、高定位和高端功能，培育高铁经济、总部经济等新经济业态。依托中国智谷（重庆）科技园，联动两江数字经济产业园、仙桃数据谷等园区，以重庆软件园、5G 产业园等为载体，集聚发展大数据、智能制造、集成电路、物联网、人工智能等产业，补齐产业链条，提升产业能级，建设西部科技创新中心，创建国家级光网城市试点区和国家数字娱乐智能产业园，促进经开区发展从形象塑造向功能塑造提升。

长寿经开区。加快推动中心城区自贸区、保税区、口岸等功能向长寿经开区延伸，积极承接主城区产业配套服务功能，率先与两江新区等中心城区实现产业一体化、同城化发展。依托长寿港打造千亿级临港产业，加快建成铁公水多式联运国家级生产服务型物流枢纽。积极发展以汽车用高强钢、特殊钢材等为重点的金属材料，以聚氨酯、高性能树脂等为代表的化工新材料，打造钢铁材料、综合化工两个千亿级产业，着力建设成渝地区双城经济圈新材料制造业基地。以创建国家级高新区为牵引，着力发挥长寿经开区科技创新园、长寿高新区中科未来城“双引擎”作用，加强与西部（重庆）科学城对接，力争成为重庆科技创新的重要支点。

璧山高新区。抢抓建设科学城的历史机遇，以科技创新引领高质量发展，围绕智能制造、信息技术、生命健康等产业集群发展，倾力打造大学城创新生态区和西部（重庆）科技创新小镇，布局重庆高新技术产业研究院，通过价值链、利益链、科技链、金融链、人才链“五大链条”有机耦合，打通智力和财力、科研与市场的通道，努力建设成为西部科技成果转移转化高地，西部（重庆）科学城“一城多园”的重要支撑点。充分发挥毗邻中心城区的区位优势，依托璧山完善的基础设施，良好的生态环境，不断提升的城市功能，为各类科技人员提供优质的工作学习、休闲娱乐、居家生活环境，满足高品质生活需求，成为高端创新人才向往之地。

永川高新区。坚持以科技创新为引领，在中高端产业链、价值链上“谋篇布局”，大力培育新产业、新业态、新模式，促进传统产业提质增效，着力打造千亿级国家一流创新型特色高新区。依托长城汽车、理文纸业、晨阳水漆、东鹏陶瓷、中船重工、雅迪电动车等龙头企业，加快建设汽车产业生态城、特色轻工产业园、环保新材料产业园、智能家居产业园、军民融合产业园、新能源摩托车产业园等平台；依托中德智能产业园，大力培育以高端数控机床为引领的智能装备产业，依托重庆云谷大数据产业园，重点培育服务外包、软件信息、大数据处理、数字内容和电子商务等大数据产业，形成智能装备、汽车及零部件、电子信息、特色轻工、能源及新材料等五大产业集群。

荣昌高新区。依托西南大学荣昌校区、重庆市畜牧科学院、重庆市养猪科学研究院等科研院所，加快国家生猪产业技术创新中心、重庆畜牧科学院分院等平台建设，建立西南医科大、西南大学等高等院校协同创新体系，共同开展生猪标准化养殖技术研发推广；引进农牧机械、农牧科技等高新技术企业，推进区块链技术与畜牧产业融合发展，全力打造集“教学科研、智能制造、交易市场、金融服务”于一体的千亿级国家畜牧科学城。加快推动荣昌国家生猪大数据中心、内江隆昌禽苗大数据中心、华为四川大数据中心等平台深度合作，共谋数字产业发展。联合内江共同创建国家农业高新技术产业示范区，建立渝西川南高新区产业联盟。

（五）营造高竞争力的营商环境

良好的营商环境是促进高质量发展、应对复杂形势的重要举措。重庆应当围绕提升政务服务、激发市场活力、创新体制机制、对标国际先进等方面，加快推进营商环境地方立法，进一步深化落实“放管服”改革，不断激发市场潜力，以成渝地区为整体，共同打造稳定、公平、透明、可预期的营商环境。

1. 提升政务服务

全面深化落实“放管服”改革任务，推进政务服务“一网、一门、一次”改革工作，持续深入推进审批服务标准化，大力推行审批服务集中办理，着力提升“互联网+”政务服务水平，加快区域通办建设进程，逐步打破信息孤岛，形成数据共享，完善政务服务流程，推动审批服务“马上办、网上办、就近办、一次办”，最大限度减少企业和群众跑政府的次数，不断提升网上政务服务能力，持续增加企业群众获得感。全面建成政务服务“好差评”制度体系，建成全国一体化在线政务服务平台“好差评”管理体系，各级政务服务机构、各类政务服务平台全部开展“好差评”，实现政务服务事项、评价对象、服务渠道全覆盖。制定政府网上服务质量的标准，如反馈时间，服务内容的可行性与易用性等，以指导政府部门的网上服务建设的发展。进一步加大对中小微企业的融资支持力度，增强金融信贷服务可获得性和便捷性。深化纳税事项“最多跑一次”改革，实现更多办税事项“一次不用跑”；扩大“全城通办”清单，优化纳税服务。推广“两步申报”“提前申报”“船边直提”“抵港直装”等改革试点，进一步压缩进出口整体通关时间。

2. 激发市场活力

对标京沪穗三地最新改革举措，复制借鉴先进经验。对社会投资简易低风险项目，取消工程监理和施工图审查。对低压小微企业电力外线工程审批，免于办理规划、施工、占用挖掘道路、砍伐迁移树木（古树名木除外）等行政许可。降低不动产登记信息查询门槛，向社会公开律师尽职调查各项信息的获取渠道。全面落实增值税增量留抵退税政策，持续优化社保、公积金缴费流程。建立诉讼文书送达地址承诺责任制，完善对外委托鉴定评估工作规范，制定民事案件休庭及延期的具体实施办法。加快推进破产法庭建设，建立企业破产欠薪保障金垫付和追偿制度，完善破产管理人制度，持续巩固府院联动机制。结合重庆市实际，探索推广新技术、新模式。推广企业名称登记告知承诺制，提高企业核名一次性通过率；探索利用区块链等技术实现企业注册地址、经营范围等信息自动核验，提高开办企业效率。探索建立以担保人名称为索引的电子数据库；完善重庆市电子招标投标系统，推进招投标全流程电子化，不断激发市场主体活力。

3. 创新体制机制

推动优化营商环境顶层设计。争取国家更大赋权及改革试点，统筹推进“陆海新通道”、多式联运、通关一体化、“国际贸易单一窗口”升级等重点领域和关键环节改革创新。对标京沪标准，聚焦企业设立行政确认试点、动产统一登记试点、小型简易低风险建设项目试点等方面给予重庆政策支持，如积极争取在放宽增值税留抵退税的限制性条件、启用电子诉状替代纸质诉状、探索建立断电无损赔偿机制等方面授权重庆开展先行先试。积极推动在企业税控设备购置及维护费用、破产处置中的交易税费等方面减免相关涉企费用。以成渝地区为整体，共同优化设计营商环境优化政策体系，推动双方在政务服务、通关等多方面合作，推动双方政务服务异地直通互办，异地间的企业设立登记服务，推动双方公共信息平台、政务平台等互联互通，实现信息共享、执法互助等。

4. 对标国际先进

全面对接国际高标准市场规则体系，打造稳定、公平、透明、可预期的市场环境。对标对表世行标准，启动营商环境地方立法，加快制定营商环境指标体系，并对照进行优化落实，提升司法程序质量。加强对易审、易诉、易解、易达四大平台的深度应用，不断强化营商环境建设的法治保障和制度保障，依法保护外国投资者的投资、收益和其他合法权益，持续营造内外资企业一视同仁、公平竞争的营商环境。聚焦企业全生命周期，针对开办企业、办理施工许可、获得电力、登记财产、获得信贷、保护中小投资者、纳税、跨境贸易、执行合同、办理破产、政府采购等重点领域，积极对标国际国内先进地区、先进规则，进一步压减企业办事环节、材料、时间、费用。完善国际贸易“单一窗口”、投资“单一窗口”，探索建立人才引进“单一窗口”。深化重庆“多规合一”“极简审批”改革，推动落实“非禁即入”。持续深化事中事后监管，实行企业信用风险分类监管，对新业态在监管到位的前提下持包容态度和提供开放环境，全面推进审批服务标准国际化。

参考文献

[1]开启新征程　谱写新篇章——市五届人大四次会议隆重开[J]. 重庆与世界，2021(2):16-18.

[2]杨杰. 双循环发展新格局与企业家的新作为[J]. 上海企业,2020(8):5.

[3]曹清尧. 把成渝地区双城经济圈打造成西部高质量发展重要增长极——学习贯彻习近平总书记关于推动成渝地区双城经济圈建设重要指示的几点心得[J]. 经济,2020(4):38-41.

[4]张洪. 重庆市市长黄奇帆:“一带一路”提升重庆开放空间[J]. 今日中国,2015,64(6):18-23.

[5]卞彬,姚蕾. 提升重庆产业集群“增长极”绩效的路径选择[J]. 重庆行政(公共论坛),2012,14(6):38-41.

[6]褚淑贞,孙春梅. 增长极理论及其应用研究综述[J]. 现代物业(中旬刊),2011,10(1):4-7.

[7]吕军书. 西方区域经济发展理论及对我国的启示[J]. 商场现代化,2006(16):276-277.

[8]张燕. 西方区域经济理论综述[J]. 当代财经,2003(12):86-88.

专题五　“十四五”时期重庆建设高品质生活宜居地研究

课题组成员：易小光　丁　瑶　苟文峰　赵　伦　曲　燕　孙茂曦
成秋明　杨琇涵

近年来，重庆市上下深入贯彻习近平总书记对重庆提出的系列重要指示要求，努力推动高质量发展、创造高品质生活，高品质生活宜居地建设取得重要进展，但与之相应的易于让社会公众识别和认同的评价指标体系构建较为滞后，推动高质量发展、创建高品质生活的实践呼唤构建科学的评价体系。与此同时，许多国家和国际组织已经建立完善并持续多年实施了关于生活质量的高效评价，国内的上海和深圳等发达城市也相继建立有关城市发展与服务的评价指标，对重庆构建有关“高品质生活”评价指标体系具有重要借鉴意义。

一、建设高品质生活宜居地的重大意义

推动高质量发展、创造高品质生活是习近平总书记对重庆提出的殷殷嘱托和对重庆人民的亲切关怀，对于当前我们推动成渝地区双城经济圈建设，打造具有全国影响力的高品质生活宜居地，具有极为重要的指导意义和现实意义。

（一）是开启社会主义建设新征程，落实以人民为中心的发展理念，满足人民群众对美好生活向往的需要

党的十九大报告指出，中国特色社会主义进入新时代，我国社会主要矛盾已经转化为人民日益增长的美好生活需要和不平衡不充分的发展之间的矛盾。当前，全面建设社会主义现代化国家新征程正在加速开启。在这一关键时期，深刻把握我国社会主要矛盾发生变化的新特点，需要牢牢把握人民群众对美好生活的向往这个新期待。人民对美好生活的期待已经从满足自身最基本物质需要的生存型阶段转入了对追求高品质美好生活需要的发展型阶段，包括：更好的教育、更稳定的工作、更满意的收入、更完善的社会保障、更高水平的医疗卫生服务、更舒适的居住条件、更优美的环境和更丰富的精神文化生活。重庆作为西部唯一的直辖市和国家中心城市，推动建设高品质生活宜居地，就是要贯彻落实以人民为中心的发展理念，对人民群众美好生活更高要求予以积极回应和精准响应，持续增强人民群众的安全感、获得感、幸福感。

（二）是主动服务全国大局，发挥好“三个作用”，开创高质量发展新局面的客观要求

习近平总书记要求我们“更加注重从全局谋划一域、以一域服务全局，努力在推

进新时代西部大开发中发挥支撑作用、在推进共建‘一带一路’中发挥带动作用、在推进长江经济带绿色发展中发挥示范作用”，是从战略和全局高度为新时代重庆发展的导航定向，赋予重庆新的重大使命。要发挥好“三个作用”，必须不断增强高质量发展的动能、激发区域协调发展的活力，更好地服务推动新时代西部大开发形成新格局、服务共建“一带一路”和长江经济带发展。建设高品质生活宜居地是我们发挥好示范带动作用，推动高质量发展的最终目标和要求。这就要求我们不仅要在地区产业经济、科技创新、开发开放上有所作为，在西部地区形成新的增长极，也要在教育卫生、生态环境、增进社会福祉、促进文化繁荣和社会进步等方面探索创新，努力在创造高品质生活上走在前列、作出表率，让城乡居民有更多的获得感、幸福感、安全感。

（三）是立足重庆发展阶段性特征，工业化城镇化持续深化，符合产业升级和消费升级的发展趋势

“十四五”时期，重庆将与全国一道从中等收入水平向高收入水平迈进，由全面建成小康社会转向全面建设社会主义现代化。随着社会矛盾的历史性变化，重庆经济社会发展呈现出工业化城镇化持续深化、消费升级等一系列新的趋势性特征。从工业化城镇化趋势来看，重庆深度工业化、城镇化空间依然广阔，城镇化与工业化、农业现代化尚未同步，产业集聚与人口集聚还不协同，农业转移人口难以完全融入城市，这些都迫切需要加快转变工业化、城镇化发展模式，通过着力提升城乡规划、建设、管理品质，优化国土空间、产业和人口布局，实现人口资源经济环境的协调发展。从需求结构调整趋势来看，全球贸易低迷和中美贸易摩擦交织叠加，我国经济已经在向以国内大循环为主体转变。未来一个时期，国内市场主导国民经济循环的特征会更加明显，经济增长的内需潜力会不断释放，这就要求我们扭住扩大内需这个战略基点，在基础设施、公共服务短板等方面提供更高质量的供给，形成需求牵引供给、供给创造需求的更高水平动态平衡。

（四）是提升城市综合竞争力，更好地吸引中高端人才，营造宜居宜业宜商宜游环境的重要保障

对照高质量发展要求和居民对高品质生活的新期待，我们高品质生活的基础仍不牢固。支柱产业核心竞争力不强，战略性新兴产业支撑力不足，创新能力不强，科教、人才综合实力不高，购物、居住、休闲娱乐、教育、医疗等国际化生活环境及配套不完善等短板依旧突出，对高端人才吸引力较弱。要提升城市综合竞争力，既要认清自身差距，找准发展短板，又要发挥综合优势，突出重庆特色，主动对接全球产业革命和城市发展新趋势，在接轨国际惯例、国际水准、运作模式中，提升具有鲜明现代化和国际化特征的综合枢纽、智造创新、要素集聚、国际交往、宜居宜业等功能，充分展现国家中心城市、现代化大都市的城市形象，将城市打造成为令人向往的品质生活高地。

二、高品质生活宜居地建设的有关借鉴

（一）从宜居地建设角度

西方的先哲亚里士多德早在2300多年前就提出了“建设城市的最终目的在于使居民在其中幸福地生活”，这成为启发后来学者思考城市的思想基点。而我国伟大诗人、辞赋家陶渊明在1600多年前描述的世外“桃花源”，则堪称农耕时代和谐美丽、生态宜居乡村建设的典范，成为无数国人特别是士大夫与知识分子阶层理想中的隐世居住之所。宜居地从空间范畴看包含城市与乡村，但不论是在漫长的历史长河中还是近现代以来，有关宜居城市建设的辨析和思考占据了理论演化的主流，也是各国各地政策实践的重心所在。

从宜居地建设根植的思想渊源看，核心是以人为中心或以人为本。不论是西方文艺复兴思想启蒙以来出现的人文思潮与人本主义，还是迎合关怀广大下层民众的“乌托邦”设想，乃至我国儒释道传统中广为人知的“天人合一”“道法自然”“万物平等”等理念，选择建设居住地的出发点都是以人为本，尊重人的价值、维护人的尊严、保护人的安全、诱导人的心性成为“家院”“村落”“城市”建设的内在追求和根本任务。不同之处在于，不同的思想理念强调的重点不同，有的强调人的主体属性，有的强调人的平等属性，有的强调人的自然属性，有的强调人的伦常属性。因此，宜居地的选择和建设，不仅有物理层面建筑的宜居性，更有人际层面建筑布局的社会性，甚至有阶级族群层面身份的规制性，房间布局大小、家园坐落方位、街道规格规划，无一不潜含着宜居地及其居住者背后的身份、名望、权力、财富等因素。

从宜居城市建设的内涵看，安全、健康、生态、可持续成为关键要义。宜居城市建设的内涵至今仅有多方论证而没有普世定论，因为其演化及核心要义的调整是与城市发展紧密相连的。城市规模快速扩张后出现的系列大城市病愈发严重，直接而显著地影响到居民的生活品质，成为倒逼相关国家及不同城市大力推进宜居城市建设的重要缘由。宜居地的“宜居”不是狭义的居住问题，本质上看是一个系统性的环境问题或者说居住生态问题。20世纪60年代以来，世界卫生组织首先提出居住环境的理念，并从安全性、健康性、便利性、舒适性四个层面定义了良好居住环境的具体内涵。随后联合国教科文组织提出了生态城市的概念，更加看重城市的环境要素。环境要素的内涵也从外在的自然环境扩展到了人与人之间的社会环境，甚至包括部分美学因素。20世纪80年代，世界卫生组织又在居住环境的倡议之上进一步提出了“健康城市”的引领战略，从其提出的10条衡量健康城市发展的标准看，已经大大超出了一般健康的内涵，扩展到了公共安全、食品安全、收入充裕、社会组织活力、市民参与度、城市文化和价值观、公共健康政策等更广泛的领域，从个体生理健康延伸到了群体心理健

康、社会机理健康甚至是价值文化健康的层面。20 世纪 90 年代以来，在联合国的大力倡议和有效领导下，“可持续发展城市”的观点逐渐从理念走向各国的实践，伦敦等国际大都市对宜居城市的认识从“人人享受适当的住房”深化到了“城市中人类住房的可持续发展”。在联合国持续推动下，各国宜居城市的最新实践正在更多地朝“共建一个充满和平、和谐、希望、尊严、健康和幸福的家园”努力奋进。在此过程中，城市居民的主体意识正加快从“他者的城市”向“我们的家园”转变。

从宜居城市建设的相关理论看，重在破解人口拥挤、交通不便、生态环境等难题。“人类聚居学”理论从聚居地分类切入，主张要从自然界、人、社会、建筑物和联系网络等关键要素及其相关作用来分析聚居地的人居环境。典型的聚居地分类包括乡村、集镇、大中城市三大类，但从微观看还可以下延到住宅组团、小型社区等，从宏观看也可扩展到城市组团、城市群或都市圈。“人类聚居学”理论核心强调的是人类的聚合形态与互动方式。“田园城市”理论从城市功能布局切入，主张城市与乡村一体兼容布局达成动态平衡的功能，以乡村的空旷弥补城市居住的狭窄，以乡村的自然生态消纳城市的环境污染，以乡村的休闲适度解决城市的压力焦虑。“田园城市”理论把工业文明的城市与农业文明的田园进行融合，让人们在城市化洪流中再次深化认知乡村田园的内在价值。同时，需求层次理论对处于不同发展阶段的城市，特别是收入水平有异的群体对居住环境的需求供给也有指导意义，从不同群体对居住条件与环境的需求层次看，要特别注重满足环境安全性、社会交往便利性、身心舒适度等。此外，人居环境科学提出对人类聚居环境的研究不能仅仅限于单纯的建筑力学与美学，还应该向更加包容的知识体系延伸，更加关注人的活动及其与周围生物圈的和谐关系。“山水城市”理论主张将中国山水画及相关诗词意境融入中国城市建设设计之中，让居民既可以享受到以建筑为中心的物质文明，又可以透过建筑文化享受到传统文化的精神文明。从人类不同文明的发展史来看，建筑与城市是有民族性和文化性的，宜居城市建设要有文化根脉意识。

从各地推进宜居城市建设的实践看，多数城市聚焦功能定位、特色产业、基础设施、公共服务体系和独特文化打造。对宜居城市或者幸福城市的排名，国内外都有专业组织和机构在不断推进，虽然不同机构推行排名体系的连续性、客观性、广泛性和认同性有所不同，但对社会稳定和谐、经济富裕、人口规模适度、基础设施完善、公共服务高效、自然生态良好、历史人文厚积等多维度的关注和考察始终如一。相关排名评价指标体系和关注维度，不仅成为各个地方推进宜居城市建设的重要参考，也是审视各地推进宜居城市建设成效的一面明镜。从国外宜居城市的建设案例看，“音乐之都”“世界音乐城市”成为奥地利首都维也纳的鲜明城市定位和主题产业，通过举办举世闻名的维也纳新年音乐会和国际文化节，使这座城市的艺术魅力转化为了高价值链的艺术产业，音乐资源开发成为不竭发展的产业要素，形成了巨大的文化产业。被誉为澳大利亚文体、时尚之都的墨尔本，同时拥有五个国际级体育场馆，借助滨海岸线塑造的奇险俊丽的城市景观，通过策划举办世界一级方程式墨尔本站、澳大利亚网球公开赛、国际戏剧节等全年无休的世界顶级赛事和特色活动，推动赛事经济、会展经济、旅游经济上档次成规模。大阪市是日本京阪神大都市圈的中心城市之一，公共交通的便利性和高质量通行是支撑大阪市发展的关键基础条件，日本国营铁路、大阪市营地铁和诸多大型私有铁路线路联网运营高效衔接，使大阪市成为名副其实的“轨道上的都市圈”，交通枢纽地位的确定和便捷的交通网络使得各种要素高效集聚流动，就业创业机会明显增多。据统计，大阪市通勤时间只需要 1 小时 18 分钟，明显低于首都东京，城市交通宜居水平较高。慕尼黑市是德国新经济的中心之一和著名的智能制造业创新中心，依托慕尼黑工业大学等一大批创业型大学，加快塑造智能制造产学研协同生态圈，不断优化智能制造创新发展的服务链条，注重将学术创新研发的能量引入产业界。创新型大学每年约有 1000 多项研究及经济合作项目是与工业界密切联系的，近年来本地经济成功实现了从传统制造业向智能制造、数字经济的转型，全面以互联网、大数据、人工智能引领传统行业转型升级，加快推动数字技术和实体经济深度融合发展，树立产业创新迭代的全球典范，新经济进一步提升了城市的经济富裕水平。

（二）从高品质评价角度

推动创建高品质生活的实践呼唤构建科学有效的评价体系。当前，许多国家和国际组织已经建立完善并持续多年实施了关于生活质量的高效评价，国内的上海和深圳等发达城市也相继建立有关城市发展与服务的评价指标，对构建完善有关“高品质生活”评价指标体系具有重要借鉴意义。

1. 国外指标体系构建发展情况

国外有关高品质生活的评价体系，主要包括幸福生活、品质生活、国民福祉、宜居城市等核心概念，具有较高公信度的非政府组织评价和政府组织评价两种体系同时存在。

（1）非政府组织的指标评价体系

经济合作与发展组织（Organization for Economic Co – operation and Development，OECD）的“美好生活指数”。2011 年，经济合作与发展组织推出测量生活质量的幸福生活（Well – Being）指标体系，该体系聚焦物质条件和生活质量两大维度，兼顾民众的客观生活状况和主观幸福感受，着力从健康状况、工作生活平衡、教育与能力、社会联结、公共参与治理、环境质量、个人安全、主观幸福感、收入与财富、工作与报酬、住房 11 个方面来衡量民众对生活的满意度，形成各个国家及地区的“美好生活指数”（Better Life Index）。该指标体系的显著特色是突出了对“生活质量”的科学测量。

经济学人智库（The Economist Intelligence Unit，EIU）的“宜居城市指数”。英国经济学人智库自 2004 年开始每年发布《全球宜居城市指数报告》，通过从稳定性、医疗卫生、文化和环境、教育、基础设施五大类指标、30 多个定量定性因子来对全球

140 余个城市进行宜居度排名。宜居城市指数不仅会测量综合安全度、城市建筑、公共交通、环境等常见因素，近年来还加入了城市的独立书店数量、自行车路线长度、市民家养宠物状况、垃圾回收率等日常生活元素。该指标体系的显著特色是彰显了宜居城市的便利性和人性化。

（2）政府组织的指标评价体系

德国的综合性品质生活评价体系。德国是国际上较早进行高品质生活评价指标体系构建和评价的国家，长期以来既注重 GDP、收入和就业等经济层面的因素考虑，又重视教育、健康、环境、文化、安全等民众主观满意度。2016 年，德国联邦政府正式提出了包括“我们的生活”“我们的环境”“我们的国家”3 个层面、12 个维度、共计 48 项主客观指标的综合性品质生活评价体系。该评价体系既反映健康、就业、教育、时间、收入等影响民众品质生活的直接因素，又包含自由安全、家庭和谐、社会凝聚、城乡融合等外在社会环境，还涉及承担全球责任、保护自然环境等全球共同体意识。德国的品质生活评价体系有较强的“共同体”意识，兼顾了个人生活、社会环境、国家使命不同层面。

英国的国民福祉计划评价体系。英国的国民福祉计划评价体系于 2010 年启动，目的是通过开发一套公认的、值得信赖的国家福祉衡量标准和国家统计数据，帮助人们了解和监督国家福祉计划。该计划每年报告两次指标的进展，涵盖了个人幸福、关系、健康、工作、居住、个人财务、经济、教育和技能、政府治理和自然环境 10 个领域 41 项具体指标的指标体系。该指标体系的统计结果表明，英国民众的幸福程度更多取决于健康、与亲友的关系、工作满意度、经济安全度、目前和将来的环境状况以及教育和培训等关键因素。英国的国民福祉计划评价体系注重监测评价“个体幸福感”。

不丹王国的国民幸福指数。不丹王国的国民幸福指数已经形成一套独具特色的国民幸福总值测算体系，并逐渐演变成不丹王国的治国理念和政策目标。国民幸福指数包含可持续和公平的社会经济发展、文化价值的保护和发扬、自然环境的保护、高效管理制度等四大基本元素，以及生活水平、教育、健康、文化多样性和弹性、社区活力、时间利用、心理幸福感、生态多样性、弹性及善治九大领域。不丹王国的国民幸福指数强调人类社会的真正发展是物质和精神同步并且相互影响的，同时更注重精神上的感受。

小结：从国外与高品质生活相关的各种评价指标体系看，非政府组织与政府组织的评价体系虽有差异，但共同性、融合性更加突出，一方面，体现在评价内容和方法上均注重客观评价与主观感受相结合；另一方面，在大的维度和基本指标选择方面也较为接近，比如健康、工作收入、社会交往等。不同国别有关国民幸福或福祉的评价体系，在评价指标选择上共性较多，且都蕴含着以指标评价引导政策实践的动态，但在评价导向上仍存在差异，比如德国注重强调“共同体”意识，英国凸显了“个体幸福”感受，而不丹则更加强调精神层面。

2. 国内指标体系构建发展情况

国内有关高品质生活的评价体系，直接相关且较为正式连续的评价体系仍较缺乏，间接相关的主要包括卓越全球城市、可持续发展城市、幸福感城市、休闲城市等核心概念，由官方主导自上而下的正式评价体系偏少。

（1）上海的“卓越全球城市”评价体系

上海对标建设卓越全球城市的目标要求，结合实际情况，选取具有较强公认性和针对性、数据具有较好延续性和可操作性的高品质生活评价指标体系，由获得感、幸福感和安全感三个目标层组成。获得感目标层分为生存获得、享受获得和发展获得3个子指标体系。获得感是指人民实际享有的改革发展的成果和付出的劳动与预期相符合的程度，具体由“城镇居民人均可支配收入”等28个客观评价指标及“您认为现有出租车数量能否满足需求”等22个主观评价指标构成。幸福感目标层分为情绪状态、自我成就、社会情感和社会环境4个子指标体系。幸福感更侧重于个体主观心理感受。具体由“感到心情抑郁或沮丧的频率”等12个主观评价指标构成。安全感目标层分为生存安全感、社会安全感和自我安全感三个子指标体系。安全感是指不被伤害、预期稳定的生活状况能得到保证的主观感受。具体由“每万人口公安机关立案刑事案件数”等3个客观评价指标及“您是否担心个人信息泄露”等16个主观评价指标构成。

（2）深圳的“可持续发展城市”评价体系

近年来，深圳率先探索将生活品质标准与城市经济社会发展贯穿起来，建立了具有深圳特色的《城市可持续发展城市服务和生活品质评价指标体系》。该指标体系共包括经济、教育、能源、环境、财政、治理、健康、安全等17个大类100个指标，并在此基础上创新性地研制出一套评价方法。标准主要包括城市可持续发展评价指标体系和评价方法两大部分内容。指标体系：该方案修改或采用了ISO 37120①的74项指标，并根据深圳实际进行修改转化，如根据《深圳市生活垃圾分类和减量管理办法》，将国际标准中的“享有固体废弃物定期回收服务（居民区）的城市人口比例”指标转化为“生活垃圾分类和减量达标小区覆盖率”等。同时，参考深圳“五大发展理念”统计评价指标体系和深圳市可持续发展规划等，新增了26项具有创新性和深圳特色的指标。如新增“每年新增PCT国际专利申请量”指标，以衡量城市的科技创新能力水平等。评价方法：通过对各项指标原始数据进行标准化处理，结合指标权重等相关要素形成评价指数，经过逐项对比各指标数据的变化趋势和综合分析，得出城市可持续发展评价结果，为城市可持续发展提供指引。

---

① ISO 37120是2014年世界标准化组织建立起的第一个城市国际标准体系，从城市服务和生活品质两个方面出发，提出了100项指标（其中包括46项核心指标和54项辅助指标）衡量城市可持续发展状态，提供了一套全球通用方法，帮助不同国家的同类型城市进行横向比较，以期发现各城市推进城市可持续发展的先进经验和做法。

小结：上海市的“高品质生活”指标体系分解为3个目标层和81个具体指标，更多从居民生活品质方面进行构建，对标国际标准，比如第二层次的幸福感中设计了情绪状态、自我成就、社会情感和社会环境四个子指标体系，其中有“感到心情抑郁或沮丧的频率”等12个主观评价指标，更加注重居民的主客观感受的反映与量化。深圳的《城市可持续发展城市服务和生活品质评价指标体系》是将城市可持续发展评价指标和评价方法结合，以评价城市可持续发展状态为主，对改善城市治理、提高深圳城市可持续发展水平具有指导作用，该指标体系的可行性和可操作性强。

（三）对重庆创建高品质生活的启示

1. 新时期重庆创造高品质生活的基本要求

坚持在推动高质量发展的基础上创造高品质生活。高品质生活牵引高质量发展，高质量发展支撑高品质生活，推动高质量发展是创造高品质生活的基础和前提，创造高品质生活是推动高质量发展的要求和目的。经济社会全面发展的质量越高，人民群众的生活品质才会更有保障更可持续。人民群众对美好生活需要的向往和高品质生活的追求越有动力，就越能引领和倒逼高质量发展持续推进。

坚持在全面建成小康社会基础上创造高品质生活。全面建成小康社会为进一步追求品质生活奠定了坚实基础，开启全面建设社会主义现代化国家为新时期创造高品质生活提出了更高要求。当前，我国人民生活水平跃上新的大台阶，成渝地区双城经济圈建设发展驶入快车道，一个经济强、百姓富、生态美、文化兴的现代化重庆正加快崛起。新时期，高品质生活创造将实现长足进步，形态将得到充分彰显。

坚持在建设改革开放新高地基础上创造高品质生活。深化改革开放将为推动高质量发展持续增强动力和活力，也将创造高品质生活，大力提升国际化和便利性水平。坚定不移推进改革，坚定不移扩大开放，有利于破除制约高质量发展、高品质生活的体制机制障碍，有利于提高资源配置、调动全社会积极性。重庆正加快内陆开放高地建设，将为美好生活的实现增添更多国际化元素，提升开放便利性水平。

2. 重庆创造高品质生活的基本内涵

按照建成高质量发展高品质生活新范例的统领性要求，充分借鉴国内外有关品质生活内涵界定和创建实践，立足高质量发展的基础性支撑、全面建设社会主义现代化国家的阶段性要求和打造改革开放新高地的国际化标准，紧扣新时期人民群众对更充分的就业、更便捷的生活、更丰富的文体娱活动、更高水平的医疗、更优美的环境、更全面的社会保障等美好生活的真切向往和内在需求，坚持物质性与精神性相统一，坚持内在性与外在性相融洽，同步增强安全感、获得感、幸福感，努力创造经济富足、文娱丰富、健康休闲、生态优美、安定和谐、开放便利、城乡皆宜的高品质生活。

三、重庆高品质生活宜居地建设的现状与问题

（一）重庆高品质生活发展水平基础

1. 战略功能定位更加突出，经济运行逐步向好

随着重庆在全国的战略定位更加凸显，经济持续快速增长，增速名列前茅，产业结构持续优化，吸纳就业能力总体增强，高质量发展态势更加明显。

一是国家对重庆的战略功能定位逐步强化。2007 年，中央对重庆提出“314”① 总体部署，要求重庆建设西部重要增长极、长江上游地区经济中心、城乡统筹发展的直辖市；2009 年、2010 年，重庆先后被确定为国家统筹城乡综合配套改革试验区和国家中心城市之一。党的十八大以来，随着国家区域发展战略深度调整，重庆在国家区域发展格局和对外开放格局承担的战略使命更加重要。2016 年，习近平总书记视察重庆时对重庆提出“两点”定位②、“两地”目标，要求重庆“加快建设内陆开放高地、山清水秀美丽之地”。2018 年，习近平总书记参加重庆代表团审议时进一步提出“两高”目标，要求重庆“努力推动高质量发展、创造高品质生活”。2019 年 4 月，习近平总书记视察重庆时要求重庆发挥“三个作用”，从全局谋划一域、以一域服务全局，努力在推进新时代西部大开发中发挥支撑作用、在推进共建“一带一路”中发挥带动作用、在推进长江经济带绿色发展中发挥示范作用。近年来，围绕提升国家战略承载力，重庆提出了建设长江上游经济中心、国家中心城市、国家重要现代制造业基地、功能性金融中心、西部创新中心和内陆开放高地、成渝地区双城经济圈、“一圈两群”等发展战略，着力提升在区域经济中的辐射带动作用。随着国家新一轮西部大开发和成渝城市群建设深入推进，重庆在国家整体战略及区域战略中重要性进一步凸显。

二是经济运行逐步向好，产业结构持续优化，经济总量快速扩大。直辖以来，重庆紧抓西部大开发、“一带一路”和长江经济带等国家重大战略机遇，不断深化改革开放创新，经过“十一五”时期“打基础、建平台、增后劲”和“十二五”时期“求突破、上台阶、大发展”阶段，“十三五”以来重庆市进入“转型升级、高质量发展”新阶段。2019 年，重庆市地区生产总值达到 23605. 77 亿元，是 2010 年的 2. 97 倍，成为继上海、北京、深圳、广州之后第五个 GDP 超过 2 万亿元的城市，人均 GDP 首次突破 1 万美元关口，从 2014 年起，重庆人均地区生产总值就超过全国平均水平（见图 5 - 1）。2010—

---

① “3”指三大定位：努力把重庆加快建设成为西部地区的重要增长极、长江上游地区的经济中心、城乡统筹发展的直辖市；“1”指一大目标：在西部地区率先实现全面建设小康社会目标；“4”指四大任务：完成中央交办的加大以工促农、以城带乡力度，扎实推进社会主义新农村建设；切实转变经济增长方式，加快老工业基地调整改革步伐；着力解决好民生问题，积极构建社会主义和谐社会；全面加强城市建设，提高城市管理水平。

② 重庆是西部大开发的重要战略支点，处在“一带一路”和长江经济带的联结点上。

2019 年，投资、消费、进出口年均增速分别在 17.14%、13.47%、34.93%左右。

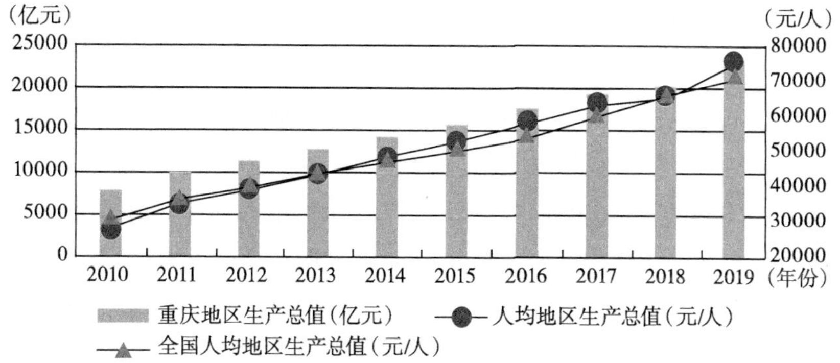

图 5－1　2010 年以来重庆市 GDP 与全国比较情况

三是现代产业体系逐步健全，带动就业水平不断提升。重庆市三次产业结构由 2010 年的 8.3∶44.9∶46.8 优化为 2019 年的 6.6∶40.2∶53.2①，产业结构更加协调。服务业快速发展壮大（见图 5－2）。2008 年第三产业占比首次超过第二产业；2018 年服务业增加值超过 1 万亿元大关，达到 10656.1 亿元，占 GDP 比重超过 50%，进入服务经济为主的发展阶段，服务业成为吸纳就业的主要渠道。传统产业转型升级步伐加快，高技术制造业和战略性新兴产业增加值分别增长 12.6%、11.6%。制造业智能化、集群化发展，形成了“1＋10＋1000”汽车产业集群和“5＋6＋800”电子信息产业集群，成为全球最大的笔记本电脑生产基地、重要的智能终端（含手机）生产基地和国内四大汽车制造基地之一；战略新兴产业对规模以上工业增长贡献率达 495.2%，成为工业发展主要动力。

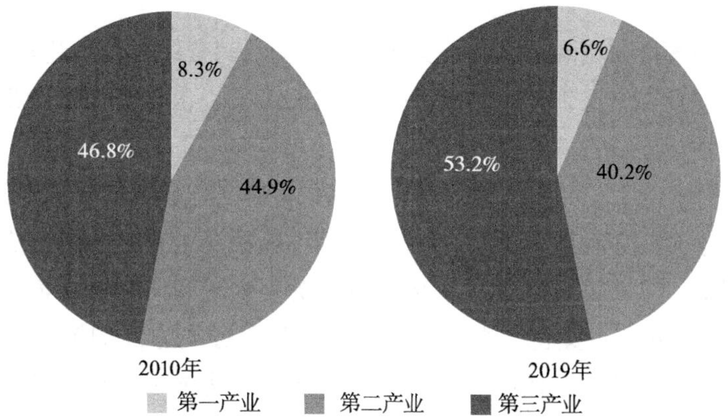

图 5－2　2010 年和 2019 年重庆市三次产业结构

① 数据来源：《2010 年重庆统计年鉴》《2020 年重庆统计年鉴》。

2. 城乡居民收入水平稳步增长，消费结构升级

近年来，随着城镇化稳步推进，城乡发展协调性增强，城乡居民收入大幅提升，居民财富不断增长，老百姓在教育、文化娱乐方面的消费支出大幅增加，消费结构由生产型向发展型升级。

一是全市城镇化率保持快速增长，城乡居民收入水平稳步增长。随着重庆工业化城镇化的快速推进，重庆城镇化率保持较快增长。2019 年，重庆城镇化率达到 66.8%，较 2005 年提高 21.6 个百分点，2005—2019 年平均每年提高约 1.5 个百分点左右。按照诺瑟姆理论，当前重庆市城镇化率水平低于 70%，仍处于城镇化的快速推进期。城镇化的推进过程中，农村剩余劳动力会选择在农村周边城市就业、从而提高收入，缩小城乡居民收入差距。2019 年，城镇和农村居民人均可支配收入分别从 2010 年的 16032 元和 5378 元增加至 2019 年的 37939 元和 15133 元，分别提高了 1.37 倍和 1.81 倍，城乡居民的收入稳步逐年提升（图 5－3）。

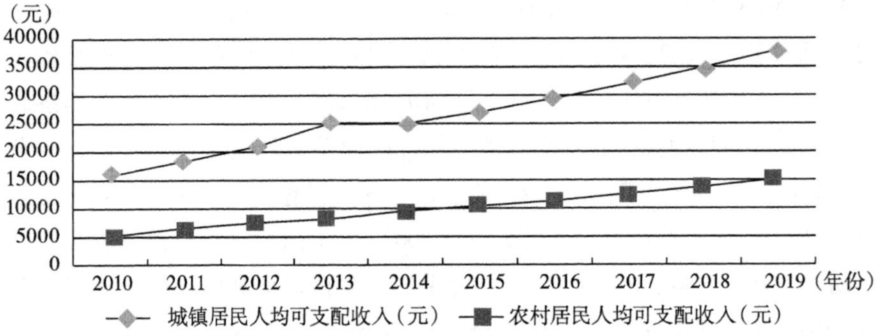

图 5－3　2010—2019 年重庆城镇和农村居民人均可支配收入情况

二是消费结构由物质消费向精神文化层面转变，消费结构升级趋势明显。2019 年，重庆居民人均消费支出 19248 元，比 2010 年增长 44.3%。消费层次由温饱型向全面小康型转变。2019 年，重庆居民恩格尔系数由 2010 年的城镇 37.6% 和农村 48.3% 下降至 2019 年的城镇 31.2% 和农村 34.9%，城镇和农村家庭恩格尔系数分别下降 6.4 个和 13.4 个百分点。随着家庭生活水平的富裕程度不断提高，食品类消费支出占家庭收入的比重不断降低。重庆家庭消费逐渐从物质消费为主转变向精神层面、文化层面的消费，2019 年 12 月教育、文化、娱乐、健康和其他服务类方面的消费支出增长均高于 10%；同时，重庆规模以上休闲观光活动、电视和网络电视节目发行、博物馆、群众文体活动营业收入同比都有明显上升，为服务业发展提供了广阔的市场空间。

3. 城乡公共服务均等化，城乡融合发展持续加快

重庆大力推进城乡协调发展的公共服务均等化建设，全力保障和改善民生，把增进城市与农村居民的民生福祉作为发展的根本目的，人民生活水平稳步提高。

一是就业规模稳步扩大，统筹城乡的社保制度基本建立。就业是民生之本，是人民改善生活的基本前提。2019 年，重庆就业人员从 2010 年的 1539.95 万人增加到 2019 年的 1704.54 万人，年均增加约 16 万人，其中，城镇就业人员 1068.58 万人，城镇登记失业率 2.6%，长期处于低位，城镇调查失业率低于全国 3.62% 的平均水平。社会保障事业持续推进，重庆社保水平不断提高。2010 年，城镇五项①社会保险基金收入合计 394.57 亿元；2019 年，重庆仅基本养老保险、失业保险、工伤保险三项社会保险基金收入合计 1387.82 亿元，社会保险基金的收入比 2009 年增长 2.52 倍，一张巨大的社会保障安全网正在铸就②。

二是城乡基本公共服务保障能力持续增强，公共服务均等化水平不断提升。教育事业方面，基本实现城乡教育一体化，坚持教育优先发展，以促进教育公平为基本要求、优化结构为主攻方向，教育事业取得巨大进步。2019 年，重庆实现义务教育发展基本均衡，区县全覆盖，九年义务教育巩固率 95%，义务教育进入全面普及巩固新阶段，高等教育毛入学率 49%，比 2010 年提高了 19 个百分点，高于高收入国家平均水平。文化事业方面，坚持中国特色社会主义文化发展道路，推动文化事业和文化产业的迅猛发展，文化软实力逐步提升。2019 年，重庆市共有博物馆 104 个，文化馆 41 个，公共图书馆 43 个，公有制艺术表演团体 22 个，其中博物馆数量比 2010 年增加 1.8 倍；广播、电视综合人口覆盖率分别为 99.17% 和 99.4%；生产电影 21 部，城市电影票房 15.87 亿元，是 2010 年 43 倍。2019 年，重庆被纳入全国首批推进乡镇影院建设试点城市，城乡老百姓的文化精神生活得到极大满足。公共卫生事业方面，健康助力小康，民生牵动民心。2019 年，重庆市各级各类医疗卫生机构 21058 个，实有床位 23.19 万张，卫生技术人员 22.39 万人，分别比 2010 年增加了 18365 个、13.56 万张和 11.94 万人，公共卫生体系不断完善。2019 年，居民平均寿命为 77.64 岁，较 2010 年增长 1.94 岁，城乡居民健康状况显著改善。

4. 社会安全稳定性明显增强，社会治理能力加快提升

重庆全力维护社会安全稳定秩序，促进团结，激发活力，防范风险，不断创新社会治理方式和方法，增加社会治理的科学性和有效性。

一是强化用法制保障维护社会稳定和谐，确保人民享有健康、安全的生活。深入推进全面依法治市，加强法治宣传教育。近年来，重庆市把民生警务工作作为了解群众、服务群众的重要渠道方式，在推出的服务民营经济发展 30 条和新 10 条、服务学校 29 条和服务旅游 23 条的基础上，部署了服务企业发展六大行动、护航校园安全六大行动等专项服务工作。同时，开展专项行动，严厉打击食品药品、知识产权和野生动物领域的犯罪。2019 年，生产安全事故死亡 1793 人，比 2010 年下降 41.61%，全力保障人民群众生命健康安全，为经济社会发展营造良好环境。

---

① 五项社会保险基金包括：基本养老、职工医疗、失业、工伤和生育保险。

② 数据来源：《2019 年重庆市人力资源和社会保障事业发展统计公报》。

二是坚持以人民为中心，创新社会治理。重庆市社区社工以宪法精神为指导，不断提升社区治理和服务效能，为实现国家治理能力和治理体系现代化奠定了基础。重庆市已基本形成基层党组织领导、基层政府主导的多方参与、共同治理的城乡社区治理体系，探索创新治理方式，推行“大事”政府快办、“小事”协商共办、“私事”引导自办，合理界定政府部门、社区组织和居民群众个人的职责边界和互补共生关系，推动政府治理与社会协同、居民自治良性互动。重庆市大力发展社会工作，实施“万名社工专才培养计划”，按照城市社区配置2名以上、农村社区配置1名以上社工人才的标准，针对性开展社区社工人才培养，社区社工人才突破5.5万人，建成社区社会工作室（站）3775个，社会工作服务覆盖社会福利、社会救助、矫治帮教等18个领域，实现了社会工作服务与社区居民需求的有机结合。

5. 创新能力持续增强，生活便捷度不断提高

通过推进科技体制改革，加大科技创新投入，全社会自主创新能力不断提升，实现了基础设施智能化、公共服务便捷化发展，有力地促进了生活向高品质化提升。2018年，重庆市研究与试验发展（R&D）经费支出达到397.08亿元，是2000年的39.2倍，2001—2018年年均增长22.6%①。研发经费投入强度接近全国水平（图5－4），R&D经费支出占重庆市地区生产总值的比重由2000年的0.57%提升至2018年的1.95%。

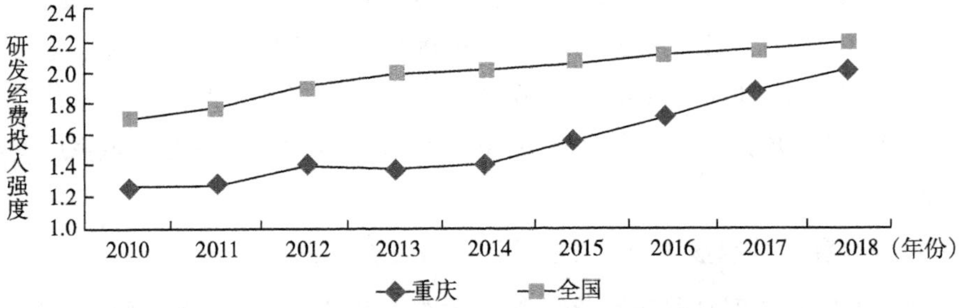

图5－4　2010—2018年重庆市与全国研发经费投入强度②比较

科技创新对生活质量的影响主要表现在如下方面：

一是互联网与生活服务的创新性结合助推新型消费业态蓬勃发展。电商、微商等新兴营销渠道对实体零售进一步渗透，实现足不出户享受送货上门的消费便捷。2018年，重庆市限额以上批发和零售企业实现网上商品零售额比上年增长28.6%，高出非网上商品零售额增速22.4个百分点。无人超市、智慧商店、智能便利店不断涌现，通过刷脸结账、场景体验等方式满足顾客更高层次的消费需求。如永辉超市建立了智能体验店，成为融合“大型生活超市＋生鲜食品超市＋电商＋餐饮＋物流配送”的新零

① 数据来源：《重庆市统计公报》。

② 研发经费投入强度是研发经费投入与国内的比值地区生产总值的比值。

售综合体，为顾客提供场景化、智能化、体验式的消费环境。

二是现代科技手段为智慧城市建设提供支撑。重庆市以“135”① 总体架构推进新型智慧城市建设，采用云计算、大数据、移动互联网等新一代信息技术，围绕医疗健康、优质教育、社会保障、养老关怀、就业帮扶、交通出行、文化传播、旅游便民、气象预报、智慧社区、智慧商圈、室内导航等，加强以人为核心的智慧化体系建设。目前，重庆已建成4.2万余个5G基站，5G用户达316万人，5G的发展目前处于全国第一梯队②；实现城市光纤到户家庭全覆盖，成为西部首个“全光网”城市。

三是共享经济模式创新方兴未艾。通过共享经济提高资源利用效率，节约时间、金钱成本，为民众生活带来便利。随着民众接纳度提高，重庆共享经济发展规模持续增大，共享经济内容不断丰富。目前，重庆移动的管理平台承载着八大类、40余家的共享经济平台，用户约2650万人。盼达用车（新能源汽车出行分享）、车位飞（用车生活服务分享）、淘会场（办公空间分享）、智能样机中心（生产能力分享）等一批具有全国影响力的分享经济创新企业发展较好，其中盼达用车在单车日均运营里程、单车日均运营时长、单车日均共享频次等运营数据上处于国内领先水平。猪八戒平台注册用户近2000万家，其中雇主发包方涵盖中小微企业超过700万家，人才提供方服务商1300万家，让用户在创业、工作和生活方面的品质更高。

6. 城市对外开放水平提升，城市活力增强

在国务院发布的《全国主体功能区规划》中，重庆被赋予建设国际大都市的重任，通过深入融入“一带一路”，建设内陆开放高地，打通国内外高端要素资源链接渠道，城市开放的氛围不断提升。

一是开放型经济建设满足外籍人口工作定居需求。2018年，重庆市实际利用外资金额达到102.73亿美元，是1999年的31.4倍③。截至2018年底累计有287家世界500强企业落户重庆，数量超越武汉、郑州等中心城市，为开放型经济建设注入巨大活力。外向型经济发展提升了重庆吸引力，促进了外来人口到此集聚和定居。2014年，重庆常住外籍人口超过8000人，常住人口连续多年保持20万人以上的增长，人口增量在四大直辖市中是最多的，比天津、上海增量之和高出3倍。2019年，重庆共接待国内外游客6.57亿人次，实现旅游总收入5734亿元，同比分别增长10%、32%。

二是城市基础设施完善，营造开放便捷的居住体验。通过围绕“大通道、大通关、大平台”等开放要素的构建，形成铁水空便捷的立体型枢纽交通，跨境枢纽交通功能显著提升。2019年，江北机场已累计开通近百条国际（地区）航线，机场旅客吞吐量

---

① 即建设由数字重庆云平台、城市大数据资源中心和智慧城市综合服务平台构成的1个城市智能中枢，夯实新一代信息基础设施体系、标准评估体系和网络安全体系三大支撑体系，发展民生服务、城市治理、政府管理、产业融合、生态宜居五类智能化创新应用。

② 数据来源：《重庆日报》。

③ 数据来源：《2018年重庆市国民经济和社会发展统计公报》。

跻身全球前 50 位；地铁历程超过中国香港、巴黎等国际化大都市，全球排名第十。2030 年，重庆将形成八个方向的“米”字形高速铁路网络，实现 2 小时高铁重庆、1 小时成都和贵阳、3 小时周边省会城市、6 小时北上广，将有效促进人口跨区域流动的效率。

三是开放性元素植入营造国际化生活氛围。城市符号和会展经济等高端服务业发展提升了城市国际化吸引力。200 米以上展示国际化大都市形象的摩天大楼中，重庆以 55 座超越武汉（47 座）、成都（24 座）和郑州（8 座），成为中西部地区摩天大楼数量最多的城市，国内外游客的吸引力逐步增强。通过打造内陆国际会展名城，近年来西洽会、智博会等大型展会持续举办，带动全球商务型等高端人口流入。为进一步吸引外籍人才永久落户，出台了居留便利、过境免签等多项优惠政策，城市包容性文化氛围日益浓厚。

7. 生态发展提质升级，城乡环境休闲宜人

近年来，重庆市坚持生态优先、绿色发展的路径，持续实施“五大环保行动”，在长江经济带绿色发展中发挥了良好的示范作用，环境质量明显改善，山清水秀美丽之地建设步伐加快。

一是城市景观工程较好地连接了人与自然。入选全国第二批城市设计试点城市，通过城市绿化设计，保护了自然山水格局，营造了城在山中、山在城里、双江怀抱、大桥穿梭、高楼林立山水景观有机融合格局，贴近了民众对回归自然的高层次需求。2017 年，重庆市有 542 个城市公园①，人均公园绿地面积为 16.49 平方米，高于北京，排名全国第五。大力打造“两江四岸核心区”这一城市发展主轴，依托江岸资源推进山城步道、生态滨水公园打造，形成滨江生态风景线，营造了生活休闲和生态景观一体的城市公共空间。

二是生态环境质量持续改善。重庆统筹推进“建、治、管、改”，四山保护和修复力度逐步加强，“两群”国家级生态系统建设逐步完善，推进“无废城市”建设和节能减耗。2019 年，重庆市被纳入生态环境部“无废城市”试点范围，“水十条”评估排名中居全国首位，森林覆盖率 50.1%，超全国平均值 2 倍，真正让水更清、天更蓝、声更静、土更洁、地更绿的优质城市生态环境惠及人民。

三是绿色经济增长方式让市民共享生态福利。以产业升级促进绿色发展能力提升，将环保产业列入十大战略性新兴产业，2019 年人均能源消费量为 3.9 吨标准煤/人，处于全国最低梯队。统筹推进生态建设和乡村振兴，2019 年重庆市乡村休闲旅游综合收入 677 亿元，同比增长 32.8%，成为重庆市旅游绿色消费中发展最快、带动性最强、受益面最广的领域。通过现代特色农业、乡村休闲观光、大健康产业等绿色业态发展，实现了生态资源优势转化为民众增收致富要素，满足人民对美好生活的需要。

① 数据来源：《2019 年重庆市生态环境状况公报》。

（二）当前重庆高品质生活宜居地建设面临的突出问题

1. 经济高质量发展基础不牢，居民收入仍需大幅提升

从发展实际来看，虽然2010—2019年重庆市经济社会实现了跨越式发展，但目前重庆集大城市、大农村、大山区、大库区于一体的基本市情并未根本改变，与国家赋予的战略定位和要求相比仍有较大差距，重庆要实现国家战略功能定位，与推动自身高质量发展是紧密联系的，仍处于求突破、上台阶的转型攻坚期。

一是经济增速换挡、结构调整阵痛、新旧动能接续转换困难相互交织。经济平稳运行的基础还不够牢固，在全国各省及直辖市地区生产总值的排名中，重庆在北京之后位居第三，与浙江、广东等东部沿海城市比差距较大，在西部地区也远远落后于四川和湖北（表5－1）。投资增长后劲不足，传统消费进入瓶颈期，新兴消费增长尚弱，外贸新增长点仍需加快培育；产业结构处于深度调整期，支柱产业核心竞争力亟待提升，战略性新兴产业支撑能力不足。重庆市总体仍然处在欠发达阶段，仍然属于欠发达地区，正处于工业化、城镇化加速推进阶段，高质量发展空间潜力大，任务艰巨。

表5－1　2019年全国主要省（直辖市）GDP排名①

地区	GDP（亿元）	排名	GDP增速（%）
重庆	28920	17	6.3
北京	67756	12	6.1
上海	38155	10	6.0
天津	14104	23	4.8
浙江	62352	4	6.8
广东	107671	1	6.2
四川	46615	6	7.5
湖北	45828	7	7.5

二是现代化、高附加值的新经济产业仍需培养。2019年，高新技术产业增加值占重庆市规模以上工业增加值比重仅19.2%，较沿海经济发达地区广东、浙江分别低12.8个、35.3个百分点；重庆市服务业占GDP比重为53.2%，低于国际大都市服务业支撑占比70%的水平，特别是高端生产性服务业和外向型服务业发展不足。支柱产业大而不强。汽摩、化工、装备等传统产业具有一定规模，但总体处于产业链中低端，集群化发展水平不高，电子信息、汽车等产业关键零部件本地配套率低，产业附加值不高，盈利能力和市场竞争力不强。产业转型升级较慢。重庆市汽摩、机械制造等传统产业大数据智能化改造滞后，新产业、新业态引进培育缓慢，尚未形成新的经济增

① 2019年重庆、北京、上海、天津、浙江、广东、四川、湖北统计公报。

长点，产业接续动力不足。

三是居民收入水平仍需大幅提升，城乡居民收入之间的差距仍在扩大。2019 年，重庆市居民人均可支配收入为 28920 元，同北京、天津、上海、浙江、广东等省（市）比较仍处于较低水平，甚至低于全国人均可支配收入 30733 元。另外，重庆集大城市和大农村于一体的城乡二元经济结构矛盾突出，农业发展相对落后，农民文化素质相对较低，从而制约了农业产业化、科技化的发展，由此导致城乡收入差距逐步扩大，2019 年城乡居民人均可支配收入绝对差是 2010 年的 2.14 倍（图 5 –5、图 5 –6）。城乡居民收入差距的拉大已成为影响重庆城乡协调改革和发展的重要因素，所以缩小城乡居民收入差距成为目前亟须解决的重要问题。

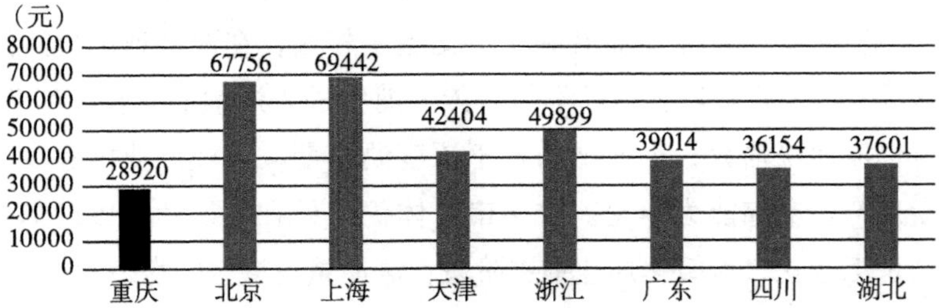

图 5 –5　2019 年全国部分省份居民人均可支配收入

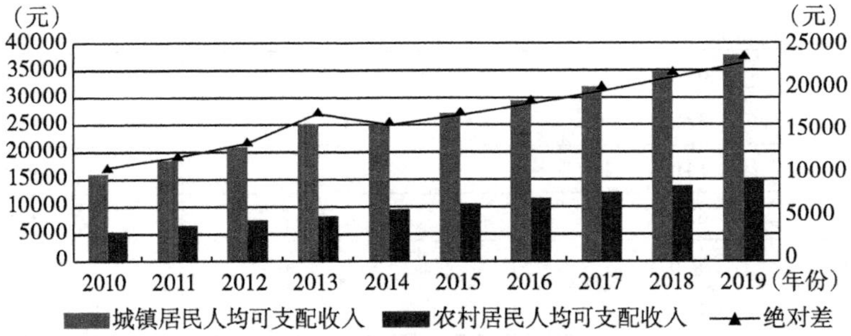

图 5 –6　2010—2019 年重庆城乡居民人均可支配收入变化

2. 公共服务供给水平不高，“两群”地区发展滞后

重庆市集大城市、大农村、大库区、大山区、少数民族地区于一体，既有公共服务基础薄弱、供给不足等西部老少边穷地区存在的共性问题，也有重庆特有的三峡库区移民搬迁历史遗留问题，同时还有大量农村劳动力转移形成的空巢老人、留守儿童问题，基本公共服务存在城乡投入力度不均衡、供给水平相对失衡、供给质量不均等、负担成本不均等城乡二元结构矛盾。

一是基本公共服务供给不足，城乡差异明显。教育方面，优质教育资源大部分集中在城市，66.8% 的乡镇还没有幼儿园、托儿所，城市普通小学人均教育经费是农村的 1.37 倍，基础教育校舍危旧房主要集中在农村山区，农村小学校舍建筑面积中危旧房面积占比是城市的1.3倍。医疗卫生方面，据2019年重庆市第三次农业普查，在城镇社区基层卫生服务机构已经全覆盖的情况下，7.5%的村还没有卫生室，39.1%的村没有执业（助理）医师；农村使用水冲式卫生厕所的272.54万户，占42.4%，57.6%的农村仍在使用旱厕或者没有厕所。文体方面，重庆市仍有0.2%的乡镇没有图书馆、文化站，有78%的区县级图书馆和80%的文化馆不达标，重庆市88.3%的乡镇没有体育场馆。因此提升农村基本公共服务可及性是缩小城乡差异的重要环节。

二是区域发展差距大，渝东南、渝东北地区公共服务发展滞后。渝东南、渝东北地区由于生态保护发展约束和经济社会发展底子较薄、总量较小、投入不足等因素制约，基本公共服务均等化水平本身普遍低于全国、重庆市平均水平。卫生方面，2010—2018年卫生机构数，“一圈”和“两群”分别增长了1.72倍、2.96倍和2.31倍，但是由于基数差距较大导致目前“一圈两群”的卫生机构数量差距仍较大（图5-7）。教育方面，“两群”地区教育总体资源供给不足、教师总量不足，在职教师实有人数占编制总数的90.9%；城区学校“大班额”依然突出，生均办学达标差距较大。文体方面，经费投入不足，直接导致文体设施建设滞后，公共文化设施标准低，“一圈”地区有35个剧场，渝东北地区有8个演出剧场，渝东南地区除石柱天上黄水大剧院、彭水有个简易剧场外，其他区县均无。

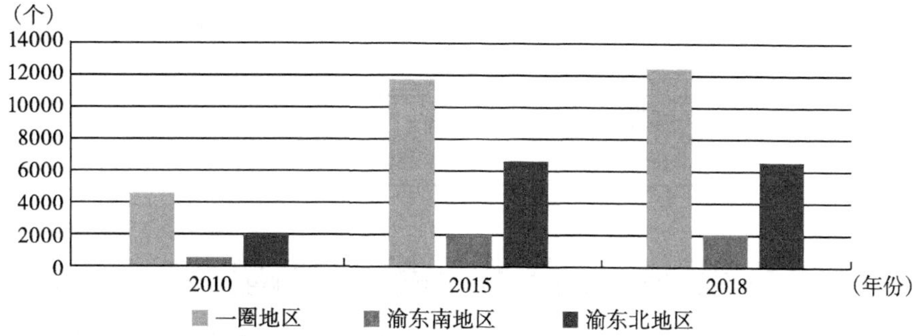

图5-7　2010年、2015年和2018年“一圈两群”卫生机构数

3. 城市功能不够完善，应急管理能力有待提升

重庆城市基础设施、治理能力现代化水平还不高，城市综合服务功能和高品质生活环境亟待提升。一是城市交通基础设施短板较突出，城市管理的智慧化水平和应急管理能力有待提升。各区域间交通通达和联通仍不足，截至2019年底，重庆的地铁线路为7条，客运量61034.4万人次，客运量在全国主要城市中排名第十位（表5-2），地铁线路数量和客运量都有待提高。在高铁建设方面，2019年，重庆只有一条时速300千米/小时的高铁线路——成渝高铁线，时速300~350千米的高铁、时速250千米的客专以及新建时速200千米的客货共线铁路以及城际铁路的里程数，重庆为896千米，全国排名第19位，与第一位的广东省2095千米相比差1199千米。城镇群的互联互通水平有待提高，城区交通拥堵问题治理难度大，根据百度地图从2018年开始每季度发布的《中国城市通勤

高峰拥堵指数》（图5－8），从整体榜单来看，重庆以2.617的通勤高峰拥堵指数，位居全国百城拥堵榜单榜首，影响现代化大城市功能的发挥。其次，城市智慧基础设施布局还有待提升优化，大数据、物联网、云计算等现代信息技术与城市治理的融合度较低，城市规划、建设、管理、运行等智能化、精细化、精准化水平不高。

表5－2　2019年全国主要城市地铁客运量排行榜①

排名	城市	地铁线路条数（条）	地铁线路长度（千米）	地铁客运量（万人次）
—	全国	150	5179.6	2277631
1	北京	20	637.6	394318.4
2	上海	15	669.5	386885.4
3	广州	13	489.4	328830.3
4	深圳	8	304.4	178044.8
5	成都	7	302.2	139942.8
6	武汉	9	338.4	123959.2
7	南京	5	176.8	104165.7
8	西安	5	158	94554.1
9	杭州	4	130.9	63402
10	重庆	7	230	61034.4
11	天津	5	178.7	47037.2
12	郑州	4	151.7	41120.8
13	沈阳	2	87.2	36765.3

2020Q2排名	排名同比上年升降	城市	2020Q2通勤高峰拥堵指数	拥堵指数环比2020Q1	拥堵指数同比2019Q2	2020Q2通勤高峰实际速度（km/h）
1	—	重庆	2.617	↑65.34%	↑12.41%	20.04
2	↑7	西安	2.348	↑48.92%	↑30.13%	20.29
3	—	贵阳	2.269	↑52.94%	↑10.74%	23.79
4	↓2	北京	2.216	↑44.55%	↑2.85%	25.42
5	↑5	上海	2.111	↑38.89%	↑17.64%	22.82
6	—	广州	2.089	↑39.62%	↑13.69%	27.10
7	↑20	深圳	2.028	↑44.79%	↑20.66%	28.22

图5－8　2020年二季度全国城市交通拥堵指数②

4. 高端要素聚集水平不高，要素的集聚吸引力不强

城市对高端要素集聚的吸引力较弱，要素的优化配置和供需矛盾较为突出，成为

① 中国城市轨道交通协会发布的《城市轨道交通2018年度统计和分析报告》。

② 2020年二季度百度地图发布的《中国城市通勤高峰拥堵指数》。

高品质生活建设的一大痛点。一是受城市开放度的影响，对外资吸引力较弱。市场体系、科技、基础设施条件与东部地区存在差距，利用外资的重大支撑项目较少，项目包装能力弱，大型跨国公司投资看重的法制健全和政策稳定等因素存在不足①，导致本地市场对外资的吸引力较弱。从统计数据看，重庆实际利用外资占全国比重远远低于GDP和固定资产占全国比重。重庆的进出口总额在国家九大中心城市中处在中游水平，金融业对经济发展的贡献率较低。二是国际物流发展不充分，物流相关要素的利用成本较高。从高速公路所占比重来看，东部地区达20%，重庆市仅为1%，且收费比上海、珠海等城市都要高。长江黄金水道的作用没有充分发挥，由于运程远，物资到出海港口的运输成本明显高于东部地区。物流基础设施相对落后，公铁水空物流结合度不高，运输工具、仓储、物流加工、集装箱堆场等配套和装备的标准化程度较低，存在运输时间长、堆码费、中转费、装卸费偏高等问题，国际物流发展处于起步阶段，一定程度上制约了内陆开放高地和国际枢纽城市建设。三是关键要素短板突出，产业对高端人力资源的吸纳能力不强。重庆的“211”“985”大学数量指标是末位，低于西部的成都和西安。在研发方面，重庆技术市场合同成交额、专利申请、研究与试验发展经费的指标都排在全国中下游，并且在西部地区也不突出。研发经费投入强度仅为2%，一直低于全国平均水平。产业创新发展的内生动力不足导致高精尖人才的培养滞后，世界级和国内顶级工程技术转移人才落地生根难度较大。

5. 国际交往能力有待加强，对外交流水平仍需提升

重庆国际化水平与北上广以及周边成都等地存在差距，存在国际化生活配套不优、国际化人才支撑不足、经济文化国际影响力不高等问题。特别是在城市软环境建设上与内陆开放高地的国际化定位存在差距②。一是经济社会影响力较低。重庆是我国农村人口最多、现代化工业基础相对薄弱的直辖市，贸易总量小，2019年进出口总额占全国1.8%，2018年外贸依存度为25.6%，低于全国33.7%的水平。出口商品的附加值低，在出口商品中主要集中于机电产品，而在质量安全方面又与欧美等发达国家存在较大差距，以致国际市场竞争优势趋弱，出口创汇水平低。公共文化外交发展较为滞后，重庆自2014年起已无新增领事馆，成都则有新增领事馆，渝领事馆数量低于成都，截至2018年底重庆共有28个友好城市，而成都有34个。2018年重庆与成都对外开放部分指标对比情况见表5-3。二是国际化氛围不浓厚。在体育赛事方面，国际赛事数量少，根据世界上权威体育市场情报研究和数据服务机构SPORTCAL发布的《2019年度全球体育影响力（GSI）国家和城市指数报告》，2019年成都世界排第28名，国内排第3名，武汉排第210名，重庆榜上无名。在会展经济方面，国际大会及会议协会（ICCA）发布的2018年重庆举办国际会议数量为8次，仅为成都的一半（图5-9）。在外国留学生吸引力方面，根据教育部公布的

---

① 王雨飞，倪鹏飞．国家中心城市分功能评价与测度—基于多源采集数据[J]．社会科学研究，2020(3)．

② 陈敏清．关于进一步拓展重庆外事工作和扩大重庆对外开放的对策建议[J]．重庆：重庆经济，2018(2)．

2018 年来华留学数据，按市排序，湖北排第八名，总共 21371 人，四川 13990 人，重庆人数没有超过 1 万人。三是开放型服务体系不健全。在跨境硬件设施方面不足，国际航线 61 条，比成都少 48 条。外商服务体系不健全，前置性审批和地方行政性收费繁多，会计、咨询、律师、评估等专业服务缺乏与国际规则和惯例接轨。面对外向型人才的优惠政策规范性文件较少，信息披露方式较为滞后，城市对国际高端要素的吸引力不足。

表 5-3　2018 年重庆与成都对外开放部分指标对比情况

城市	领事馆数量（个）	友好城市数量（座）	国际航线条数（条）
重庆	10	28	61
成都	17	34	109

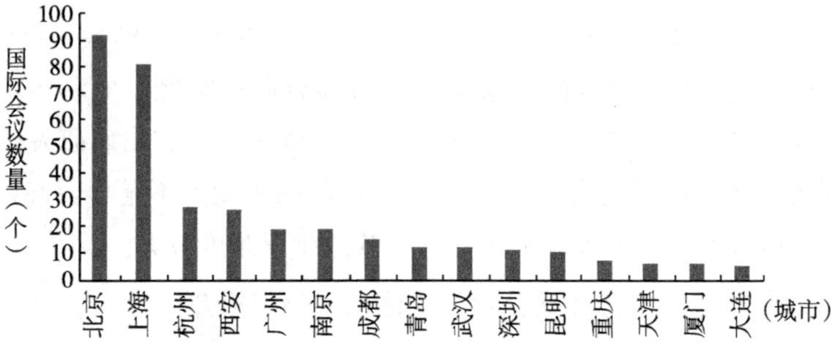

图 5-9　2018 年中国国际会议数量分布 Top15

6. 补齐生态环境短板面临挑战，“两群”地区生态环境敏感脆弱

由于经济发展所处阶段对资源环境的依赖度较强，重庆市积累的新老环境问题交织，人民对优美生态环境的诉求与生态环境建设的不平衡不充分矛盾有所凸显①。一是补偿性的生态保护机制尚未健全。生态补偿机制缺乏，资金投入方式、方向不尽合理，存在形象工程和治理投入多、预防投入少的现象。生态环境领域资金压力进一步增大，重庆市环境保护年投资超过 400 亿元，已超过 GDP 的 2%。二是部分生态环境问题较为突出。重庆煤炭消费占据能源消费结构七成，冬季雾霾天气常见，生活垃圾循环回收利用情况不理想，对周边环境产生较大影响。“两群”地区生态环境敏感脆弱，原始森林破坏严重，水土流失现象明显，滑坡、泥石流等自然灾害频发。重点生态功能区存在违法建筑、污染土壤修复缓慢、餐饮油烟扰民、工业废气污染、建筑扬尘污染、车辆超标排放等环境问题，环境污染、耕地面积减少、资源紧缺反过来制约这些区域经济发展。三是生产生活方式绿色化进程较慢。经济发展过度依赖资源能源消耗未根本转变，单位工业产出用水高于全国，也高于西部除贵州、西藏以外的 9 个省份，是工

① 李江华．重庆生态环境问题探析[J]．时代报告，2017(5)．

业结构相近的天津的10倍。中心城区土地开放强度过大，新增亿元固定资产投资新消耗土地资源是上海的6倍、深圳的10倍，城市生态空间被挤占。居民践行低碳、节俭的生活方式的意识不足，与公众生活有关的诸如机动车污染等逐步上升为环境污染治理中的主要问题。

四、“十四五”高品质生活宜居地的建设目标与评价体系

（一）环境分析

高质量发展阶段呈现出发展动能调整、需求结构升级等规律性特征，居民对生活品质的要求为建设高品质生活宜居地赋予了强劲的内生动力。“十四五”时期，重庆市将与全国一道从中等收入水平向高收入水平迈进，由中高速增长转向高质量发展，由全面建成小康社会转向全面建设社会主义现代化。随着社会主要矛盾的历史性变化，重庆市经济社会发展呈现出阶段性特征。工业化城镇化进入中后期水平，对提升发展质量的要求更加紧迫，急需加快转变发展模式，优化国土空间、产业和人口布局，实现人口资源经济环境的协调发展。“十四五”时期，国内市场主导国民经济循环特征会更加明显，经济增长的内需潜力会不断释放。特别是服务类消费占比明显上升，将带动文化娱乐、医疗健康、教育培训等新兴产业发展，老年人口和婴幼儿两类人群特定消费需求增加，将会催生出与之相关的产业发展，推动产业结构升级。庞大国内市场的潜在优势和投资潜在需求将为重庆市建设高品质生活宜居地赋予强劲的内生动力。

宏观环境发生着深刻变化，科技革命和产业变革带来创新链产业链重组，为建设高品质生活宜居地创造了有利的条件。从全球来看，当今世界正经历百年未有之大变局，保护主义、单边主义上升，世界经济低迷，全球产业链、供应链因非经济因素而面临冲击，国际经济、科技、文化、安全、政治等格局都在发生深刻调整，世界进入动荡变革期，将推动全球价值链、创新链、产业链、供应链发生重构。从国内来看，由中高速增长向高质量发展阶段转变，经济持续增长压力较大，资源环境要素束缚趋紧，将倒逼产业向绿色、低碳、健康、智能等转型发展。同时，以5G、人工智能、云计算、大数据、新能源、新能源汽车、数字经济、共享经济等为代表的新一轮科技革命和产业变革方兴未艾，人类发展更加注重品质和便利，这与重庆市高品质生活宜居地的发展目标和要求是基本一致的，更为产业高质量发展提供了创新要素支撑。

成渝地区双城经济圈建设步伐加快，区域重大战略决策红利充足，为重庆建设高品质生活宜居地提供了难得的历史机遇。推动成渝地区双城经济圈建设，是党中央在新形势下促进区域协调发展、推动新时代西部大开发形成新格局的重大战略部

署；有利于在西部形成高质量发展的重要增长极，增强西部地区人口和经济的承载能力；有利于提升陆海新通道国际竞争力，打造内陆开放战略高地，加快形成陆海内外联动、东西双向互济开放新格局；有利于助推西部地区乃至全国高质量发展。同时，“一区两群”协调发展深入推进，围绕强核提能级、扩容提品质，主城都市区首位度和竞争力将进一步提升，建设高品质生活宜居地基础更加扎实。一批战略性重大工程项目提速实施，加快补齐重庆市基础设施、科技教育、公共卫生、应急管理等领域短板。国家诸多重磅政策叠加，将极大促进重庆高开放度、强辐射力的形成，为打造高品质生活宜居地赋予了难得的历史机遇。

城市间竞争更趋激烈，内部发展不平衡不充分问题仍然突出，高品质生活宜居地建设仍然面临诸多压力。当前，我们还应看到打造具有全国影响力的高品质生活宜居地还存在一些内部发展不平衡不充分的问题。区域发展格局深度调整，中心城市之间的竞争更趋激烈，技术、人才等高端资源要素存在加速流向沿海发达地区的可能。而中心城区引领带动功能还不强，渝东北、渝东南地区总体发展水平较低，城镇体系不强不大不优，乡村振兴任务依然艰巨。虽然重庆生态自然禀赋较好，但生态环境总体较为脆弱，治理成效上不稳固，污染防治和生态修复任重道远，城市公共环境治理存在短板死角。人民群众最关心的社会建设相对滞后，城乡居民收入有待提高，优质教育、医疗资源分布不均、供给不足，“一老一小”等民生保障仍有不少短板，距离满足市民美好生活的要求还有一定差距。此外，伴随社会结构深刻调整，群众思想观念发生深刻变化，各种利益冲突和多元诉求更加凸显，影响社会稳定的风险交织叠加，都将为建设高品质生活宜居地带来不少挑战。

（二）发展目标

以习近平新时代中国特色社会主义思想为指引，全面贯彻党的十九大和十九届二中三中四中全会精神，坚持统筹推进“五位一体”总体布局，紧紧围绕习近平总书记对重庆提出的“两点”定位、“两地”“两高”目标、发挥“三个作用”和营造良好政治生态的重要指示要求，坚持以人民为中心，以增进民生福祉为导向，以供给侧结构性改革为主线，以高质量发展为基础，做优做强生活性服务业产业支撑，持续提升公共服务保障能力和均衡化水平，切实增强城市管理、精细化水平，着力提升城市经济品质、人文品质、生态品质、生活品质。

到2025年，届时重庆市经济高质量发展成效显著，全国有影响力的重要经济中心、科技创新中心、内陆开放高地建设取得实质性进展，多层次、高水平公共服务供给能力进一步增强，多元化、中高端、体验性消费领先发展，人民群众精神文化生活更加丰富，城市管理智能化、精细化水平持续提升，宜业宜居宜乐宜游的具有全国影响力的高品质生活宜居地加快打造，让人民在“山水之城”共享智慧城市建设成果，在“美丽之地”实现对美好生活的无限向往。

（三）指标体系的构建

1. 构建思路

“十四五”时期，为全面落实习近平总书记对重庆提出的建设高品质生活宜居地的重要指示要求，顺应新时期我国社会矛盾变化及人民群众对美好生活新要求和新期待，高品质生活指标体系的构建必须遵循以人民为中心的发展思想，坚持新发展理念，坚持深化改革开放，坚持系统观念，把增进民生福祉作为发展的根本目的，尽可能满足新时代人民群众对“更充分的就业、更便捷的生活、更丰富的文体娱乐活动、更高水平的医疗、更优美的环境、更全面的社会保障”等美好生活的需要，构建起前瞻引导性强、突出人民生活品质的指标体系，让人民群众获得感、幸福感、安全感更加充实、更有保障、更可持续，让重庆在社会主义现代化国家建设新征程中，率先在高品质生活创造上实现新突破。

2. 构建原则

坚持问题与目标导向性相结合原则。指标体系设计与指标选择应结合社会主要矛盾的变化，找准重庆高品质生活发展面临的短板和问题，并在顺应新时代社会主要矛盾变化基础上，以着眼于实现人民对美好生活的向往，增强人民群众获得感、幸福感、安全感为目标，充分体现指标体系的问题与目标导向作用。

坚持全面性与代表性相结合原则。高品质生活发展内涵丰富，包括经济社会及人的全方位发展，在指标体系设计与指标选择时应充分考虑指标涵盖的全面性，同时兼顾指标的代表性。在指标选取还应本着彰显首要、突出重点的要求化繁为简，立足于高品质生活各维度的本质内涵，选取具有典型代表性的指标，以实现对高品质生活发展的科学有效监测与评估。

坚持前瞻性与可操作性并重。高品质生活指标体系设计与指标选择既要充分体现前瞻引领性，也要具备较强的可操作性，指标选取上应遵循可度量、可获取性原则，以对高品质生活发展进程进行监测评估。同时，指标设计也应注重横向可比性，便于与全国各省（市）比较，实现对标动态优化发展。

3. 指标体系

在全面系统认识高品质生活发展的基本内涵和基本要求，并在充分借鉴 OECD、EU 构建的关于生活质量的指标体系及国内上海、深圳等省（市）建立的高品质生活指标体系的有益方法和经验基础上，结合重庆高品质生活发展方向、重点及短板，构建起涵盖经济发展水平、生活便利水平、文化休闲水平、健康服务水平、宜居宜业水平、社会保障水平 6 个一级指标、16 个二级指标、39 个三级指标的重庆市高品质生活指标体系（图 5－10）。

经济发展水平。经济发展水平是高品质生活的前提和基础，高品质生活是经济发展的根本出发点和落脚点，二者有机统一且相互促进，高品质生活指标体系的设

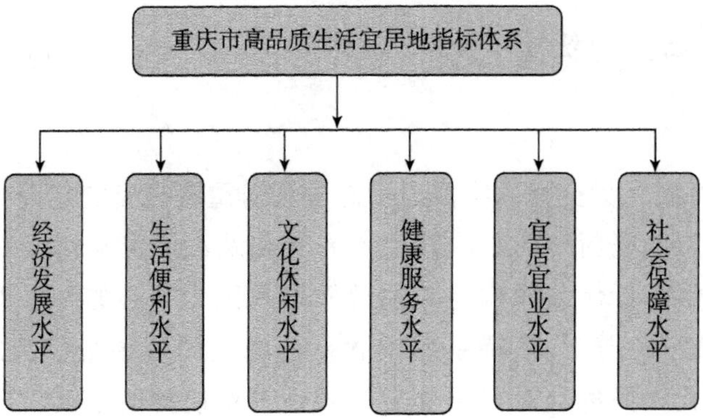

图 5－10　重庆市高品质生活宜居地指标体系

计应充分考虑经济发展水平这一重要基础。在经济发展水平维度，共设置了经济发展综合指标、消费提质升级两个二级指标（表 5－4），重点衡量高品质生活中人民共享经济发展成果、城镇化水平的提升以及居民消费升级等情况。具体的，与人民生活息息相关的经济发展水平应更侧重于对全体人民共享发展成果目标的考量，突出表现在人均地区生产总值迈上新台阶、居民人均可支配收入合理增长、常住人口城镇化水平提升等内容；高品质生活中享受型消费增多，消费方面则重点体现消费对经济增长的拉动作用及居民消费提质升级发展情况。

表 5－4　重庆市高品质生活宜居地指标体系经济发展水平指标

一级指标	二级指标	三级指标
经济发展水平	经济发展综合指标	人均地区生产总值（元）
		居民人均可支配收入年均增速（%）
		常住人口城镇化率（%）
	消费提质升级	居民消费贡献率（%）
		恩格尔系数（%）

生活便利水平。"十四五"时期，提高居民生活便利水平是重庆高品质生活打造的重要着力点，通常指居民日常利用公共和服务设施的便利程度，居民交通出行、国际化优质教育医疗、购物娱乐等公共服务设施的规模、类型及质量等是否符合居民的便捷度和满意度要求。因此，在生活便利水平维度，共设置了交通便利度、服务配套便利度、跨境消费水平三个二级指标（表 5－5），重点衡量高品质生活中的便捷舒适出行体系、便捷服务配套及跨境消费的获得情况。具体的，交通便利度主要指构建以轨道交通为骨干，公路网络为基础，高铁、民航为支撑的对外高效联通、内部有机衔接的多层次交通网络，以满足居民多样化出行需求；居民生活服务配套主要评估重庆国际消费中心城市建设情况，重点体现在与人民生活息息相关的高品质的国际学校、国际医院、国际社区及智慧商圈、社区商圈等打造情况；跨境消费

逐渐成为主流消费观，对跨境电商的发展评估衡量国际化、品质化消费产品的有效供给情况。

表5-5　重庆高品质生活宜居地指标体系生活便利水平指标

一级指标	二级指标	三级指标
生活便利水平	交通便利度	轨道交通通车里程（千米）
		每千人汽车保有量（辆）
		国际航线数量（条）
		高铁通车里程（千米）
	服务配套便利度	国际学校、国际医院、国际社区数量（个）
		大型智慧商圈、社区商圈数量（个）
	跨境消费水平	跨境电商数量（个）

文化休闲水平。“十四五”时期，市民的文化休闲需求将日益增加，文化设施的建设情况及文化水平的发展情况将作为衡量市民文化休闲水平、重庆建设国际知名旅游目的地的重要方面。在文化休闲水平维度，共设置了文化设施供给、文化发展水平两个二级指标（表5-6），重点衡量高品质生活中的高质量的文化设施供给和文化产业发展等情况。具体的，文化设施的完善是推动市民休闲功能提档升级的重要方面，通过评估博物馆、图书馆、科技馆、剧院等重点文化休闲设施的可获得性，来反映居民日益增长的文旅休闲消费体验需求满足情况；文化发展是评估重庆“十四五”时期建设文化强市情况、反映居民公共文化服务水平的重要方面，主要包括文化产业发展、公共文化财政支出、居民文化娱乐消费、旅游消费等重点内容。

表5-6　重庆高品质生活宜居地指标体系文化休闲水平指标

一级指标	二级指标	三级指标
文化休闲水平	文化设施供给	每万人公共文化设施数量（个）
	文化发展水平	文化产业增加值占GDP比重（%）
		公共文化财政支出增速（%）
		居民文化娱乐消费支出占居民消费支出比重（%）
		旅游支出占消费总支出比重（%）
		人均体育场地面积（平方米/人）

健康服务水平。随着经济社会发展和人民生活水平的不断提高，市民对健康有了更高需求，更加重视健康质量的改善和健康服务水平的提高。“十四五”时期，高品质生活的打造，应把人民健康放在优先发展的战略地位。因此，在指标体系的健康服务水平维度，重点设置医疗资源供给、社区医疗发展、智慧医疗水平三个二级指标（表5-7），主要体现医疗资源的可获得性、便捷度以及智慧医疗资源的发展情况。具体的，医疗资源供给方面，需立足全人群和全生命周期两个着力点来衡量卫生健康供

给质量和服务水平情况，重点体现在执业医师数量、医疗机构及养老机构床位数、人口平均预期寿命等方面；对社区医疗发展水平进行评估，主要为补齐基层医疗资源服务短板，提升市民获取医疗资源的便捷度；对标“十四五”时期重庆市大力推广远程医疗这一重点任务，将智慧医疗水平的发展作为衡量市民高品质健康服务水平的重要方面。

表5－7　重庆高品质生活宜居地指标体系健康服务水平指标

一级指标	二级指标	三级指标
健康服务水平	医疗资源供给	人口平均预期寿命（岁）
		每千人养老机构床位数（张）
		每千人口医疗卫生机构床位数（张）
		每千人口拥有执业（助理）医师数（人）
	社区医疗发展	社区医院首诊占比（%）
		社区医院全科医生数量（人）
	智慧医疗水平	互联网医院数量（个）

宜居宜业水平。宜居宜业城市主要表现在生产生活、生态、安全有机融合，既体现在就业创业氛围良好、生态环境质量有保障方面，又表现在有安全稳定的工作生活环境方面。在宜居宜业水平维度，重点设置就业创业水平、生态环境良好、社会安全稳定三个二级指标（表5－8），主要体现在与人相关的从就业创业到基本生活的宜居宜业环境。具体的，“十四五”时期，重庆市强化就业优先政策，就业创业水平保持稳定，则居民收入稳定、生活安定；良好的生态环境是最普惠的民生福祉，应对人类赖以生存的生态环境如大气、水、公园绿地等进行评估，以不断满足人民日益增长的优美生态环境需要；安全稳定的社会环境是人民群众安居乐业的必然要求，努力建设更高水平的平安重庆，将为居民生产生活提供坚强保障。

表5－8　重庆高品质生活宜居地指标体系宜居宜业水平指标

一级指标	二级指标	三级指标
宜居宜业水平	就业创业水平	城镇调查失业率（%）
		每千人拥有商事主体数（户）
		营商环境指数
	生态环境良好	空气质量优良天数（天）
		纳入国家考核的地表水断面水质优良（达到或优于Ⅲ类）比例（%）
		人均公园绿地面积（平方米/人）
		城乡生活污水集中处理率（%）

续表

一级指标	二级指标	三级指标
宜居宜业水平	社会安全稳定	每十万人拥有律师数（人）
		每十万人命案立案数（件/十万人）
		食品和食用农产品安全抽检覆盖率（批次/千人）
		亿元 GDP 生产安全事故死亡率（%）

社会保障水平。让人民享有更高保障的社会民生，既是高品质生活发展的逻辑起点，也是高品质生活发展的根本目的。在社会保障水平维度，重点设置了与新时期人民生活品质相关度较高的教育保障水平、育幼保障水平和住房保障水平三个二级指标（表5－9），以重点反映新时期普惠性、基础性、兜底性教育、育幼、住房等保障情况。具体的，教育是重要的民生工程，与高品质生活相适应的教育高质量发展方向应由“基本均衡”向“优质均衡”转变，这就需要对最终获得大中专及以上学历的人数进行考核；实施全面三孩政策后，多种形式的婴幼儿照护服务需求增多，应将婴幼儿照护服务纳入高品质生活的目标考核中；房地产市场平稳健康发展能为高品质生活创造更舒适的居住条件，应将人均获得住房面积作为衡量高品质生活的住房保障情况的指标。

表5－9　重庆市高品质生活宜居地指标体系社会保障水平指标

一级指标	二级指标	三级指标
社会保障水平	教育保障水平	每十万人获得大专及以上学历人数（人）
	育幼保障水平	每千人口拥有的 3 岁以下婴幼儿托位数（个）
	住房保障水平	城镇居民人均住房建筑面积（平方米/人）

表5－10为重庆市高品质生活宜居地指标体系汇总表。

表5－10　重庆市高品质生活宜居地指标体系汇总表

一级指标	二级指标	三级指标	指标涵义
经济发展水平	经济发展综合指标	人均地区生产总值（元）	该指标是国际通用指标，指当年地区生产总值与常住人口之比，是衡量地区居民富裕程度和生活品质的重要经济指标
		居民人均可支配收入年均增速（%）	该指标是反映国家、地区居民富裕程度和生活品质的经济指标
		常住人口城镇化率（%）	该指标指一个地区城镇常住人口占该地区常住总人口的比例，反映地区人口集中和城市化的发展程度，也是衡量地区经济发展水平的重要指标
	消费提质升级	居民消费贡献率（%）	该指标指最终消费对经济增长的贡献率
		恩格尔系数（%）	该指标是国际上通用的反映居民生活品质的重要指标，通过测算居民食品支出占总消费支出的比重得来

续表

一级指标	二级指标	三级指标	指标涵义
生活便利水平	交通便利度	轨道交通通车里程（千米）	该指标主要衡量作为市民出行的主要公共交通工具轨道交通的通达情况
		每千人汽车保有量（辆）	该指标是指一个地区每一千人所拥有的汽车的数量
		国际航线数量（条）	该指标主要衡量城市国际化程度，反映该地区的居民国际出行需求的满足情况
		高铁通车里程（千米）	该指标主要反映一个地区在高速铁路方面的通达情况
	服务配套便利度	国际学校、国际医院、国际社区数量（个）	该指标主要反映教育、医疗等国际化生活圈的打造情况
		大型智慧商圈、社区商圈数量（个）	该指标主要反映国际化消费城市的打造情况
	跨境消费水平	跨境电商数量（个）	该指标主要用于反映居民的跨境购物需求满足情况
文化休闲水平	文化设施供给	每万人公共文化设施数量（个）	该指标是指每万人拥有的各级政府或社会投资兴建的、向公众开放用于开展公共文化活动的公益性文化场地设施面积
	文化发展水平	文化产业增加值占 GDP 比重（%）	该指标是加快培育新型文化业态和文化消费模式，加大文化产出水平，是满足人民群众多样化精神文化需求的重要途径
		公共文化财政支出增速（%）	反映政府财政在文化方面的投入情况，通常这一指标越高，地区文化活动越丰富，居民文化生活品质越高
文化休闲水平	文化发展水平	居民文化娱乐消费支出占居民消费支出比重（%）	该指标是指居民每年用于文化、教育、娱乐等方面的支出占家庭总消费支出的比重，通常该指标越高，说明居民文化生活越丰富
		旅游支出占消费总支出比重（%）	该指标衡量的是一个地区的居民旅游消费在总的消费支出中的结构占比情况
		人均体育场地面积（平方米/人）	指重庆市（城区）范围内体育场、体育馆、社区内专门用于居民体育运动的健身房、健身点、学校体育场地以及社会经营性体育场地的面积之和

续表

一级指标	二级指标	三级指标	指标涵义
健康服务水平	医疗资源供给	人口平均预期寿命（岁）	该指标是反映民民身体素质以及生命水平的一项综合指标，生活质量和品质越高，平均预期寿命越长
		每千人养老机构床位数（张）	指一个地区养老服务机构、光荣院、荣誉军人康复医院、复员军人疗养院、军休所和社区服务机构中的养老床位数，反映老有所养
		每千人口医疗卫生机构床位数（张）	该指主要反映地区医疗卫生机构床位数配比情况，等于医疗卫生机构床位数/人口数 × 1000，人口数系年末常住人口
		每千人口拥有执业（助理）医师数（人）	衡量居民是否从“看病难”到“病有所医”。2019 年，重庆每千人口执业（助理）医师数量为 2.67 人，低于全国平均水平
	社区医疗发展	社区医院首诊占比（%）	该指标旨在衡量社区卫生服务中心的综合服务能力提升情况，重在体现居民对社区医疗的首肯度
		社区医院全科医生数量（人）	该指标重在衡量社区医院的医疗水平
	智慧医疗水平	互联网医院数量（个）	该指标主要用于衡量地区网络医院的发展情况
宜居宜业水平	就业创业水平	城镇调查失业率（%）	该指标是通过城镇劳动力情况抽样调查所取得的城镇就业与失业汇总数据进行计算的，具体是指城镇调查失业人数占城镇调查从业人数与城镇调查失业人数之和的比
		每千人拥有商事主体数（户）	该指标主要用于衡量一个地区的干事创业活跃度
		营商环境指数	该指数用以反映城市发展过程中营商环境的综合情况，良好的营商环境将助推经济高质量发展和实现人民高品质生活
宜居宜业水平	生态环境良好	空气质量优良天数（天）	该指标主要用于衡量一个地区的空气质量改善情况
		纳入国家考核的地表水断面水质优良（达到或优于Ⅲ类）比例（%）	该指标主要用于衡量一个地区的水环境质量情况
		人均公园绿地面积（平方米/人）	该指标是城区内常住人口平均每人拥有的公园绿地面积，这一指标主要反映居民居住生态的条件
		城乡生活污水集中处理率（%）	该指标重点衡量一个地区的居民用水安全保障情况

续表

一级指标	二级指标	三级指标	指标涵义
宜居宜业水平	生态环境良好	每十万人拥有律师数（人）	该指标是指一个区域内每一万人口中平均拥有的律师人数（这里的律师必须既有法律职业资格证书，又有执业证书），反映一个地区法治化程度的重要指标
		每十万人命案立案数（件/十万人）	指在一定时期内每万人口中发生的命案情况，反映地区的社会治安状况
		食品和食用农产品安全抽检覆盖率（批次/千人）	该指标用于评估一个地区的食品安全保障情况
		亿元 GDP 生产安全事故死亡率（%）	该指标主要指一个地区的生产安全事故减少情况
社会保障水平	教育保障水平	每十万人获得大专及以上学历人数（人）	该指标衡量的是一个地区的教育文化水平
	育幼保障水平	每千人口拥有的 3 岁以下婴幼儿托位数（个）	该指标主要用于衡量一个地区的普惠托育服务体系建设情况
	住房保障水平	城镇居民人均住房建筑面积（平方米/人）	该指标是反映居民居住水平的主要指标之一，具体指按居住人口计算的平均每人拥有的住房建筑面积

五、政策建议

（一）持续推动高质量发展，夯实经济物质条件

一是加快建设国家重要先进制造业中心、西部金融中心、西部国际综合交通枢纽和国际门户枢纽，增强经济发展集聚辐射带动力，筑牢重庆市高质量发展基础。二是壮大现代产业体系，优化现代产业结构，加快培育现代化、高附加值的新经济新产业集群，扩大就业规模、提高就业含金量。三是坚持就业优先政策导向，因产施策，完善就业促进政策，稳定传统产业就业，扩大新兴产业就业，支持劳动密集型产业发展，提供多元化就业选择。四是提高劳动报酬在初次分配中的比重，确保居民收入稳步提升，城乡收入差距逐步缩小。

（二）加快补齐公共服务短板，不断增强民众获得感

一是提升教育、医疗、养老、文体等公共服务的供给质量，促进城乡均衡化布局，厘清政府、社会、市场在公共服务供给中的责任边界，为民众提供更多高品质公共服务产品。二是深化改革提高公共服务供给效率，激发社会民生领域投资主体活力，深

化“三通”医共体改革，促进优质医疗资源下沉，着力解决民众“就医难、看病贵”问题。三是深入挖掘城市文化内涵，提升旅游度假景区、旅游休闲街区等人文底蕴，盘活博物馆、文化馆、艺术馆等文化资源，为居民营造浓厚的城市文化氛围。四是构建多层次住房供给体系，大力发展住房租赁市场，满足各阶层居民多样化住宅需求，提高市民住房可承受性和城市归属感。

（三）持续推进城市提升，有效提升城市宜居度

一是提高都市区经济圈通达联通水平，加大城市轨道、停车场所等建设力度，提倡公共交通、绿色出行，提高居民日常通勤效率。二是大力推行智慧化和数字化，加强数字社会、数字政府、数字城市建设，推进覆盖城乡的信息基础设施建设，使城乡居民共享数字化、智能化生活便利。三是深化城市精细化管理，提升市政设施品质和市容环境卫生质量，着力营造干净整洁有序、山清水秀城美、宜居宜业宜游的生活环境。四是提高城市治理群众参与度，加强基层组织和基层能力建设，注重倾听社情民意，健全民主协商、人人参与、人人尽责的社会治理体系，增强市民主人翁意识。

（四）对标国际化标准，营造国际化工作生活氛围

一是打造国际旅游度假目的地，简化程序，提升出入境手续办理便捷度，完善多语种旅游信息系统，使外国散客来渝旅游更方便、更自由。二是增加国际优质消费品和高端产品供给，鼓励国际知名品牌在渝新建“首店”和旗舰店，引进跨境电商品牌，提升“买全球、卖全球”消费便利度。三是加快布局建设一批高品质国际商务社区和高端人才居住区，完善涉外就医、就学设施配套，完善多语种公共标识，提高外籍人士在渝生活居住便利性。四是建设绿色宜居城市生态环境，打造具备世界水准、体现重庆特色的城市风景线，向全世界展示重庆美丽整洁的优良生态国际大都市形象。

（五）健全科学化评价体系，增强对政策的引导力

一是积极对标全国和其他省市高品质生活构建先进经验，对标“十四五”发展目标和2035年远景目标，系统完善客观、主观指标。二是注重指标体系动态升级和优化更新，动态完善区域性、特殊性和普遍性指标，适时调整各级指标要素权重，及时准确客观反映构建高品质生活新特征。三是建立稳定高效及具有公信力的指标体系发布机制，优化统计数据发布标准，增强指标统计的监督考核，加大面向公众的宣传引导和指标解读。四是增强指标体系的政策导向作用，强化高品质生活指标体系与政绩考评机制相结合，全面发挥高品质生活指标体系对政策制定的引导力和参考作用。

参考文献

[1]重庆统计局.重庆统计年鉴[M].中国统计出版社,2010,2020.

[2]重庆市人力资源和社会保障局.2019年度重庆市人力资源和社会保障事业发展统计公报[R],2020.

[3]重庆统计局.重庆市国民经济和社会发展统计[R].2010—2020.

[4]重庆市生态环境局.2019年重庆市生态环境状况公报[R].2020.

[5]北京市统计局,国家统计局北京调查总队.北京市2020年国民经济和社会发展统计[R].2020.

[6]上海市统计局,国家统计局上海调查总队.2020年上海市国民经济和社会发展统计[R].2020.

[7]天津市统计局,国家统计局天津调查总队.2020年天津市国民经济和社会发展统计[R].2020.

[8]浙江省统计局,国家统计局浙江调查总队.2020年浙江省国民经济和社会发展统计[R].2020.

[9]广东省统计局,国家统计局广东调查总队.2020年广东省国民经济和社会发展统计[R].2020.

[10]四川省统计局,国家统计局四川调查总队.2020年四川省国民经济和社会发展统计[R].2020.

[11]湖北省统计局,国家统计局湖北调查总队.2020年湖北省国民经济和社会发展统计[R].2020.

[12]中国城市轨道交通协会,天津市统计局,国家统计局天津调查总队.城市轨道交通2018年度统计和分析报告.天津市国民经济和社会发展统计[R].2018.

[13]百度地图.2020年中国城市通勤高峰拥堵指数[R].2020.

[14]王雨飞,倪鹏飞.国家中心城市分功能评价与测度——基于多源采集数据[J].社会科学研究,2020(3):31-42.

[15]陈敏清.关于进一步拓展重庆外事工作和扩大重庆对外开放的对策建议[J].重庆经济,2018(2):38-42.

[16]李江华.重庆生态环境问题探析[J].时代报告,2017(18):153.

专题六 “十四五”时期重庆经济社会发展思路及目标体系研究

课题组成员：易小光 丁 瑶 余贵玲 罗丛生 陈 可 成秋明
夏梁颖 贺诗倪 赵 飞

“十四五”时期是我国全面建设社会主义现代化国家新征程的开局起步期，是世界百年未有之大变局的加速演进期、全球百年未遇之大疫情的持续影响期，是统筹“五位一体”总体布局建设、协调“四个全面”战略布局的深入推进期，也是重庆深入贯彻习近平总书记对重庆提出的营造良好政治生态，坚持“两点”定位、“两地”“两高”目标、发挥“三个作用”和推动成渝地区双城经济圈建设等重要指示要求的关键时期，是把握新发展阶段、践行新发展理念、融入新发展格局、全面实施“一区两群”协调发展的重要时期。重庆市经济社会发展面临的国内外环境正面临深刻的变化，正确把握重庆在“十四五”乃至更长时期的发展阶段特征，紧贴重庆实际发展要求，梳理研究“十四五”时期重庆经济社会发展总体思路，并构建目标体系，对科学编制好重庆“十四五”规划具有重要意义。

一、“十四五”时期面临的发展环境分析

当今世界正经历百年未有之大变局，新冠肺炎疫情导致世界经济陷入深度衰退，经济全球化遭遇逆流，国际环境将更加复杂严峻，不稳定性、不确定性明显增加；我国发展仍然处在重要战略机遇期，但面临的发展环境正在发生深刻、复杂的变化。科学研判“十四五”时期国内外形势与环境的新特征、新变化、新趋势，客观分析重庆市在“十四五”时期面临的机遇、挑战，对重庆在“十四五”时期充分发挥“三个作用”、推动成渝地区双城经济圈建设、推动“一区两群”协调发展等具有十分重要的意义。

（一）国内外发展形势

1. 国际发展形势分析

世界处于大发展、大调整、大变革时期，全球经济政治格局加快重塑。各国战略取向冲突，大国之间博弈加剧，尤其是中美战略博弈呈现长期性和复杂性。全球经济重心持续转移，美、欧、中全球经济三极格局进一步强化，发展中国家在全球贸易和投资中的比重将继续上升。世界经济增长不确定性加大，各主要国家均面临结构性调整，新一轮经济危机爆发的风险集聚，全球经济加速再平衡调整。

新一轮技术革命和产业革命蓬勃发展，全球产业布局及分工加快调整。新科技革命不断向深度和广度方向拓展，全球范围内围绕经济和科技的竞争愈演愈烈，5G、物

联网、人工智能等加速进入成熟商用阶段，区块链、大数据、生物医学、新能源、新材料等领域呈现多点突破态势。新技术发展加快推动传统产业转型升级，深刻改变着国家（区域）比较优势和发展位势，推动全球产业链、供应链加快重构，从而形成新的全球分工体系。

逆全球化思潮不断有新的表现，全球贸易和投资争端加剧。在单边主义和保护主义的冲击下，相关国家和地区甚至跨国企业对“经济性－安全性”产生了新的评估，全球贸易和投资争端加剧，国际经贸投资规则体系调整压力加大，各种关税和非关税壁垒不断提高，要素、商品流动障碍增多，技术封锁更加严重，国际经贸活动活跃度显著下降，以美国为首的发达经济体加快打造新的区域市场，全球共同市场面临分割甚至脱轨风险，国际经贸合作格局将进入艰难重构期。

2. 国内发展形势分析

我国已转向高质量发展阶段，国内国际双循环格局加快形成。“十四五”时期，我国总体处于转变发展方式、优化经济结构、转换增长动力的攻坚阶段，产业结构、需求结构、收入分配结构不断优化，新经济新动能保持快速增长态势，科技创新对经济发展的贡献将进一步增强，以国内大循环为主、国内国际双循环相互促进的新发展格局加快形成，国内消费市场的重要性更加凸显，高质量发展特征明显。

全面深化改革将再次提速，营商环境将大幅改善。供给侧结构性改革进入补短板、强弱项的关键时期，“放管服”改革将全面深化，束缚市场活力和市场规律的体制机制障碍将从根本上逐步清除，国资国企投融资、财税、科技等领域改革将持续深入，营商环境将大幅改善。从对外开放来看，“一带一路”和人类命运共同体建设的国际影响力和号召力将不断扩大，对外开放内容将更加全面、布局将更加完善、方式将更加多样。

区域经济一体化协调发展，城乡融合发展步伐加快。“十四五”时期，京津冀协同发展、粤港澳大湾区建设、长江三角洲区域一体化发展、成渝地区双城经济圈建设等国家区域发展战略将继续深入实施，都市圈、城市群的支撑和带动能力将进一步提升，区域性中心城市的产业承载能力和人口吸纳能力将不断增强。同时，新型城镇化和乡村振兴互促共生、双轮驱动，城镇化对农业农村现代化的发展红利进一步释放，城乡融合互动发展进入新阶段。

（二）重庆发展阶段特征分析

“十四五”时期，重庆将与全国同步开启推进社会主义现代化建设新征程，加快向高质量发展转型，处于新旧动能转换期、需求结构调整期、工业化提升期、城镇化深化期和绿色发展关键期，其发展面临的机遇与挑战并存。

创新驱动引领时代，发展动能加速转化。“十四五”时期，人口红利将逐渐消失，采用依靠低廉劳动力和土地成本的要素驱动增长模式早就难以为继，投资回报率下降也已成趋势，新产品研发、新技术使用以及全面改革创新等成为区域经济增长的主要动力，企业和政府对于科技创新的重视程度远超以往。重庆迫切需要在创新驱动的引领下突破一批关键核心技术“瓶颈”，发展壮大新动能，形成支撑重庆经济高质量发展的特色产业链、价值链和供应链，重塑重庆经济发展新优势。

需求结构调整期，消费、投资双轮驱动。从“三驾马车”来看，近年来重庆经历了“外需导向型”“投资驱动型”经济模式，随着经济增长进入新常态，消费在经济增长中的重要性越来越凸显。在全球贸易低迷叠加、中美贸易摩擦、投资回报率持续下降的形势下，迫切需要抓住“促进形成强大国内市场”的机遇，推动消费业态和消费模式创新，打造消费热点，深挖消费需求。同时，加快推动 5G、人工智能、工业互联网、物联网等“新基建”建设，进一步激活有效投资，促进投资效率提升、结构改善，形成投资与消费良性互动的长效机制。

工业化提升期，产业结构不断优化。综合参考钱纳里、霍夫曼、库兹涅茨、配第—克拉克、科迪等学者较为典型的工业化进程量化测度方法，对重庆市工业化进程进行衡量（表 6 - 1）。从人均 GDP 来看，2019 年重庆人均 GDP 为 6865.5 美元（2005 年价），刚刚迈入工业化后期阶段；从三次产业结构情况来看，2019 年重庆三次产业结构比为 6.57∶40.23∶53.20，第一产业占比小于 10%，且第二产业占比小于第三产业，显示已经进入后工业化阶段；从城市化率情况来看，2019 年重庆常住人口城镇化率为 66.8%，正位于工业化后期阶段；从就业结构情况来看，2018 年重庆第一产业就业人员比为 27.1%，小于 30%，处于工业化后期阶段。综上所述，除了产业结构显示重庆已经进入后工业化阶段以外，人均 GDP、城市化率、就业结构三大指标均表明重庆已处于工业化后期阶段。“十四五”时期，人工智能、工业互联网等新技术将推动重庆工业化进一步深化，同时先进制造业和现代服务业加快融合发展，产业结构将更趋服务化，重庆将进入工业经济和服务经济协同阶段。

表 6 - 1　工业化水平评价指标与标准

基本指标		前工业化阶段（1）	工业化实现阶段			后工业化阶段
			工业化初期（2）	工业化中期（3）	工业化后期（4）	
人均 GDP（美元）（经济发展水平）	1995 年	610 ~ 1220	1220 ~ 2430	2430 ~ 4870	870 ~ 9120	9120 以上
	2000 年	660 ~ 1320	1320 ~ 2640	2640 ~ 5280	5280 ~ 9910	9910 以上
	2005 年	745 ~ 1490	1490 ~ 2980	2980 ~ 5960	5960 ~ 11170	11170 以上
三次产业结构（产业结构）		A > I	A > 20%，A < I	A < 20%，I > S	A < 10%，I > S	A < 10%，I < S
人口城市化率（空间结构）		30% 以下	30% ~ 50%	50% ~ 60%	60% ~ 75%	75% 以上
第一产业就业人员比（就业结构）		60% 以上	45% ~ 60%	30% ~ 45%	10% ~ 30%	10% 以下

注：A、I、S 分别代表第一、第二和第三产业增加值在 GDP 中所占的比重。

城镇化深化期，都市圈和城市群人口集聚。结合美国地理学家诺瑟姆的城市化“S”阶段理论，即城市化进程会经历三个阶段：初期阶段（城镇化率为10%~30%）、中期阶段（城镇化率为30%~70%）、晚期（城镇化率为70%以上）（图6－1）。2019年重庆市常住人口城镇化率为66.8%，正处于诺瑟姆S曲线的城市化中后期阶段。“十四五”时期，都市圈、城市群发展步伐将进一步加快，市内“一区两群”建设深入推进，对人口的吸引力增强，同时随着重庆上下推进高质量发展、创造高品质生活、实施高效能治理以及智慧城市的建设，重庆城镇化发展质量将进一步提升，城镇化发展将进入新阶段。

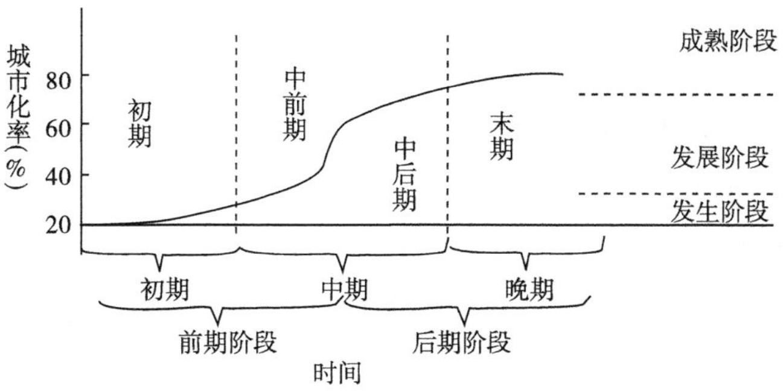

图6－1　诺瑟姆城市化进程

绿色发展关键期，以强化生态保护促进经济高质量发展。“绿水青山就是金山银山”，只有严格制定环保标准、加强生态保护，才能更有效推进绿色发展，筑牢长江上游重要生态屏障，在长江经济带绿色发展中做好示范。“十四五”时期重庆将进入生态环境质量提升爬坡期，作为长江上游重要生态屏障的重庆亟待系统解决水、大气、土壤、固体废弃物等领域生态问题，加快推动发展方式绿色转型，逐步实现产业生态化和生态产业化，以强化生态保护、提升生态环境质量促进重庆经济高质量发展、创造高品质生活。

（三）“十四五”重庆发展环境的SWOT分析

1. 面临的机遇

新一轮科技革命和产业变革蓬勃兴起，重庆产业发展面临重大历史机遇。当前，全球范围内以5G、区块链、大数据、人工智能、物联网等为代表的新技术创新与推广应用步伐加快，重庆新兴产业发展以及传统产业转型升级面临重大机遇。一方面，新技术及其广泛应用将推动生产效率提高，使潜在经济增长率提升，新技术的产业化和商业化将催生出众多的新业态、新模式，形成新的经济增长点；另一方面，新科技革命和产业变革正深刻改变着传统生产模式和服务业态，推动传统产业加快转型升级，促进制造业、服务业融合发展，加速现代产业体系重构。

国家构建“双循环”新发展格局，重庆供需升级面临新机遇。近期中央政治局会议提出“加快形成以国内大循环为主、国内国际双循环相互促进的新发展格局”。“十四五”时期，我国将充分发挥超大规模市场的优势，构建完整的内需体系，释放内需潜力。畅通国内大循环将创造新的市场机会和发展空间，重庆面临提高商品消费品和服务业产品质量、抢占国内大市场的机遇。同时，围绕加快形成“双循环”格局，全国范围内经济循环中的问题和体制、机制障碍将进一步破除，重庆面临推动供给体系技术创新和制度创新、补齐产业链条短板的新机遇。

新一轮深化改革、扩大开放、加快推进，重庆面临激发新动力、培育新优势的机遇。“十四五”时期，面对复杂严峻的国际国内环境，国内将实施更大范围、更宽领域、更深层次的改革开放，“一带一路”、长江经济带、西部陆海新通道等高水平开放和深层次改革纵深推进，尤其是西部大开发进入新时代、成渝双城经济圈建设加快推进等均给重庆发展创造了更优的政策条件和战略地位，有利于重庆在新一轮改革开放中激发新动力，打造国际合作和竞争的新优势。

2. 拥有的优势

重庆发展政策和环境向好，在国家战略中的地位和作用不断提升和扩大。习近平总书记先后对重庆发展提出“两点”定位、“两地”“两高”目标、发挥“三个作用”和营造良好政治生态的重要指示要求，重庆在国家战略中的地位凸显。西部大开发进入新时代，作为中西部地区唯一的直辖市，重庆拥有独特的区位优势和战略地位。成渝双城经济圈建设上升为国家战略，成渝地区双城经济圈建设加快推进有利于重庆战略地位凸显、发展空间拓展、发展潜能释放。“一区两群”协调发展稳步推进有助于各片区发挥优势、彰显特色、协同发展，充分释放重庆高质量发展巨大潜能。

重大平台建设成效显著，发展潜力将加快释放。重庆已经形成“1 +2 +7 +9”的开放、开发平台体系，中新（重庆）互联互通示范项目、中国（重庆）自贸试验区等国家级开放平台建设进入新阶段，国家自主创新示范区、国家城乡融合发展试验区等改革试点项目有序推动，西部陆海新通道、成渝双城经济圈加快建设，将有力促进重庆在新一轮改革开放中培育新动力、新优势。同时，重庆经济社会正深度发展转型，工业化、城镇化发展质量还不高，发展空间仍然广阔，新发展阶段引发新需求，发展潜力将加快释放。

产业发展基础和条件较好，迈向高质量发展步伐加快。重庆已经构建起汽车、电子产业双轮驱动，装备、化医、材料、消费品和能源等支柱产业多点支撑的现代工业体系，集成电路、物联网、工业机器人等新兴领域初步构建了全产业链。已形成以两江新区为核心的两路寸滩、西永、江津 3 个综合保税区、重庆高新区等 7 个国家级、市级开发区以及 36 个特色工业园区的“1 +3 +7 +36”园区体系。新兴金融、国际物流及城乡配送、电子商务及跨境结算等战略性新兴服务业正加快培育，服务业结构不断优化，逐渐形成以中央商务区、各级商圈、专业市场等为支撑的一批服务业产业集聚区。现代产业体系加快健全，产业规模实力已经具备向中高端转型的基础和条件。

3. 面临的挑战

国际环境更加错综复杂，外向型经济将受到较大制约。全球经济地理格局加速调整，国际竞争更加激烈，全球贸易和投资争端加剧，要素、商品流动障碍增多，技术封锁更加严重。在这种形势下，我市部分核心基础零部件（元器件）、关键基础材料、先进工艺等对外依存度较高的领域将受到国际贸易保护主义的影响，汽车、电子等支柱产业可能将面临“卡脖子”的技术制约。同时，市内机电产品、高新技术产品及笔记本电脑等主要出口商品也将面临国际市场竞争加剧、出口门槛提高等挑战。

全球产业链、供应链重塑，制造业面临双重挤压。全球产业链、供应链本地化、区域化趋势明显，欧美等发达国家实施“再工业化”战略，市场、资源、技术、人才等方面的国际竞争更加激烈，面临高技术产业回流发达国家的风险。同时在制造业成本快速上升、环保约束强化的形势下，市内中低端产业面临来自东南亚、非洲、南美等低要素成本国家的竞争，部分传统产业外迁和转移步伐加快，制造业产业链稳定面临较大挑战。

资源环境约束趋紧，绿色发展任重而道远。直辖以来，重庆经历了快速的工业化、城镇化进程，是全国六大老工业基地之一，积累了较多的环境问题。同时，重庆又是长江上游重要生态屏障，面临着传统产业向高质量产业转型升级的任务，同时又承担了更高的绿色发展诉求，需更高维度地推动经济社会发展与环境生态保护相协调，加快探索产业生态化和生态产业化的实现路径。如何在推进长江经济带绿色发展过程中发挥示范作用是“十四五”时期重庆面临的重要挑战。

4. 存在的劣势

经济发展水平不高，质量和效益有待进一步提升。2019 年，重庆 GDP 为 23605.77 万元，在全国 31 个省（市）中排名第 17 位，在西部 12 个省（市）中也低于四川和陕西，经济总量尚不能很好地在推进新时代西部大开发进程中发挥支撑作用。产业结构不够优化，传统产业占比较高、转型升级面临较多困难，高技术产业和战略性新兴产业支撑带动作用不足，生产性服务业发展滞后，经济发展质量和效益有待进一步提升。

创新能力不够强，对经济社会发展支撑不足。当前，重庆创新投入不足，R&D 经费支出占 GDP 的比重接近 2.1%，仍低于全国平均水平 0.13 个百分点。科研院所尤其是高端研发平台数量较少，相比四川省和陕西省均不占优势，创新平台支撑力较弱。此外，创新人才缺乏、创新主体竞争力不强、科技金融支持力度也有待加强、创新成果转化服务体系仍需完善。

城乡区域发展差距较大，协调发展任务艰巨。“一区两群”区域发展新格局尚未成形，“一区”综合承载能力有待增强，部分区域资源禀赋类似、产业结构雷同，竞争大于合作，尚不能实现梯次衔接、功能互补；“两群”地区总体发展水平仍较低，未能很好地彰显其发展特色，区域中心城市辐射带动能力偏弱。同时城乡发展不平衡，城乡融合发展进程缓慢，农业农村发展严重滞后，乡村振兴责任重大。

重庆"十四五"经济社会发展的SWOT分析见图6－2。

S	W
◆重庆在国家战略中的地位凸显 ◆已经形成"1+2+7+9"的开放、开发平台体系 ◆已经构建起多点支撑的现代工业体系，集成电路、物联网、工业机器人等新兴领域初步构建全产业链 ◆已形成"1+3+7+36"的园区体系 ◆战新服务业加快培育，服务业结构不断优化 ◆新发展阶段引发新需求，发展空间仍然广阔	◆经济总量不大，结构不优 ◆"一区两群"区域发展新格局尚未成形，其协调发展任务艰巨 ◆城乡融合发展进程缓慢，乡村振兴责任重大 ◆生产性服务业发展滞后 ◆创新对经济社会发展支撑不够 ◆传统产业转型升级问题和困难较多 ◆新兴产业支撑、带动能力不足
O	**T**
◆新一轮科技革命和产业变革蓬勃发展 ◆构建国际国内经济双循环格局 ◆"一带一路"、长江经济带、西部陆海新通道等重大战略以及一系列重大改革措施的深入实施 ◆西部大开发进入新时代 ◆成渝双城经济圈建设加快推进	◆国际竞争更加激烈，全球贸易和投资争端加剧 ◆欧美等发达国家实施"再工业化"战略，面临高技术产业回流发达国家的风险 ◆部分传统产业外迁、转移步伐加快 ◆发展面临的资源环境约束趋紧 ◆投资回报率下降

图6－2　重庆"十四五"经济社会发展的SWOT分析图

二、"十四五"时期发展思路和目标体系

（一）总体思路和战略定位

1. 总体思路

以习近平新时代中国特色社会主义思想为指导，深入贯彻党的十九大和十九届二中、三中、四中全会精神，全面落实习近平总书记对重庆提出的"两点"定位、"两地""两高"目标、发挥"三个作用"和营造良好政治生态的重要指示要求，以共建"一带一路"为统领，抢抓长江经济带发展、西部大开发、成渝地区双城经济圈建设、西部陆海新通道建设等重大战略和中国（重庆）自由贸易实验区、国家自主创新示范区等改革试点机遇，着力构建"一区两群"协调发展格局；坚持新发展理念，以高质量发展为第一要务，以创新驱动为首要支撑，以全面深化改革和扩大开放为根本动力，更好地在新时代西部大开发形成的新格局中展现新作为、实现新突破，加快打造高质量发展的重要增长极，形成具有全国影响力的重要经济中心、科技创新中心、改革开放新高地和高品质生活宜居地，全面开启以人为核心的现代化建设新征程。

2. 战略定位

重庆是我国中西部地区的直辖市，是我国重要的现代制造业基地和历史文化名城。习近平总书记对重庆提出"两点"定位、"两地""两高"目标、发挥"三个作用"和推动成渝双城经济圈建设等重要战略指示要求，为"十四五"时期重庆改革发展导航

定向。“两点”定位，即西部大开发的重要战略支点、“一带一路”和长江经济带的联结点，在国家区域发展和对外开放格局中具有独特而重要的作用。“两地”“两高”目标，即加快建设内陆开放高地、山清水秀美丽之地，努力推动高质量发展、创造高品质生活。发挥“三个作用”，即在推进新时代西部大开发进程中发挥支撑作用、在推进共建“一带一路”进程中发挥带动作用、在推进长江经济带绿色发展进程中发挥示范作用。推动成渝双城经济圈建设时要考虑，新时期，成渝两地要尊重客观规律，发挥比较优势，推进成渝地区统筹发展，促进产业、人口及各类生产要素合理流动和高效集聚，强化重庆和成都的中心城市带动作用，使成渝地区成为具有全国影响力的重要经济中心、科技创新中心、改革开放新高地、高品质宜居地，助推西部乃至全国各地高质量发展。中央赋予重庆的战略定位实现从“两点”定位到“两地”“两高”目标，再到发挥“三个作用”和推动成渝双城经济圈建设，既是党中央对重庆经济社会创新发展成果的充分肯定，是顺应时代发展大势、遵循客观经济规律，赋予重庆更高奋斗目标，将为“十四五”时期重庆力争成为推动国内循环的重要枢纽和动力源、推动共建“一带一路”国际循环的重要战略支点指明方向。

3. 总体目标

锚定二〇三五年远景目标，对标习近平总书记对重庆提出的系列重要指示要求，充分考虑重庆市发展阶段性特征和未来发展支撑条件，今后五年，重庆要聚焦聚力高质量、竞争力、现代化，发挥制度优势、转化治理效能、打造硬核成果、形成发展胜势，贯彻落实国家重大战略任务取得显著成果，努力在推进新时代西部大开发中发挥支撑作用，在共建“一带一路”中发挥带动作用，在推进长江经济带绿色发展进程中发挥明显示范作用。使成渝地区双城经济圈经济实力、发展活力、国际影响力大幅提升；高质量的供给体系、高效率的投入产出、高水平的创新驱动、高标准的生态建设、高层次的对外开放、高品质的民生福祉取得突破性进展，社会主义现代化建设取得明显成效。

（二）“十四五”时期高质量发展目标体系的构建

1. 基本原则

坚持高质量发展和稳定增长相结合。应坚持统筹兼顾、突出重点，以高质量发展要求贯穿经济社会发展全过程，把深化供给侧结构性改革作为推动高质量发展的主线，将开放创新作为推动高质量发展的第一动力，以良好生态环境作为推动高质量发展的重要支撑，在不断扩大经济总量中着力提升发展质量，加快建设高质量发展的重要增长极。

坚持服务国家战略全局和区域发展大局。应将服务国家战略全局与增强自身发展能力相结合，坚持从全局谋划一域，以一域服务全局，立足自身区位优势、产业优势、生态优势和体制优势，积极融入国家战略，在服务国家战略全局中把握自身定位，谋划自身发展，加快将国家战略势能转化为自身发展实效。

坚持市场主导与政府引导相结合。充分发挥市场在资源配置中的决定性作用，尊重市场主体地位，更好地发挥政府在资源配置方面的引导作用，突出政府在制度创新及营商环境领域的建设性作用，努力推动形成市场作用和政府作用有机统一、相互补充、相互协调、相互促进的格局，推动重庆经济社会持续健康发展。

坚持以人为本和共建共享相结合。践行以人民为中心的发展思想，坚持民生优先，不断深化养老、医疗、教育、就业等领域改革；畅通各方参与的制度化渠道，不断保障和改善民生，增加人民福祉，增强人民的获得感、幸福感、安全感。

坚持生态优先和绿色发展相结合。坚持生态优先、绿色发展道路，学好用好绿水青山就是金山银山“两山论”，筑牢长江上游生态屏障；走深走实生态产业化、产业生态化“两化路”，统筹处理好当前和长远、保护和发展的关系，切实把生态效益转化为经济效益、社会效益，积极探索出一条山清水秀美丽之地建设新路子。

2. 目标体系的构建

“十四五”时期，重庆应立足新发展阶段，深入贯彻新发展理念，积极融入新发展格局，严格贯彻落实《成渝地区双城经济圈发展纲要》指示要求，加快打造具有全国影响力的重要经济中心、科技创新中心、改革开放新高地、高品质生活宜居地。在此发展方向基础上，本研究结合现有的重庆市历年五年规划纲要中的主要经济社会发展指标，将从建设重要经济中心、做强科技创新中心、打造改革开放新高地、推进生态文明建设、创造高品质生活 5 个子系统构建重庆市“十四五”时期经济社会发展目标体系。如图 6－3 所示。

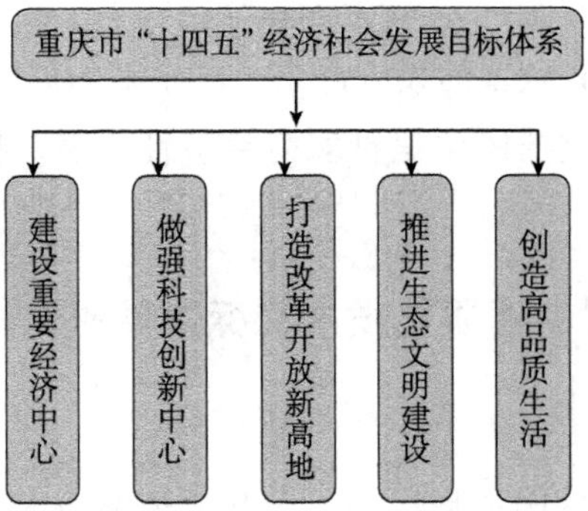

图 6－3　重庆市“十四五”经济社会发展目标体系结构图

建设重要经济中心。加快建设具有全国影响力的重要经济中心必须坚持高质量发展，以现代产业体系为支柱，以现代城镇体系为载体，以现代基础设施体系为支撑，切实提升经济发展质量、效益和核心竞争力。因此，应重点选取人均生产总值、常住人口城镇化率、居民人均可支配收入、战略性新兴产业产值占规模以上工业产值比重、数字经济增加值占 GDP 比重等 7 项指标，以侧重体现经济提质增效、产业结构优化升级、居民收入的提高等情况（表6-2）。

表6-2　重要经济中心维度指标

一级指标	二级指标	三级指标	
建设重要经济中心	经济发展	1	人均地区生产总值（万元/人）
		2	常住人口城镇化率（%）
	收入水平	3	居民人均可支配收入（元）
		4	城乡居民人均可支配收入比
	产业结构	5	战略性新兴产业产值占规模以上工业产值比重（%）
		6	数字经济增加值占GDP比重（%）
	市场主体活力	7	上市公司数量（家）

做强科技创新中心。建设具有全国影响力的科技创新中心是重庆破解当前经济发展中深层次矛盾和问题的关键，也是实现经济发展的质量变革、效率变革和动力变革的主要途径，将发展动力从主要依靠传统要素投入转向创新驱动。而要想全面提高科技创新水平，就必须有效构建创新平台，培育创新载体，集聚创新要素，从而转化形成创新成果。在“十四五”时期，重庆将持续实施以大数据智能化为引领的创新驱动发展战略行动计划，将高水平的创新驱动作为高质量目标体系的重要维度方面，从创新要素、载体、成果等三个方面，设置R&D经费支出占GDP比重、新增引进高层次紧缺人才数、全要素生产率、万人发明专利拥有量等6项指标（表6-3），侧重表现重庆在集聚创新资源要素、推动创新平台升级、壮大高端创新主体及创新成果转化情况。

表6-3　科技创新中心维度指标

一级指标	二级指标	三级指标	
做强科技创新中心	创新要素	1	R&D经费支出占GDP比重（%）
		2	新增引进高层次紧缺人才数（人）
	创新载体	3	院士专家工作站、市级以上研发机构、孵化器、众创空间、双创示范基地数量（家）
	创新成果	4	全要素生产率（%）
		5	万人发明专利拥有量（件）
		6	技术合同成交额增速（%）

打造改革开放新高地。“十四五”时期，重庆要以高水平对外开放打造国际合作和竞争新优势，为构建新发展格局提供强大动力。在新发展阶段，重庆不但要进一步提高开放层次，继续扩大市场准入领域，完善开放格局，继续推动全方位、全领域开放，还应与周边省、市加强区域经济发展合作。为实现重庆在推动共建“一带一路”进程中发挥带动作用，在内陆开放高地建设中取得决定性进展，将从营商环境、外资外贸、国际会展等角度，重点设置城市营商环境指数、进出口总额、周边省（市）外贸货物

量占比、外贸依存度、外国驻渝领事机构数量、国际航线数量6个指标（表6－4），侧重反映重庆市场化、法治化、国际化的营商环境建设情况、对外贸易增长情况、中西部国际交往中心建设情况等。

表6－4　改革开放新高地维度指标

一级指标	二级指标	三级指标	
打造改革开放新高地	营商环境	1	城市营商环境指数（%）
		2	进出口总额（亿元）
	外资外贸	3	周边省市外贸货物量占比（%）
		4	外贸依存度（%）
	国际交往	5	外国驻渝领事机构数量（个）
		6	国际航线数量（条）

推进生态文明建设。"十四五"时期是重庆在推进长江经济带绿色发展过程中发挥示范作用的关键期，是重庆建设山清水秀魅力之地取得决定性进展的攻关期，应将高标准的生态建设作为高质量发展目标的重要评估维度，从公园绿地、节能减排、空气质量等方面重点选森林覆盖率、人均公园绿地面积、单位地区生产总值能源消耗降低、地表水达到或好于Ⅲ类水体质量比例、空气质量优良天数比率5个指标（表6－5），以反映重庆生态环境质量提升实现情况。

表6－5　生态文明建设维度指标

一级指标	二级指标	三级指标	
推进生态文明建设	公园绿地	1	森林覆盖率（%）
		2	人均公园绿地面积（平方米/人）
	节能减排	3	单位地区生产总值能源消耗降低（%）
		4	地表水达到或好于Ⅲ类水体质量比例（%）
	空气质量	5	空气质量优良天数比率（%）

创造高品质生活。民生是人民幸福之基，是社会和谐之本。让人民享有更高保障的社会民生既是高品质生活发展的逻辑起点，也是高品质生活发展的根本目的。因此，高品质生活维度方面共设置了卫生养老、文化教育、城市建设3个二级指标，并重点设置了每千人口执业医师（助理）数、每千名老人养老机构床位、新增劳动力受教育年限、普惠性幼儿园覆盖率、每万人拥有"三馆一站"面积、房价收入比、轨道交通里程7个三级指标（表6－6），以表征人民群众在"更高水平的医疗卫生服务、更好的文化教育、更舒适的居住条件、更便利通达的交通"等方面的获得感和幸福感。

表6－6　高品质生活维度指标

一级指标	二级指标	三级指标	
创造高品质生活	卫生养老	1	每千人口执业（助理）医师数（人）
		2	每千人养老机构床位数（张/千人）
	文化教育	3	新增劳动力受教育年限（年）
		4	普惠性幼儿园覆盖率（%）
	城市建设	5	每万人拥有“三馆一站”面积（平方米/人）
		6	房价收入比
		7	轨道交通里程（千米）

由此，构建起“十四五”时期重庆经济社会发展目标体系（表6－7）。

表6－7　“十四五”重庆市经济社会发展目标体系

指标维度	序号	衡量视角	指标名称
建设重要经济中心	1	经济发展	人均地区生产总值（万元/人）
	2		常住人口城镇化率（%）
	3	收入水平	居民人均可支配收入（元）
	4		城乡居民人均可支配收入比
	5	产业结构	战略性新兴产业产值占规模以上工业产值比重（%）
	6		数字经济增加值占GDP比重（%）
	7	市场主体活力	上市公司数量（家）
做强科技创新中心	8	创新要素	R&D经费支出占GDP比重（%）
	9		新增引进高层次紧缺人才数（人）
	10	创新载体	院士专家工作站、市级以上研发机构、孵化器、众创空间、双创示范基地数量（家）
	11	创新成果	全要素生产率（%）
	12		万人发明专利拥有量（件）
	13		技术合同成交额增速（%）
打造改革开放新高地	14	营商环境	城市营商环境指数（%）
	15	外资外贸	进出口总额（亿元）
	16		周边省（市）外贸货物量占比（%）
	17		外贸依存度（%）
	18	国际交往	外国驻渝领事机构数量（个）
	19		国际航线数量（条）

续表

指标维度	序号	衡量视角	指标名称
推进生态文明建设	20	公园绿地	森林覆盖率（%）
	21		人均公园绿地面积（平方米/人）
	22	节能减排	单位地区生产总值能源消耗降低（%）
	23		地表水达到或好于Ⅲ类水体质量比例（%）
	24	空气质量	空气质量优良天数比率（%）
创造高品质生活	25	卫生养老	每千人口执业（助理）医师数（人）
	26		每千人养老机构床位数（张/千人）
	27	文化教育	新增劳动力受教育年限（年）
	28		普惠性幼儿园覆盖率（%）
	29	城市建设	每万人拥有“三馆一站”面积（平方米）
	30		房价收入比
	31		轨道交通里程（千米）

三、“十四五”时期经济社会发展主要指标值预测

（一）“十四五”重庆经济潜在增长率预测

“十四五”时期是重庆经济增长动力转变、经济结构调整和向高质量发展转变的关键期。为实现经济发展战略目标，在资本、劳动力等要素投入约束日益增强的背景下，根据新古典经济理论，推动经济增长必须依靠提高全要素生产率。因此，全面准确地测算分产业全要素生产率、研究经济增长潜力并对“十四五”时期潜在经济增长率进行预测，对确定重庆“十四五”发展目标具有重要参考意义。

1. 全要素生产率测算

（1）方法选择

全要素生产率的测算主要有数据包络分析法、随机前沿法、索洛余值法三大类。其中，基于生产函数的索洛余值法与其他方法相比，不仅具有理论基础扎实、数据可得性强的特点，而且充分考虑了物质资本、劳动力和全要素生产率的影响，相比其他方法能够更好地兼顾短期和长期政策分析需求。所以，本研究将采用索洛余值法对重庆全要素生产率进行测算。

（2）方法简介

在规模报酬不变的假设下，C－D 生产函数形式可设定为：

$$Y_t = AK_t^{\alpha}L_t^{\beta} \tag{1}$$

其中，Y_t 为 t 时期地区生产总值，K_t 为 t 时期的资本存量，L_t 为 t 时期的劳动力投入，

A 代表全要素生产率，α、β 分别为资本和劳动的产出弹性。对上式两边同时取对数，得：

$$\ln(Y) = \ln(A) + \alpha\ln(K_t) + \beta\ln(L_t) \tag{2}$$

通常假设 $\alpha + \beta = 1$，则式（2）可以变成：

$$\ln(Y_t/L_t) = \ln(A) + \alpha\ln(K_t/L_t) \tag{3}$$

可以看出，全要素生产率增长率为扣除劳动投入和资本投入后，经济增长剩余的部分，即“索洛余值”。全要素生产率增长率代表技术进步、生产和要素配置效率改善、经济规模效应以及政策红利等因素带动的经济增长。计算全要素生产率增长率，可以观察除资本、劳动力以外的因素对经济增长的作用，有助于探索促进经济发展质量提升的有效途径。

（3）数据选择和处理

本研究选用2000—2018年为模型样本区间。其中，实际产出 Y 是以2000年不变价计算的地区生产总值，数据来源于重庆2020年统计年鉴；资本存量K代表资本投入，根据单豪杰①的资本存量计算方法，以2000年价通过永续盘存法计算得到，其中固定资产折旧率采用张军②等的研究成果，定为9.6%，基期资本存量换算成2000年价③；劳动力当量投入 L 的计算采用将人均人力资本与从业劳动力人数相乘的方法作为人力资本存量纳入全要素生产率核算，其中，人均人力资本设为 e^{φ}，φ 为人均受教育年限按教育收益率的加权。参照王艳芳④等的研究，把教育收益率在小学阶段1~6年、中学阶段6~12年、高等教育阶段12年以上分别假设为0.18、0.134、0.151；劳动力人数为年末就业人数。

（4）参数 a 和 β 的确定

参数 a 和 β 的确定一般有以下几种方法：一是经验法，国家计委、国家统计局在《关于开展经济增长中科学技术进步作用测量工作的通知》（计科技〔1992〕2525号文）中确定全社会国民总值口径 $\alpha=0.35$。二是收入分配法，分配法中 α = 劳动者报酬/（劳动者报酬 + 固定资产折旧 + 营业盈余），但是收入法计算只有在要素报酬等于边际产品时才有意义。三是回归法，即用最小二乘法对方程式回归得到 α、β 值，回归法分为约束回归和非约束回归。本研究采用回归法，回归结果 α 值确定为0.64，β 值为0.36。从回归结果来看，由于重庆经济增长受投资影响相对较大，资本产出弹性一般都高于全国水平，从经研院以往研究来看，α 值一般也都在0.6到0.7之间。

（5）全要素生产率增长率测算

将资本投入增长率、劳动投入增长率、资本份额数据代入公式（4），即可得出重

① 单豪杰．中国存量资本K的再估算：1952—2006年[J]．数量经济技术经济研究，2008(10)．

② 张军，吴桂英，张吉鹏．中国省际物质资本存量估算：1952—2000[J]．经济研究，2004(10)．

③ 重庆市综合经济研究院课题《重庆经济增长分析及潜在增长率预测》(2014)．

④ 王艳芳．基于人力资本视角的我国三次产业TFP再测算[J]．经济实证，2014(2)．

庆直辖以来历年的全要素生产率增长率（表6-8）。

$$\frac{dA_t}{A_t}=\frac{dY_t}{Y_t}-\alpha\frac{dK_t}{K_t}-\beta\frac{dL_t}{L_t} \tag{4}$$

表6-8　2001—2018年重庆经济增长率及各要素分解

年份	GDP增长率（%）	各要素的贡献（%）		
		资本	劳动	TFP
2001	9.21	4.26	-0.08	5.09
2002	10.49	5.74	-0.19	5.05
2003	11.70	8.01	-0.15	3.97
2004	12.50	8.61	-2.65	6.75
2005	11.80	9.31	0.15	2.48
2006	12.50	9.16	0.48	2.99
2007	16.00	9.40	1.64	5.05
2008	14.60	8.59	0.83	5.29
2009	15.10	9.68	1.06	4.48
2010	17.20	10.08	3.85	3.31
2011	16.40	10.53	2.87	3.08
2012	13.60	9.33	2.34	2.01
2013	12.30	8.72	0.95	2.74
2014	10.90	8.46	1.00	1.55
2015	11.00	8.14	2.49	0.43
2016	10.70	8.17	0.26	2.39
2017	9.30	7.20	0.33	1.88
2018	6.00	6.10	0.37	-0.39

根据测算结果可以得到，“十一五”“十二五”全要素生产率均值分别为4.22%、1.96%，而2016—2018年，全要素生产率均值仅为1.29%，且2018年全要素生产率进入负增长区间。

2. “十四五”时期潜在增长率预测

在上述模型基础上，可根据生产函数法通过分析劳动投入量、资本投入量、全要素生产率的变化趋势，对重庆2025年的潜在增长率进行预测。

（1）劳动投入当量预测

常住人口。2008年以来，重庆常住人口数量每年均保持20万~30万人的增量，“十一五”“十二五”“十三五”以来，年均人口自然增长率分别3.49%、3.65%、3.7%，重庆人口从整体来看保持着较为稳定的增势。虽然未来重庆老龄化趋势将逐步深化，但是考虑到“十四五”时期，在成渝地区双城经济圈建设加快促进下，重庆城市竞争力有望进一步增强，本地外出劳动力回流以及对周边人口的虹吸仍将使得重庆常住人口保持相当甚至更高水平的增量。结合《重庆市人口发展规划（2016—2030）》，以及参考李月等学者的研究成果，预计“十四五”时期，重庆市常住人口数量在3300万人左右。

年末就业人员数量。根据《重庆市人口发展规划（2016—2030）》，2025年65岁及以上人口比重在17%左右，即64岁及以下人口比重在83%左右。通过时间序列趋势外推法测算，预计2025年重庆0～14岁人口总数在500万人左右，则2025年重庆15～64岁人口数量约为2240万人，占人口比重为67.9%左右。此外，我们研究发现，15～64岁人口比重与就业人口比重具有很强的相关性，据此建立两者线性回归模型①，可对2025年重庆就业人口比重进行推测，测算得到2025年就业人口比重约为51%，年末就业人口数量在1680万人左右。

劳动力投入当量。对教育收益率进行趋势外推，得到2025年教育收益率预测值为1.76%，即人均人力资本在5.8%左右。综上，预测2025年劳动力投入当量在9860万人当量左右（2018年该值约为8650万人当量），即劳动力投入年均增长1.0%左右。

（2）资本存量预测

通过对1998—2018年的资本存量进行分析，发现自2011年起开始呈现放缓趋势。随着供给侧结构性改革持续深入以及消费对经济增长贡献率不断提高，预计未来资本存量增速将持续放缓并回落至较低水平。由资本存量计算公式可知，资本存量增速与固定资本形成总额增速密切相关，而固定资本形成总额增速又与固定资产投资增速密切相关，因此需首先对固定资产投资增速进行预测。通过运用2000—2018年重庆固定资产投资增速历史数据建立一阶自回归模型，得到固定资产投资预测数。考虑到近几年，基建补短板项目建设将稳步推进，产业新动能加快培育成为投资发展新增长点，“两点”“两地”等战略定位及目标的实现也将要求投资保持一定增速，因此将固定资产投资增速在模型预测基础上进行了微调，预计“十四五”时期重庆市固定资产投资增速在6%左右。

得到固定资产投资增速预测值之后，再通过曲线回归方程 $y=0.58x^{0.9}$ 预测不变价固定资本形成总额增速（其中x为固定资产投资增速），则得到不变价固定资本形成总额及其增速，最后代入上文资本投入计算公式 $K_t=I_t/P_t+(1-\delta_t)K_{t-1}$，即可估算到“十四五”时期资本存量年均增长9%左右。

（3）全要素生产率预测

从上文TFP增速测算结果可以看出，直辖以来重庆市全要素生产率变化经历了多个阶段。在直辖初期，TFP增速总体平稳，但水平相对不高；“十一五”期间，重庆市工业取得突破性进展，基本形成以汽车摩托车、电子信息、装备制造、材料工业、石油天然气化工、能源工业、轻纺劳动密集型产业“6+1”重点产业为主导的产业体系，

① $y=-37.434+1.304x$

带动 TFP 进入快速上升期；2012 年之后，受宏观经济影响，TFP 又有所下降，并进入到新一轮低位徘徊期；2018 年，受全球经济下行以及中美贸易战影响，TFP 增速进入负增长区间。

展望2020—2025 年，在成渝地区双城经济圈加快发展、供给侧结构性改革持续推进、新动能快速成长及产业结构不断优化升级等利好因素推动下，重庆全要素生产率有望逐步提高；但考虑到受美国加大技术封锁以及对我国采取遏制战略影响，以及重庆新旧动能转换需要一定的过渡期，预测短期内重庆 TFP 增幅有限。预计 2021—2023 年，重庆 TFP 平均增速在 1.3 %左右，与“十四五”时期平均增速基本持平；2023 年之后，随着全球经济缓慢复苏，中美经贸关系竞争与合作并存，重庆融入国家“一带一路”倡议和成渝地区双城经济圈城等区域协调发展新格局初具成效，重庆新产业新业态新模式成长取得突破性进展，经济结构调整转型升级基本完成，重庆 TFP 增速有望进一步加快至2%以上，超过“十二五”时期 TFP 平均水平。即“十四五”时期重庆 TFP 年均增速将在 1.6% 以上。

（4）潜在增长率测算

基于对以上三大决定因素主导下的趋势预测，并把每年预测数值代入生产函数法模型函数式，计算得到未来年度重庆经济平均潜在增长率，见表 6－9。

表 6－9 “十四五”时期重庆平均潜在增长率

年份	不变价资本存量增速		劳动力投入增速		TFP		潜在增长率（%）
	增速（%）	贡献（%）	增速（%）	贡献（%）	增速（%）	贡献（%）	
2021—2025	9.0	5.76	1.0	0.36	1.6	1.6	7.7

（二）主要经济指标预测

1. 情景分析

“十四五”时期全球形势更加复杂，对重庆进出口及外向型经济形成一定影响。一方面，以美国为首的国家贸易保护主义抬头，中美战略博弈成为常态，遏制与反遏制趋于激烈，逐渐由隐形竞争转向显性对抗，成为我国发展的首要外部挑战和最大不确定因素。而重庆对外出口商品与服务的主要对象是美国，主要产品是通机等机电产品以及以电子信息产品为代表的高新技术产品，受影响的范围更广、程度更深。另一方面，全球经济增长动能减弱，外需发力将成为常态，我市外向型经济受影响较大。此外，新冠肺炎疫情全球走势未定，对全球经济深层次影响正在加深，对未来国际经济贸易、产业科技创新、产业转移都有深远影响。

国家重大战略和政策叠加为经济增长赋予新动能。一批战略性重大工程项目提速实施，培育新的增长点，形成发展新动能，促进产业、人口及各类生产要素合理流动和高效集聚，推进产业协作补链成群。

重庆进入工业化深化期，但发展质量还不高，工业化、城镇化发展空间依然广阔，能够实现服务经济和工业经济双轮驱动，支撑经济继续高质量发展。

为此，模拟高、中、低三种情景，对“十四五”时期重庆经济社会发展分别进行预测。

基准情景，全球经济缓慢复苏，海外疫情走势分化，疫情对全球化的负面影响逐渐消退。我国以“一带一路”为引领的全方位开放格局基本形成，“京津冀”“长江经济带”“成渝地区双城经济圈”为代表的区域协调发展战略持续推进，新发展格局基本形成。国内经济在全球产业分工体系中的地位将继续提升；成渝地区双城经济圈经济实力、发展活力、国际影响力大幅提升；重庆经济增长稳中有进，在国家重要先进制造业中心、西部金融中心、西部国际综合交通枢纽和国际门户枢纽建设成渝地区双城经济圈的集聚辐射能力显著增强。

乐观情景，经济全球化、一体化进程正常推进，外需情况逐渐改善。国内经济稳步向好，内需情况得到有效提振。重庆全面融入国家“一带一路”对外开放、长江经济带发展等区域协调发展新格局，成渝地区双城经济圈作为中国第四极强势崛起，在西部形成高质量发展的重要增长极，重庆核心竞争力和辐射带动力大幅提升。

谨慎情景，全球经济复苏进程曲折缓慢，逆全球化趋势愈演愈烈。我国调节政策不断加码，“新基建”力度持续加大，但投资者信心在海外市场需求不足、投资前景不明等因素影响下未能完全恢复，民间投资增长乏力。重庆经济平稳运行，转型升级压力依然较大。

2. 主要经济指标预测

（1）GDP 及增速

①直辖以来重庆经济发展情况历史回顾及分析。

直辖至今，重庆经济发展从“九五”到“十三五”跨越 5 个五年规划期，到 2019 年，重庆经济总量较 1997 年增长超过 20 倍，1997—2019 年经济年均增速为 11.43%。总体来看，重庆经济增长演变过程可以分为四个阶段。

——筑底积累阶段（1997—2001 年）。这一阶段，重庆经济基础薄弱，经济发展相对缓慢。1997—2001 年重庆地区生产总值平均增速为 8.4%，人均 GDP 低于全国平均水平。但这一时期重庆有序组织三峡移民，国家提出西部大开发战略，为重庆经济腾飞奠定了坚实基础。

——巩固提升阶段（2002—2006 年）。围绕建设长江上游经济中心、全面建设小康社会战略目标，重庆经济社会加速发展，为重庆经济发展积蓄力量。2002—2006 年重庆地区生产总值年均增长 14.6%，比上一阶段加快 6.2 个百分点。

——全面提速阶段（2007—2011 年）。2010 年，重庆升级为国家中心城市、两江新区成为内陆首个国家级开发开放新区，有力促进了重庆经济发展。人均 GDP 由 16629 元增长到 34500 元，经济总量和人均 GDP 均较 2007 年实现翻番。

——高质量发展阶段（2012 年至今）。随着供给侧结构性改革持续深化，重庆加快转变经济发展方式，进入高质量发展阶段。这期间，“一带一路”建设、中新（重庆）战略性互联互通示范项目建设、中国（重庆）自由贸易试验区等平台通道建设相继展开，为重庆经济发展注入新动力。2018 年重庆经济总量突破 2 万亿元，人均 GDP 由 2012 年的 38914 元增长到 2018 年的 65933 元，并在 2014 年超越全国平均水平。但重庆处于新旧动能转换的关键时期，经济发展面临一些不确定因素，高质量发展方面仍存在一些突出问题和短板，2018 年、2019 年经济增长趋于放缓。

②“十四五”时期重庆 GDP 增速测算。

——重庆宏观经济计量模型测算结果。使用重庆宏观经济计量模型①对 GDP 进行预测，模型包括 5 个模块、16 个方程，其中有 14 个行为方程和 2 个定义方程：生产模块（4 个方程）、消费模块（3 个方程）、投资模块（1 个方程）、财政金融模块（3 个方程）、外贸模块（3 个方程）、收入模块（2 个方程）。将相关数据输入 Eviews 8.0，建立联立方程系统，使用最小二乘法（SLS）对模型参数进行估计，计算出参数后对联立方程组求解，计算得出“十四五”时期重庆 GDP 年均增速在 8.1% 左右。

——“十四五”时期重庆经济潜在增长率测算。根据前文测算，“十四五”时期重庆经济潜在增长率为 7.7% 左右。

③对模型结论进行修正。

可以看出，无论是重庆宏观经济计量模型还是潜在增长率，对“十四五”时期重庆 GDP 的预判都是偏乐观的，主要有以下原因：一是模型所使用的基础数据为 2003—2019 年的数据，进行模拟预测时，只考虑了过去的经验和节奏，即模型假设“十四五”时期全区面临的外部环境与过去 17 年一致：国际政治经济环境相对稳定，全球范围内不会发生大规模的战争，也不会受到国际恐怖主义、分裂主义和极端主义等恐怖活动的影响，国内和重庆不会发生大的自然灾害和灾难，包括大范围传播的疫情等。二是模型假设所预测的经济体为一个独立封闭的系统，没有考虑外部环境如海外局势、宏观政策、重大天灾人祸等的影响。特别是新冠疫情对经济的影响没有体现出来。

为此，需要对模型预测结果进行修正，主要考虑以下因素：

一是从潜在增长率变化趋势来看，“十四五”时期重庆潜在增速依然保持 6% 以上的较快速度。考虑到国内疫情基本受控，疫情导致的死亡率大幅降低，同时疫苗研发进程顺利并已部分接种，预计疫情对经济的冲击将越来越弱。

二是从中美关系看，“十四五”时期，国内面临的外部环境更为严峻。在当前保护主义势头上升、世界经济低迷、全球市场萎缩的外部环境下，我国将更加重视发挥内需的作用，逐步形成以国内大循环为主体、国内国际双循环相互促进的新发展格局，为经济发展增添新动力。

---

① 具体方程参见《新常态下重庆宏观经济计量模型构建研究》。

三是国家重大战略和政策叠加制定出台将继续为重庆经济增长赋予新动能。成渝地区双城经济圈建设和新基建等战略性重大工程项目将提速实施，有利于培育新的增长点，形成发展新动能，促进产业、人口及各类生产要素合理流动和高效集聚，推进产业协作补链成群。

四是重庆进入工业化深化期，但发展质量还不高，工业化、城镇化发展空间依然广阔，能够实现服务经济和工业经济双轮驱动，支撑经济继续高质量发展。服务业方面，依托共建“一带一路”、长江经济带、西部陆海新通道等和中国（重庆）自由贸易试验区、国家自主创新示范区、国家城乡融合发展试验区等改革试点，加快推进生产性服务业、战略性新兴服务业等产业发展；工业方面，在构建国际国内经济双循环、构建自主可控的完整产业链的背景下，补齐科技创新短板，抓好以5G、人工智能、大数据等为代表的新一轮信息技术与传统工业融合发展的机遇，为重庆工业转型升级发展增添动力。

五是重庆仍处于欠发达地区、欠发达阶段，发展方式转变的任务十分艰巨，结构调整任重道远。重庆作为成渝双城经济圈的重要增长极、内陆开放高地、内陆国际金融中心，在国家区域发展格局和对外开放格局中具有独特而重要的作用，客观上也需要保持适度的经济增长。

总体而言，充分考虑到重庆经济增长的可持续性，国内外经济环境的复杂性，重庆在国家、区域发展定位中的新要求，以及为经济发展转型、提质增效留下应有空间等因素，建议重庆“十四五”时期基准情形下经济增速保持在6%～6.5%。

根据潜在增长率的定义，乐观情形下，重庆经济增速大小应围绕潜在增长率波动；谨慎情形下，考虑到外部环境的恶化和投资拉动趋缓，重庆GDP增速将明显降低。三种情形下，重庆GDP增速及绝对量见表6－10。

表6－10　重庆市“十四五”GDP增速及绝对量预测

年份	乐观情景		基准情景		谨慎情景	
	绝对量（亿元）	增速（%）	绝对量（亿元）	增速（%）	绝对量（亿元）	增速（%）
GDP	38000	7.5%～8%	36000	6%～6.5%	33000	4.5%～5%

（2）固定资产投资增速预测

“十三五”以来，重庆固定资产投资年均增长8.6%，虽较“十二五”时期下降12.8个百分点，但平均增速高于全国平均水平2.1个百分点。

展望“十四五”，在定量测算基础上①，结合“十四五”时期投资增长主要因素综合考虑，预计“十四五”时期，在基准情景下，预计重庆“十四五”时期投资增长

① 基建投资：经二次指数平滑法拟合函数 $G_{t+1} = 7.8 - 0.6T$ 计算，预测得“十四五”期间基建投资平均增速为6%；工业投资，经建立ARMA模型拟合得到函数 $\hat{y}_t = -6.08 + 0.92y_{t-1} - 1.0a_{t-1}$：经建立ARMA模型拟合得到函数 $\hat{y}_t = -93.5 + 0.98y_{t-1} - 1.0a_{t-1}$，预测得“十四五”期间房地产投资平均增速约为2.3%。

6%左右；在乐观情景下，重庆"十四五"时期投资增速有望达到8%；悲观情景下，重庆"十四五"投资年均增速或将下降到4%以下。主要考虑因素：一是新老基建投资仍有巨大空间，预计基准情景下，"十四五"时期基建投资年均增长8%左右。民生领域、区域发展等方面还有大量基础设施投资需求有待释放，以信息通讯、智能交通、智慧城市等为代表的新型基础设施建设将加速落地实施，成渝双城经济圈、高铁和轨道建设等领域投资需求仍然巨大，除此之外，专项债、不动产投资信托基建等新政策也进一步增加了基础设施项目资金来源，支撑"十四五"时期基建投资持续增长。二是推动产业升级、培育新动能需要工业投资支撑，预计基准情景下，"十四五"时期工业投资年均增长8%左右。在淘汰过剩产能，实施创新驱动过程中，必然需要投资来支持大量技术改造。此外，从近年工业招商情况来看，招商项目合同额增长较快，2019年工业招商项目合同额达到6300多亿元，2020年上半年工业招商项目合同额达到了3179亿元，同比增长22%。三是房地产市场降温带动投资放缓，预计基准情景下，"十四五"时期房地产投资年均增长2%左右。房地产去金融化带动地产市场降温。"房住不炒"定位引导房地产逐步向居住属性回归；重庆人口老龄化率①达到14.96%，超出全国平均水平2.36个百分点，15~64岁的购房主要群体人口数量自2016年开始持续下降；国家对房地产融资监管将更加严格，房地产"三条红线"制度将对部分地产企业的融资形成一定的约束。四是投资结构进一步优化。"十四五"时期，重庆投资重点将进一步转向技术创新、产业升级、公共服务供给和民生改善等，投资方向和结构安排更加有效，质量、效率进一步提高。预计到2025年，基建、工业及房地产投资占总投资比重分别为32%、27%、32%。其中，基础设施投资占比从2019年的28%上升至32%；工业投资占比由2019年的24%提高到27%左右；房地产投资占比则从2019年的40%下降至32%。产业投资结构进一步优化。

(3) 社会消费品零售总额

"十三五"以来，重庆消费市场规模不断壮大，已经从2016年初的0.77万亿元增长到2019年的1.16万亿元，年均增速高达10.4%，并呈现出服务消费占比提升、电子产品智能升级以及居民线上消费占比进一步扩大等特征。

展望"十四五"，在定量测算基础上②，结合"十四五"时期消费增长主要因素综合考虑，预计"十四五"时期，在基准情景下，重庆"十四五"社会消费品零售总额将增长8%左右；在乐观情景下，重庆"十四五"时期社会消费品零售总额年均增速有望达到10%；悲观情景下，重庆"十四五"时期社会消费品零售总额增速或将下降到6%以下。主要考虑因素：一是以"双循环"为主导的消费升级将进一步发力。国内政策将侧重于扩大内需和优化内循环，消费对经济增长的拉动作用将被不断增强。

---

① 65岁及以上年龄人口占常住人口比重。

② 构建拟合模型方程 $y = 872.0 - 114.88T + 33.40T^2$，预测得"十四五"重庆社会消费品零售总额年均增速为7.5%。

面临疫情和中美关系这两大不确定因素，下一阶段，我国将加快形成以国内大循环为主体、国内国际双循环相互促进的新发展格局，通过激发内需潜能，促进消费扩容提质，引导消费成为促进经济增长的持久动力。二是新型消费快速发展带动消费增长。近年来，以网络购物、移动支付、线上线下融合等新业态、新模式为特征的新型消费快速发展，对满足居民生产生活需求、释放居民消费潜力、促进经济平稳健康发展发挥了重要作用，未来，“新消费”在转方式、调结构、扩内需、促消费、增就业等方面的重要作用还将进一步发挥。三是重庆国际消费中心城市建设进一步加快。重庆将继续统筹实施“15510”消费升级战略①，着力构建优质高效、开放融合、特色突出的“重庆消费”服务体系，并继续加快实施内陆开放高地行动计划，主动适应消费升级新形势，加快集聚国际消费资源，提升国际消费服务水平，打造国际消费环境，激发国际消费需求，不断增强消费对经济增长的基础性作用。

（4）人民币贷款

1997 年以来重庆市金融机构人民币贷款余额及增长情况见表 6－11。

表 6－11　1997 年以来重庆市金融机构人民币贷款余额及增长情况

年份	金融机构人民币贷款余额	
	绝对数（亿元）	增速（%）
1997	5302	26.5
1998	5431	17.5
1999	5818	18.6
2000	6152	16.7
2001	6544	－0.5
2002	7000	19.9
2003	7773	23.6
2004	8793	17.0
2005	9700	14.6
2006	10878	18.0
2007	11758	16.9
2008	13321	23.2
2009	14502	38.7
2010	16032	24.2
2011	18517	19.4

① “15510”消费升级战略中的一大目标：建成具有全球影响力的国际消费中心城市；五大品牌：打响“时尚重庆、不夜重庆、山水重庆、味道重庆、康养”品牌；五大定位：打造“国际购物名城”“国际旅游名城”“国际会展名城”“国际美食名城”“国际文化名城”五大国际名城；十大工程：重点实施“国际消费集聚区打造、国际消费品牌集聚、“渝货精品”培育、特色服务消费提升、国际消费融合创新、国际会展扩容提质、国际消费服务质量提升、国际消费环境优化、国际交流合作深化、国际消费营销推广”十大工程。

续表

年份	金融机构人民币贷款余额	
	绝对数（亿元）	增速（%）
2012	21003	16.4
2013	23058	14.9
2014	25147	15.1
2015	27239	11.9
2016	29610	10.7
2017	32193	12.5
2018	34889	12.8
2019	37939	15.3

根据以上数据，我们建立如下非线性模型：

$$RMBDK = 68.365 \times T\^{}2 - 161.37 \times T + 5547.7$$

$$R^2 = 0.9993$$

其中，RMBDK 为每年金融机构人民币贷款余额，T 是时间序列，其中 $T = 1$，2，…分别对应 1997 年，1998 年，……。模型判别系数 $R^2 = 0.9993$，变量 T 在5%检验水平下显著。预测结果见表 6－12。

表 6－12　“十四五”重庆市金融机构人民币贷款余额及增速初步预测

年份	金融机构人民币贷款余额	
	绝对数（亿元）	增速（%）
2020	41050	8.0
2021	44239	7.8
2022	47564	7.5
2023	51026	7.3
2024	54625	7.1
2025	58360	6.8

“十四五”时期，重庆市将大力推进西部金融中心建设，随着国家金融科技认证中心落户重庆，重庆以大数据、智能化、云计算、区块链应用为抓手，推进国家金融科技应用和金融标准化创新试点工作，将有利于金融业发展进一步增强。由此进一步判断，“十四五”时期，重庆市金融机构人民币贷款余额年均增速将高于初步预测情况 1 个百分点左右。不同发展情形下重庆市金融机构人民币贷款余额及增速预测见表 6－13。

表 6－13　不同发展情形下重庆市金融机构人民币贷款余额及增速预测

不同发展情形			2020 年	2021 年	2022 年	2023 年	2024 年	2025 年
基准情形 GDP：6%～6.5%	金融机构人民币贷款余额	绝对数（亿元）	41164	44663	48459	52578	57047	61896
		增速（%）	8.5	8.5	8.5	8.5	8.5	8.5
乐观情形 GDP：8%～8.5%	金融机构人民币贷款余额	绝对数（亿元）	41733	45906	50497	55546	61101	67211
		增速（%）	10.0	10.0	10.0	10.0	10.0	10.0
谨慎情形 GDP：4%～4.5%	金融机构人民币贷款余额	绝对数（亿元）	40595	43436	46477	49730	53211	56936
		增速（%）	7.0	7.0	7.0	7.0	7.0	7.0

根据以上预测，在基准情形下，我们得到“十四五”时期重庆市金融机构人民币贷款余额年均增速约为 8.5%，到 2025 年重庆市金融机构人民币贷款余额接近 6.2 万亿元。

（5）城乡居民收入

2017 年以前，居民收入一直是我市较为突出的短板，不仅增速低于 GDP 增速，而且总量长期低于全国平均水平。2016 年，重庆全体居民人均可支配收入 22034 元，为全国平均水平的 92.5%。2017 年 7 月以来，随着保障和改善社会民生行动计划深入实施，特别是脱贫攻坚成效明显，全体居民人均可支配收入持续保持 9.5% 以上的稳定增长，大幅高于同期 GDP 增速。2020 年，受疫情影响，GDP 增速出现大幅下滑，但居民收入仍保持较快增长，1—9 月城乡居民人均可支配收入增长 6.5%，高于 GDP 增速 3.9 个百分点，高于全国 2.6 个百分点，排名全国第四位。在居民收入持续较快增长带动下，1—9 月，我市全体居民收入总量达到 23539 元，是全国平均水平的 90%，预计全年情况数据将超过全国平均水平，实现直辖以来历史性突破。同时城乡居民收入差距进一步缩小，收入比由 2.56∶1 降为 2.51∶1。见表 6－14

表 6－14　1997 年以来重庆市城乡居民收入水平及增长情况

年份	城镇常住居民人均可支配收入		农村常住居民人均可支配收入	
	绝对数（元）	增速（%）	绝对数（元）	增速（%）
1997	5302	5.6	1692	14.4
1998	5431	2.4	1804	6.6
1999	5818	7.1	1841	2.1

续表

年份	城镇常住居民人均可支配收入		农村常住居民人均可支配收入	
	绝对数（元）	增速（%）	绝对数（元）	增速（%）
2000	6152	5.7	1900	3.2
2001	6544	6.4	1982	4.3
2002	7000	7.0	2112	6.6
2003	7773	11.0	2233	5.7
2004	8793	13.1	2536	13.5
2005	9700	10.3	2842	12.1
2006	10878	12.1	2911	2.4
2007	11758	8.1	3560	22.3
2008	13321	13.3	4193	17.8
2009	14502	8.9	4557	8.7
2010	16032	10.5	5378	18.0
2011	18517	15.5	6605	22.8
2012	21003	13.4	7526	13.9
2013	23058	9.8	8493	12.8
2014	25147	9.1	9490	11.7
2015	27239	8.3	10505	10.7
2016	29610	8.7	11549	9.9
2017	32193	8.7	12638	9.4
2018	34889	8.4	13781	9.0
2019	37939	8.7	15133	9.8

城乡居民收入增长和经济增长息息相关，分析1997年以来重庆经济增长和城镇常住居民收入增长的相关性，建立以下方程，方程残差通过 Q 统计量检验。

$$LCZSR = 3.485055 + 0.695052 \times LGDP + 0.925812 \times MA$$

$$t = \quad 39.76008 \qquad 69.64089 \qquad 11.34084$$

$$R^2 = 0.998838$$

由此可知重庆GDP每增长1%，重庆城镇常住居民收入增长0.695%。同样可以得到农村居民收入与经济增长的相关性方程为：

$$LNCSR = 1.454630 + 0.802423 \times LGDP + 0.853290 \times MA \quad (1)$$

$$t = \quad 8.624627 \qquad 41.70969 \qquad 8.675478$$

$$R^2 = 0.996622$$

由此可知重庆GDP每增长1%，重庆农村常住居民收入增长0.802%。

党的十九大报告提出要提高居民收入水平，在发展经济的同时“同步”提高人民收入，更加注重协调发展和共享发展理念，收入结构情况不可避免在“十四五”时期将有所变化，其主要变化是居民收入占 GDP 比重将进一步升高，因此在“十四五”时期重庆城乡居民收入水平将略高于根据过去数据预测的水平，考虑“十四五”处于改革前期，颁布的相关政策力度不会太大，初步预计增速提升 1%。由此，预测如表 6 - 15。

表 6 - 15　不同发展情形下城乡居民收入水平及增速预测

年份			2020 年	2021 年	2022 年	2023 年	2024 年	2025 年
基准情形 GDP：6% ~6.5%	城镇常住居民人均可支配收入	绝对数（元）	40822	43925	47263	50855	54720	58879
		增速（%）	7.6	7.6	7.6	7.6	7.6	7.6
	农村常住居民人均可支配收入	绝对数（元）	16434	17848	19383	21050	22860	24826
		增速（%）	8.6	8.6	8.6	8.6	8.6	8.6
乐观情形 GDP：8% ~8.5%	城镇常住居民人均可支配收入	绝对数（元）	41350	45067	49119	53534	58347	63592
		增速（%）	9.0	9.0	9.0	9.0	9.0	9.0
	农村常住居民人均可支配收入	绝对数（元）	16677	18378	20252	22318	24594	27103
		增速（%）	10.2	10.2	10.2	10.2	10.2	10.2
谨慎情形 GDP：4% ~4.5%	城镇常住居民人均可支配收入	绝对数（元）	40291	42789	45442	48260	51252	54429
		增速（%）	6.2	6.2	6.2	6.2	6.2	6.2
	农村常住居民人均可支配收入	绝对数（元）	16192	17326	18539	19836	21225	22711
		增速（%）	7.0	7.0	7.0	7.0	7.0	7.0

根据上述预测，我们得到“十四五”时期，重庆市城乡居民收入水平预测结果，且得出在不同发展情形下，城乡收入差均明显缩小（基准、乐观、谨慎 3 种情形下城乡收入比分别为 2.37、2.35 和 2.40，均低于 2019 年的 2.51），符合重庆大力缩小城乡发展差距的总体要求。据此，基于上述预测，我们建议“十四五”时期，重庆城镇常住居民收入年均增长保持在 7.6% 左右，到 2025 年城镇常住居民收入水平达到 5.9 万元左右；重庆农村常住居民收入年均增长保持在 8.6% 左右，到 2025 年城镇常住居民

收入水平达到2.5万元左右。

(6) 主要经济指标预测结果汇总

根据上文的预测，对各指标进行综合修正，得出表6-16。综合未来五年重庆内外部环境特征、阶段性特征以及发展支撑条件，对“十四五”时期重庆主要经济指标的目标值，我们更倾向于基准情景的预测。

表6-16 三种情景下“十四五”时期重庆主要经济指标年均增速预测汇总

指标	乐观情景	基准情景	谨慎情景
地区生产总值（GDP）（%）	7.5~8.0	6.0~6.5	4.5~5.0
固定资产投资（%）	8.0	6.0	4.0
社会消费品零售总额（%）	9.0	7.0	5.0
金融机构人民币贷款余额（%）	10.0	8.5	7.0
城镇常住居民人均可支配收入（%）	9.0	7.5	6.0
农村常住居民人均可支配收入（%）	10.0	8.5	7.0

四、“十四五”时期经济社会发展目标实现的建议

(一) 增强协调创新发展能力

围绕建设具有全国影响力的科技创新中心，着力优化空间布局，坚持采用“一城多园”模式，强化协同创新，加快聚集全球创新资源。

加快培育科技创新能力。培育科技创新能力，紧密跟踪世界科技前沿，坚持“四个面向”，加快布局基础理论和前沿技术的研究，全面推进国家新一代人工智能创新发展试验区建设，着力打造具有全国影响力的科技创新中心。集聚全球高层次创新人才、重大科技基础设施、高水平综合型大学、科研机构和跨国企业研发中心，重点建设西部（重庆）科学城和两江协同创新区，形成我国重要新知识、新技术的创造之地、新产业的培育之地，实现前瞻性基础研究、引领性原创成果的重大突破。充分激发全社会创新、创业活力和动力，推动科技创新与经济社会发展深度融合。发挥两江新区、中国（重庆）自由贸易试验区和中新（重庆）互联互通项目等平台制度创新优势，全面提高重庆创新驱动发展水平。

加快推动科技创新平台升级。以中国西部（重庆）科学城、两江协同创新区、中国智谷（重庆）科技园、荣昌畜牧科技城和国家级高新区、经开区等多园为支撑，打造大科学设施集群和具有国际影响力的高水平研发机构与大学，使重庆成为具有全国影响力的科技创新中心。高标准、高起点建设中国西部（重庆）科学城，布局成渝综合性国家科学中心，推进超瞬物质科学等一批大科学设施的建设，打造高度集聚、综合性的、先进的大科学设施集群。高标准、高质量地推进两江协同创新区规划建设，

强化“协同创新”理念，彰显“生态＋科技”内涵，打造成人文、智慧、科技融为一体的高端人才聚集地、全球创新要素的集聚高地、科技创新及产业创新的重要策源地。围绕“大数据、大健康、大生态”，中国智谷（重庆）科技园重点发展大数据智能产业，聚力建设智能运营平台集聚区、智能终端产业集聚区、智能制造创新集聚区、智慧生活新城。发挥“一城多园”优势，以破除体制机制障碍为主攻方向，加强多部门协同，加快推进重点科技创新平台在本市科研院所改革、科研经费管理、科技成果转移转化等方面的政策的先行先试。

促进科技成果转移转化。积极创建国家科技成果转移转化示范区，强化科技成果转移转化机制和服务能力建设，吸引高水平科技成果在重庆落地转化。一是完善科技成果转化的激励机制。下放高等院校、科研院所科技成果的管理、使用和处置权，探索建立符合科技成果转化规律的市场评价、定价机制，赋予科研人员职务科技成果所有权或长期使用权，允许通过协议定价、技术市场挂牌交易、拍卖等市场化定价方式确定科技成果价格，收益分配向发明人和转移转化人员倾斜。二是畅通科技成果转移转化链。推动成渝地区加强科技成果对接，共建技术转移服务平台联盟，强化科技成果信息的有效供给和共享，发挥各类科技成果转化服务机构的作用，为科技成果在渝转化和本地科技成果走出去提供服务。三是完善全链条企业孵化体系。加快建设一批中试孵化平台、发展一批交易撮合机构、培育一批成果管家，提质发展环大学创新生态圈，打通产学研创新链、产业链、价值链。

（二）加快构建现代产业体系

以大数据智能化为引领，围绕先进产业技术方向，依托重庆产业基础条件，促进三次产业加快融合发展，加快构建现代产业体系，推动产业迈向中高端水平。

做大做强优势制造业集群。加快壮大汽车摩托车、电子信息、装备制造等具有国内影响力的产业集群，强化新一代信息技术、高端装备制造等战略性新兴产业的关键技术攻关和基础前沿产业技术研发，强化补链、强链、延链，提升本地产业配套能力。一是做大做强战略性新兴产业。坚持高端引领，围绕新一代信息技术、高端装备制造、新材料、生物、新能源汽车、绿色环保、数字创意等战略性新兴产业，聚焦重点领域，强化关键技术攻关和提升产业链发展水平，建设国内具有重要影响力的战略性新兴产业基地。二是促进先进制造业集群发展。围绕促进制造业高质量发展目标，结合现有产业基础条件，以关键核心技术为重点，突出关键环节补链，加快延伸产业链条，提升产业本地配套能力，打造一批产业集群。依托重庆国家级产业平台和市级园区，突出打造电子、汽车两大具有国际影响力的产业集群，加快壮大摩托车、装备、材料、生物医药等具有国内影响力的产业集群，提升重庆制造业发展水平。三是推进制造业向数字化网络化智能化转型。促进数字技术与制造业融合发展，建设制造业大数据服务平台，提升数据采集、存储和分析、应用能力，积极应用大数据提升企业决策水平和经营效率。深化制造业与互联网融合发展，开展制造企业“上云用数赋智”行动，应用移动电子商务、线上到线下等新型业务模式，发展使用基于互联网的个性化定制、众包设计、云制造等新型制造模式。

提质、发展现代服务业。围绕服务制造业高质量发展和人民高品质生活需求，聚焦服务业重点领域和突出短板，走融合化、智能化、绿色化、市场化、专业化、品牌化、标准化、精细化路径，提升服务业活力、创造力和核心竞争力。一是突出发展现代金融、现代物流、信息服务等生产性服务业，促进生产性服务业向专业化和价值链高端延伸。顺应资产证券化、金融网络化、产业金融化发展趋势，完善金融牌照版图，加快建设内陆国际金融中心；延伸物流产业链和价值链，提升物流信息化、标准化、网络化、智慧化水平，建设高效便捷、通达顺畅、绿色安全的现代物流服务体系，构建内陆国际物流枢纽支撑；集中优势资源突破大数据核心技术，构建自主可控的大数据产业链、价值链和生态系统，加快建设国家大数据综合试验区。二是提档、升级生活性服务业，着力发展现代商贸、文化旅游、健康服务等产业，推动生活性服务业向高品质和多样化升级。推动文化产业传承、创新，打造重庆旅游业发展升级版，促进文化与旅游深度融合，提升文化旅游产业综合竞争力；以打造西部健康服务领先城市为目标，着力推动医疗服务、养生养老、健康体育等突破发展，打造大健康服务业；积极对接国家“网上丝绸之路”，加快建设两江新区跨境电商产业园、西部跨境电商总部基地等跨境电商示范园区，加快发展电子商务；围绕建设教育强市，坚持教育优先发展，大力发展多种形式的教育培训服务，建立健全现代职业教育和终身职业培训体系，不断提升教育培训水平，促进教育培训业优化发展。三是优化服务业空间布局，打造一批现代服务业发展集聚区、示范区，推动服务业点、线、面有机结合，梯次发展、错位发展，构建以主城都市区为引领的服务业空间格局。四是深化服务业领域综合改革，以渝中区、南岸区国家服务业综合改革试点区和两江新区全国现代服务业综合试点区为引领，深化服务业“放管服”改革，放宽准入门槛，为现代服务业营造优良发展环境。

培育发展山地特色高效农业。全面实施乡村振兴战略，强化以工补农、以城带乡，以农业产业化带动农业全面升级、农村全面进步、农民全面发展。一是做优、做强优势农业产业集群。依托区域农业资源禀赋，做优做强优势粮油、特色蔬菜、生猪、柑橘、柠檬、调味品等特色农业产业集群，培育发展山地特色高效农业，形成优势聚合、产业融合的成渝现代高效特色优势产业带。二是提高农业组织化程度，增强农业综合竞争力。围绕重庆乡村振兴战略目标，以农业供给侧结构性改革为主线，以实施乡村产业“十百千”工程为抓手，以特色产业集群、特色产业强区（县）、特色产业强镇、“一村一品”示范村的“三特一品”创建行动为重点，以建设现代农业产业园为平台，以“抓特色、建平台、育龙头、创品牌、拓市场”为路径，推广智慧农业新技术、新装备，推动农业“接二连三”，促进农村一二三产业融合发展。三是延长农业产业链、价值链。壮大农业新产业、新业态，大力发展乡村休闲旅游、农村电商、现代食品等产业，推动农业从以单一的农副产品生产为主向科研、生产、加工、贸易、观光休闲旅游等全产业链拓展，

加快推动产业融合发展。推动制造业的服务化和服务业的制造化，实现产业融合发展；推动军、民深度融合，与四川共建国家军民科技协同创新中心。一是推动制造业服务化。深入开展服务型制造专项行动，推动制造企业向产业链前端研发设计和后端售后服务等环节拓展，逐步向“制造＋服务”和“产品＋服务”转变。支持有条件的设备生产制造企业向系统集成总承包服务和提供产品全生命周期服务转变。支持行业领军企业开展各种专业化服务，鼓励制造业企业发展供应链金融和融资租赁服务。鼓励制造企业与电商企业开展合作，打造制造、营销、物流、售后等高效协同的生产流通及售后服务一体化新生态。二是推动服务向制造渗透。围绕市场需求，支持服务企业开展批量反向定制服务，推动生产制造环节调整和柔性化改造。鼓励服务企业利用信息技术、品牌营销等优势开发新产品、新装备，向制造环节拓展，实现服务产品化发展。鼓励服务业企业与制造企业跨界联合，打造“平台＋模块”“服务＋制造”的网络化协同生产服务体系，培育一批行业专业性服务平台和服务型制造示范企业。推动工业互联网平台企业加快发展，鼓励智能化系统集成服务机构提供智能化改造解决方案，促进生产制造企业加快实施智能化改造升级，实现制造业智能化。实施智能制造工程推进，通过关键工序智能化、生产过程和供应链智能化，在重点行业和企业中分类开展智能工厂、数字化车间等试点示范及应用推广。三是推动军民深度融合。与四川共建国家军民科技协同创新中心，加大体制、机制改革创新力度，促进军民产业融合、创新资源和基础设施共用，使军民融合发展成为重庆经济发展新动能。建立军民融合协同创新机制，选择航空航天、电子信息、轨道交通、特种车辆、新材料、物联网等领域开展军民两用技术联合攻关，强化从基础研究到关键技术研发、集成应用等创新链一体化设计，促进军民基础共性技术一体化、基础原材料和零部件通用化。全面拓宽军民融合产业领域，通过研发补助、贷款贴息等方式重点支持军民融合产业培育、平台建设。大力发展军民融合产业，积极探索军民融合发展的市场化路径，培育一批主业突出、核心竞争力强的军民结合型企业，加快建成一批军民结合类产业园区和创新平台。

（三）深挖内需，畅通国内循环

以扩大内需为战略基点，积极扩大有效投资，促进消费提质扩容，畅通经济发展国内循环，加快融入新发展格局。

加大关键领域有效投资。一是加大政策支持力度，促进民间投资较快发展。鼓励民间投资以独资、控股、参股、合作或参与国企改制等方式进入基础建设、公用事业、社会事业、金融等行业，进一步取消和调整行政审批项目，积极实施促进民间投资的

财税、金融等政策，拓宽民间投资进入渠道，改善民营经济发展环境。二是加大重点项目推进力度。强化重点项目设计和储备，围绕新旧动能转换、新型城镇化等重点领域研究推出一批投资项目。持续强化重点项目推进保障工作。落实第一责任人制度，及时解决重点项目建设中可能出现的审批、资金、土地、水电气保障等问题，创新思路、支持重点项目获取更多的政策支持和低成本要素保障。三是加大新基建支持力度。立足于数字产业化、产业数字化、跨界融合化、品牌高端化，抢抓新型基础设施建设，为疫情后产业复苏、升级带来重要的机遇，坚持"新老一体、远近统筹、建用兼顾、政企协同"的原则，高水平推进5G等新一代网络基础设施建设，加快建设人工智能等一体化融合基础设施，完善社会治理和民生服务智能化终端布局。

做大做强国内市场。围绕现实消费需求和潜在消费需求，推动以消费升级为导向的基础设施投资和产业链投资，形成投资与消费相互促进的发展格局。一是推动消费升级导向的产业链升级。以满足消费需求为立足点，把扩大内需与推动产业转型升级结合起来，加大对创新型产业、优质产品的投资力度，支持先进制造业以及各种新产业、新模式、新业态发展，增加优质产品和服务供给，满足居民需求。加大产业链投资，化解中间产品产能过剩问题，围绕产业发展方向，鼓励重点产业将产业链从中间产品型产业向最终需求型产业领域延伸。二是继续推动服务业开放和高质量发展，提升服务业供给质量，放宽旅游、文化、健康、养老等服务行业的市场准入限制，提升服务业发展质量和水平，更好地满足服务、消费需求。三是加快消费型基础设施建设。以满足消费需求、引导消费需求、创造消费需求为方向，以补短板为着力点，加快消费型基础设施建设，促进投资和消费相互促进、循环增长。推动城乡冷链物流设施有机衔接，形成覆盖农产品生产、加工、运输、储存、销售等环节的全程冷链物流体系，满足居民品质化消费需求。推动成渝地区双城经济圈基础设施互联互通，实现土地、劳动力、资本、技术、数据等生产要素的自由流动和市场化配置，将重庆打造成为国际化消费中心城市。四是加强出口转内销渠道建设。鼓励外贸生产企业应用大数据、工业互联网等精准对接国内市场消费升级需求，开发适合国内需求的产品和品牌；支持外贸企业与流通企业、电商平台对接，充分利用网上销售、直播带货、场景体验等新业态、新模式，畅通出口转内销渠道。

（四）全力推动区域协调发展

坚持把成渝地区双城经济圈建设作为融入新发展格局的重大举措，深入推动"一区两群"协调发展，强化区域发展战略的支撑引领作用。

继续深化川渝合作。坚持目标导向和问题导向，突出项目、事项抓手，增进成渝地区在基础设施建设、产业发展、协同创新、市场统一、制度安排等领域的互动，将成渝地区双城经济圈打造成区域协作的高水平样板。一是坚持互利共赢，积极构建产业融合发展新格局。立足成渝地区双城经济圈发展整体规划，结合各区域产业发展阶段和比较优势情况，发挥好财税、金融等政策对成渝地区双城经济圈产业融合发展的引导和扶持功能，打破产业融合发展的市场壁垒，促进成渝地区双城经济圈产业高质量融合发展。二是加快基础设施对接成网，不断夯实合作基础条件。统一规划成渝地区双城经济圈基础设施发展布局，推进交通、能源、信息等主要基础设施的对接，构筑以轨道交通为主的现代综合交通网络，加快实现互联互通，促进要素流动，为川渝合作发展赋能。三是健全机制体制，进一步增强工作合力。建立政府内部协作机制、区域外部联动机制，加大利益协调机制力度，削弱各种壁垒，形成“发展共商、平台共建、成果互享”的全方位区域协调互动常态机制，并定期在规划、基础设施、产业发展、公共服务、生态建设等方面进行磋商。

进一步优化“一区两群”协调发展格局。坚持从全局谋划一域、以一域服务全局，与时俱进地完善空间规划布局，推动重庆市区域协调发展。一是中心城区围绕“强核提能级”新要求，不断增强国际影响力和竞争力。加快建设中国西部（重庆）科学城，打造环大学创新生态圈，建设第四代工业园区青凤高科产业园，构筑科技成果转化平台，提档升级汽车、装备等传统产业，不断壮大以“芯核器网服”为主的电子信息产业，全力打造引领重庆高质量发展的“科创智核”。二是主城新区围绕“扩容提品质”，当好新型工业化主战场。主城新区以促进全域发展为取向，加快构建现代产业体系，提升承载力和辐射力。三是渝东北三峡库区城镇群、渝东南武陵山区城镇群大力发展生态经济，强化文旅融合发展示范效应。渝东北三峡库区城镇群构建“一心一廊三片”城镇发展空间格局，推动渝东北、川东北地区一体化发展，践行“生态优先当示范、绿色发展当标杆”的重要使命，坚持一体化规划、组团式发展、协同性建设，推动形成中心城市带动、沿江城市互动、功能板块联动发展的良好格局。渝东南武陵山区城镇群构建“一心、一堡、四节点”城镇空间格局，努力打造文旅融合发展新标杆，促进渝东南、川南地区融合发展，优先保障民生设施、基础设施、文旅融合和绿色产业发展等空间，走出一条山地城镇化新路。

（五）全面提升对外开放水平

以构建高水平开放型经济体系为重点，全方位、多层次、高效率地融入全球开放格局，实现更大范围、更宽领域、更深层次的对外开放。

优化区域开放空间布局。鼓励各区域立足比较优势扩大开放，强化区域间开放联动，构建水陆空口岸联动、东西双向互济的开放格局。一是强化中心城区开放极核引领作用，增强两江新区、中国（重庆）自由贸易试验区等区域开放型经济集聚功能，建设国际化现代城市，增强国家中心城市国际影响力，切实增强国际交往、国际金融等开放功能，率先推动全方位、高水平开放。二是增强主城新区开放支撑能力，支持承接国内外产业转移，充分发挥中心城区重要开放平台功能延伸作用，争取更多国家级开发、开放平台布局落地，培育川渝地区重要加工制造基地和新增长极。积极推进渝西地区与川南地区融合发展，积极打造中西部地区开放前沿。三是全面提升“两群”开放层级。加快启动万达开川渝统筹发展示范区规划建设，努力形成川、渝、鄂、陕结合部核心增长极和动力源，促进渝东北与川东北地区一体化发展。

强化通道和开放平台建设。畅通出海、出境大通道，建设内陆国际物流枢纽和口岸高地，统筹推进各类开放平台建设，打造开放层次更高、辐射作用更强的开放新高地。一是提升开放通道互联互通水平。完善核心开放枢纽功能。联合川、鄂共同争取三峡新通道，深化三地港口合作，提升长江通航能力；提升江海联运、沪渝直达快线、渝甬班列兰渝铁路等运输水平。增强成渝地区双城经济圈连接长江中游、长三角城市群的高铁直连能力，塑造开放型经济发展新优势。二是积极打造内陆国际物流枢纽。加快中欧班列集运中心建设，联动四川共建渝新欧品牌，联合构建果园港国际供应链及金融体系；提升铁公水空四式联运能力，补齐货运机场缺失短板，提升航空货运中转能力，加快建设内陆国际物流分拨中心。三是充分发挥开放平台体系在内陆开放中的核心载体作用。结合成渝地区双城经济圈建设和重庆“一区两群”区域协调发展格局，积极谋划构建重大开放平台，夯实现有开放平台基础，争取更多先行、先试政策和特殊平台功能。强化铁水空公口岸运输、装卸、储存和分拨的能力，促进口岸单一数据窗口建设，提升口岸检测、检验能力，将果园港建设成为综合性、专业性口岸。

创新、发展开放型经济。一是推进对外贸易创新提质。壮大开放型产业集群，培育一批产业链条完整、产品特色鲜明、竞争优势明显的出口产业示范集群，推动国家外贸转型升级基地创新、发展。二是大力发展一般贸易。鼓励自主品牌产品和高新技术高附加值产品出口，扩大先进技术、关键设备及零部件、资源性产品等进口。三是加快培育外贸新业态、新模式，做大保税贸易，探索打造数字贸易内陆国际枢纽港，建设跨境电子商务综合试验区。四是吸引国际组织在渝设立分支机构。加快引进与区域产业发展关联性强、匹配度高的银行、保险、会计、法律、管理咨询等高端生产性服务企业总部和各级分支机构，有序扩大服务业开放和制度开放，推进贸易和投资自由化、便利化，加强外贸、外资、外经联动，推动开放型经济高质量发展。

（六）坚持生态优先绿色发展

始终保持生态文明建设战略定力，坚持生态优先绿色发展，统筹生态文明建设和经济社会发展，绘就人与自然和谐共生新画卷。

优化生态安全格局。将资源、经济、生态等要素按照合理的空间布局方式，实现生态系统服务的优化与提升。一是筑牢长江上游重要生态屏障。以长江和三峡库区生态保护为核心，以国家重要生态功能区、各类自然保护地为重点，构建长江上游重要生态屏障。二是构建国土空间开发、保护新格局，坚持“生产空间—生活空间—生态空间”三位一体协同发展，以生态保护红线为基础，统筹各类自然地保护工作。三是加强生态保护红线监管，统筹各类自然保护地工作，实施一批水土保持、水源涵养、生物多样性保护的重大工程，完善生态网络和生态廊道的多层次空间格局。四是注重顶层设计，整合现有各类政策规定、技术措施、工程规范等，构建生态保护、经济发展和民生改善的协调联动机制，发挥人力、物力、资金使用的最大效率，实现生态安全效益的最大化。

促进经济社会发展全面绿色转型。一是完善生态文明领域统筹协调机制，构建涵盖生态文化、生态经济、生态目标责任、生态文明制度、生态安全的生态文明体系。二是推动生产服务绿色化。构建以产业生态化和生态产业化为主体的生态经济体系，深化完善项目节能审查、环境影响评价制度，严格控制高耗能、高污染行业增长，加强重点用能单位的节能管理。三是大力推行绿色生活方式。建立完善推行绿色生活方式的政策制度，坚决制止餐饮浪费行为，普遍推行居民生活垃圾分类，促进塑料垃圾源头减量，治理白色污染。提高公交出行分担率，完善新能源汽车政策，统筹布局电动汽车配套设施。四是积极应对气候变化。有序推进碳排放达峰行动，降低碳排放强度，推进清洁能源替代，加强非二氧化碳温室气体管控，健全碳排放总量控制制度，加强温室气体监测、统计和清单管理。

健全生态环境治理体制机制。一是深入推进现代环境治理体系建设。建立健全高标准、高水平的环境治理领导责任体系、企业责任体系、全民行动体系等，全面落实分配各类主体责任。推动环境治理从注重末端进一步转向源头来防控，从无害化治理进一步转向资源化、减量化，从政府管理为主转向各方主体多元治理，打好污染防治攻坚战。二是创新环境治理模式，建立健全排污权、用能权、用水权、碳排放权市场化交易制度，积极探索生态产品价值实现机制，引导社会资本参与环境治理，建立多元化、市场化生态保护补偿机制。三是加强监管体系建设。完善生态环境机构监测、监察、执法垂直管理制度，推进环境风险防控常态化管理，加强生态环境监测能力、监管网络、预警指挥体系建设，完善环境应急处置体系。加大环保信息公开力度，加强企业环境治理责任制度建设，完善公众监督和举报反馈机制，引导社会组织和公众共同参与环境治理。

（七）不断提升公共服务水平

聚焦优质公共服务供给和民生领域突出问题，不断提升公共服务质量、改善民生水平，努力创造高品质生活，更好地满足人民对美好生活的向往。

加快形成优质、均衡的公共服务体系。一是推进基本公共服务标准化、便利化。对标国际一流和国内先进案例，以标准化手段优化资源配置，规范服务流程，提升服务质量，持续完善基本公共服务标准体系，确保基本公共服务要素配置均等化、服务标准规范化、便利化。二是统筹布局、推进公共服务高质量发展。根据新城人口、产业规划和布局等特点统筹布局各类公共服务设施，创新体制机制，平衡好增量资源布局优化与存量资源质量提升，既注重硬件设施的配足配齐，又注重人才等软件的内涵提升，既注重显示度高、辐射力强的重大民生项目，又关注推进基本公共服务均等化。三是增强在经济社会发展中的服务功能。适度前瞻性、高标准地布局优质的教育、卫生、文体旅等公共服务设施和资源，为完善城市功能、吸引集聚人才、创造高品质生活、推动区域产业发展提供有力支撑。

加快补齐公共服务短板。一是提升教育、医疗、养老、文体等公共服务的供给质量，促进城乡均衡化布局，厘清政府、社会、市场在公共服务供给中的责任边界，为民众提供更多高品质公共服务产品。二是推动公共卫生和医疗养老合作发展，健全重大突发公共卫生事件医疗救治体系，支持医联体建设，完善远程医疗协作体系，开展普惠养老城企联动专项行动，鼓励和支持社会力量发展养老服务。三是深入挖掘城市文化内涵，提升旅游度假景区、旅游休闲街区等人文底蕴，盘活博物馆、文化馆、艺术馆等文化资源，为居民营造浓厚的城市文化氛围。四是构建多层次住房供给体系，大力支持住房租赁市场发展，满足各阶层居民多样化住宅需求，提高市民住房可承受性和城市归属感。

（八）打造国内一流营商环境

进一步打造市场化、法治化、国际化的营商环境，在更高起点、更高层次、更高目标上推进体制机制改革，深化社会信用体系建设，健全以公平为原则的产权保护制度，不断提高经济社会发展的内在动力。

坚持以问题为导向全面深化改革。一是创新政府管理和服务方式，继续深化“放管服”改革，通过改革不断推进治理体系和治理能力现代化。深入推进简政放权，放宽市场准入门槛，激发市场活力；强化放管结合，规范市场秩序，提升监管效能；持续优化服务，助力企业发展，便利群众办事。二是着力发挥改革的突破和先导作用，聚焦破除成渝地区双城经济圈建设、科技创新等体制机制障碍，进行深层次改革，系统开展全面创新改革试验，全力破解社会最关注、企业最关心、制约发展最突出的顽瘴痼疾。三是坚持全面深化改革、全面扩大开放不动摇，使改革和创新相互贯通、改革和开放互促共进、改革和法治配套衔接，推动改革和振兴发展深度融合、高效联动，不断增强经济发展内生动力。四是积极稳妥地推进国有企业混合所有制改革，深化国有企业战略性重组和专业化整合，推动国有资本做强做优做大。

深化社会信用体系建设。一是完善信用法律法规体系。制定党政机关归集和使用公共信用信息管理办法、社会组织信用信息管理办法、信用修复管理办法，规范公共信用信息的归集、披露、使用和管理活动，促进社会信用体系建设，为经济社会发展营造良好的信用环境。二是建立健全信用监管机制。建立健全贯穿市场主体全生命周期，衔接事前、事中、事后全监管环节的新型监管机制，持续完善以信用为核心的新型监管体系，强化重点领域信用监管，深入开展信用联合奖惩，打造诚信高地。三是全面推进政务诚信建设。深入开展政务诚信建设，建立健全政务信用管理体系，加强重点领域政务诚信建设，建立政务诚信平台，确保各级政府部门依法行政、守信践诺，进一步提升政府公信力。

健全以公平为原则的产权保护制度。一是建立知识产权侵权惩罚性赔偿制度，依法、平等地保护国有、民营、外资等各种所有制企业产权和自主经营权，保护企业家合法权益，完善各类市场主体公平竞争的法治环境。二是加大市场主体信息安全保护和权益保障力度，持续推动政务信息资源整合，加强各类信用信息系统安全基础设施和安全防护能力建设，在“信用重庆”网站建立信用信息异议处理和完善信用修复通道。三是将诚信建设融入知识产权保护体系。积极推进《重庆市专利促进与保护条例》《重庆市著名商标认定和保护条例》《重庆市作品登记管理办法（试行）》等知识产权法案的修改，将诚信建设融入知识产权保护体系，突出重点强化整治，深化打击侵犯知识产权违法行为专项行动，重罚、严惩各类侵权、违法行为，让侵权者“一处失信，处处受限”，大幅提高违法成本。

参考文献

参考文献

[1]ROSTOW W W. The stages of economic growth: a non - communist manifesto [M]. Cambridge: Cambridge University Press, 1960.

[2]CHENERY H, ROBINSON S, SYRQUIN M. Industrialization and growth: a comparative study[M]. Oxford: Oxford University Press, 1986.

[3]HOFFMANN W. Growth of industrial economics[M]. Manchester: Manchester University Press, 1958.

[4]KUZNETS S. Modern economic growth[M]. Beijing: The Commercial Press, 1989 .

[5]NORTHAM R M. Urban geography[M]. New York: John Willey & Sons, 1979.

[6] FRIEDMANN J. Regional development policy: a case - study of Venezuela [M]. Mass: MIT Press, 1966.

[7](美)罗斯托. 经济增长的阶段[M]. 中国社会科学出版社,2001.

[8]叶莉莉. 区域经济发展阶段划分方法探讨[J]. 沈阳师范大学学报:自然科学版,2008(1).

[9]陈刚,金通. 经济发展阶段划分理论研究述评[J]. 北方经贸,2005(4):12.

[10]西蒙·库兹涅茨. 现代经济增长[M]. 北京经济学院出版社,1989.

[11]苏芮,朱光辉,王国刚. 中国区域经济社会发展阶段识别及协调性研究[J]. 地域研究与开发,2017,36(4):7.

[12]张可远,欧向军. 苏北经济发展的阶段、问题与对策分析[J]. 南京师大学报:

自然科学版,2014,37(3):142.

[13]郭晗,任保平. 结构变动、要素产出弹性与中国潜在经济增长率[J]. 数量经济技术经济研究,2014,31(12):72-84.

[14]林建浩,王美今. 新常态下经济波动的强度与驱动因素识别研究[J]. 经济研究,2016,51(5):27-40.

[15]郭学能,卢盛荣. 供给侧结构性改革背景下中国潜在经济增长率分析[J]. 经济学家,2018(1):29-40.

[16]杜修立,郑鑫. 人口结构、产业结构与中国经济潜在增长率[J]. 统计与信息论坛,2017,32(3):56-61.

[17]石美娟. ARIMA 模型在上海市全社会固定资产投资预测中的应用[J]. 数理统计与管理,2005(1):69-74.

[18]石柱鲜,黄红梅,刘俊生,牟晓云,王立勇. 2007 年我国经济周期波动分析与主要宏观经济指标的预测——利用 Logistic 回归模型的分析[J]. 数量经济技术经济研究,2007(6):14-22.

[19]徐瑞慧. 高质量发展指标及其影响因素[J]. 金融发展研究,2018,442(10):38-47.

[20]张焕波. 高质量发展特征指标体系研究及初步测算[J]. 全球化,2020(2):111-125.

[21]施蕾. 国家高新区高质量发展评价研究[J]. 甘肃科技,2019,35(22):58-61.

[22]袁磊. 铁路企业构建高质量发展指标体系的思考与对策[J]. 铁道经济研究,2019(1):25-27.

[23]李为,黄江效. 推动福建省经济高质量发展研究[J]. 发展研究,2018(9):68-72.

[24]鲁继通. 我国高质量发展指标体系初探[J]. 中国经贸导刊,2018(20):4-7.

[25]马福云,张林江. 以高质量发展指标体系助推经济转型[J]. 党政干部参考,2018(16):8-9.

[26]浙江省经济信息中心课题组. 浙江省“十三五”规划指标体系以及主要指标预期目标建议研究[J]. 浙江经济,2014,23(553):22-24.

专题七　“十四五”时期重庆制造业重点产业链与产业集群研究

课题组成员：易小光　丁　瑶　余贵玲　李　权　王　利　蒋安玲
罗宇航　苏　凡　陈　殊　李　霞　简华球　夏　月
戴方尧　李　俊

当前及“十四五”期间，经济全球化遭遇逆流，疫情影响深远，世界进入动荡变革期，全球产业链供应链稳定深受影响，产业格局面临深刻调整。我国加快构建以国内大循环为主体、国内国际双循环相互促进的新发展格局，致力于推进产业基础高级化、产业链现代化，进一步提升国内产业竞争力。适应国内外产业发展新形势新变化，明确“十四五”时期重庆制造业重点产业链与产业集群发展的战略路径，有利于推动重庆经济实现高质量发展，加快建设成渝地区双城经济圈，更好地发挥“三个作用”，服务国家战略。

一、重庆制造业重点产业链与产业集群构建的重要性

（一）产业链与产业集群内涵

1. 产业链内涵

产业链概念萌生于18世纪中后期，源自西方经济学之父亚当·斯密《国富论》中对制造业分工的研究。19世纪90年代，英国著名经济学家马歇尔首次在其著作《经济学原理》中提出了“产业链”的概念。20世纪中叶，德国学者赫尔曼开展系统研究，将产业链从企业内部拓展到外部，指出了产业链前后向的纵深对经济发展具有重要作用。20世纪末至21世纪初，迈克尔·波特研究了产业链与价值链的特点，斯特恩将产业链发展为模块化的产业网络。

传统意义上的产业链是产业按照一定的关系组成的具有相关性的连续链条，产业链的典型特征是紧密围绕核心企业，基于对资金流、物流和信息流的有效控制，形成从原材料为起点，再到一系列中间产品，最终抵达消费者的功能链网模式。随着市场竞争日趋剧烈，信息数据日益膨胀，企业组织形态不断趋向复杂和多样化，基础分工协作模块化，产业链演变成网状结构。

2. 产业集群内涵

产业集群的研究可追溯至马歇尔在1890年提出“内部经济”和“外部经济”的概念，进入20世纪之后，德国经济学家韦伯的工业区位集聚论、奥地利政治经济学家熊彼特的创新产业集聚论、美国经济学家胡佛的产业集聚最佳规模论均在一定程度上对产业集聚进行了发展。20世纪末，迈克尔·波特在其著作《国家竞争优势》中明确提出了“产业集群”的概念，并进一步分析研究了区域内企业的集群现象。

产业集群主要针对特定区域中以竞争与合作的关系存在，且地理区位上具有交互

关联性的企业，以及一系列专业化供应商、服务性供应商，相关及支持产业的厂商及其他利益相关机构等共同组成的产业群体。产业集群相比于产业集聚而言，不仅考察产业资本要素在空间范围内持续聚集的过程，更注重于产业演化的纵深程度和产业复杂性的相异特征。换而言之，产业集群基于产业集聚完善产业链，并体现为相关产业协同发展的区域集中分布状态与经济组织形式。

（二）重庆重点产业补链强链建设产业集群的重要性

1. 防控经济安全风险的需要

重庆市重点产业对经济建设、社会发展和民生改善均发挥支柱作用。当前，全球新冠肺炎疫情持续蔓延，逆全球化逐渐兴起，单边主义势头强劲，国际形势复杂多变，我国包括重庆产业链供应链安全稳定受到较大影响。目前我国在基础原材料、高端技术、专用设备及核心零部件等领域面临重大“瓶颈”，国内经济发展下行风险逐渐增大。受此影响，重庆汽车产业、电子信息产业、装备制造产业等重点产业均不同程度上遭受冲击。因此，通过推动重点产业补链强链以支撑企业规模与实力的提升，促进居民就业创业，带动市场消费需求，从而化解经济滑坡风险具有现实意义。

2. 高效利用经济空间的需要

重庆市辖区地域广泛，区位交通便利。目前，重庆市以主城都市区为核心，带动渝东北、渝东南两大城镇群一体化发展。产业园区以两江新区、重庆高新区为龙头，带动“一区两群”多个国家级开发区与市级特色工业园区，构建重点产业集群。但同时，市内产业结构总体还不够合理，要素资源利用不充分，增值空间分布不均衡，经济潜在增长能力仍有待挖掘。重庆通过重点产业进行补链强链，推动产业发展模式转型，降低要素流动成本，优化价值创造空间，具有重要实践意义。

3. 增强区域竞争能力的需要

重庆市是我国传统工业基地之一，并由此构建现代制造业基地，打造出电子信息与汽车两大核心产业集群，亦形成了装备、材料、消费品制造等千亿级产业集群。现阶段，我国正处于制造业转型升级的关键期，同时又面临错综复杂的国际环境，经济上行挑战艰巨。面对时局，党中央提出要加快形成以国内大循环为主体、国内国际双循环相互促进的新发展格局。在成渝地区双城经济圈建设中，重庆通过重点产业补链强链，发挥核心引领作用，带动区域经济协同发展，进一步增强综合竞争能力具有长远意义。

（三）国内外有关产业链和产业集群发展经验实践

1. 国外发展经验

世界上主要发达国家高度重视产业链和产业集群发展。产业集群，尤其是创新集群，已逐渐成为一种有效的区域经济增长方式，受到世界各国高度关注。近年来，集群经济的优势不断增强，发展产业集群已成为发达经济体推动经济发展的重要战略手段之一。

（1）美国

在美国，产业集群已发展了很长时间，类型多样、特点突出，成为经济增长的催化剂。例如，底特律以汽车工业闻名，匹兹堡以钢铁产业闻名，硅谷以高新技术产业闻名。众多高水平的产业集群是美国制造业保持全球领先的重要支撑。由哈佛商学院和美国经济发展协会共同开发的产业集群地图显示，美国有本地集群（Local Clusters）和对外集群（Trade Clusters）两大集群类型，分别涵盖16个和51个行业领域，并分别服务于本地市场和其他地区或国家市场。

美国产业集群在布局上注重与自然资源、区位优势和科研优势的耦合，在发展过程中强调产、学、研协同创新，并且市场、政府与中介机构三方合作顺畅高效，形成了鲜明的发展特点。目前，美国已发展形成多个具有国际影响力的产业集群，例如生物医药产业集群。得益于雄厚的科研技术支撑、风险投资为特色的资金支持、企业自身较强的管理和创新能力、成熟且高效的技术转移体系和良好的政策扶持体系，美国生物医药产业集群发展成果显著，生物医药产业对美国的经济影响力不断增强，成为美国高技术产业发展的核心动力之一。

专栏7-1　美国产业集群发展特征

一是布局上注重同自然资源和人文特色的耦合。在美国，产业的形成与地区的要素禀赋、科研机构密度和交通区位等紧密相关，而随着产业集群的进一步发展，技术、人才、资本和产业又继续向当地集聚。以休斯敦石化产业集群为例，得益于墨西哥湾附近丰富的石油储量和突出的交通区位优势，石油勘探、开采、加工等上下游产业在该地不断壮大，同时也带动了石油装备、运输装备、贸易、金融等行业的快速发展，促进了大量人才和商业资本的集聚。目前，美国前30大能源公司中有29家选择将企业总部设立在休斯敦，该地集聚的石油设备制造商和供应商数量超过千家，开展能源相关业务的企业在5000家以上，石化产能占据全美的半壁江山。

二是强调产、学、研协同创新。产业链与创新链协同是美国产业集群保持与提升创新力的重要动力。以波士顿生物技术（生物制药）产业集群为例，该地聚集了麻省理工学院、哈佛医学院、波士顿大学医学院等一大批顶尖大学和医疗机构，外加一系列产学研合作机制的形成，极大地促成了集群的发展壮大。例如，麻省理工学院的企业孵化中心不断向众多生物技术企业培养和输送科学家，同时也鼓励科研人员创新创业，为创业人员提供资金支持和专利技术认证服务，此外还为诸多风险投资者提供具有市场潜力的生物科技成果，助力科研成果转化。又如，硅谷高新技术产业集群最初以斯坦福大学研究所为中心，成立了首批信息技术创业企业，吸引了瑞森、IBM、西屋等一大批知名公司在该地设立研究中心。同时，集群内众多中小企业在资源整合、外包服务等方面相互合作，促进了创新思想的交流碰撞，也保障了创意和构思及时向产品转化。

三是市场、政府与中介机构三方通力合作是美国产业集群发展壮大的基石。例如，在21世纪初，密歇根州政府察觉到美国本地主流车企在混合动力技术方面已开始落后于日本丰田公司，为此提出了针对性的追赶计划，决定在底特律市大力发展混动汽车产业，当地整车制造企业也同步发力，如通用旗下的雪佛兰沃特混动汽车将量产入市，个别车企同丰田公司签订混动技术许可合约等，在政府与车企的合力推动下，底特律汽车产业集群得以再次繁荣。此外，中介机构在美国产业集群发展中的作用不可忽视。例如，美国各州的诸多商业组织在制定产业集群标准、维护市场秩序、解决贸易争端、建设和维护品牌等方面发挥了积极作用，它们不仅为技术研究机构提供资金和信息支持，还协助其开拓市场，争取政策支持等，成为政府和企业间的重要纽带。

政府作为产业集群系统中的重要组成部分，在集群培育和发展中发挥着重要作用。美国政府培育集群发展的经验主要包括制定完善的政策体系、积极利用财政金融手段支持集群创新创业、构建“1 + N”协作机制、搭建高效的集群信息共享平台等①。

专栏7－2　美国政府培育产业集群的主要做法

一是制定完善的政策体系。美国高度重视集群政策对产业集群发展的引导和推动作用，各级政府出台了一系列相关政策。在联邦层面，美国有专门的政府预算来支持区域创新集群的增长战略实施。例如，美国联邦政府在2010年提出了“能源区域创新集群计划”“工作加速器合作集群计划”“区域创新集群计划”，用以支持建设56个创新集群；2015年美国商务部同欧盟委员会内部市场、工业、创业与中小企业总司签署了《欧盟—美国集群合作协议》，旨在促进欧盟和美国集群之间的跨洋联系。在州政府层面，出台的集群政策则更为具体。例如，加州经济战略小组自1996年起便着力于跟踪研究全加州的产业集群，提出了调整经济政策、实行发展激励、完善公共服务体系、调整经济政策等一系列具体的政策建议。除此之外，美国还有完善的同产业集群相关的区域政策、科技政策、中小企业支持政策，进一步推动了产业集群的健康发展。

二是积极利用财政金融手段。美国政府在培育和发展产业集群的过程中，大量采用财政金融手段，用以支持集群内企业创新创业。财政支持方面，有专门的预算用于支持科研机构技术研发、协助战略产品市场开拓、支持集群的组织机构发展等。例如，“区域创新集群计划”每年通过约600万美元的预算用以资助集群组织机构，向集群内中小企业提供创业咨询服务，建立导师—学徒关系，向潜在投资者展示小企业的新技术。金融支持方面，政府积极引入社会资本，支持集群内的初创企业发展。例如，美国商务部在“区域创新战略计划”中设立种子基金，发挥引导和撬动社会资本的作用，吸引大学、基金公司、企业和非盈利机构等成立集群投资基金，对集群内重点领域的初创型、高成长型企业进行股权投资，营造了良好的创新创业氛围。

① 张舰，黎文娟，赵芸芸，等．美国产业集群发展有哪些启示？［N］．中国电子报，2019－06－11.

三是构建“1 + N”协作机制。在推进集群建设过程中，为整合资源和消除部门间的壁垒，美国政府往往采用由一个部门主导、多个部门共同参与的“1 + N”协作机制。其中，主导部门负责依据实际发展需要，针对特定集群给予政策引导并加大金融支持力度，其他部门则配合提供相关配套政策及服务。例如，对于“能源区域创新集群计划”，主导方为美国能源部，其余参与方有小企业管理局、商务部、劳工部、教育部等多个部门，其中能源部主要负责集群内企业的技术研发合作、资金提供与技术支持等，小企业管理局则侧重于提供教育培训、商业网络、贷款申请、专利申请等服务，同时也在营销策略和技术转移策略制定等环节提供帮助。

四是高效的集群信息共享平台建设。美国政府一直以来同企业商会、行业协会等非政府机构保持着紧密合作，利用他们所掌握的大量集群相关信息搭建信息共享平台，服务于集群管理和发展。2014 年，由美国商务部和哈佛商学院战略与竞争力研究所联合开展的“Cluster Mapping”项目收集了多达 5000 万条产业集群和区域商业环境相关数据，对外公开发布了美国集群数据库和集群地图。同时还为政府和企业针对集群优势和潜在机会进行分类比较提供了算法支持，在企业之间，以及企业与政府间搭建起沟通平台，帮助企业获取政府正在推动的集群项目相关信息，同时也有助于交流和分享企业经营和创新等的实践经验。

(2) 日本

高度的产业集群化是日本制造业不断取得国际竞争优势的重要因素之一。日本产业的发展受政府政策的影响较大，2001 年至今是其战后产业发展的第四阶段，主要目标是培育具有全球竞争力的产业集群。日本产业集群发展由经济产业省（Ministry of Economy, Trade and Industry, METI）和文部科学省（Ministry of Education, Culture, Sports, Science and Technology, MEXT）主导规划，分别推出实施了“产业集群计划”和“知识集群计划”两套目标突出、特点鲜明的集群发展政策，旨在发挥创新的产业链式效应，促进信息和知识的融合交互，加速区域品牌建设和国际产业集群打造，增强经济环境中的抗风险能力。日本集群政策的实施周期通常为 15 ~ 20 年，并针对集群的形成和发展制定有阶段性目标和预算。

专栏 7 - 3　日本产业集群政策

2001 年以来，日本的产业集群政策以经济产业省（Ministry of Economy, Trade and Industry, METI）的“产业集群计划”和文部科学省（Ministry of Education, Culture, Sports, Science and Technology, MEXT）的“知识集群计划”最具代表性。

METI“产业集群计划”主要的目标是通过完善企业创新网络，提升区域创新能力，培育以高技术科技产业为主体的创新产业集群。该产业集群计划经历了启动（2001—2005 年）、成长（2006—2010 年）和自主发展（2011—2020 年）三个发展阶段。其中，启动阶段的目标在于以国家为中心启动建设 20 个集群项目，构建良好的产学官合作关系；成长阶段的重点任务包括推进新产品的开发及产业化、创业、管理创新等多项事业；自主发展阶段期间，国家以逐步减少财政支持的方式来推动集群自律发展。METI 计划的顺利实施得益于多方主体的协力参与，包括企业给予项目支持，大学与研究机构提供研究援助，金融机构提供融资服务，贸易公司负责销售渠道，地方政府和行业组织提供产业化服务等。

MEXT“知识集群计划”于2002年开始实施，共有18个区域参与。该计划初始阶段，即培育阶段的目标是以一批研究能力和成果突出的大学科研机构为核心，吸引相关研究机构和科技型企业落地布局，加速知识集聚，政府在该阶段向参加区域提供每年5亿日元额度的资助。进入差别发展阶段后，集中力量重点支持部分区域培育世界一流集群，政府在该阶段每年向入围区域提供5亿～8亿日元资助，该阶段累计有九个区域参与实施了MEXT计划。进入第三期形成阶段后，集群计划的目标是打造技术创新型集群，政府会根据集群发展的具体情况来确定资金的进一步投入。MEXT计划实施仅5年后，便诞生了超过2500件国内专利和超过400件国际专利，与集群计划相关的成果收入约212亿日元。

日本产业集群在发展过程中逐渐形成了建立精准、长效机制、聚焦创新网络建构、强调政府和市场双重作用、重视政策的评估与调整等特征。METI“产业集群计划”和MEXT“知识集群计划”的实施，推动了一批具有国际竞争力的产业集群形成。例如，九州半导体产业集群便是日本“产业集群计划”实施的成果。目前九州地区形成了从IC设计、制造到封装测试完整的半导体产业链，集聚了200多家半导体设备制造及设备零部件制造商，2018年集成电路产值在日本全国占比38.3%，巩固了日本在半导体材料和设备制造领域的领先优势。日本借助集群计划的实施，积极促进政府、科研机构和产业间良性互动，成功搭建了产学官合作网络，较好地提升了产业创新能力和科技成果转化能力，增强了金融危机应对能力。

专栏7-4　日本产业集群发展特征

一是建立集群政策的精准长效机制。日本十分重视集群政策的演变性和持续性，先后实施了包括产业集群计划、知识集群计划在内的多个集群发展计划，集群计划阶段目标明确、重点突出，在实施过程中不断完善，以解决集群发展过程中的不同问题。例如，METI“产业集群计划”时间跨度达20年，启动阶段着力于产学官合作网络的构建，成长期侧重新产品的研发和产业化，发展期重点推动集群可持续发展能力的形成。

二是聚焦于构建创新网络。METI“产业集群计划”和MEXT“知识集群计划”均致力于构建区域政产学研相互合作的创新体系。在构建创新网络的过程中，通过设立专门的集群计划推进机构，搭建同技术转移、金融、地方政府等多部门之间的关系网，组织高校、科研机构、企业以及行业协会对集群产业发展的方向、技术路线等进行讨论，促进集群创新要素的流动，推动技术进步并加快成果转化步伐。作为一种可持续的创新机制，创新网络的构建较大程度地提升了企业与产业的创新力，成为日本产业集群不断发展、进步，保持并增强区域竞争力的重要支撑。

三是强调政府与市场的双重作用。产业集群政策作为政府干预经济的手段之一，表现出较强的外生性。与此同时，日本产业集群政策的制定和实施十分强调市场的基础性功能与力量，又赋予了其较强的内生性。例如，政府并不直接参与确定集群项目的地区或产业发展领域，主要是基于各地的资源禀赋而进行的自主或自动选择。

四是注重产业集群政策的评估与调整。日本十分重视对集群政策本身、外界环境变化以及两者匹配度的评估工作，以便在政策运作过程中及时调整。例如，MEXT“知识集群计划”实施的第一阶段共有18个区域参与，而在第二阶段为集中政策力量，获支持的区域缩减至9个。及时的跟踪评估与调整机制有力增强了日本产业集群政策的科学性，有助于其更好地把握产业发展趋势和适应外界的环境变化。

(3) 德国

在经济全球化背景下，为提升区域整体的竞争力，欧洲各国开始不断强调以加强创新活动来促进经济增长，发展创新集群成为促进区域发展的潜在动力。德国高度重视并积极推动集群的发展，20世纪90年代中期以来，从联邦政府到州政府相继出台了一系列集群政策和行动计划（图7-1），来促进产学研结合、组建创新联盟和建设创新集群，发展创新集群逐渐成为德国科技战略的核心内容。其中，不少项目的影响延续至今。联邦政府与州政府两级并行推动的模式是德国发展创新集群的主要特征，其中联邦政府的支持基金一般由联邦经济事务与能源部（Federal Ministry for Economic Affairs and Energy，BMWI）及联邦教育与研究部（Federal Ministry of Education and Research，BMBF）发起，而州政府层级则由各州政府及相关部门依据自身情况发起相关支持计划和政策。

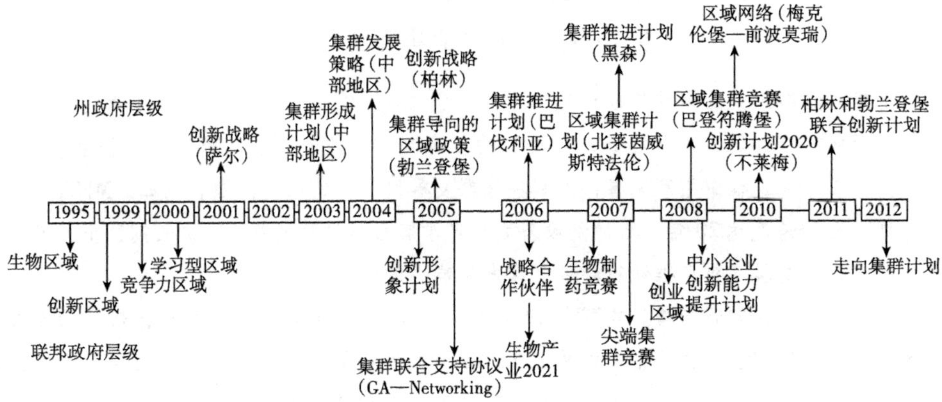

图7-1　德国主要集群发展计划

资料来源：中国科协创新战略研究院。

德国的集群计划主要有三种类型。第一类为针对某特定技术或产业的集群推进计划，以生物区域计划（BioRegio）为代表；第二类为聚焦特定地区的集群计划，例如创新区域计划（InnoRegio），旨在促进德国东部地区技术进步和产业发展；第三类属于综合提升类集群计划，对产业类别和实施区域并无限制，旨在提升集群的创新能力、管理能力和国际化水平，从而带动区域经济和德国整体经济的发展，具体包括领先集群竞赛（Leading－edge Cluster）、走向集群计划（Go－Cluster）等。

德国有明确的以集群为核心推动创新的发展战略，在推进集群发展的过程中，具体实施了分类推进、竞赛机制等特色措施，同时强调了集群网络的建设，并重视对集群的监测和集群计划的评估。经过20余年的发展，德国已培育成形的集群超过400个，其中获“欧洲卓越集群计划”金标、银标和铜标的集群数量稳居欧洲前列。通过一系列定位于特定行业、区域以及综合性集群计划的推进实施，稳固了德国在世界科技和经济领域的领先地位，培育了部分具有国际影响力和竞争力的创新集群。例如，斯图加特汽车产业集群已成长为德国乃至全球规模最大的汽车产业集群之一，是当地稳定就业、推动经济发展的核心力量。

专栏7－5　德国集群发展战略主要特征

一是明确顶层战略，分类推进实施。德国确立了以集群为核心推动创新的发展战略，并取得了联邦和州两级政府的共识，在政府部门的合力推动下，德国集群得以快速发展。在集群战略的实施过程中，采用了分类推进的方式。一是通过设立专项计划，对弱势技术和产业、落后区域进行支持。二是针对发展基础较好的集群，引入竞赛的方式，充分运用市场机制营造良好的竞争环境，同时树立标杆，促进其创新能力、管理能力和国际化水平不断提升。

二是实施自下而上的“赛马机制”。竞赛方式是德国遴选并培育高水平领先集群的重要机制。以“领先集群竞赛”为例，联邦政府通过组建专业的评审委员会对所申报集群的发展战略大纲进行初评，产生15家入围集群名单，入围集群需进一步提供详细申请材料参与第二阶段评选，最终认定出5家领先集群，可获得五年内共四千万欧元的资助。

三是重视创新网络建设。德国拥有较为完善的创新体系，各创新主体分工明确、合理，有利于形成合理、高效、稳定的依托创新链条、价值链条的创新网络。网格化组织模式在形成多维跨域协同创新共同体中扮演了关键角色。“走向集群计划”（Go－Cluster）的重要目标任务之一便在于推动跨集群伙伴关系的构建，以促进集群参与者的创新和发展。该计划资助了多个地区性跨学科、本国内跨地区以及跨国家的不同维度集群间协助项目，涉及集群44个。

四是组建中立高效的“促进机构”。通过非政府的、非营利性的集群发展促进机构，打通政策链、创新链、产业链和资金链。德国集群促进机构通常扮演纽带角色，以企业需求为中心，搭建多方协作网络，精准服务集群成员。具体而言，促进机构可召集集群内企业共同申报政府资助项目，促进具竞争关系的企业开展合作，推动产业链上下游企业互助，提升科研机构与企业的协同创新水平，为集群内企业寻求金融支持等。

五是注重对集群的评估与监测。主动监测可以深入了解集群参与主体所面临的困难和需求，有助于把握集群发展的状况，这已成为德国集群发展的重要特征。此外，针对重大资助计划，为了解政策落实情况和资助资金使用情况，德国通常引入第三方机构开展事中和事后评估工作，政府可依据评估结论对政策和资助计划加以调整，同时定期向社会公开监测评估结果，以增强政策和财政的透明度。

2. 国内发展经验

面对当前我国产业链与创新链、人才链脱节或不匹配等问题，为积极打造产业创新生态圈、提升制造业在外部环境快速变化中的适应能力、加快推进制造业高质量发展，我国结合自身实际与国际经验提出了推进创新型产业集群等发展战略。近年来，面对外部环境冲击，为稳定产业链、供应链，畅通产业循环和市场循环，推进产业链现代化，各地纷纷重视“延链”“补链”“强链”工作，以“链长制”为代表的创新探索应运而生。

（1）创新型产业集群

我国的传统产业集群多数属于产业链上部分环节企业简单集聚，没有形成创新体系，即使有一些创新集群要素，也由于要素之间联系不紧密、系统性缺乏，不能产生基于新知识和新技术的协同效应。党的十八大以来，创新被提到了前所未有的高度，我国加快推动由制造业大国向创新型大国转变，高度重视并大力引导支持创新型产业发展，推动创新型产业集群培育试点工作。按照科技部的界定，创新型产业集群指的是产业链相关联企业、研发和服务机构在特定区域集聚，通过分工合作与协同创新，形成具有跨行业、跨区域带动作用和国际竞争力的产业组织形态①。

重视创新型产业集群培育的机制建设。2011 年，科技部启动“创新型产业集群建设工程”；2012 年，国务院出台《关于深化科技体制改革加快国家创新体系建设的意见》，强调要“加强区域间科技合作，推动创新要素向区域特色产业集聚，培育一批具有国际竞争力的产业集群”；2013 年，科技部发出《关于印发〈创新型产业集群试点认定管理办法〉的通知》（国科发火〔2013〕230 号），正式启动全国创新型产业集群试点工作。2020 年，科技部出台的《关于深入推进创新型产业集群高质量发展的意见》中提出，要在战略性新兴产业中重点建设 100 个国家创新产业集群。2020 年 11 月，科技部发布《创新型产业集群评价指引（试行）》，要求按照“一区一主导产业”培育创新型产业集群。国务院及相关部委累计出台相关政策文件超过 307 项，地方政府出台适合本地实际的支持创新型产业集群发展的政策，如广东省就出台了 60 项相关政策。

积极开展创新型产业集群培育试点。按照党中央、国务院重大部署要求，科技部加快创新型产业集群培育试点，取得显著成效。2011 年，科技部选定中关村移动互联网、武汉地球空间信息技术等首批 41 家创新主体作为创新型产业集群建设工程试点（培育）单位，依托国家高新区培育一批战略性新兴产业集群。2013 年、2014 年、2017 年分三批正式开展创新型产业集群培育试点。截至目前，科技部已在全国布局培育 109 个创新型产业集群，其中 95 家集群单位在国家高新区，占全部培育集群总数的 87%。重庆市璧山新能源汽车关键零部件绿色智能制造创新型产业集群、重庆电子信息创新型产业集群纳入第三批次试点建设单位名单，重庆试点集群数量位居西部前列。

① 科技部关于印发《创新型产业集群试点认定管理办法》的通知[J]. 国科发火〔2013〕230 号,2013-02-07.

创新型产业集群行业分布广，主要分布在沿海发达地区。我国创新型产业集群主要分布在生物医药、生物制品、医疗健康业，光伏、智能输配电、智能电网及设备制造业，现代高端装备制造业，高端石化、高端铝材、石墨烯、稀土业，信息安全及应用服务技术业，水环境、节能环保及资源循环利用业等战略性新兴行业。集群培育主要依托地区产业发展优势，也满足了协调发展要求，多集中在经济发达、创新资源充足的东部沿海地区，以广东和江苏的创新型产业集群最多，上海和广东的创新型产业培育集群最多（图7－2）。

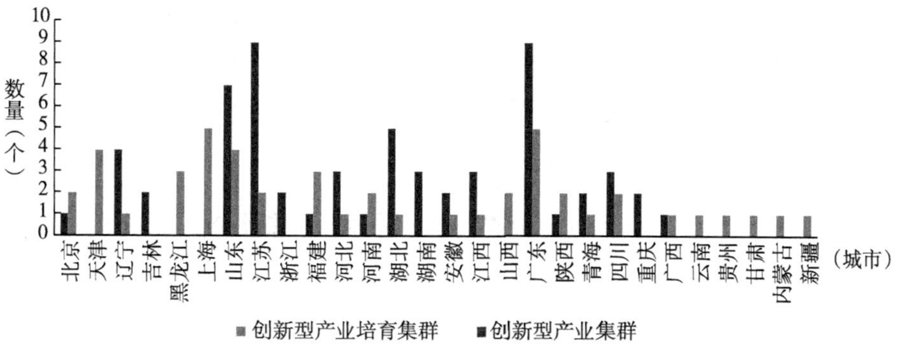

图7－2 全国创新型产业集群与培育集群分布情况

资料来源：中国火炬统计年鉴2019（科技部火炬中心）。

专栏7－6 我国创新型产业集群培育成效

经过10余年的培育，我国创新型产业集群发展取得显著成效。从集群规模和主要经济指标来看，2018年我国109个创新型产业集群（含48个试点培育建设集群）共有企业22177个（其中高新技术企业数9065个），营业收入5.54万亿元，工业总产值达4.57万亿元，年末从业人员415.2万人。在科技活动成果方面，2018年各创新型产业集群共有科技活动人员107.9万人，企业科技经费支出合计约2487.6亿元，当年授权发明专利27857件，当年形成国家或行业标准1020项。在服务机构建设方面，集群内目前共有国家级科技企业孵化器277个、国家级生产力促进中心44个、国家技术转移机构109个、研发机构4774家。按照世界知识产权组织的评估结果，我国17个区域入围全球创新集群百强，粤港澳大湾区、北京、上海三大区域入围全球创新集群前十。此外，在创新型产业集群发展过程中诞生了一系列在国内国际有影响力的知名品牌，成为推动集群发展壮大的内在动因。

典型集群：深圳市高新区下一代互联网创新型产业集群。作为我国首批设立的创新型产业集群，发展成效居全国前列。从产值看，营业收入从2013年的1310亿元提升至2017年的3900亿元，增长近3倍；从企业数量看，集群内企业数量稳中略降，其中高新技术企业数量增长明显；从成果数量看，集群当年发明专利申请数呈跨越式上升，从2015年的5533件升至2017年的12489件。深圳市高新区下一代互联网创新型产业集群创新能力加快提升，集群单位产能大幅提高，充分展现创新型产业集群的发展优势。

（2）“链长制”

随着中美贸易摩擦和全球新冠肺炎疫情持续蔓延，对我国产业链、供应链安全带来极大挑战。为应对日趋复杂的国际经贸环境形势，在党中央、国务院的统一领导下，全国各省市开始重视“延链、补链、强链”工作，优化产业链条整合力，江西、浙江等省份创新推出了产业链“链长制”。

产业链“链长制”是由政府牵头形成产业链工作连锁机制，通过整合产业资源和要素配置，打造“点、线、面、体”全方位的产业生态共同体，促进产业链上下游产生化学反应，激发产业增长点。作为一种全新的产业组织形式，“链长制”这一制度安排着眼于贯通上下游产业链条的关键环节，强调以“产业链”为基础纽带拓展供应链、信息链、人才链、资金链等多个链条，在要素保障、市场需求、政策帮扶等领域精准发力，搭建起产业链上下游企业便捷联动的桥梁，对产业链生态完善、产业协同共进、产业集群提升等方面发挥重要的作用。

专栏7－7　国内部分省（市）产业链“链长制”具体做法

湖南省。2018年7月，湖南省出台《省委、省政府领导同志联系工业新兴优势产业链分工方案》，由省委书记负责联系自主可控计算机及信息安全产业链，省长对接联系航空航天（含北斗）等产业链。

浙江省。浙江省是国内最早在全省范围内系统化、普遍化推进“链长制”的省份。为应对国际经贸形势变化对区域产业链的冲击，2019年8月浙江省发布《关于开展开发区产业链“链长制”试点 进一步推进开发区创新提升工作意见》，要求各开发区确定一条产业特色、国际竞争力、配套等方面实力较强的产业链进行试点，链长由所在市（区、县）的主要领导担任。链长制的核心是“九个一”机制：对于产业链发展，形成一个规划、一套支持政策、一个空间平台、一批龙头企业、一个共性技术支撑平台、一支专业招商队伍、一名指导专员、一个分工责任机制和一个年度工作计划。

广西壮族自治区。在浙江经验基础上，广西对产业集群、产业链管理都作出了统筹。2019年11月，广西推出《广西重点产业集群及产业链群链长工作机制实施方案》，对产业集群、产业链的负责人进行了责任分工，明确由总群链长负责组织领导整体工作；群长是所负责产业集群的直接责任人，同时负责组织协调工作；链长是所负责产业链的直接责任人。群链长会议原则上每半年召开一次。

江西省。2020年4月，江西省出台《关于实施产业链链长制的工作方案》，提出“链长制”江西方案，保障因新冠肺炎疫情影响的产业链和供应链稳定。江西产业链链长制度的诞生与浙江存在差别，主要针对链条不完整、龙头企业不强、价值链不高等薄弱环节，按“一位省领导、一个牵头部门（责任人）、一个工作方案、一套支持政策”的工作模式，全面梳理供应链关键流程、关键环节，精准打通供应链堵点，连接断点，畅通产业循环和市场循环。

二、当前重庆制造业重点产业链与产业集群现状

（一）发展现状

1. 电子信息产业

近十年来，重庆着力实施“云端计划”，以及以大数据智能化为引领的创新驱动发展战略行动等计划，采用产业链上中下游集聚等集群化发展方式，电子信息产业规模迅速扩大，改变了重庆市工业经济支柱产业汽摩“一枝独秀”的单一产业结构，电子信息制造业高质量发展的势头更加明显。“十二五”初期、末期及“十三五”末期的2010年、2015年、2019年三个代表性时间节点，重庆市电子信息产品制造业规模分别为979亿元、4076亿元、6664亿元，产业集群实现从1000亿元级跃升为5000亿元级以上的规模。2019年，电子信息产业增加值达到1105.01亿元，占工业比重为16.6%，增长贡献率达到33.9%。从产值看，重庆市电子信息产品制造业总产值6664亿元，占工业产值的27.2%，对工业增长贡献率达42.7%。重庆市共有639家规模以上电子企业，其中计算机整机及配套产业占比51.7%，手机及配套产业占比19%，电子核心部件、家电、机电、智能仪表等其他电子制造产业合计占比29.3%。

从产业链角度看，重庆市电子产品制造业已经智能终端、集成电路、新型显示、物联网四大产业链比较完善，产业集群形成一定规模。一是已成为全球范围内举足轻重的智能终端产业集群。经过10年左右高速发展，重庆集聚形成了以10余家品牌商、六大代工企业以及1000余家零部件企业为主体的智能终端产业集群。智能终端产品以笔记本电脑、手机、平板电脑、打印机、显示器等产品为代表，已经建成全球最大的笔记本电脑生产基地、千亿级手机产业制造基地。2019年完成产值4030亿元，占重庆市工业总产值的19.2%。二是集成电路产业链基本成型。重庆集成电路产业起步早、基础好、需求大，通过持续科技创新、人才集聚和环境优化，已经聚集近40余户企业，初步建成了包括芯片设计、晶圆制造、封装测试、应用开发在内的芯片全产业链，2019年产业规模约200亿元。三是新型显示全产业链初具雏形。近几年，重庆加大对显示面板企业的招商引资力度，先后成功引进京东方、惠科、康宁、富士康等显示面板企业，具有玻璃基板、液晶面板、显示模组、终端器件等产品门类。2019年产业规模262亿元。四是物联网形成“硬件制造—系统集成—运营服务”为一体的全产业链。重庆市从事物联网研发、制造、运营的单位已达287家，初步形成了以南岸区国家物联网产业示范基地为核心发展区，以渝北、沙坪坝、大渡口、九龙坡、北碚等区（县）为集聚区的“一核心区、多集聚区”的产业发展格局，呈现龙头企业、大规模物联网运营平台、大中小微企业协同发展协调发展的态势。2018年，物联网实现产值565.3亿元，同比增长37.3%；其中硬件制造实现产值320.8亿元，同比增长32.4%；系统

集成实现产值 54.7 亿元，同比增长 36.0%；运营服务实现产值 189.79 亿元，同比增长 46.9%。

从供应链和价值链角度看，近年来，重庆采用产业链上中下游集聚等集群化招商引资的发展方式，迅速构建起比较完备的产品体系。一是生产端，重庆市电子产品制造业总体围绕计算机、手机制造进行配套。重庆市 639 家规模以上电子企业中，计算机整机及配套产业占比 51.7%，手机及配套产业占比 19%，电子核心部件、家电、机电、智能仪表等其他电子制造产业合计占比 29.3%。智能终端产业链各段品牌商、代工企业、零部件企业集聚，笔记本电脑基地本地配套率 85%。手机产业集群完成产品设计、配件生产、整机制造等完整的产业链布局。二是销售端，重庆市电子产品制造业主要产品出口比重大。近年来，重庆市笔记本电脑出口占高新技术产品出口总额接近 60%。两大保税区内代工企业和惠普内销厂实现产值 2440.9 亿元，同比增长 9.1%，占智能终端产业总产值的 60.6%。三是产业集群向高附加值延伸。重庆电子信息产业通过自身制造业基础优势，不断向制造前端的研发设计延伸，以及制造后端的品牌营销、售后服务延伸，实现了上下游环节的垂直整合，英业达、富士康、仁宝、纬创在渝均落地研发中心或研发部门，创新能力稳步增强，产业集群向高附加值延伸。

2. 汽车产业

重庆汽车产业已经建立起“整车 + 配套 + 研发 + 认证”的生产结构和协同研发检测体系，形成了重、轻、微、轿车型齐全的汽车产品线，成为全国主要的汽车研发生产基地之一。2019 年，重庆市生产汽车产量 138.3 万辆，占全国比重 5.4%；汽车产业增加值达到 855 亿元，整体发展呈现止跌向好的态势。近几年，主要通过长安福特一二三工厂、长安福特发动机工厂、长安福特变速器工厂、长安鱼嘴基地等项目实施，构建重庆汽车产业骨架体系，带动上汽通用五菱、北京现代、长城汽车等市外整车企业来渝布局，支持小康等本土企业进入汽车领域，目前重庆市已集聚汽车整车企业 20 家、零部件企业 1000 家，汽车产业单车价值进一步提高。其中，新能源汽车已形成“9 家乘用车 +2 家客车 +3 家商用车 +30 家配套企业”的产业体系，2019 年产量 5 万辆、占全国的 4%，产值 80 亿元。智能网联汽车产业汇集了长安、小康等整车企业，中科创达等配套企业，百度、阿里、腾讯等互联网企业，以及中国汽研、重庆车检院等国内领先的第三方检验检测机构，建成了全国知名的智能网联汽车示范区，启用了国内首个 5G 自动驾驶开放道路场景示范运营基地。2019 年产量 19 万辆，占汽车总产量 14%，实现产值约 400 亿元。长安汽车在国内首个发布 L3 级自动驾驶技术。随着成渝地区双城经济圈上升为国家战略，汽车产业将是成渝建设双城经济圈的重要发力点之一。

3. 装备制造业

装备制造是重庆传统优势和支柱产业，已形成一批竞争能力强的重点装备制造产业。2019 年，重庆装备制造产值达到 1974.52 亿元，同比增长 8.9%，占全市制造业总产值的9.4%，对制造业贡献率达到12.1%。轨道交通装备产业形成了以单轨为代表的产业集群，2019年实现产值近100亿元。工业机器人产业集聚企业200余家，机器人产业销售收入达到300亿元，龙头企业华数机器人总体实力排国内前二，合资企业川崎排世界前六。卫星及应用产业重庆走在全国前列，陆续引进了由国家队组建的东方红卫星通信有限公司和民营商业火箭公司零壹空间。东方红公司正依托航天科技集团鸿雁星座卫星互联网计划，着力打造全球低轨卫星移动通信与空间互联网系统，未来五年将进入全面建设期。通用航空产业已初步形成“整机+核心部件+配套（材料、航电装备、其他零部件）、制造+运营+服务+金融”产业链。重庆通航集团成为国内首家中美TC/PC分离下由民航局授权的整机制造企业。

4. 材料产业

新材料产业构成中，先进基础材料占75%、关键战略材料占22%、前沿新材料占3%。石墨烯薄膜等关键战略材料实现工程化、产业化突破，气凝胶产业正在逐步布局。关键电子材料产业已形成硅材料、化合物半导体材料及衬底材料、5G终端用高频基板材料、石墨烯材料、蓝宝石衬底材料、电子气体等品类较为齐全的半导体材料系列，3年内有望成为全国最大的5G终端用高频基板材料生产基地。先进轻合金材料、玻纤及复合材料是重庆新材料产业“三个”优势板块的重要组成部分。铝合金、合成材料等本地急需材料供给能力显著提升，逐步进入发展“快车道”。铝产业链条完备，西南铝是全国生产规模最大、品种规格最齐全的综合性特大型铝加工企业。铜、镁合金等有一定的产业基础。以重庆钢铁为龙头，正在向高附加值钢材品种开发转型。2019年，重庆共生产氧化铝132.88万吨，同比增长41%；电解铝49.3万吨，同比减少4.3%；铝材211.5万吨，同比增长9.9%；玻璃纤维64.2万吨，玻璃纤维布7970万米。建材行业形成了高性能玻璃纤维及复合材料、玻璃及深加工、水泥及制品、装饰装修材料及化学建材、建筑卫生陶瓷、新型墙体材料六大类为主导的产业集群。聚氨酯材料领域，重庆已建成了年产40万吨MDI、75万吨己二酸、4.6万吨聚四氢呋喃等产品，为发展聚氨酯（PU）材料产业创造了基础条件；建成了年产16万吨氨纶、20万吨聚氨酯树脂、3000吨聚氨酯涂料等聚氨酯产品，聚氨酯材料初具规模；华峰化工、华峰新材料、巴斯夫重庆公司等全国有影响力的企业落户重庆，为重庆聚氨酯材料产业发展树立了龙头带动作用。

5. 消费品产业

重庆消费品产业门类较为齐全，已形成农副食品加工、食品制造、烟草制品、酒及饮料、纺织、轻工等15个主要消费品产业集群，有力支撑了重庆消费品产业的发展。2019年，消费品产业产值达到3213.18亿元，同比增长6.4%，占重庆市规模以上工业的15%；增加值1059.1亿元，同比增长6.1%，占重庆市规模以上工业的18.7%，已成为重庆市工业经济稳增长、调结构、惠民生的重要力量。其中，农副食品加工、食品制造、烟草制品、酒及饮料、纺织、轻工等产业产值分别实现900.8亿元、248.04 亿元、182.81 亿元、211.67 亿元、241.82 亿元、1428.05 亿元，多点支撑格局基本形成。同时，龙头企业及产品品牌培育不断加强。涪陵榨菜品牌已成为我国佐餐菜行业领域的龙头企业，榨菜市场占有率超过 30%，产品拓展至全球 52 个国家和地区；以江小白、诗仙太白等为主的酒业产业链形成。依托玖龙纸业、理文纸业等龙头企业，建成西部地区最大的造纸及纸制品生产基地。

6. 生物医药产业

2019 年，重庆市医药产业实现工业产值 636.4 元，同比增长 10.4%。有规模以上医药企业 178 户，其中年产值 1 亿元以上企业有 57 户，在沪深交易所上市的企业达 11 家，占重庆上市公司数量的 20% 以上。2020 年上半年，重庆市医药产业实现工业产值 310.7 亿元，同比增长 0.8%，除 2 月受疫情影响大幅下滑，3 月实现大幅反弹外，产值规模基本与 2019 年同期持平。依据 24 家重点企业预测数据，全年可实现工业产值 640 亿元，同比增长 0.5%，增速大幅放缓。化学药品与原料药领域，重庆共有制造企业 51 家，在产产品 400 个左右，全部为仿制药品种。在研新药品种 14 个，其中 11 个进入临床试验阶段。2019 年，重庆化学药品与原料药产业实现产值 279.6 亿元，占重庆生物医药产业总产值的 43.9%。基因工程药品制品制造产业领域，重庆已在巴南国际生物城实现产业集聚，包括单抗药物、重组蛋白药物、新型疫苗在内的六个产品进入临床试验阶段，3 年内可培育 2～3 个 10 亿级的重点生物药品种。体外诊断试剂及设备制造领域发展速度加快，前景光明。中元生物、科斯迈、新赛亚、博奥赛思等企业在行业未来发展前景较好的分子诊断、免疫诊断、POCT 等领域均有布局。

（二）存在的问题

一是产业链群现代化发展水平不高。近年来，重庆积极承接发达国家和东部地区制造业梯度转移，实现了制造业快速发展。但是重庆主要承接的产业多是劳动密集型的制造环节和保税加工贸易环节，智能化、绿色化等节能环保技术应用水平仍需提高，资源利用效率仍需提升。2019 年，重庆万元工业增加值用水 42.2 立方米，高于全国（38.4 立方米）平均水平，也高于广东（24 立方米）和浙江（17.9 立方米）。另外，重庆制造业优势领域的重点企业向服务型制造转型面临信息化、智能化、协同化等障碍，重庆市产业融合发展水平不高。

二是产业链自主可控能力较弱。重庆制造业在研发、设计、测试、核心组件等产业链关键环节短板比较多，产业链供应链安全稳定性不高，中美贸易摩擦引致“核芯”零部件断供风险长期存在。例如重庆汽车设计环节比较弱，难以满足国内汽车消费升级和多样化需求，近两年来汽车产量急速下滑，汽车制造产业链陷入深度调整；中美贸易摩擦背景下，重庆市汽车、电子、装备等制造业龙头企业中，约八成企业不同程度面临关键零件断供风险。

三是产业集群规模带动效应仍显不足。目前重庆市只有电子信息、汽车等部分产业形成了集群效益，装备制造、生物医药、材料、消费品等其他产业在空间上有一定的集聚，但企业之间的有机联系少，呈现点上开花、集群化发展不够的状态。同时，重庆市企业总体呈现出“小、散、弱”的特点，世界500强和行业龙头企业较少，仅有12家企业进入“2020中国制造企业500强榜单”，尚未形成制造业龙头企业带动大中小企业集聚发展的格局。

四是产业价值链不高。重庆制造业大多处于中低端环节，以加工生产为主，自主创新能力不强，产业链附加值不高。例如，在电子信息产业集群中，集成电路产业链在重庆地区起步较早，产业链涵盖芯片设计、晶圆制造、封装测试、应用开发等环节，产业链相对完整，但芯片研发设计能力总体偏弱，制造、封装测试环节的核心技术缺乏，且设备配套、清洗能力不足。而在装备制造产业集群中，作为汽车产业链的零部件环节，零部件硬件结构单一，软件上缺乏系统集成和模块供应能力，传统发动机、动能电池等核心部件对外依赖加强。相比之下，新材料、生物医药等产业集群，产业链延伸较短，关节环节尚不完善，高端领域相对缺乏。由此可见，重庆地区仍需补链强链，增强核心环节，突破关键技术，提升集群效应，从而完成新旧动能转换，带动成渝地区实现制造业高质量发展。

三、“十四五”时期补链强链产业集群化发展的总体思路与路径

（一）总体思路及原则

总体思路。深入贯彻党的十九大和十九届二中、三中、四中、五中全会精神，深入贯彻习近平总书记对重庆提出的营造良好政治生态，坚持“两点”定位、“两地”“两高”目标，发挥“三个作用”和推动成渝地区双城经济圈建设等重要指示要求，深入践行新发展理念，积极融入新发展格局，加快打造主体、要素等有机融合互动的产业生态圈，着力提升培育一批竞争力强和影响力大的国际品牌、标杆企业、隐形冠军企业，加快提升产业基础高级化、产业链现代化水平，做大做强做优产业链，努力打造一批具有国际竞争力的优势产业集群。

在上述发展思路下，还应坚持以下发展原则：一是坚持创新引领、高端发展。把增强产业创新能力摆在制造业高质量发展的核心位置，搭建夯实重大创新平台，完善科技创新体制机制，营造良好创新生态，支持新技术、新业态、新模式加快发展，促进制造业发展迈向中高端。二是坚持重点突破、统筹推进。按照系统思维，结合各个产业的发展基础和市场前景，优先选择有潜力的领域和行业，统筹调度要素资源，梯次推动打造一批重点产业链和产业集群，支撑制造业加快发展。三是坚持市场主导、政府引导。充分发挥市场在资源要素配置中的决定性作用，通过市场机制促进要素集聚、流动；更好地发挥政府作用，转变政府职能，营造优良营商环境，构建良好产业

发展生态。四是坚持开放带动、改革推动。以开放促改革，对标国际化规则、标准、平台等，加大产业政策改革和体制机制创新，着力优化营商环境，构建更高水平的开放型经济新体制，提升产业发展环境和竞争能力。

（二）产业集群建设路径

协同推进战略性新兴产业培育壮大、传统优势产业改造升级和未来产业前瞻布局，着力提升产业基础能力和产业链水平，共同构建电子信息、汽车、装备制造、消费品、材料、生物医药等竞争力强的先进制造业集群。

1. 电子信息产业集群

针对重庆电子信息产品结构不尽合理，对计算机制造依赖度较高，产品抗国际外贸风险、抗市场需求波动能力不强的问题，应进一步提升制造产品的多样化程度①，实现“强一补四”的产业链和集群壮大战略，完善创新链，提升产业价值链提升。“强一”即聚焦具有突出应用前景的智能终端等重点行业和领域，聚集增强智能终端产业集群基础发展能力和抗风险能力，提升产业集群的发展水平；“补四”即继续弥补集成电路、新型显示、物联网、信息网络设备四大产业链的薄弱环节，提高产业的配套能力，提高产业链和产业集群的发展规模。

一是增强智能终端产业集群的世界影响力。在稳定现有智能终端品质和产量的基础上，大力引进新兴智能终端，建成全球规模最大的智能终端生产基地。引进完善硬盘、主板等关键零部件制造项目，做大做强现有传统智能终端。引进培育智能手环、智能眼镜、智能服饰等可穿戴智能终端，积极拓展智能电视、智能空调、智能冰箱、智慧娱乐、智能音箱等智能家居，以及健康医疗、环境监测、能源管理、5G 智能终端等新兴智能终端制造领域。在注重引进智能终端制造项目的同时注重研发设计环节的同步引入，提高智能终端制造的本地配套和产品的竞争力。

二是壮大集成电路产业集群。以培育高端电源管理芯片和存储芯片为重点，弥补关键环节，构建集 PCB（印刷线路板）等原材料、芯片设计、晶圆生产、芯片制造、先进封装测试等于一体的集成电路全产业链，形成产业集群。设计环节，大力引进智能移动终端、车联网、机器人、安全监控、汽车电子、仪器仪表等应用场景为主的中高端集成电路设计企业。制造环节，争取国家集成电路产业投资基金支持，加快建设 12 英寸 28nm 及以下线宽集成电路生产重大项目，支持 IDM（综合数据复用器）生产或代工等芯片制造业务，实现大尺寸窄线宽集成电路制造零的突破，并带动设计、封装业发展。封测环节，重点发展高密度、高可靠性封装工艺，引进先进封装测试项目，发展 CSP（芯片尺寸封装）、WLP（晶圆级封装）、TSV（硅通孔）、FC（倒装芯片）、MCP（多芯片封装）、SIP（系统级封装）、3D 等先进封装技术，扩大产业规模，提高

① 资料来源于重庆市综合经济研究院《重庆电子信息产业产业链延伸策略研究》，2016 年。

电子整机芯片的本地化供应能力。原材料、配套环节，重点引进一批光刻胶、研磨液、特种气体等原材料企业在渝建立生产项目。

三是壮大新型显示产业集群。加快弥补高端光学材料，“外引内培”突破技术环节短板，以京东方6代AMOLED（有源矩阵有机发光二极体）柔性显示面板项目为重点，加快集聚液晶显示、柔性显示、无屏显示、触控模组等新型显示及显示面板下游生产企业，形成大中小各尺寸齐全，具有超高清显示功能、技术覆盖全面的新型显示产业集群。重点研制大尺寸数字网络电视、曲面电视、AMOLED面板、石墨烯显示屏等产品，加快玻璃基板、LTPS（低温多晶硅）面板、OLED（有机发光二极管）面板产业化步伐。[①] 关键原材料重点支持发展玻璃基板、高端偏光片、液晶、彩色滤光片等，积极引进高端光学膜、液晶、掩膜板等上游光学材料研发生产企业；配套产业积极发展磁控溅射、光阻剥离、PI涂布等面板制造设备。

四是壮大物联网产业链。重点围绕传感器件、物联网模组、5G终端设备、网络覆盖、平台建设等方向，加快形成集物联网相关产品设计、生产制造、集成应用、运营服务于一体的体系构建。继续推动中国移动物联网运营管理平台、忽米网等行业标杆平台建设。推进智慧城市、车联网、智能家居、智慧医疗等领域产品技术创新、业务创新与模式创新，提升物联网产品市场渗透水平。突破边缘计算和NB-IOT（窄带物联网）等物联网关键技术，推动优势工业控制相关的传感器、智能仪表、集成电路等制造加快发展。

五是积极培育信息网络设备和信息安全产业链。信息网络设备制造产业链方面，以5G、IPv6（互联网协议第6版）部署为契机，引进培育M2M（机器对机器）、RFID（射频识别）等研发生产企业，引进和培育一批5G网络设备制造企业，加快信息安全研发生产基地建设，积极推进5G应用规模化发展。信息安全产业链方面，面向区块链、大数据安全、云安全等新兴领域，积极研究开发信息安全相关产品和解决方案，以市场需求为导向，不断扩大信息安全产品领域、丰富产品种类，建立完整的信息安全产品体系，打造完整的“研发—制造—服务”信息安全产业链、价值链。建设一批产业研发机构、创新中心、实验室、孵化器，重点推进物联网信息安全、工业控制安全等领域关键核心技术研发。围绕自主可控芯片、安全智能终端与智能设备、信息安全解决方案等领域，大力引进和培育信息安全领域骨干企业，逐步形成龙头企业带动、骨干企业支撑、中小企业集聚发展的信息安全产业集群。

2. 汽车产业集群

针对汽车产业集群发展层次不高等问题，推动整车加快向高端化、新能源化、智能网联化、轻量化和应用共享化转型升级，提高动力电池、电机、电控关键核心本地配套能力，加强氢燃料电池技术储备，构建新能源汽车和智能网联汽车良好应用生态，

---

① 重庆市综合经济研究院,《重庆电子信息产业产业链延伸策略研究》,2016。

打造更为完整的汽车关键零部件配套体系，建设国家新能源汽车、智能网联汽车产业集聚区，车联网先导区。

(1) 产业集群培育方式

汽车产业集群发展重点是补链强链。汽车产业链条较长，上中下游产业的关系密切，有利于产业集群的形成。目前从产品研发到生产制造再到销售服务，重庆传统汽车产业集群已经形成，产业规模很大，各环节都有，但是相较于国际国内汽车产业发达区域以及汽车市场需求、技术和产品发展新趋势要求，重庆汽车集群竞争力不强，特别是创新链不完整、价值链偏中低端，技术和产品创新以及零部件制造装备精度需要提升，新能源汽车、智能网联汽车、无人驾驶汽车等新兴领域发展还较弱，因此做强汽车产业集群，重点补短板、强弱项，突出提档升级，打造以新能源汽车、智能网联汽车、节能汽车等整车品牌为主的，关键技术和零部件支撑的以及汽车后市场服务完善的汽车产业链集群。

汽车产业链重点补链环节。传统燃油汽车产业链集群，整车缺乏中高端产品，零部件缺乏高性能发动机、变速箱（目前稳定性、平顺性差）、高精度关键零部件、汽车电子等；新能源汽车产业链集群缺电池、电机、电控以及电制动、电转向、电空调“大小三电”关键零部件，目前缺技术支撑，主要依靠外购，其他零部件可依托现有汽车配套基础提供；智能网联汽车产业链缺传感器、汽车电子等关键环节，如毫米波雷达、激光雷达及摄像头等传感器缺乏，传感器核心专利被国外企业垄断，缺乏配套试验和应用环境。总体上重庆汽车产业链机械类产品较为齐全，而智能领域、汽车电子相关技术和产品极为缺乏，应重点补链。

构建综合型产业集群。重庆汽车产业集群要以品牌整车企业打造为核心，一方面推动汽车行业自身纵向产业链发展，围绕重点品牌，向上游基础研发环节和下游汽车后服务延伸，发展创新链和价值链，完善纵向产业链；另一方面积极参与主动融入跟汽车相关横向产业链的发展，促进企业集聚、合作和跨界融合，加强汽车产业链之间的紧密度，鼓励汽车企业向产品、服务、充电、运营等多个环节组合和新型商业模式转变，实现运行通畅、高效的无缝产业联结，形成横向成群、纵向成链的优势产业集群。

(2) 提升产品价值链

引入先进技术和企业，整合资源，推动联盟，建立机制，出台专向政策，加快汽车产业链的转型升级。加快传统汽车产业集群向新能源汽车、智能网联汽车和节能型汽车为主的综合性产业集群转型。

第一，提升汽车整车品牌，促进产品结构中高端化。

适应市场消费升级需求，促进传统产品缩量提质，大力发展新兴领域，加快开发、布局新车型、中高端车型，引导汽车产品结构整体向舒适、安全、节能、智能、互联转型升级，提升汽车产品电动化、智能化、网联化、共享化、轻量化水平。

推进传统汽车向中高端转型。统筹产品规划，引入福特、林肯等品牌具有市场竞争力的新车型，强化外观、内饰、配置等产品调整改进行动，加快国六标准车型研发、试制、公告、量产、上市步伐。乘用车向中高端升级，传统燃油汽车调减紧凑型轿车，增加中型轿车、中大型轿车以及SUV；积极引入国内外品牌车企，发展中高端MPV，积极开发MPV家用车型；皮卡向汽油皮卡、四驱车以及智能互联化方向发展。商用车适应旅游、快递物流发展，突出发展旅游客车、轻客物流车、微型货车等领域；增加发展重型载货车，减少中重型货车和轻型载货车。淘汰日系标准轻客，引入发展欧系宽体轻型客车。积极开发房车，创新房车租赁等消费模式。专用车重点围绕土建工程、环卫以及公路物流发展。

提档升级新能源汽车。推进纯电动、混合动力、增程式、燃料电池多元发展，促进新能源汽车技术升级，整车产品重点在综合能效上提高质量。加快开展新能源汽车方向研究，聚焦纯电动、插电式混合动力、燃料电池、混合动力等领域，提升新能源汽车性能。大力引进技术领先的新能源乘用车，包括家庭轿车、新能源MPV等项目；提升发展新能源商用车，包括轻客新能源物流车、新能源公交客车、新能源专用车。对标国内先进水平，鼓励企业开发中高端新能源汽车产品，重点引进和支持开发提升续航里程、缩短充电时间、提高安全性能等方面产品。同时，积极探索氢能源汽车、太阳能汽车的研发以及公交客车领域的推广应用，加快建设一批加氢站，推进氢能源汽车试点试验，为大规模产业化提供技术支撑。加快政策出台，整合国内外先进资源，开展优质配套产业招商，采取合资合作等方式，支持打造重庆新能源产业示范基地。

大力发展智能网联汽车。把新能源汽车作为最佳载体，着力研发智能网联和自动驾驶技术。重点实现前撞预警、车道偏离预警、变道辅助等辅助驾驶系统的大规模应用，加快提高车道保持系统、自动泊车系统、自动紧急制动系统等自动驾驶系统的装车比例，提升智能信息交互及决策能力，促进人、车、路、后台等一体化操控，实现智能网联化。重庆市汽车产品总体智能网联水平达到国内先进，重点企业重点产品的智能网联水平达到国际先进。

第二，突出汽车关键零部件。

汽车电子。加强关键基础技术研发，重点攻关汽车电子芯片、车载视觉、激光雷达、毫米波雷达和智能底盘等一批技术。加强车载以太网络、通讯模块、智能车身控制系统为主导的前沿领域技术储备，升级改造现有车窗控制器、尾门控制器、灯光控制器等产品，加快培育汽车娱乐系统、汽车虚拟仪表及其他信息显示模块，打造下一代智能驾驶座舱信息系统等产品。

传统汽车关键零部件。聚焦关键核心零部件补短板，大力发展高性能发动机、自动变速器等产品，推动传统汽车技术改造、提质升级。推动插电式混合动力向增程式混合动力发展。

新能源汽车关键零部件。协调推进纯电动、混合动力（插电/增程式）和燃料电池动力系统研发和产业化，加快突破下一代锂电池、新体系电池和燃料电池等核心技术，大幅提高安全性、可靠性、稳定性。加快推进燃料电池研发。由于纯电动汽车发展空间局限性，加之国家补贴退坡，建议高起点发展新能源汽车，加快对燃料电池发动机的超前研发，争取领先突破。聚力研发新能源汽车电池技术，继续提升新能源汽车电池、电机、电控等“三电”核心技术，加强高能量动力电池、高功率燃料电池、高性能驱动和高效率能量回馈等方面的基础研究、技术创新和系统集成，突出开发固态锂电池，降低电池成本。支持长安汽车等研发企业提高电控系统的技术水平，同时着力推进上海电机等引入品牌企业落地，扩大电机电控供给水平和能力。

智能网联汽车关键零部件。加快发展智能网联汽车核心零部件、传统汽车车体控制系统和车载电子装置，推动汽车电子行业跨越式发展。着力推进智能驾驶座舱研发和生产。加强新型电力电子器件、智能网联与自动驾驶控制系统等研发和产业化。围绕智能网联汽车 ADAS 感知层，积极发展摄像头、超声波雷达、毫米波雷达、激光雷达、夜视仪等传感器。大力发展基于 MEMS 技术的传感器，即将敏感器件、DSP、数据处理装置集成封装，突出微型传感器和纳米传感器。依托重庆超力高科，引入相关品牌企业，做大做强汽车空调、汽车仪器仪表、汽车半导体等汽车电子产业。

专栏 7－8　新能源汽车产业集群构建

新能源汽车重点发展类型：新能源乘用车、新能源公交车、新能源物流车、新能源特种车等。

新能源汽车纵向全产业链：（1）新能源动力总成（纯电与混合动力等），包括电池与电池管理系统（锂电池、氢燃料电池等）；电机与电控系统；减速器；充电桩、充换电与加氢系统。（2）智能网联、智能座舱、智能驾驶，包括感知系统（雷达、单目/双目/三目/360 环视等）；执行系统；处理系统。（3）轻量化与新材料。（4）汽车设计与制造装备。（5）新能源：新能源光伏系统；储能系统；充电桩与微电网系统。

（3）大力发展汽车制造服务业

围绕做优做强汽车产业集群，大力推进研发设计、检验检测、汽车物流、汽车金融、后市场等服务，形成完整创新链，并将汽车产业链后端延伸到永川等汽车产业新集聚区。

研发设计服务。发挥中国汽研院、重庆大学、重庆交通大学等高校院所平台吸引力，着力吸引汽车研发人才；同时积极引入国内外汽车研发设计机构，开展整车研发设计、关键零部件技术和产品等研发设计服务。

检验检测服务。依托中国汽研院等，开展检验检测服务，提升检测能力。

汽车金融物流。发展汽车金融，调整商业模式，联合组建综合商社，积极发展消费信贷。依托中欧班列（重庆）、西部陆海新通道和长江黄金水道，发展汽车物流。

汽车后市场服务。完善汽车后市场服务体系，鼓励发展汽车配件供应、汽车金融、汽车养护、二手车及汽车租赁、汽车文化及汽车运动、汽车改装行业、售后维修行业以及以物流、咨询、回收处理为主的汽车专业市场行业，突出新能源汽车动力电池回收利用，同时利用互联网技术提升汽车后市场服务，推进“互联网＋汽车后市场服务”，形成汽车销售、车贷、车险、维修保养等线上线下生态闭环。立足用户多元化需求，支持整车企业依托云计算、大数据等，创新出行和服务模式延伸，延伸产业链和价值链，推动汽车生产服务化转型。

3. 装备制造产业集群

装备制造产业集群着力丰富主机装备种类，加快主机成套化、精密化、智能化转型步伐，提升总集成总承包能力、系统解决方案供给能力和模具、铸锻件、齿轮和轴承等装备基础件发展水平，打造智能制造装备、轨道交通装备、卫星及应用等若干具有全球竞争力的优势产业链条。

（1）发展重点方向

智能制造装备。提升精密高效磨齿机、精密数控车床、数控加工中心、精密数控滚齿机和数控锻压机等中高档数控机床产品比例，积极发展增材制造装备及智能物流装备，加快发展人机协作机器人产品开发。聚焦本地企业焊接、喷涂等工艺环节需求，积极引进焊接机器人、喷涂机器人、高速柔性抛光机器人等领域企业，进一步丰富工业机器人产品谱系。以机器人本体需求为牵引，积极引育伺服电机、减速器、控制系统和传感器等领域企业，进一步完善关键零部件本地配套体系。智能制造装备产业链与覆盖范围情况见图7－3、表7－1。

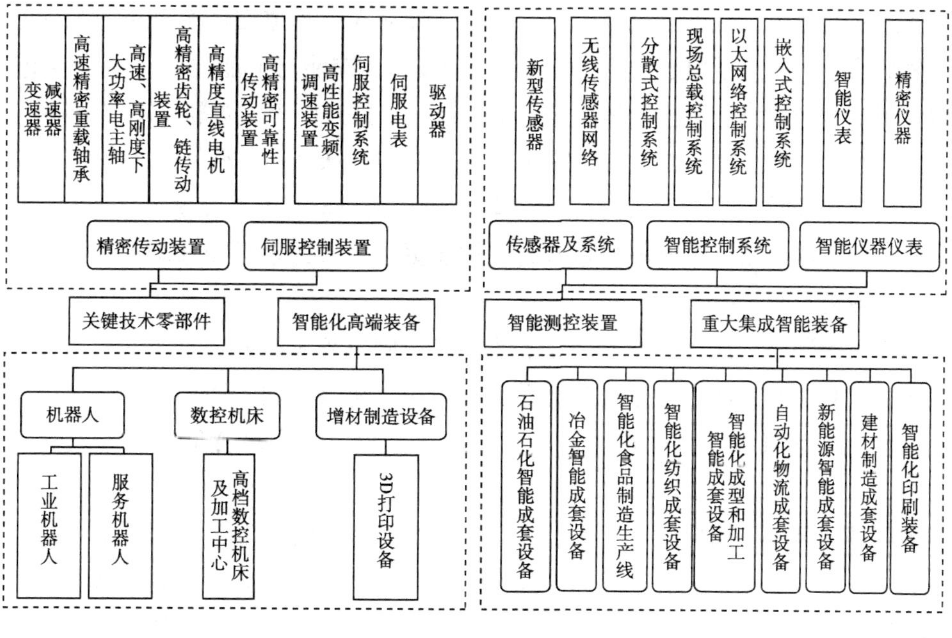

图7－3 智能制造装备产业链

表7-1 智能制造装备产业覆盖范围

智能制造装备产业分类	细分行业
机器人与 增材设备制造	工业机器人制造；特殊作业机器人制造；增材制造设备制造；服务消费机器人制造
重大成套设备制造	矿山机械制造；石油钻采专用设备制造；深海石油钻探设备制造；建筑材料生产专用机械制造；冶金专用设备制造；炼油、化工生产专用设备制造；橡胶加工专用设备制造；塑料加工专用设备制造；木竹材加工机械制造；食品、酒、饮料及茶生产专用设备制造；印刷专用设备制造；纺织专用设备制造；其他电子专用设备制造；拖拉机制造；其他专用设备制造
智能测控装备制造	金属切削机床制造；金属成形机床制造；铸造机械制造；金属切割及焊接设备制造；机床功能部件及附加制造；其他金属加工机械制造；工业自动控制系统装置制造；实验分析仪器制造；试验机制造；供应用仪器仪表制造；其他通用仪器制造；其他专用仪器制造
其他智能设备制造	金属表面处理及热处理加工；其他未列明双金属制品制造；生产专用起重机制造；生产专用车辆制造；连续搬运设备制造；其他物料搬运设备制造；其他未列明通用设备制造业；食品、酒、饮料及茶生产专用设备制造；农副食品加工专用设备制造；机械化农业及园艺机具制造；其他农、林、牧、渔业机械制造
智能关键基础零部件 制造	液压动力机械及元件制造；液力动力机械及元件制造；气压动力机械及元件制造；滚动轴承制造；齿轮及齿轮减、变速箱制造；机械零部件加工；其他通用零部件制造；其他未列明通用设备制造业；微特电机及组件制造；变压器、整流器和电感器制造；智能制造相关服务；通用设备修理；专用设备整理；仪器仪表修理

轨道交通装备。聚焦山地城市应用场景，推动现有轨道交通车辆企业加强新型材料（镁铝合金、高分子复合材料等）、电传动技术、储能与节能技术、制动系统技术、网路控制技术和通信信号技术等技术研发，进一步提升跨坐式单轨、As型地铁、双流制车等产品竞争力。加快轨道交通用IGBT（绝缘栅双极型晶体管）、MOSFET（金属-氧化物半导体场效应晶体管）、齿轮箱、转向架、制动系统等关键零部件开发，积极引进车辆运行供电、站台系统等技术装备，构建更为完整的轨道交通配套体系。轨道交通装备产业链见图7-4。

航空航天装备。加快形成涵盖中、小、轻型固定翼飞机和中、小、轻型直升机的产品谱系和自主研发能力，进一步完善航电系统、机身材料、通用航空器零部件以及航空发动机的研发制造配套能力。加快发展无人机，大力培育低成本商业运载火箭企业。

节能环保装备。面向大气、水、土壤、固废等领域污染防治需求，推动垃圾焚烧发电、烟气脱硫脱硝、废水处理、固废储运等现有环保成套装备企业加快提升总集成总承包能力，以承接工程建设带动相关技术装备发展，积极引育土壤污染防治领域企业，进一步完善催化剂、材料等相关产品本地配套体系。聚焦工业窑炉、电机等通用

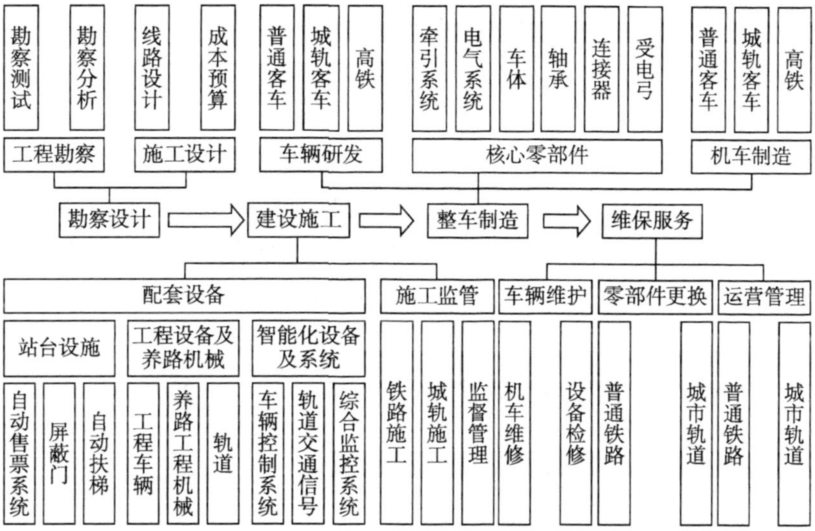

图 7－4　轨道交通装备产业链

设备，推动新材料和智能控制技术植入，提高工业窑炉、电机节能水平。节能环保产业链见图 7－5。

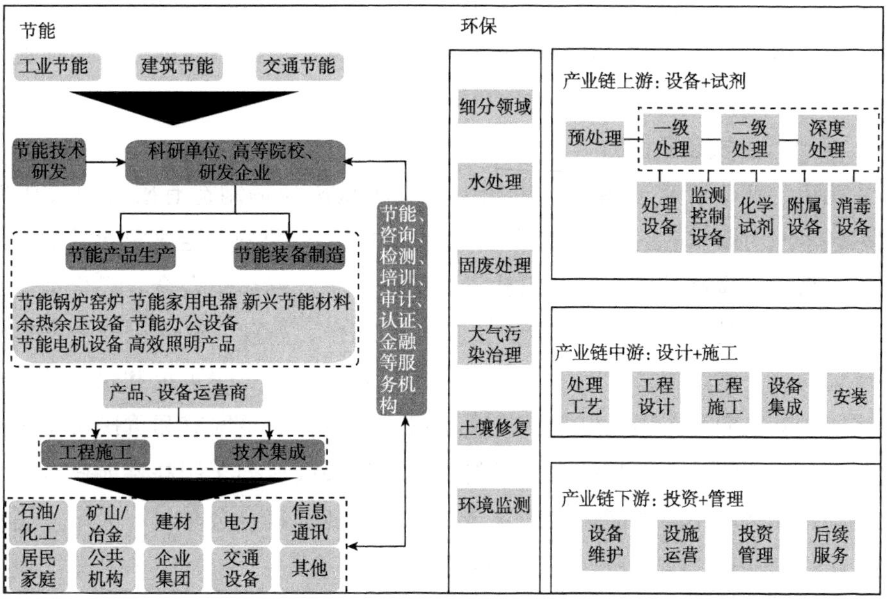

图 7－5　节能环保产业链

能源装备。推动现有风力发电机组企业加强叶片设计、风力发电机智能控制等关键技术研发，加快 5MW 以上等级风力发电机组产业化、商业化步伐，加强 10MW 等级超导风力发电机组技术储备。推动变压器、开关设备企业加强在线监测技术、数字仿真技术、可靠性技术等关键技术研发，加快特高压输变电、智能配电产品开发，积极引育光伏发电机组领域企业。

（2）重点工程

大中小企业协同创新工程。支持龙头骨干企业建立开放性研发平台，向中小配套企业开放，推动协同制造和协同创新。鼓励和引导龙头骨干企业与中小企业开展多种形式的经济技术合作，鼓励龙头骨干企业将配套中小企业纳入共同的供应链管理、质量管理、标准管理、合作研发管理等，提高专业化协作和配套水平。

智能制造创新平台建设工程。依托现有企业和科研院所，积极招引国内外相关企业和科研院所加入，重点建设重庆智能装备研究院、智能机器人创新研究院、智能机器人协同创新研究院、中新智能装备联合实验室等新型创新平台。

数字化装备普及工程。引导企业更新数字化装备或利用智能化技术改造非数字化装备，推动汽车、电子信息、材料等全行业企业应用智能搬运机器人、无人搬运车（AGV）、码垛机器人、射频识别技术（RFID）、智能定位终端、智能立体仓库等仓储、物流设备。

4. 新材料产业集群

围绕航空航天、轨道交通装备、半导体及电子材料、新能源汽车等国家战略发展需求，重点发展高性能轻合金材料、高性能高精度铜基材料、航空航天钛合金材料、集成电路半导体及电子材料、高性能复合材料，提升产业链创新能力、加强关键环节补链、引进新链聚集等路径，加快推动重庆制造业高质量发展。

（1）提升产业链创新能力

高性能铝、镁铝轻合金材料。依托中铝集团重庆高端制造有限公司（中铝西南铝）、盛镁镁业、博奥镁铝、海博镁业等企业，加强基础材料与合金材料的研制。一是铝基材料，重点发展高纯铝、高纯氧化铝、铝碳合金、铝稀土合金、铝合金压铸材料等铝基新材料。二是铝合金材料，重点发展新型高强、高韧、耐蚀铝合金材料和新一代铝锂合金材料，满足国家航空领域对高性能铝合金材料自主可控和保供的需求；发展轨道交通、新能源汽车用高性能铝合金型材、板材，满足国家和重庆市交通运输装备制造行业的发展需求。三是镁合金材料，重点发展高速列车用高性能镁合金、汽车轻量化用和智能终端用高性能铸造镁合金、高性能变形镁合金材料、大尺寸高强度镁铝合金结构件、镁基功能材料等镁合金材料。

（2）加强关键环节补链

集成电路半导体及高纯电子材料。一是高纯单晶硅材料。依托重庆超硅半导体有限公司，实现 8 英寸（200 毫米）硅单晶及抛光片规模化量产，实现 12 英寸（300 毫米）硅单晶及抛光片小批量量产，突破 18 英寸晶圆生产核心技术。二是新型超高清显示材料。依托重庆京东方加快建设第 6 代 AMOLED（柔性）生产线，支持重庆中光电显示技术有限公司、惠科等公司发展超高清显示屏（8k），支持重庆鑫景玻璃公司发展高铝硅超薄触摸屏玻璃、高铝硅超强显示玻璃等触摸屏电子材料。三是石墨烯材料。加快推进石墨烯在超级电容器、柔性电子器件、新一代显示器件等储能、电子信息材料领域的开发应用。四是集成电路制造配套材料。湿电子化学品、电子特气、光刻胶、抛光材料、溅射靶材、芯片连接材料、陶瓷封装材料、封装基板等集成电路材料配套发展。五是培育极薄、高纯金属材料和高纯金属化合物材料。重点是高纯度超宽超薄锂带材料（4N级、20微米以下）、3微米以下铜箔、高纯氧化铝粉体材料（5N级）。

高性能复合材料。一是高性能碳纤维复合材料。依托中铝集团重庆高端制造有限公司，积极引进山东威海拓展纤维有限公司、江苏中复神鹰碳纤维有限责任公司，重点发展碳/铝复合材料和碳/碳复合材料、M55J高强高模碳纤维材料、T1000级碳纤维材料，以满足国家航空关键材料制造自主可控战略需求。二是高性能玻璃纤维复合材料。依托重庆国际复合材料有限公司、重庆再升科技股份有限公司，积极引进下游企业，支持长安集团等汽车制造企业与德国、美国、日本等汽车材料制造商合作，重点发展航天、电动汽车和智能汽车用车身复合材料、高端印刷电路板基材、动力电池用复合材料等，以支持重庆汽车制造业和电子制造业升级。

（3）引进新链聚集

高性能高精度铜材料。依托中国金属资源利用有限公司、海亮铜业、金龙铜管等公司，重点发展管、线、板、箔、粉等高精度铜基础材料，实现高精度铜管、高精度铜板带、高性能铜合金镀膜丝线材料、超薄锂电铜箔、大规模集成电路用高性能覆铜板等材料规模化生产，积极支持再生铜综合循环利用。

航空航天钛合金材料。依托金世利航空材料公司，引进宝鸡钛业、西部超导等公司，发展钛合金板材、棒材、卷带材、管材及锻件，满足航空发动机、飞机结构和承力结构材料、燃汽轮机用钛合金需求，支持企业吸收国外先进航空航天钛合金标准和制造技术，加快建设重庆航空航天钛合金基地，发展航空发动机用耐高温和低温钛合金、高强级别航空用异型钛合金挤压型材、耐腐蚀高温钛合金、飞机承力结构用钛合金厚板及锻件材料，燃汽轮机用钛合金等材料。培育引进航空航天用增材制造钛合金粉末、航空宽幅钛合金板材、超塑成形钛合金薄板材料。

5. 消费品工业集群

融入重庆特色元素，突出“增品种、提品质、创品牌”，加快工业设计、文化内涵、创意元素在消费品工业领域深度植入，提升消费品工业附加值与文化内涵。运用网络平台拓展营销渠道，壮大健康食品、特色轻工、精品服饰等优势产业，重点打造健康食品、特色轻纺两大千亿级产业集群，塑造具有重庆地方特色的消费品产业符号，打造国内外竞争力和影响力较强的消费品工业集群。

健康食品。巩固提升特色调味品、白酒、优质农副产品等食品制造业，提高产品品质和附加值，开发肉禽制品、粮油制品、饮品领域新产品。壮大火锅食品、快餐食品等特色食品产业，积极发展小曲清香型白酒，做大做强富硒食品、奶制品等功能性食品产业，推动果酒、果汁饮料产业做大做强。

特色轻工。重点打造荣昌、永川、江津等三大高端陶瓷卫浴生产基地，重点发展瓷砖、洁具、橱柜、浴室柜等生活用及装饰用高档陶瓷产品，推动艺术陶瓷、礼品陶瓷等精品化发展；加快个性化高品质家具产品的研发、生产，重点发展桌、椅、床、沙发、橱柜等木质家具、竹藤家具、铝合金家具、铁制家具，提升家用家具、办公家具的专业化设计水平；积极引进培育文教体育艺术用品、智能家居产品及日用化妆品企业，完善钟表、眼镜产业链条。

精品服饰。按照“品牌全球化、产品定制化”的发展方向，融入文化创意元素，高起点承接沿海服装产能转移及国际快消服装品牌订单，重点发展都市时尚女装、商务男装、羽绒、丝绸产品和童装系列产品，支持服装企业开展网上个人服装定制化生产服务。

实施“三品”行动。更加突出品牌对品种和品质的带动作用，加快工业设计、文化创意在消费品领域植入渗透，运用消费大数据建设C2M（用户直连制造）超级工厂和共享工厂，拓展线上营销渠道，推动美食工业化发展，大力培育功能性食品、智能家居、个护美妆、特色纺织品等，以工艺、味道、品味等为核心塑造具有重庆独特魅力的消费品品牌，建立重点培育品牌项目库，开展重点示范试点品牌集中宣传推广，推动企业与国内外优势互联网平台企业合作，打造成为国内外有一定影响力的特色消费品创意创新与生产基地。

推动成渝市场联动。促进成渝协同合作，错位发展。重庆着重推进智能制造与创意生产，成都侧重场景创新与消费应用。围绕成渝两地的特色文化、特色美食、特色品牌和特色消费场景，加快推进成渝两地消费市场联动，共建互为客源地、目的地的营销矩阵。

6. 生物医药产业集群

加大公共技术平台和科技创新企业引育力度，加快构建涵盖许可持牌药学研究、安全评价、工艺开发（工程转化）、中试放大、定制加工在内的生物医药一体化创新孵化体系，建设国家绿色原料药基地和国家级生物医药产业集聚区。

建设以平台为核心、以产品导入体系为重点的生物制药产业化体系。强化生物医药产业技术研发与转化功能型平台，搭建CMC、CRO、CMO等一批研发和转化公共平台，带动重庆市生物制药领域整体发展。通过加快在研新型疫苗、抗体药物、多肽药物产业化进程，实现重庆市生物制药零突破。通过配套金融平台搭建，拓展创新项目引资渠道，不断吸引新项目落户重庆。带动上游供应链体系建设，推动核心配套试剂、抗体药物筛选平台等基础项目落地产业化。

建设以品种持牌为重点、以原料药加制剂一体化为抓手的化学药物一体化生产体系。推进产业平台大力引入智能制造、环保工艺、柔性化生产技术体系，打通上下游产业链条，以体系化、规模化发展带来的成本优势提升化学药行业市场核心竞争力。

一是大力发展以研发资源、金融和渠道资源为支撑的上市许可持牌机构。二是以国家级化工园区为支撑，大力提升特色原料药、专业辅料制造能力，创建国家级特色原料药智能制造基地。三是依托本地龙头企业打造具备国际法规市场认证资质的制剂生产平台。

建设以大数据智能化为核心、以高值耗材、IVD 为抓手的医疗器械产品创制体系。围绕高资耗材、体外诊断等细分重点领域和产品，加强国内外项目合作，积极布局前沿产品，支持骨科植入类、血管介入类、神经外科、体外循环及血液净化等高值耗材的研发和引进，推动全自动生化分析仪、化学发光免疫分析仪、高通量基因测序仪等体外诊断设备和配套试剂产业化。充分利用 MAH 制度试点的黄金窗口期，通过代加工引进一批大品种，扩充重庆市医疗器械种类。依托重庆市智能产业基础，积极推动大数据分析、高清视频、远程传感、物联网、智能机器人、移动穿戴等技术与诊疗设备的结合，引进一批 AI 影像、互联网 + 个人及家用医疗检测设备的研发制造企业。

建设以大品种二次开发为重点、以标准化为导向的现代中药研发制造体系。加大对具有明确治疗指征的中药大品种二次开发和培育，支持企业开展药品上市后再评价工作，加快推进临床适用范围确定、临床证据收集整理等工作，加强中药大品种的技术升级与产业化开发，扩大优质品种的市场占有率，推动中医药走向国际市场。全面推动中药配方颗粒和传统经典名方产品开发和产业化，改善重庆市中药品种结构。发展植物细胞培养和提取技术，建设中药材植物细胞库，以标准化技术体系推动中药产业现代化和国际化发展，提升中药生产线智能制造水平，引入海外汉方药先进的全流程质量管理体系和生产技术，加强中成药质量控制。

建设以小型生物技术公司为基础、以风险资本和大型产业化服务平台为支撑的创新发展体系。一是大力招引培育以行业领军人物为核心的明星团队，成立具备自主知识产权，并产权权益为交易标的的新型生物技术公司。二是加强产业化服务平台建设，加快各园区或商业化孵化平台、医疗器械检测研究院、生物医药特殊物品出入境监管公共质检平台等公共平台打造；引进发展一批符合国际审评审批标准、满足国际市场要求的 CRO、CMO 和 CDMO 机构，构建涵盖基础研究、药物发现、药物设计、临床前开发、临床试验、中试放大、生产工艺研究的全球化的医药外包服务体系，为产业创新提供基础平台、基干团队。三是推动企业积极对接市内外金融机构，包括种子基金、风险投资基金、股权投资基金、银行等，努力构建覆盖产业链各个环节的市场化融资支撑体系。

建设成渝地区双城经济圈医药产业协同发展体系。依托川渝生物医药产业集群和生物医药产业带，围绕生物医药、医疗器械、原料药，川渝联合打造一批国家级产业基地，优化提升防疫物资产业，争创国家级原料药生产基地、国家级应急防疫物资产业示范基地。加强川渝生物医药大品种培育，大力发展新型疫苗、抗体药物、重组蛋白药物等生物药项目。鼓励两地企业跨区域布局供应链体系，共同推进制剂产能资源共享体系建设，共同探索两地小品种短缺药定点生产体系建设。探索共建西部医药技术服务交易平台，搭建生物医药创新服务平台体系，建立医疗器械生产注册资质互认机制，共同争取国家相关部门在两地设立西部医疗器械创新发展服务站等产业服务关键平台。探索共同成立各级专业金融投资机构，加大对两地生物技术创新企业和上市产品持牌人公司的金融扶持力度，鼓励龙头企业创新合作模式，整合两地药品上市持有资质，发展上市许可持牌公司。

（三）支撑体系建设

着力构建高能级高品质特色化产业生态圈和创新生态链，以提升产业技术创新能力、提升园区产业承载能力、提升产业公共服务能力、提升基础设施支撑能力、提升产业链协同发展水平“五大提升工程”为抓手，以推动产业配套链、要素供应链、产品价值链、技术创新链协同发展为导向，夯实重庆制造业重点产业链与产业集群支撑体系。

1. 提升产业技术创新能力

一是建设重大创新平台载体。高标准打造重庆科学城，高水平建设两江协同创新区，通过高校、科研院所、企业、投资机构等创新主体的集聚，促进原始创新和科技成果产业化，孵化培育新兴产业集群，培育新兴产业领先优势。加快建设产业技术研发平台，推进与工业和信息化部等相关机构合作，建立新能源汽车电池、智能芯片、新材料、基因技术等共性技术研发平台，积极提升现有共性技术研发平台创新能力，同时推进大学、科研机构的科技资源共享。

二是强化产业创新服务。依托重点产业集群，打造产业技术创新战略联盟、新型研发机构和公共技术服务平台，形成“三个一”产业创新系统平台体系。搭建科技资源综合云平台，建立包含科技成果评估与交易平台等内容的科技创新综合服务平台，建立高校科技成果转化基地，构建专家库、需求库、成果库三位一体的科技资源综合体系；依托重庆科技服务大市场，打造重庆科技成果线上线下交易市场。积极搭建全球工业设计产业互联网平台，为中小创新企业提供服务。强化双创孵化服务，引导现有各类双创基地整合，引进培育国内外知名双创平台，提升孵化服务质量和水平。

三是打造环大学创新创业生态圈。采取自下而上和自上而下相结合的方式，建立政府引导协调及提供服务、高校提供技术成果、社会资本提供资金、各类创新主体和创新资源充分融合的市场化运行机制。以政府搭台、高校导演、企业运营的方式，统筹各类双创服务机构和双创载体，建设公共信息共享平台、公共实验平台、人才交流平台，促进创新资源的有效对接和高效利用，形成自循环创新生态系统。

2. 提升园区产业承载能力

一是提升园区智慧化水平。围绕企业对智能化、大数据技术服务需求，加快推动工业互联网平台和智慧城市建设，着力完善和提升园区智慧服务功能，打造一批创新能力强的智慧园区。开展智慧园区试点示范，推进两江新区智能制造产业综合体建设试点示范，涪陵高新区、江津工业园区、璧山高新区、西永综保区、合川工业园区、荣昌高新区、大足高新区、永川高新区、港城工业园区等一批智慧园区示范建设，加快建成智慧园区体系，实现重庆市园区全覆盖。推动工业互联网平台企业加快发展，鼓励智能化系统集成服务机构提供智能化改造解决方案，促进生产制造企业加快实施智能化改造升级，实现制造业智能化。实施智能制造推进工程，通过关键工序智能化、生产过程和供应链智能化，在重点行业和企业中分类实施智能工厂、数字化车间等试点示范及应用推广。

二是促进园区协同化发展。在“1 +4 +7 +36”园区体系基础上，优化产业园区布局，加快建立特色错位竞争的产业平台体系。进一步加强资源要素统筹，突出战略性、关键性导向，明确产业平台的空间分布、数量规模、产业定位、功能定位等。实施重大产业平台优化整合，落实国家级高新区体制改革举措，高标准建设重庆高新区，深化经济开发区体制改革，创新园区运营服务模式，加快开发区建章立制工作。推进产业相关、区位相近、基础相当的园区实现协同化、一体化发展，积极打造既具有特色化、差异化、错位化特征又能够实现产业分工协作的园区一体化发展格局。

3. 提升产业公共服务能力

一是营造公平竞争环境。维护公平竞争的市场秩序，对有碍统一市场建设和公平竞争的政策措施进行全面清理和废止，加快形成统一开放、竞争有序的现代化市场体系。严格实施市场准入负面清单制，有效规范和放宽市场准入准则。多措并举降低实体经济企业成本，坚决取缔与企业相关的各种不合理摊派和收费，清单化明确涉企收费项目和收费标准，进一步降低新兴产业发展的制度成本。建立产业信息披露平台，及时发布产业发展重大信息，为市场主体提供产业发展指南。优化企业信用体系建设，全面开展企业信用动态评价，建立健全企业守信激励机制和失信惩戒机制，不断完善企业信用基础数据库，持续开展企业信用管理贯标和示范创建工作，营造优良信用竞争环境。

二是强化产业发展保障。完善产业土地政策，创新试点长期租赁、租让结合、先租后让等多样化供地模式。加快盘活土地存量，鼓励出台有关低效产业用地再开发政策，支持用地政策向新产业、新业态适度倾斜。加大金融对高技术产业、战略性新兴产业、现代服务业等朝阳产业支持力度，创新金融产品和服务。加快培育壮大区域性股权市场，提升直接融资占比，支持企业上市融资和发债，引导私募投资、产业基金等支持实体经济企业创新发展。鼓励符合条件的产业贷款和租赁资产探索证券化试点。加大财政资金对制造业升级与两化融合、生产型服务业提档升级等关键领域支持力度，积极推广 PPP 模式，支持发展产业投资基金。完善人才政策，对引进和培养的产业发展所需的高端人才、领军人才，给予在户籍、住房、医疗、子女教育、配偶安置等方面的政策倾斜。提升高校人才培养针对性和质量，支持有条件的高校和科研院所在重庆市开展和强化高技术产业、战略性新兴产业相关的学科建设。强化能源等要素保障，强化重点开发园区的水电气基础设施建设，深化售电侧改革试点，进一步放宽参与直接交易电力用户年用电量准入门槛。加大页岩气资源开发力度，争取更多资源发展重庆产业。加快推进分布式能源规划建设和部署。建立资源要素保障应急预案，确保要素供给稳定。

4. 提升基础设施支撑能力

一是完善园区基础。按照“因地制宜、适度超前、大体匹配”的原则优化提升产业园区综合功能，统筹产业建设、安家居住、城市管理等设施建设需求，提升园区发展能力，加快产城融合进程。新建园区重点完善交通、能源、通信、厂房等基础设施，发展相对成熟的园区要加快引入商务服务、物流服务、信息服务等生产性服务以及医疗、教育、休闲娱乐等生活配套服务，推动具备条件的园区向城市综合功能区转型。强化规划先行，统筹考虑园区发展定位，与园区周边做好公共基础设施对接，预先性规划产业空间、生活空间，为产城融合发展留下空间。

二是推进重大科技基础设施建设。完善重大科技基础设施建设管理体制，成立市级重大科技基础设施建设筹划小组，具体承担推进装置落地的筹划、研究、论证等相关工作。研究制定重大科技基础设施建设的发展路线图和政策举措，争取将其纳入国家科技创新“十四五”规划中。基于重庆现有资源，积极布局建设国家大数据重大科技基础设施、重庆大学“超瞬态物质科学实验装置”等重大科技基础设施。

5. 提升产业链协同发展水平

一是打造产业链协同信息平台。针对制造业重点产业，推动建设统一共享的企业供应链服务平台，以信息发布、价值传递、数据展示等功能模块为载体，强化企业上下游、区域内关联企业之间信息资源整合，推动供应链服务由单一物流服务功能向商流、物流、信息流、资金流、知识流、技术流等多元化服务功能拓展。

二是推动先进制造业与现代服务业融合发展。深入实施服务型制造专项行动，推动制造企业向产业链前端研发设计和后端售后服务等环节拓展，逐步向“制造＋服务”和“产品＋服务”转变。支持有条件的设备生产制造企业向系统集成总承包服务企业和提供产品全生命周期服务企业深化转型。支持产业龙头企业开展各种专业化服务，鼓励制造业企业发展供应链金融和融资租赁服务。鼓励制造业企业与电商企业开展合作，打造制造、营销、物流、售后等高效协同的生产流通及售后服务一体化新生态。推动服务向制造渗透，鼓励生产性服务业企业围绕市场需求开拓批量反向定制服务的业务，推动生产制造柔性化、个性化改造。鼓励服务企业与制造企业合作工业互联网，构建“服务＋制造”“平台＋模块”的网络协同化生产服务系统，培育一批行业专业性服务平台和服务型制造示范企业。

三是加强成渝重点产业链协同，建立利益平衡机制。积极推进成渝共建商品土地储备交易共同市场、金融共同市场、人力资源共同市场、信用征用共同市场、物流共同市场、信息技术共同市场等区域一体化市场，努力突破要素资源区域限制壁垒，实现优势资源在成渝地区自由流动和优化配置。建立成渝重点产业链协同建设利益平衡机制，形成全产业链协同发展的源头支撑。加强成渝两地财税、金融、土地、人才等产业要素保障政策创新协同，研究制定在产值分计、税收分成、专业技术人才和劳动用工资质互认等方面的协调政策。探索打造重点产业成渝协同发展基金，保障跨行政区的重大项目建设资金需求。同时，制定政策实施监督保障机制，确保政策落实落地。

参考文献

[1] 李泽红,段云珠. 闭环产业链下储能企业价值影响路径研究综述[J]. 华北电力大学学报:社会科学版,2020(1): 49 - 57.

[2] 严含,葛伟民. “产业集群群”:产业集群理论的进阶[J]. 上海经济研究, 2017(5):34 - 43.

[3] 高照军,张宏如. 企业成长与创新视角下的产业链升级研究[J]. 科研管理, 2019,40(5): 24 - 34.

[4] 黄宾,于淑娟. 产业集群理论研究新发展及其实际启示[J]. 技术经济与管理研究,2017,(10):101 - 105.

[5] 周建军. 全球产业链的重组与应对: 从防风险到补短板[J]. 学习与探索, 2020(7): 98 - 107.

[6] 张舰,黎文娟, 赵芸芸,等. 美国产业集群发展有哪些启示[N]. 中国电子报, 2019 - 06 - 11.

[7] 李金华. 我国创新型产业集群的分布及其培育策略[J]. 改革,2020,313(3): 98 - 110.

[8] 孙华平,包卿. 产业链链长制的来龙去脉与功能角色[J]. 中国工业和信息化, 2020(7):28 - 34.

[9] 郭娜,郭子沛. 创新型产业集群与区域金融发展研究——以深圳市下一代互联网创新型产业集群为例[J]. 区域金融研究,2019(6):41 - 51.

[10] 吴丽华,罗米良. 日本创新产业集群形成及特征对我国产业群聚的借鉴[J]. 科学管理研究,2011,29(3):58 - 61.

[11] 朱惠斌. 日本产业集群规划的特征及启示[J]. 世界地理研究,2014(1):93 - 102.

[12] 康青松. 日本创新集群的发展及启示——以九州半导体创新集群为例[J]. 科技进步与对策, 2012(3):57 - 60.

[13] 张佳睿. 美国生物医药产业发展的经验及启示[J]. 商业研究,2015, 464(12):30 - 34.

[14] 叶敏忠,苏瑞波,冯方平. 美国生物医药产业集群发展的经验模式及对广东省

生物医药发展的启示[J]. 广东科技,2012,21(15):20+2.

[15] 杨张博, 高山行. 生物技术产业集群技术网络演化研究——以波士顿和圣地亚哥为例[J]. 科学学研究, 2017(4):520-533.

[16] 黎礼昕. 德国斯图加特地区汽车产业集群支持体系与竞争优势研究. 广东外语外贸大学. 2020.

[17] 郭丽娟,刘佳. 美国产业集群创新生态系统运行机制及其启示——以硅谷为例[J]. 科技管理研究,2020,40;461(19):43-48.

[18] 科技部关于印发《创新型产业集群试点认定管理办法》的通知[J]. 国科发火〔2013〕230号,2013-02-07.

[19] 重庆市综合经济研究院. 重庆电子信息产业产业链延伸策略研究[J]. 2016.

专题八 “十四五”时期重庆城乡融合发展思路、路径及政策研究

课题组成员：易小光　丁　瑶　苟文峰　赵炜科　邹於娟　汪　婧
邓吉敏　郑秋霞

建立健全城乡融合发展体制机制和政策体系，是党的十九大作出的重大决策部署。随着全面建成小康社会顺利收官，我国城乡关系也将站上新的起点，城乡融合发展进入快车道。习近平总书记视察重庆时指出，重庆市情特点突出，集大城市、大农村、大山区、大库区于一体，城乡区域发展差距较大。因此，在中国特色新型工业化、信息化、城镇化、农业现代化“四化同步”以及乡村振兴战略实施大背景下，认清重庆城乡发展成效和问题，提前谋划“十四五”时期重庆城乡融合发展思路和路径，对重庆实现“两地”“两高”目标、发挥“三个作用”、实现社会主义现代化具有重大意义。

一、推动城乡融合发展的必要性和重要性

城乡关系问题是国家现代化发展进程中的一个基本问题，国家现代化发展进程也是城乡关系不断调整和重塑的过程。新中国成立后，尤其是在改革开放以来，我国的城乡关系一直随着工业化、城镇化进程适时调整完善，以适应不同发展阶段生产力的发展需要。当前，随着我国经济社会发展进入新时代，城乡关系发展演变也站在了新起点，我国正在进入城乡融合发展加速推进期。“十四五”时期，重庆必须结合现阶段自身城乡融合发展现状和需求，认清城镇化、工业化大格局下重庆市加快推动城乡融合发展的重要意义。

城乡融合发展是人类社会发展的基本历史规律，也是我国未来城乡发展的大趋势。马克思、恩格斯最早从生产力和社会分工发展的角度分析城乡关系由混沌一体、分离对立到融合发展的基本过程和历史规律，并认为城乡融合发展是生产力水平高度发达的必然结果。同时，发达国家发展实践也验证了城乡融合发展规律的正确性，还探索出强调乡村发展的英国模式、町合并村的日本模式、都市区带动的美国模式、城乡平衡发展的德国模式等成功经验。理论和实践均表明，发达国家推动城乡融合发展、实现现代化的历史规律，呈现的是工业化、城镇化、农业现代化、信息化顺次发展的串联式过程，推动社会生产力发展水平不断提高。进入新时代后，我国明确提出在21世纪中叶全面建成社会主义现代化强国，这决定了我国现代化是新型工业化、城镇化、农业现代化、信息化同步发展的并联式过程，城乡融合发展正是这一并联式过程中的“催化剂”，也成为我国实现现代化的抓手。在我国现代化建设中，必须在把握好城镇化大趋势、发挥好工业化驱动力、利用好信息化新优势的同时，通过建立健全城乡融

合发展体制机制、夯实农业现代化这个根基，促使“四化”同步推进，促进城乡融合发展，不断释放发展红利，持续提升社会生产力发展水平，进而实现高质量发展目标，最终完成社会主义现代化。

专栏8－1　马克思主义城乡融合发展思想

城乡融合发展是生产力水平高度发达的必然结果。一是在原始社会时期，社会生产力落后，社会分工也还没有形成，城乡发展处于混沌一体状态；二是随着社会生产力的发展和社会分工的深化，开始出现农业剩余，工商业和农业逐步分离，从而引起城乡发展的分离和城乡利益的对立，这虽是社会经济发展进步性的体现但也存在历史局限性，导致“城市病”和“空心村”相伴而生；三是到生产力高度发展阶段，新的生产力和社会分工终将打破城乡二元对立，并提出了通过“把农业和工业结合起来”和“把城市和农村生活方式的优点结合起来”实现城乡融合发展。

城乡融合发展是城镇化战略和乡村振兴战略的黏合剂，也是缩小城乡发展差距任务和使命的迫切需要。当前，我国发展仍不平衡、不充分，而最大的发展不平衡是城乡发展不平衡、最大的发展不充分是农村发展不充分，因此，缩小城乡发展差距是我们的发展使命、重大任务。要解决发展的不平衡、不充分问题，满足广大农民群众日益增长的美好生活需要，就要求圆满实现城乡融合发展和乡村振兴目标。重庆是西部欠发达地区、仍处欠发达阶段，并且集大城市、大农村、大山区、大库区一体，区域差距、城乡差距仍然较大。立足新时代，既要拉长新型城镇化长板，也要补上农村发展短板，一方面发挥好新型城镇化在解决农村剩余劳动力转移、对农产品和资源的巨大需求、支撑乡村发展等方面的作用；另一方面实施好乡村振兴战略，推动资金、技术、人才等现代生产要素由城镇向农业农村领域延伸，实现乡村价值再发现和再利用。同时，结合重庆“一区两群”协调发展战略任务，加快建立健全重庆市级层面城乡融合发展体制机制和政策体系，以破解城乡二元问题，促进重庆市城镇化战略和乡村振兴战略的对接融合。城镇化战略要立足城市、联系乡村，乡村振兴战略要立足乡村、依靠城市，通过城乡融合发展推动重庆农业农村现代化，进而解决“三农”问题，逐步实现重庆市城乡各美其美、美美与共。

城乡融合发展是推动农业农村现代化的必然要求，也是推动形成以国内大循环为主体、国内国际双循环相互促进的新发展格局的现实要求。当今世界处于百年未有之大变局，提高城乡融合发展水平可为农业农村现代化进程和内循环提供发展空间和发展动力。我国发展的最大潜力在乡村，推动城乡融合发展，促进乡村资源要素与全国大市场相对接，是有效提高供给质量、拓展需求空间，形成强大国内市场的重点所在。因此，必须科学地把握乡村发展规律，落实好农业农村优先发展的总方针，深化农村改革，特别是农村产权制度和要素市场化改革，加快建立城市人才、资本、科技下乡激励机制，推动各类资源各种要素更多、更好、更有效地向乡村流动，促进城乡基本公共服务均等化和基础设施互联互通，推进乡村治理能力现代化，为乡村产业升级发展转型开辟新空间、新领域。从消费看，当前未落户城镇的常住人口的人均消费支出远远低于城镇居民，通过城乡融合可加快人口市民化、大幅扩大消费支出规模，还可适应市民下乡消费优美生态和优质农产品的需要，将会源源不断地释放可观的增长潜力。从投资看，当前城乡基础设施和公共服务设施等薄弱领域还存在多处弱项、多块短板，农村人均公共设施投入相对滞后，应加快推动城乡基础设施和公共服务领域一体建设、融合发展，开辟出巨大的投资空间。

二、直辖以来重庆城乡融合发展的政策演变

新中国成立以来，以 1978 年改革开放为分水岭，我国的城乡发展思想逐渐从农业支持工业、农村支援城市转向工业反哺农业、城市支持农村，城乡关系也随之从城乡分割（1949—1978 年），经过城乡差距扩大（1979—2001 年）后，走向城乡统筹（2002—2016 年），当前正稳步迈向新时代城乡融合新阶段（2017 年以后）。

重庆市城乡政策演进和城乡关系演变，是全国棋局的地方映射，既带有全国共性特征，也在发展时序、具体政策设计等方面具有鲜明的地方色彩。1997 年重庆从四川省分离直辖，开启了重庆发展新纪元，重庆城市与乡村面貌大为改善，城乡关系加速向协调融合方向发展。综合来看，直辖以来，重庆城乡融合发展的政策演变大致分为三阶四段。

（一）体制转轨阶段（1997—2001 年）

直辖初期，重庆农村户籍人口占 81%，常住人口城镇化率仅为 29.5%，大城市、大农村并存，城乡二元结构矛盾突出。这一阶段，城乡协调发展已经成为全国共识，计划经济向市场经济、四川省辖市向中央直辖市的双重转轨带来的制度改革创新动力是重庆城乡融合发展的核心驱动力。其间，通过制度创新，实施三峡工程百万移民，推行都市经济圈、渝西经济走廊和三峡库区三大经济区梯次带动区域发展战略，构建了一个大中小城市和小城镇协调发展的城乡发展网络。同时，通过实施农村扶贫与开发，逐步改善了农村经济，尤其是改善了渝东北和渝东南两大片区农村经济发展的硬环境。

（二）城乡统筹前期条线突破阶段（2002—2006 年）

2002 年党的十六大首次提出“统筹城乡经济发展”的重大命题后，重庆加速推进城乡统筹发展。这一阶段，突出“条线思维”和“单点突破”，围绕农民国民待遇提高、农村经济发展、农村居住环境改善，开展制度创新设计。一是逐步提高农民国民待遇。推进户籍制度改革，实施城乡户口一体化的户口登记制度，打开农民进入小城

镇的户籍大门。取消农民工“务工证”，放宽农民工进城务工就业限制，取消农民工子女进入公办学校的“借读费”，促进农民工融入城市就业生活。二是加大农业和农村支持力度。2003 年开始，逐渐提高用于农业发展、农村基础设施建设的财政资金投入比例，推行农村税费制度改革，免征并最终取消农业税、农业特产税，逐渐加大对种粮农民的补贴力度等，刺激提升了农民发展农业的积极性。三是改善农村居住环境。2006 年全面开展新农村建设，以“三建”“四改”“五提高”为主要建设内容①，推进“千村推进百村示范工程”牵引工程，农村人居环境显著改善。

（三）城乡统筹后期系统联动推进阶段（2007—2016 年）

2007 年，重庆获批“全国统筹城乡综合配套改革试验区”，重庆市城乡统筹发展进入制度联动发展新阶段，在继续强化农业发展投入补贴、新农村建设等政策项目基础上，紧扣城乡经济社会协调发展、城乡劳务经济健康发展、土地流转和节约集约利用“三条主线”，聚焦“人地钱房”四大核心要素保障，更加突出就业、户籍与土地利用等最核心利益环节的制度突破和制度联动。一是聚焦“人”的流动，以农民市民化为主线深化户籍改革。2009—2012 年，重庆围绕户籍制度及相关附属权益改革，以年均 3 份的速度密集出台规范性政策文件累计 9 份，探索实施市域功能分区差异化积分落户，降低城市落户门槛，畅通落户渠道，推进城乡居民同权，切实保障转户农民享受与城镇居民同等的就业以及住房、社保、教育、医疗等权益。二是聚焦“地”的流动，推动农村土地确权、地票交易等改革。2008 年，重庆就提前谋划、明晰了农村产权确权工作流程，创新性推进地票交易制度，成立了全国首个土地农村交易所。2010 年，总结九龙坡、南川、梁平、垫江等 4 个区（县）的农村土地确权颁证试点经验，颁布《重庆市关于开展农村土地承包经营权确权颁证工作的意见》，在重庆市全面铺开推进农村土地承包经营权确权颁证，出台和实施农村土地承包经营纠纷调解仲裁法，强化了农民土地流转权益的法律保障。2011 年，97% 以上的农地完成了确权。此后重庆持续完善地票制度，促进农村土地指标向城市或跨区域流转。三是聚焦“钱”的流动，推动投融资体制改革。为破解农业农村“融资难、融资贵”问题，重庆做了大量试点探索工作。2008 年，启动村镇银行试点，成立了重庆市首家村镇银行——大足汇丰村镇银行。2010 年，探索农村“三权”抵押融资，盘活农村资源，撬动资金。此外，重庆各区县积极成立农业担保公司、农村资金互助社。截至 2016 年底，除全域城镇化的渝中区外，重庆实现所有区县村镇银行全覆盖；32 个区（县）开展互助资金试点，互助资金规模达到 2.9 亿元。重庆市扶贫办创新金融扶贫方式，助推重庆市贫困地区限时打赢脱贫攻坚战。四是聚焦“房”的保障，大力建设公租房。2010 年重庆在全国率先启动公租房建设，成立市公租房管理局，出台了《重庆市公共租赁住房管理暂行办

① “三建”：建优势产业、建基本农田、建公共设施；“四改”：改路、改水、改房、改环境；“五提高”：提高农民收入、提高农民素质、提高社会保障能力、提高民主管理水平和提高乡风文明程度。

法》，在中心城区规划建设21个公租房聚居区，截至2017年初，已帮助34.6万个家庭、约90万人圆了安居梦。

（四）城乡融合发展阶段（2017年至今）

2017年，党的十九大报告明确提出“建立健全城乡融合发展体制机制和政策体系”，首次提出“实施乡村振兴战略”，将乡村发展提到了一个全新的高度，标志着全国开始进入城乡融合发展新阶段。这一阶段，重庆以及全国城乡融合发展的主要战略为统筹推进新型城镇化和乡村振兴，强调充分发挥城市和都市圈对乡村的辐射带动作用。一方面，在乡村振兴战略统领下做好“三农”工作。2018年，出台了《重庆市实施乡村振兴战略规划（2018—2022年）》，分层分类推动“6+5”乡村振兴试验示范区县[①]建设。2020年，出台《重庆市乡村振兴十大重点工程实施方案（2020—2022年）》，集中3年时间“上标准、提台阶”地实施乡村振兴十大重点工程。聚力城乡要素自由流动和合理配置、基础设施和公共服务联通共享等核心瓶颈问题，强化制度设计创新。另一方面，做大中心城市城区和都市圈。构建“一区两群”区域协调发展格局，推动原主城九区和渝西十二区共建“主城都市区”，推动中心城区“强核提能级”、主城新区“扩容提品质”，以增强带动乡村振兴、促进城乡融合发展的城市和都市圈动力源。重庆市直辖以来城乡融合发展“三阶四段”情况见表8-1。

表8-1　直辖以来重庆城乡融合发展“三阶四段”

<table>
<tr><th colspan="2">阶段</th><th>重点政策和行动</th></tr>
<tr><td colspan="2">体制转轨阶段（1997—2001年）</td><td>三峡工程百万移民，农村扶贫与开发等</td></tr>
<tr><td rowspan="2">城乡统筹阶段
（2002—2016年）</td><td>前期条线突破阶段
（2002—2006年）</td><td>户籍制度改革：2003年，市公安厅出台《关于加快重庆市城镇化进程进一步深化户籍制度改革的意见》，实施城乡户口一体化的户口登记制度。
取消农民进城务工证件：取消农民工进城务工的务工证、暂住证、健康证等各种非必需证件。
新农村建设：“万村千乡市场工程”“千村推进百村示范工程”（简称“千百工程”）</td></tr>
<tr><td>后期系统联动推进阶段
（2007—2016年）</td><td>提高农民国民待遇：实施城乡户口一体化的户口登记制度，取消农民工进城务工的各类非必需证件。
加大农业和农村支持力度：取消农业税、提高农业补贴。
改善农村居住环境：新农村建设</td></tr>
</table>

① 6个综合试验示范区：万州区、黔江区、渝北区、长寿区、南川区、梁平区；5个单项试验示范区（县）：石柱县、永川区、奉节县、南岸区、铜梁区。

续表

阶段	重点政策和行动
城乡融合发展阶段（2017 年至今）	“6+5”乡村振兴试验示范区（县）建设：建设万州区、黔江区、渝北区、长寿区、南川区、梁平区 6 个综合试验示范区；石柱县、永川区、奉节县、南岸区、铜梁区 5 个单项试验示范区（县）。 实施乡村振兴十大重点工程：以交通、水利为重点的农村基础设施建设工程、以“十百千”为重点的农村一、二、三产业融合发展工程、现代农业产业园建设工程、农村人居环境“五沿带动、全域整治”工程、农田宜机化改造和高标准农田建设工程、农村“三变”改革扩面深化工程、“三乡”人才培育工程、“智慧农业·数字乡村”建设工程、乡村文化“百乡千村”示范工程、农村带头人队伍整体优化提升工程。 制度改革创新：继续深化户籍制度改革、农村土地改革等，推进农村“三变”改革、科技下乡等农业农村科技体制改革等。 实施“一区两群”区域协调发展格局，建设“主城新区”

三、重庆城乡融合现状和制约因素

经过直辖 20 余年的快速发展，特别是党的十八大以来通过统筹推进新型城镇化和乡村振兴战略“双轮驱动”，重庆城乡融合发展体制机制加快完善，城市反哺农村的能力显著增强，但城乡融合发展的深层制度障碍依然存在，城乡发展差距依然较大，“最大的发展不平衡是城乡发展不平衡、最大的发展不充分是农业农村发展不充分”的现状没有得到根本改变。当前，我国即将开启全面建设社会主义现代化国家新征程，对城乡融合发展提出了更高的新要求新期待，重庆需聚焦城乡发展短板和问题，强化路径和制度创新。

（一）城乡融合成效

近年来，重庆深入推进新型城镇化和乡村振兴战略，城乡人口流动、乡村经济发展、基础设施互联互通、公共服务短板接齐、居民生活水平提升等方面取得明显成效。

1. 深化户籍制度改革，城乡人口有序流动

自 2007 年获批全国统筹城乡综合配套改革实验区以来，重庆积极先行探索和持续深化户籍改革，城乡人口有序流动加快。一是农业转移人口市民化进程加快，城镇化率稳步提升。通过探索“合理保护进城落户居民的农村既有权益，一次性赋予进城落户居民所有城市保障”，全面放开高校毕业生、技术工人、职业院校毕业生落户政策，近三年每年约有 20 万以农业转移人口为主的人口落户重庆城镇。截至 2019 年底，重庆常住人口城镇化率达到 66.8%，较“十二五”末提高 5.9 个百分点。重庆市常住人口城镇化率变化情况见图 8－1。二是城市人才加快下乡，乡村就业创业人才队伍持续壮大。“十三五”以来，特别是乡村振兴战略实施以来，通过实施科技特派员选派计划、“万名专家服务基层行动计划”等，城市人才、项目和资源下乡通道逐步畅通。截至2019年底，重庆已建立42万余人的本土人才信息库，累计回引本土9166名优秀人才到村挂职、创业，选派科技特派员超1.25万人到农村基层服务，培育新型职业农民20万人，吸引返乡创业经济实体38.4万户。綦江、开州、江津等10个区（县）先后被纳入全国农民工返乡创业试点，全市建成30个农民工返乡创业园。

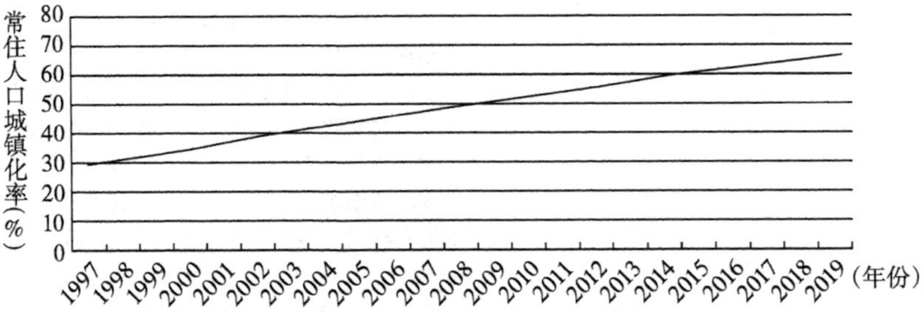

图8－1　1997—2019年重庆市常住人口城镇化率变化情况

2. 农业综合效益稳步提升，乡村经济蓬勃发展

自乡村振兴战略实施以来，重庆加快转变农业发展方式，推动农业与工业、旅游业等融合发展，农业经济运行良好，乡村经济活力迸发。一是农业发展规模和效益双提升。重庆已经形成柑橘（柠檬）、榨菜、生态畜牧、生态渔业、茶叶、中药材、调味品、特色水果、特色粮油、特色经济林十大山地特色高效农业产业体系，拥有国家和市级特色农产品优势区11个。农产品品牌建设不断强化，截至目前，重庆获得国家地理标志认证农产品累计达62个。农业规模持续扩大，2019年末第一产业增加值达1551.42亿元，较“十二五”末增长35%。二是农业加快“接二连三”融合发展。南川、合川区、万盛经开区、江津等4个区入选全国农村一、二、三产业融合发展先导区创建名单，梁平、潼南、万州、永川4个区被评为国家首批农业产业融合发展示范园。体验农业、田园综合体、康养基地等新业态新模式加快发展。2019年，6个乡村旅游项目被列为全国乡村旅游发展典型案例，重庆市乡村旅游综合收入突破800亿元，同比增长18.2%。农村电商发展迅速，2019年农村产品网络零售额达148.59亿元，是“十二五”末的5.5倍。农产品加工业发展态势良好，截至2018年底，重庆共有农产品加工企业12143家，农产品工业产值达2894亿元。三是农业农村改革成效凸显。截至2019年底，重庆市农村“三变”改革试点村总数达到137个，初步构建起“三变＋特色产业”“三变＋集体经济”“三变＋脱贫攻坚”等改革模式，探索试点出“土地股”“资产股”“现金股”“基建股”“管理股”等股份合作形式，助农增收效果日渐显现。成功获批全国农村集体产权制度改革整市推进试点，荣昌、潼南等9个区入选国家城乡融合发展试验区，360个“三社”融合发展试点成效初显。1997—2019年重庆市第一产业增加值及增速变化情况见图 8 - 2。

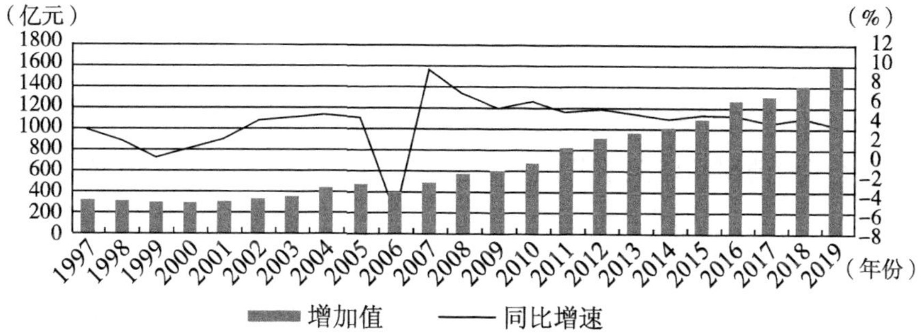

图 8 - 2　1997—2019 年重庆市第一产业增加值及增速变化情况

3. 城乡基础设施一体化建设成效突出，农村生活条件不断改善

在新型城镇化和乡村振兴战略双轮驱动下，重庆逐步建立城乡基础设施共建共享机制，以交通为主的城镇基础设施加快向农村延伸，乡村生产生活基础设施条件持续改善，城乡基础设施联通水平稳步提升。一是城乡交通互联互通水平提升。城市道路、公共交通加快向农村延伸，城市与乡村旅游景点景区、农业园区等重要开发节点的交通联系日益紧密，“四好农村路”建设工程高质量推进，乡村路网结构优化升级。城乡路网持续加密，截至 2019 年底，重庆市公路路网密度达 211 千米/百平方千米，其中，“四好农村路”总里程达 15 万千米，路网密度达 182 千米/百平方千米，位居西部省市首位，行政村通畅率达 100%，有力助推了农产品出山和乡村旅游发展。二是农村水、电、气、网等基础设施水平全面提升。城乡供水一体化建设稳步推进，城市供水管网逐步向周边农村延伸，渝北、巴南、荣昌等 12 个农村饮水安全巩固提升工程试点高标准推进，农村饮水安全工程管理运营长效机制加快探索。乡村电气化成效突出，农村电网供电可靠率 98%，综合电压合格率达到 98%，农产品加工、乡村旅游等产业用电需求得到有力保障。通过实施天然气管线和储配设施建设，“一区两群”乡镇居民逐步使用上管输天然气。重庆市行政村 4G 网络全覆盖，开通 5G 基站 1 万个，布点覆盖全部区县。三是农村人居环卫设施更加完善。农村卫生厕所普及率达到 79.3%，行政村生活垃圾有效治理率达到 93%，农村生活污水处理率达到 64%，1000 人以上常住人口农村聚居点集中式污水处理设施基本实现全覆盖。

4. 农村公共服务短板逐步补齐，城乡基本公共服务能力稳步提升

通过着力实施城乡基本公共服务供给改革，基本公共服务统筹规划与保障机制逐渐完善，公共服务资源加快向农村倾斜布局和延伸，城乡公共服务设施条件明显改善。一是城乡社会保障体系逐步健全。在全国率先实现城乡、省级“两个统筹”，城乡养老保险实现 16 周岁以上人群全覆盖，城乡医疗保险实现所有人群全覆盖，筹资标准、参保补助、待遇水平上基本实现城乡均等，“有档次之差、无身份之别、可自由转换”的城乡社会保险体系初步建立，城乡养老保险、城乡医疗保险参保率均稳定在95%以上。城市居民最低生活保障标准、农村居民最低生活保障标准、农村特困人员最低供养标准分别由2015年的420元/月、230元/月、400元/月提高至2019年的580元/月、440元/月、754元/月。二是乡村教育条件明显改善。市级财政坚持将每年70%的教育经费向农村地区倾斜，农村教育经费保障不断压实。“全面改薄”工程持续推进，重庆市5211所义务教育薄弱学校办学条件明显改善，义务教育校舍标准化覆盖率达到85%。实施“特岗计划”“农村小学全科教师培养计划”，乡村师资队伍建设明显加强。城乡学校帮扶机制逐步健全，城乡学校对口帮扶实现全覆盖。三是乡镇医疗卫生服务水平提升。大力推进医联体建设，初步建立三级医院、二级医院与乡镇卫生院的合作网络和资源共享平台，乡村医疗服务能力明显增强。截至2019年底，重庆市建成医联体近200个、乡镇卫生院860个、村卫生室10580个。此外，重庆农村文化、体育等公共服务供给能力也在不断提升。

5. 城乡居民收入稳步提高，生活水平差距明显缩小

随着重庆综合经济实力的逐步增强，农村发展活力不断释放，城乡居民收入水平不断提升，消费质量明显改善，城乡居民收入和消费差距逐渐缩小，城乡居民的获得感、幸福感和均衡感持续增强。一是城乡居民收入稳步增长，收入差距稳步缩小。2019年，重庆全体居民人均可支配收入达28920元，西部地区领先。其中，城镇居民人均可支配收入和农村居民可支配收入分别为37939元、15133元，城乡居民收入比由2015年的2.59∶1降至2.51∶1，城乡居民收入收敛趋势相对明显。重庆市城乡居民人均可支配收入及比值变化情况见图8－3。二是城乡居民消费水平不断提升，消费差距逐渐缩小。2019年，重庆城镇居民人均消费支出和农村居民消费支出分别为25785元、13112元，城乡居民消费支出比由2015年的2.21∶1缩小至1.97∶1。重庆市城乡居民人均可支配支出及比值变化情况见图8－4。城镇居民恩格外系数、农村居民恩格尔系数分别由2015年的33.6%、40%下降至31.2%、34.9%。农村居民消费结构优化升级，汽车、家用电器、智能手机、电脑等耐用消费品和文化教育、医疗保健等品质消费需求与日俱增，城乡消费水平逐步缩小。

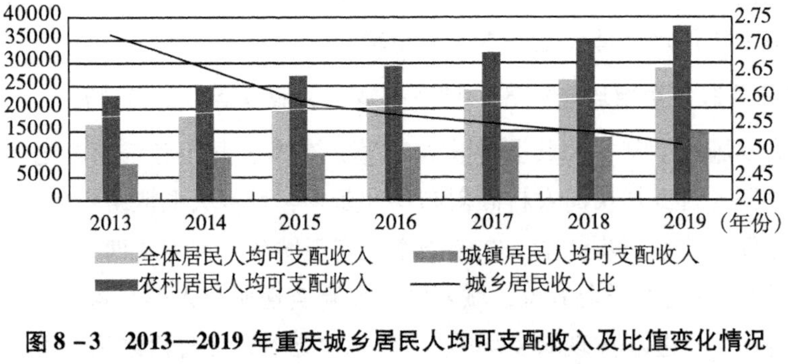

图8－3　2013—2019年重庆城乡居民人均可支配收入及比值变化情况

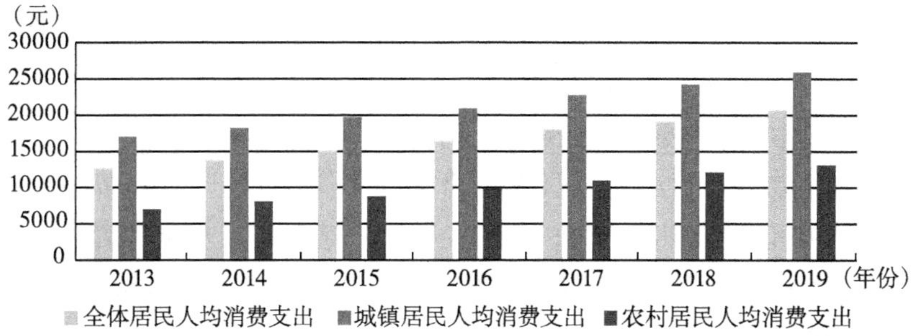

图 8-4　2013—2018 年重庆城乡居民人均可支配支出及比值变化情况

（二）存在问题和制约因素

尽管重庆城乡融合发展取得了显著成效，但城乡发展差距仍然较大，城乡居民收入差距比超出了2.5的经济社会稳定发展合理值，城乡融合发展依然面临着系列问题和制约。

1. 城市的承载支撑能力不足，以城带乡作用未充分发挥

乡村发展依托城市需求，城市是拉动乡村发展的磁极和动力源。当前，重庆城市整体发展水平不高，人口经济承载支撑能力相对不足，对乡村的辐射带动作用有限。一是城市体系不完善。重庆市城镇体系中中心城区之外的区域城镇发展缓慢，主城新区尚无“建成区超百平方千米、人口过百万”的次级增长极“双百城市”，渝东北、渝东南城镇群的城市发展普遍滞后，城市经济规模整体偏小。城市就业机会不足，相比一线城市差距明显，对农村转移人口的产业吸纳、就业吸纳能力不足。二是城市公共服务供给相对滞后。城乡二元制度下，长期以来，重庆居民公共福利、公共服务与户籍身份紧密挂钩。随着新型城镇化的快速推进，进城务工农村人口规模持续扩大，城市公共服务供给短缺日益严重，导致部分农业转移人口居住在城市却不能享受到同等的教育医疗就业等城市公共服务和待遇，“半城镇化”和“人户分离”等情况普遍存在，人口梯度转移受阻。三是城市资源环境承载力有待增强。由于在城市发展初期未能预留足够的发展空间，在部分公共设施和资源利用方面，受到人口大量增加和规划设计滞后的“双重挤压”，局部地区短时间会出现交通拥堵、水电断供、空气污染、房源紧张等情况，资源环境承载力受到挑战，拉低城乡居民生活品质。

2. “三农”发展短板依然明显，乡村振兴内生动力不足

近十年尤其是党的十八大以来，重庆市农业农村经济活力增强、农民增收成效明显、农村面貌显著改善，但“三农”发展短板依然存在，乡村振兴的内生动力有待提高。一是农村产业空心问题相对突出。农业机械化、智慧化、生态化水平不高，新型农业经营主体发展不足，农业发展活力和效益不高、抗风险能力弱。农村非农产业发展不充分，农业“接二连三”水平较低，无法充分适应城乡居民消费升级的需求，产业链和需求链存在一定脱节。农产品集约度、加工转化率和精深加工水平偏低，龙头企业和品牌培育不够，产业链条短，价值难以提高。乡村旅游、农村电商等农村服务业整体还处在低水平发展阶段，同质化严重，特色化不足。此外，特色小镇、田园综合体、农业公园等新型乡村产业协同发展平台搭建滞后。二是农村劳动力队伍弱化明显。直辖后，大量农村青壮年劳动力外出务工，以妇女、儿童、老人为主的“38”“61”“99”留守人员是重庆市农村人力资源的主体，农村劳动力老龄化严重，“村村难见年轻人”“庄稼地里草帽晃，近看全是白头翁”，中青年农民、农技人员、管理人员等严重缺乏，无法满足农业现代化、农业“接二连三”的人才需求。三是“空壳村”现象突出。目前，重庆市大多数村级集体经济组织尚未建立，发展主体缺位，成员权力虚置，“谁来发展”的问题亟待破解；农村集体资源资产开发利用不充分，路径不明晰，“怎么发展”的问题亟待破解；村级集体经济组织的“造血”功能弱，“空壳村”比例较高，“活力不足”等问题亟待破解。

3. 城乡二元结构制度障碍仍在，城乡要素自由流动不畅

随着城乡统筹、乡村振兴战略的深入推进，要素资源加快向乡村流动配置，但城乡融合发展的深层次制度障碍尚未根本清除，人才、土地、资金等要素的城乡流动不畅，农村向城市“输血”的状况仍未得到根本性扭转。一是城乡户籍藩篱阻碍人口城乡自由流动。附着在户籍背后的城乡福利、身份差异仍不同程度存在，尤其是城市和农村社会保障体系二元性突出，城乡户籍居民不能自由互换流动。一方面，进城务工农民无法与城市居民同等享受城市住房、子女教育等公共资源，促使农民家庭整体迁入城市的制度环境依然没有建立，阻碍了农民工市民化进程；另一方面，城市人口、人才流入农村的路径还未完全打通，市民下乡回乡落户不被允许，返乡下乡创业就业缺乏在医疗、社保、住房等方面的针对性扶持政策，人才及技术要素向农村流动。二是土地、资本城乡合理配置的市场机制尚未建立。城乡统一用地市场尚未建立，承包地仍难以市场化规范流转，农村集体经营性建设用地市场发育缓慢，城乡土地产权等资源难以真正实现同权同价，产权资本化和退出通道不畅，企业下乡面临用地困境。农村金融发展滞后，农村资金大量流向城市，但农业农村项目缺乏社会资本和金融资本支持。三是城乡融合发展相关法律法规及协调机制有待健全。现有的城乡就业、户籍、土地、金融、财政、社会保障等方面法律法规制约较多。同时，制度之间衔接协调机制不健全，部分之间沟通协商机制未完善，在一定程度上制约了城乡融合发展进程。

4. 城乡公共资源配置差距明显，基础设施和公共服务均等化偏低

直辖以来，重庆市农村基础设施和公共服务改善成效明显，但与城市以及广大农民群众不断升级的美好生活需求之间仍存在不小差距，制约了城市生产要素下乡和乡村经济发展。一是农村基础设施依然薄弱。农村尤其是渝东北、渝东南地区农村公路网络不完善，旅游路、资源路、产业路及配套设施建设滞后，道路等级低、路况差、维护不到位现象依然普遍存在。农村电网电压偏低、设备老旧、供电能力相对不足。部分村庄污水、垃圾等环卫处理设施配套不到位，农村人居环境仍需改善。宽带、基站等网络基础设施建设滞后，光纤宽带网络、4G网络覆盖率偏低。此外，城乡基础设施规划、建设和运行管护脱节，重城市轻农村等现象依然存在，城乡基础设施互联互通水平较低。二是城乡公共服务差距依然较大。虽然乡村公共服务配套不断完善提升，但农村优秀人才向城市流动的趋势越来越明显，农村公共服务水平与城市的差距依然较大，突出表现在教育和医疗两大领域。部分村庄学校缺少现代化的教学设备，农村师资力量薄弱，教师知识结构和课程设计难以与现代化的教育理念相适应。农村医疗短板在疫情防控中充分暴露，农村基层医疗机构的医疗设备物资短缺落后的现象依然十分突出，主要表现在业务用房不足、病床床位不够、基本医疗器械和装备短缺老旧等方面。农村医疗卫生服务人员办公环境简陋、福利待遇较差，人才“引不来、留不住”的现象普遍存在，农村医疗机构医务人员缺口大、整体素质偏低、骨干人才短缺或断档、后备力量匮乏、老龄化等问题较为严重。

四、重庆城乡融合发展思路和目标

党的十九大以来，国家已明确建立健全城乡融合发展体制机制和政策体系的总体思路和顶层设计，并提出推动城乡融合发展，要以建立工农互促、城乡互补、全面融合、共同繁荣的新型工农城乡关系为方向，以促进城乡要素自由流动、平等交换和公共资源合理配置为重点，持久发力、久久为功，为农业农村现代化提供制度保障。“十四五”时期，重庆市要结合城乡发展实践中的制约因素和中央战略部署精神，一体化考虑城乡发展问题，以问题导向和目标导向来“倒逼”重庆市城乡融合发展，推动基层探索和顶层设计“上下”连通，明确重庆市城乡融合发展的思路路径、目标导向和评价体系。

（一）思路路径

以习近平新时代中国特色社会主义思想为指导，全面贯彻党的十九大和十九届二中、三中、四中全会精神，紧紧围绕习近平总书记对重庆提出的“两点”定位，“两地”“两高”目标、发挥“三个作用”和营造良好政治生态的重要指示要求，抓住新型工业化、信息化、城镇化、农业现代化“四化”同步发展和加快形成以国内大循环为主体、国内国际双循环相互促进的新发展格局的战略机遇，紧扣重庆市“一区两群”协调发展的战略任务，树立城乡平等发展基本理念，坚持新型城镇化和乡村振兴战略“双轮驱动”，以城乡发展一体规划、城乡政策融合创新为基础，以城乡布局合理化、农业人口市民化、要素市场一体化、产业发展融合化为重点，有效破除制约重庆市城乡融合发展的重点区域和重点领域的体制、机制、政策障碍，加快建立健全城乡融合发展新机制，挖掘城市发展新动力，释放乡村振兴的最大潜力，推动形成城市和乡村各美其美、美美与共的新时代城乡关系，努力把重庆打造成为西部城乡融合发展的示范样板。

（二）目标导向

“大城市、大农村、大山区、大库区”是重庆的基本市情。考虑到实现城乡融合发展是一个较为长期的历史进程，重庆市在推进城乡融合发展实践过程中，既要把握新型城镇化发展大势，把乡村振兴战略摆在优先位置，把农业农村优先发展的要求落到实处，对接好国家城乡融合发展战略目标，也要根据重庆市发展的实际情况，因地制宜、分类施策，梯次推进、久久为功，实现重庆市推动实施城乡融合发展的美好图景和具体目标任务。

目标导向之一：因地制宜、分类施策，紧扣“一区两群”协调发展战略细化落地重庆市城乡融合发展的任务书。要紧紧围绕重庆市“一区两群”发展现状和实际需求，系统化、差别化设计重庆市不同区域推进城乡融合发展的目标路径、体制机制和政策体系。主城都市区是重庆市工业化、城镇化的核心，其城乡融合发展水平最高、条件最好，其中西部片区①是国家11个城乡融合发展试验区之一，应该坚持政策协同、面上突破，围绕建设城乡融合发展先行区、示范区的目标导向，大胆探索城乡布局、人口流动、要素配置、产业发展、基础设施、公共服务等领域城乡融合的具体路径，聚焦建立城乡有序流动的人口迁移制度、建立进城落户农民依法自愿有偿转让退出农村权益制度、建立农村集体经营性建设用地入市制度、搭建城中村改造合作平台、搭建城乡产业协同发展平台等，系统化、集成化创新区域整体层面的顶层设计、制度政策、配套措施，探索具有针对性、原创性以及差异化的城乡融合发展改革实践路径。渝东北三峡库区城镇群、渝东南武陵山区城镇群集重庆市“大农村、大山区、大库区”的基本市情于一体，也是重庆市发展不平衡、不充分的区域，其城乡融合发展水平较低、基础薄弱，应该坚持突出重点、以点带面，围绕建设城乡融合发展示范点的目标导向，明确区县城、乡镇、村三级节点上城乡融合发展的重点，推动产业、人口、设施等在城乡之间梯度布局，提高区县城综合就业承载能力，培育发展一批科创、文创、旅游、电商、康养等融合性特色小镇和果蔬、花木、生态等“农字号”特色乡村，重点探索承载新经济、新业态、新模式的城乡融合发展载体平台，加快形成“区县城—特色城镇—乡村振兴示范村”互促互动、融合发展的新态势，并逐步实现城乡全面融合发展。

目标导向之二：梯次推进、久久为功，对标国家的顶层设计，明确重庆市城乡融合发展的路线图。要稳妥把握城乡融合发展实践的改革时序、节奏和步骤，分阶段、分步骤推进，中心城区及近郊区域率先在体制机制政策上探索突破，其他区域首先要

---

① 包括荣昌区、潼南区、大足区、合川区、铜梁区、永川区、璧山区、江津区、巴南区9个区，面积约15323平方千米。

发展城乡融合发展的薄弱领域，并稳妥突破户籍、土地、资本、公共服务等方面的制约，逐步实现城乡融合发展。到2025年，城乡融合发展体制机制和政策体系更加健全，城乡规划空间形态得到优化，基础设施互联互通基本实现，城乡要素自由流动的制度性通道基本打通，城乡融合发展评价体系基本建立，形成一批各具特色的城乡融合发展模式和经验，“城乡布局合理化、农业人口市民化、要素市场一体化、产业发展融合化”等重点任务取得突破性进展和典型性成果，新时代背景下城市和乡村各美其美、美美与共的新局面初步呈现。到2035年，城乡融合发展体制机制和政策体系更加完善，重庆市“一区两群”城乡融合发展评价体系细化落实，重庆市城乡发展差距和城乡居民收入水平、生活水平的差距显著缩小，重庆市的乡村振兴建设行动取得巨大进展，农业农村现代化总目标基本实现。到2050年，城乡融合发展体制机制和政策体系成熟定型，城市和乡村各美其美、美美与共，重庆市城乡融合发展的新格局全面实现。

（三）评价体系

因为城乡融合发展是一个动态演变过程，确定合适的发展策略，需要构建一套评价指标体系对城乡融合发展水平进行量化衡量，以科学地分析和反映重庆市整体层面城乡融合发展的变化情况和取得的成效。根据中共中央、国务院《关于建立健全城乡融合发展体制机制和政策体系的意见》文件精神要领，借鉴学界关于城乡融合发展评价已有的相关研究成果，构建城乡融合发展评价指标体系应从经济融合发展、社会融合发展、人口融合发展、空间融合发展、生态融合发展和制度融合发展方面入手。同时，评价指标的选择要坚持系统性原则，应从系统整体出发，真实反映城乡关系的各个方面及其主要特征；要坚持科学性原则，应从客观实际出发，全面准确地反映城乡经济社会发展状况及其发展规律；要坚持动态性原则，应适应时代发展而变化的动态特征，充分体现城乡融合发展的时代性和阶段性，并保持适度前瞻性和先进性。综合考虑，研究提出构建以6个一级指标、26个二级指标作为重庆市城乡融合发展评价体系（表8-2），以便明确评价标准，客观测度重庆市城乡融合发展水平，科学评估重庆市城乡融合发展目标任务进展情况及成效，以更好地适应重庆市城乡融合发展实践改革需要。

表8-2 重庆市城乡融合发展评价指标体系

一级指标	二级指标
经济融合发展	“一区两群”人均GDP比
	城乡居民收入比
	三次产业融合度（%）
	村集体经济组织覆盖率（%）
	农林水支出占财政支出比重（%）

续表

一级指标	二级指标
社会融合发展	城乡人均社会消费品零售额差异率
	城乡居民恩格尔系数比
	城乡教育投入系数的差异程度
	城乡社会保障覆盖率（%）
	城乡每千人口卫生技术人员比
人口融合发展	常住人口与户籍人口城镇化率比
	农村返乡就业创业人数（个）
	城市人才入乡人数（个）
	城乡劳动生产率差异系数
空间融合发展	城乡路网密度差异系数
	农村宽带接入户占宽带用户比重
	村级综合服务平台覆盖率（%）
	农村公路通车里程（万千米）
生态融合发展	森林覆盖率（%）
	建成区绿化覆盖率（%）
	城乡安全饮用水普及率（%）
	城乡生活垃圾处理率比
	城乡污水处理率比
制度融合发展	城乡失业率差异系数
	城乡人均社会保障额差异系数
	城乡土地出让价差异系数

经济融合发展。经济融合发展是指在生产力发展到一定水平后，城乡之间的要素和资源自由流动、合理配置，区域发展更趋协调，城乡产业发展的融合度达到较高水平，城乡经济发展差距、城乡居民收入差距逐步缩小，区域之间、城乡之间居民能够共享经济发展成果。建议选取“一区两群”人均 GDP 比、城乡居民收入比、三次产业融合度、村集体经济组织覆盖率、农林水支出占财政支出比重指标来反映城乡经济融合度。

社会融合发展。社会融合发展是指城乡基本公共服务水平达到一定的高度，城乡公共服务设施基本实现均等化，总体社会服务和居民生活水平差距逐步缩小，城乡居民能够平等地共享社会发展的现代文明成果。建议选取城乡人均社会消费品零售额差异率、城乡居民恩格尔系数比、城乡教育投入系数的差异程度、城乡社会保障覆盖率、城乡每千人口卫生技术人员比指标来反映城乡社会融合度。

人口融合发展。人口融合发展是城乡经济、社会、生态、政治、生活协调发展的基础，是城乡融合发展的直接结果，具体表现为户籍二元结构逐步被打破，人口有序由乡到城梯度转移、由农业人口向非农业人口就近就地城镇化转化，逐渐形成不同区域、城乡之间双向流动、合理分布的格局。建议选取常住人口与户籍人口城镇化率比、农村返乡就业创业人数、城市人才入乡人数、城乡劳动生产率差异系数等指标来反映城乡人口融合度。

空间融合发展。空间融合发展是指城乡发展空间能够在统一规划的保障下，城镇体系、乡村以及城乡发展联系紧密的交通体系、信息体系等布局更加合理，支撑城乡资源交换、优势互补、协调共进。建议选取城乡路网密度差异系数、农村宽带接入户占宽带用户比重、村级综合服务平台覆盖率、农村公路通车里程指标来反映城乡空间融合状况。

生态融合发展。生态融合发展是指城乡之间基于各自生态禀赋的差异性，在经济社会发展的过程中合理处理城乡之间生态环境的协调发展。建议选取森林覆盖率、建成区绿化覆盖率、城乡安全饮用水普及率、城乡生活垃圾处理率比、城乡污水处理率比指标来反映城乡生态融合程度。

制度融合发展。制度融合发展是指破除制约城乡融合发展二元结构，从根本上打破城乡二元分割的传统体制机制障碍，建立健全城乡融合发展体制机制，即构建城乡统一的户籍登记制度、土地管理制度、就业管理制度、社会保障制度以及公共服务体系和社会治理体系。建议选取城乡失业率差异系数、城乡人均社会保障额差异系数、城乡土地出让价差异系数指标来反映城乡制度融合程度。

五、重庆城乡融合发展路径

坚持“四化同步”和“双轮驱动”，紧扣重庆市“一区两群”协调发展格局，围绕重庆城乡融合目标导向，从城乡空间、产业、人口、要素等关键领域着手，推动重庆城乡全面深度融合发展。

（一）优化城乡发展空间布局，形成城乡融合新格局

坚持人口资源环境相均衡、经济社会生态效益相统一，综合考虑城乡各自的生产生活形态和人口集聚特点，按照主体功能定位统筹优化城乡发展空间，构建高质量发展的城乡融合发展新格局。

促进成渝地区双城经济圈建设见效落地。加强与四川的协作，以两大都市区和毗邻地区为重点，优化国土空间布局，加强基础设施建设，构建现代产业体系，加强生态环境保护，推进体制创新，强化公共服务共建共享，推动形成优势互补、高质量发展的区域空间布局，在推进新时代西部大开发形成新格局中作出新贡献。

推动重庆市“一区两群”协调发展。加强主城都市区在成渝地区双城经济圈建设中的极核辐射带动作用，全面提高主城都市区城镇化发展质量和城乡融合水平。加强

渝东北三峡库区城镇群在三峡库区及秦巴山区生态保护、山地特色城镇化发展、生态产业体系构建中的示范作用，优化生态功能区、农业主产区和城镇化地区主体功能布局。强化渝东南武陵山区城镇群在筑牢生态屏障、促进文旅融合、联动武陵山区周边地区发展上的先行先试作用，合理引导常住人口到城镇梯度转移。

筑牢区（县）镇（乡）两级城镇支撑。区县层面，加快推进城市规模面貌提质扩容、环境卫生设施提级扩能、市政公用设施提档升级、公共服务设施提标扩面、产业配套设施提质增效，因地制宜拓展发展空间，稳步提升城镇化发展水平，增强对乡村的辐射带动能力。乡镇层面，充分认识小城镇作为城乡资源要素交换汇集地的重要性，发挥小城镇联结城乡的重要作用，在有条件的区域培育一批示范性的特色小镇和特色小城镇，拓展建设空间，提升公共服务，引导农村人口到特色小城镇居住。

（二）增强城市综合承载力，提高转移人口市民化质量

以新型工业化和新型城镇化为重要抓手，推动城市练好内功、持续发展，海纳百川、广聚英才，实现城市综合承载能力和农业转移人口市民化质量协同提升。

着力提高城市综合承载能力。一方面，以吸引集聚人口为核心，深入推进新型工业化。不断提高经济密度、创新强度，做优做强产业集群，推动中心城区产业高端化发展，提升主城新区工业发展水平；大力发展先进制造业和现代服务业，前瞻性布局战略性新兴产业，促进数字经济与实体经济深度融合。另一方面，以满足人的需求为核心，深入推进新型城镇化。统筹城市规划建设管理，提升交通、能源、环保、市政等基础设施与城市规模、功能定位、人口密度的匹配度，重点织密新建城区设施网络、推进老旧城区改造更新，建设海绵城市、韧性城市；扩大养老、教育、医疗服务供给，加快补齐公共卫生、安全、应急等短板，不断提高城市治理水平。

高质量推动农业转移人口市民化。持续加快推进农业转移人口市民化，鼓励在城镇稳定就业的新生代农民工、农业转移人口及随迁人口和其他非户籍等重点人群进城落户，建立健全进城落户农民依法自由有偿转让退出农村权益制度，鼓励有条件的地区探索利用城镇闲置过量房源、稳定就业岗位等对转户农民进行合理化补偿。推动户口迁移更加自由便利，以取消落户限制和简化落户程序为主要内容持续深化户籍制度改革，实施以经常居住地和稳定就业地登记户口制度。推动城镇基本公共服务覆盖常住人口，建立健全以居住证为主要依据的教育、医疗、住房、社会保险等基本公共服务供给机制，重点为农业转移人口提供全方位公共就业服务、全周期职业技能培训。保持房地产市场平稳健康发展，以城中村、城边村为重点，大力支持农村集体建设用地建设租赁住房试点探索，有效增加保障性住房供给。

（三）搭建产业协同发展平台，实现城乡产业互补融合

立足城乡资源禀赋特点和三次产业形态差异，以城乡产业新载体建设为重要抓手，

推动资源要素跨界配置，促进三次产业互补融合，促进城乡产业实现“平台内小融合、多平台大融合”。

以优势产业为支撑着力建设一批特色小城镇。在“一村一品、一镇一业”基础上，围绕服务城市需求，加快引入城市要素，充分利用前沿科技成果，引导各地创建农业产业强镇，以产业融合驱动产城融合。因地制宜建设一批特色小城镇，以承接城市产业转移、农产品精深加工、农村电商、乡村旅游、康养避暑、智慧农业、互联网应用、文化创意等产业为重点，孵化培育、做精做强、集聚发展特色产业，强化特色小城镇产业支撑。

以产业融合为重点提升改建一批农业园区平台。依托原有的现代农业示范区、农业科技园区、农业产业化示范基地等农业基础较好的园区平台，合理调整原有产业空间，增加布局强链补链产业和农商文旅融合产业空间，围绕新产业、新业态增配和提档配套基础设施。重点推动“育苗（育种）—种植（养殖）—加工—物流—销售”农业产业链的纵向延伸，打造产加销一体的全产业链企业集群，提升园区平台的全链化竞争力和产业附加值。

以复合功能为导向连片打造一批美丽乡村。打破行政界限，以资源、产业、交通为主要考量，集中连片打造一批兼具巴渝特色、田园农耕和现代文明的升级版美丽乡村。用好用活乡村自然生态资源、农业生产资源、传统文化资源等，以资源保护性开发、继承性利用为核心，促进乡村生态保护、农业生产、文化传承、休闲旅游等复合功能发挥，推动乡村资源连片整合、多元增值。持续推进农村人居环境整治和乡村风貌提升，重点引导农村集体、社会资本等广泛参与乡村环卫设施建设运维、田园综合体整体打造、乡村民宿建设经营，大力发展乡村美丽经济。

（四）促进城乡要素双向流动，培育乡村内生发展动能

坚决破除妨碍要素自由流动的制度障碍，以减少要素价值的城乡落差为导向加快建立城乡一体的要素市场，推动发展资源向乡村合理倾斜，为乡村内生发展注入新动能。

重点推动资源要素流向农村。健全工商资本下乡促进机制。在产业用地、财政补贴、税收减免、项目审批等方面给予充分支持，鼓励工商资本到农村发展新产业、新业态，重点介入资金或技术门槛较高的“蓝海”产业。推动金融资本下乡赋能。推动涉农金融机构回归本源，探索建立新增存款主要用于当地，建立健全涉农贷款风险财政补偿机制。增加和扩大农业保险试点品种和试点范围，探索推广银保合作产品。鼓励各类人才参与乡村振兴。以重大平台布局、高新机构设立为牵引，促进技术类、管理类、经营类等各类人才到乡村创业就业。以兼职兼薪、容错纠错、待遇保障为激励手段，完善乡村引才、育才、用才的政策体系。

加快推进城乡要素市场一体化。打造城乡统一的人力资源、资本、技术、土地、产权交易等各类要素市场，做到统一谋划、一体部署、相互协作、共同实施，推进人

流、物流、资金流、信息流在城乡之间自由流动和优化配置。稳妥推进城乡建设用地市场一体化，发展和拓展重庆农村土地交易所功能，逐步探索建立城乡建设用地权利体系、调查评价、用途管制、市场规则、价格体系、收益分配“六个统一”制度。以深化户籍制度改革为突破点，以统筹城乡社会保险为要点，以完善城乡劳动就业制度和就业服务为抓手，加快建设城乡统一的劳动力市场，促进劳动力在行业、地域和城乡之间自由流动。

六、有待重点突破的政策制度

城乡发展不平衡、农村发展不充分问题是城乡融合发展的“痛点”“难点”。要实现城乡协调发展，就必须深化改革、创新机制，破除妨碍城乡要素流动的体制机制壁垒，加快补齐农村公共服务和基础设施短板，构建以现代农业为基础，以农村一、二、三产业融合发展，乡村旅游等新产业为补充的乡村经济多元化和农业全产业链发展。

（一）建立农村集体经营性建设用地入市制度

新《中华人民共和国土地管理法》明确农村集体经营性建设用地可不通过国家征收直接入市，并于2020年1月1日起实施。至此农村集体经营性建设用地入市从试点改革阶段进入全国范围实施阶段。但目前土地管理法对集体经营性建设用地入市的提法过于笼统，具体如何操作还未过多涉及。重庆应在认真总结大足试点经验基础上，积极研究制定农村集体经营性建设用地入市的具体政策细则等，从政策层面引导重庆市农村集体经营性建设用地使用权规范入市，争取打造全国样板。

一是从政策层面引导农村集体经营性建设用地使用权规范入市。在认真总结大足试点经验基础上，加强市级层面的顶层设计，引导各区县积极规范入市行为。依托重庆农村土地交易所，围绕价值评估、交易流转、抵押处置、风险补偿、收益分配等方面，积极研究制定推进农村集体经营性建设用地的各项政策及工作方案、实施意见、实施细则等，加快建立城乡统一的基准地价体系，形成一套完善的“1+N”制度体系。

二是逐步建立农村集体经营性建设用地入市配套制度。在农村集体建设用地使用权确权登记颁证基础和前提下，以“房地一体”，推进宅基地和农村集体建设用地使用权确权登记颁证；按照《重庆市城乡总体规划（2018—2035年）》等规划要求，推进存量及少量新增农村集体经营性建设用地，以租赁、出让、作价入股等方式用于工矿仓储、商服、租赁住房等经营性项目建设；入市的集体经营性建设用地使用权在使用期限内，享有与国有建设用地同等的转让、出租和抵押权能，实行同等入市、同权同价。加强金融改革与土地制度改革的衔接互促，分类推进农村集体经营性建设用地使用权抵押融资，建立完善农村集体经营性建设用地使用权价值评估机制，支持、鼓励金融机构为入市土地提供金融服务。

三是推进农村集体经营性建设用地入市多元化。针对不同所有权主体，探索通过农村集体经营性建设用地异地调整、出资入股等多种方式入市，并因地制宜将集体建设用地用于租赁性住房建设，推进农产品加工、乡村旅游等二、三产业发展。稳步推进农村“三权分置”① 改革，积极创新农村闲置宅基地的处理和利用方式，对闲置、废弃的宅基地按农民自愿有偿退出原则，转变为集体经营性建设用地入市，助推闲置低效资源盘活和农民财产性收入增加。

（二）建立促进人才返乡下乡激励机制

加强政策扶持和制度激励，鼓励城市人才下乡创业就业，强化乡村振兴人才支撑，是加大精准脱贫力度巩固脱贫成果、促进农业高质量发展的关键。

一是建立本土人才回乡激励机制。充分发挥“乡土情”，加大政策力度，持续回引农村本土人才，让其带回项目、产业、资金、信息、技术等资本开辟商机，推动地方经济发展。积极制定人才孵化机制，实施返乡创业带头人计划，鼓励各区县依托工业园区，加强返乡创业园区和孵化基地建设，打造创业平台、完善服务功能，为返乡人才提供场地和政策支撑。积极制定人才奖励机制，按照返乡创业人员的项目、产业、资金、技术和投资创业规模，制定不同的奖励标准或激励措施。提供便捷的创业商事服务，依托“渝快办”政务平台，开辟农村创业创新业务办理绿色通道，加强“容缺受理”，提供优质便捷的商事服务。完善高素质农民培育机制，根据高素质农民需求，优化调整涉农院校、农技推广机构等各类农业农村教育培训资源，支持把课堂开到田间地头、养殖场所等生产第一线，鼓励农民通过“不离家、不离乡、不离业”的“半农半读”方式就近就地接受职业教育和技能培训。建立完善实训基地，为高素质农民提供创业培训、职业培训、专业培训，不断提升职业技能和创新创业能力。

二是建立城市人才入乡激励机制。依托“重庆英才计划”设置专项扶持基金，加强乡村领军人才培养。加大科技人员成果权益分配的激励力度和农业技术人才职称评价的支持力度，鼓励高校、科研机构等的科技从业人员到农村设施农业、现代种业、智能装备、绿色发展等领域创新创业。积极吸引优秀年轻人到乡村发展。继续选派好驻村（特别是贫困村、集体经济空壳村、软弱涣散村、乡村振兴示范村）第一书记，促进拓展巩固脱贫成果与乡村振兴有效衔接；选聘优秀高校毕业生投身乡村振兴和乡村建设，助力美丽乡村建设、特色产业发展及乡村善治水平提升，更好地服务和保障乡村振兴战略实施。

三是建立城乡人才自由流动机制，坚持职称评定农村工作经历优先，探索推进岗编适度分离，鼓励城市科技、教育、卫生、文化、体育等领域的工作人员定期服务农业农村发展，全面推进“三师一家”② 下乡服务。允许农村集体经济组织探索人才加入

---

① 指农村宅基地所有权、资格权和使用权。

② 指规划师、建筑师、工程师、艺术家。

机制，按照“市场化、信息化、乡土化、社会化”的原则，支持科技特派员将资本、科技、信息、管理等现代生产要素带到农村，为农业农村提供科技服务或与农民结成利益共同体。

（三）完善工商资本下乡促进和风险防范机制

工商资本是解决“三农”问题、促进城乡融合发展的重要力量。但工商资本的逐利倾向决定了其“双刃剑”的特性，因此对于工商资本，既不能过度放纵，也不能过度束缚，在建立完善工商资本入乡促进机制的同时，做好工商资本入乡的风险防控工作。

一是建立工商资本入乡促进机制。围绕“放管服”改革，进一步优化营商环境，着力完善工商资本下乡的融资贷款政策，研究制定项目配套设施建设补助标准和方案，促进农业产业规模化集约化经营。通过政府向社会力量购买服务等方式，鼓励社会力量参与农村医疗卫生、养老等生活性服务业。通过“村企联建”“飞地经济”等模式，推动农村集体经济组织与工商资本的供求互补、合作共赢。

二是完善工商资本入乡风险防范机制。积极创新村镇银行和重庆银行、重庆农村商业银行等地方银行的金融产品提供机制，提高服务实体经济的能力和效率。坚持“立足县域、服务社区、支农支小”，推动重庆农村商业银行回归本源、专注主业，切实加大有效信贷投放，大力支持“三农”、小微企业等实体经济的发展。按照“支农支小市场”的定位要求，积极培育发展村镇银行，创新商业模式以及金融产品、渠道和服务，重点改善对“三农”、小微、扶贫和基本民生保障等重点领域的金融服务，切实发挥“毛细血管”作用。积极推动重庆农村土地交易所、涪陵林权交易所等农村产权流转交易市场的服务体系建设，促进农村土地经营权、使用权及农村集体产权等公开规范流转交易。健全农村资产评估体系，完善风险分担补偿机制，以农村土地承包经营权、林权、宅基地使用权及其他资产抵押融资，盘活农村闲置资源。全面落实国家支农惠农强农政策，着力健全农业信贷担保体系，进一步完善农业“以奖代补”机制和信贷担保补助机制，稳步扩大政策性农业保险覆盖面、提高补助标准，切实增强政策性农业保险服务能力。完善农村金融风险防范处置机制。

（四）建立生态产品价值实现机制

深入践行“绿水青山就是金山银山”理念，以提供更多优质生态产品满足人民日益增长的优美生态环境需要为主线，坚持政府主导、社会参与，积极探索生态产品价值的可持续、市场化实现路径，推动人与自然和谐共生，努力把重庆建设成为高质量绿色发展的全国标杆。

一是开展生态产品价值核算。建立生态损害赔偿和碳排放权、排污权交易等制度体系，完善重庆生态产品目录清单，科学核算评估各类生态产品的潜在价值量。探索组建服务全国的生态产品价值核算评估机构，积极完善指标体系、技术规范和核算流程。实施根据生态产品质量和价值确定横向生态补偿额度的体制机制。积极拓展地票功能，推动土地资源市场化转换，围绕长江经济带联动发展，建立跨长江流域生态补偿机制，积极争取国家支持开展成渝地区双城经济圈与长三角城市群指标跨省调剂交易试点。

二是健全生态产品市场交易体系。依托重庆涪陵林权交易所和重庆农村土地交易所，着力健全集体林地经营权流转、租赁及“三权分置”改革等体制机制，加快构建归属清晰、权责明确、监管有效的自然资源资产产权制度体系。积极开展森林、河流、湿地等自然资源资产的产权主体及权利界定工作。加强与国家部委的对接联系，积极争取国家生态保护修复的产权激励机制试点，积极创建国家公园，争取打造国家公园设立标准和程序标准试验区。探索公益林分类补偿和分级管理机制，推行公益林收益权质押贷款模式，完善自然资源有偿使用制度和价格形成机制。

（五）建立城乡基础设施一体化发展体制机制

坚持先建机制、后建工程，加快建立政府主导、多方参与、市场运作的城乡基础设施一体化规划、建设、管护体制机制，形成城乡基础设施一体化融合发展的“重庆模式”。

一是建立城乡基础设施一体化规划机制。统筹协调城市建成区规划和非建成区规划，合理安排城镇建设、产业集聚、乡村聚落、农业发展、生态涵养等空间布局。统筹城乡基础设施规划和布局，推动水电路气等基础设施城乡联网、共建共享，完善城乡污染物收运处置体系。强化“多规合一”，加强资源统筹配置，实现城乡基础设施“一张蓝图”管理，提升基础设施均衡通达高效程度。

二是建立城乡基础设施一体化建设机制。健全以政府投入为主的乡村道路、水利、公共厕所等公益性设施建设机制。对乡村供水、垃圾污水处理等有一定经济收益的设施，政府加大投入力度，积极引导社会资本和当地群众投入。对乡村供电、电信和物流等经营性为主的设施，建设以企业投入为主。支持有条件的地区进行城乡基础设施整体开发建设，推进美丽乡村建设，改善城乡人居环境。

三是建立城乡基础设施一体化运营机制。建立健全主城都市区跨区域基础设施成本分担和利益共享机制，强化渝东北三峡库区城镇群和渝东南武陵山区城镇群基础设施补短板。深入推进“四好农村路”建设，推动城乡客运道路一体化发展，将城乡道路、农村客运等公益性设施的管护和运行投入纳入一般公共财政预算。建立健全多元化管护机制，充分发挥村级组织、运营企业的作用，加强对城乡基础设施的管护，落实管护责任。推进城市公共基础设施管护资源、模式和手段逐步向乡村延伸。

（六）建立城乡基本公共服务均等化发展体制机制

统筹推进城乡教育文化、医疗卫生、社会保障等资源优化配置，推动公共服务向农村延伸、社会事业向农村覆盖，构建优质普惠共享的城乡公共服务体系。

一是建立城乡教育资源均衡配置机制。全面推进农村义务教育学校标准化建设，改善义务教育薄弱学校基本办学条件，提升学生、教师教学保障和生活配套支撑。加大“县管校聘”改革力度，推进义务教育学校校长教师交流轮岗，统筹城乡教师资源。实施“互联网+”教育应用基础全覆盖工程，实现乡村小规模学校和教学点数字教育资源全覆盖。建立城乡学校动态调整机制，确保教育设施对居住人口的全覆盖。

二是健全城乡医疗卫生服务体系。实施基层医疗卫生机构提档升级工程和医疗服务能力建设，实施基层医疗卫生机构人才培养工程，补齐公共卫生服务短板。实施乡镇卫生院等级评审和分级管理。促进城市医疗资源下乡，以托管等形式建立医疗联合体。加强基层医疗卫生机构急需紧缺医疗设备配备。加强城乡公共卫生风险防控体系建设，完善重大疫情预警、救治和应急处置机制。扩大区县域内医共体试点地区范围。

三是健全城乡公共文化服务体系。优化城乡公共文化服务设施布局，完善区（县）镇村三级公共文化服务体系，扩大和加强公共文化服务的覆盖面和适用性。推动乡村文化驿站、文化活动室、图书室、乡情馆、健身步道等文化惠民工程建设。以传统节日、重要节点为契机，开展一系列具有地方特色的群众性文体活动，营造积极向上的文化氛围，丰富群众精神文化生活。推行参与式公共文化服务管理模式，推动社会化发展。支持乡村民间文化团体开展符合乡村特点的文化活动。加强历史村落、文化古镇等遗产保护工作，支持传承非物质文化遗产。

四是完善城乡统一的社会保险制度。建立统筹城乡社会保障机制，实现城乡居民养老保险和合作医疗保险一体化，农民工养老保险和城镇职工养老保险待遇统一、跨区域、跨险种的有效衔接。做好社会保险关系转移接续工作，逐步实现社会保险参保登记“一窗通办”“全渝通办”。推进医保跨省异地结算。加快构建医养康养相结合的养老服务体系，探索推广农村互助养老可持续发展模式。

五是统筹城乡社会救助体系。推进低保制度和特困人员救助供养制度城乡统筹，逐步提高城乡低保、特困人员供养标准。完善从学前教育阶段到高等教育阶段的学生资助政策体系。建立困难残疾人生活补贴和重度残疾人护理补贴及经济困难高龄老人和失能老人补贴制度。全面推行农村留守老人定期探访制度，健全农村留守儿童和困境儿童关爱服务体系。规范监管，强化引导，积极引进非营利性的专业化、社会化社会福利机构，逐步扩大社会福利覆盖面。

参考文献

[1]高静，王志章．改革开放40年：中国乡村文化的变迁逻辑、振兴路径与制度构建[J]．农业经济问题，2019(3)：49－60.

[2]重庆市扶贫办创新金融扶贫方式助推重庆市贫困地区限时打赢脱贫攻坚战

[EB/OL]. [2020 -09 -22]. http://www.cpad.gov.cn/art/2016/1/11/art_34_43566.html.

[3]习近平. 把乡村振兴战略作为新时代“三农”工作总抓手[J/OL]. 求是, 2019(11). http://www.qstheory.cn/dukan/qs/2019 -06/01/c_1124561415.htm.

[4]金三林, 曹丹丘, 林晓莉. 从城乡二元到城乡融合——新中国成立70年来城乡关系的演进及启示[J],经济纵横,2019(8):13 -19.

[5]许彩玲, 李建建. 城乡融合发展的科学内涵与实现路径——基于马克思主义城乡关系理论的思考[J], 经济学家, 2019(1):96 -103.

[6]韩文龙, 吴丰华. 新时代城乡融合发展的理论内涵与实现路径[J],马克思主义与现实, 2020(2):166 -173.

[7]胡祖才. 城乡融合发展的新图景[J], 求是, 2019(14):49 -55.

[8]涂圣伟. 城乡融合发展的战略导向与实现路径[J], 宏观经济研究, 2020(4):103 -116.

[9]重庆市综合经济研究院课题组. 重庆统筹城乡综合配套改革十年成效评估[R], 2018(11).

[10]韩超, 杨洁. 发达国家城乡融合发展理论与实践研究[J],郑州轻工业学院学报:社会科学版,2019,20(1):63 -68.

[11]秦妍. 我国乡村振兴的目标评价体系构建研究[D],2018(12).

[12]重庆市综合经济研究院课题组. 重庆城乡融合发展测度研究[R],2019(12).

[13]中共中央. 中共中央关于制定国民经济和社会发展第十四个五年规划和二〇三五远景目标的建议[EB/OL]. [2020 -11 -03]. http://www.gov.cn/zhengce/2020 -11/03/content_5556991.htm.

[14]中共中央,国务院. 关于建立健全城乡融合发展体制机制和政策体系的意见[Z],2019(5).

[15]中共中央,国务院. 乡村振兴战略规划(2018—2022年)[EB/OL]. [2018 -09 -26]. http://www.moa.gov.cn/xw/zwdt/201809/t20180926_6159028.htm.

[16]国家发展和改革委员会. 2020年新型城镇化建设和城乡融合发展重点任务[EB/OL]. [2020 -04 -09]. https://www.ndrc.gov.cn/xxgk/zcfb/tz/202004/t20200409_1225431.html.

专题九 “十四五”时期重庆信用体系建设促进营商环境改善研究

课题组成员：易小光 丁 瑶 罗丛生 蔡红波 成秋明 陈 可
贺诗倪 夏梁颖 刘 春 张 锐 张 睿

社会信用体系是社会主义市场经济体制和社会治理体制的重要组成部分，建设的好坏直接关系到一个地区营商环境的优劣。为加强社会信用体系建设，2014 年国务院制定并发布了《社会信用体系建设规划纲要（2014—2020 年）》（以下简称《规划纲要》），自此重庆也相继出台一系列文件，并构建重庆社会信用平台，社会信用体系建设取得阶段性成效，为重庆市营商环境改善作出了重要贡献。“十四五”时期，重庆将继续加强社会信用体系建设，重点强化政务诚信、商务诚信、社会诚信和司法公信建设，建立健全社会征信体系和社会诚信制度，进一步促进全市营商环境改善。

一、营商环境改善与社会信用体系建设的重要意义

（一）优化营商环境的重要性

全面优化营商环境是党中央的重要战略部署。当今世界正经历百年未有之大变局，新冠肺炎疫情全球大流行使这个大变局加速变化，世界经济增长乏力，国际贸易和投资大幅萎缩。我国虽已进入高质量发展阶段，但发展不平衡不充分问题依然突出，只有以优化营商环境为基础的全面深化改革和高水平对外开放，才能进一步激发高质量发展的内生动力和发展活力。持续优化营商环境，是以习近平同志为核心的党中央根据新形势新发展新要求审时度势作出的重大决策部署。近年来，《国务院关于实行市场准入负面清单制度的意见》《国务院办公厅关于加快推进“多证合一”改革的指导意见》《优化营商环境条例》等政策法规相继出台，已将营商环境提升到国家战略高度，这对重庆全面优化营商环境提供了科学指引和根本遵循。

全面优化营商环境将为全市经济高质量发展提供不竭动力。“十三五”以来，全市经济社会发展取得较大成就，但传统的劳动力、土地等生产要素的比较优势正在逐步减弱，制度供给日益成为区域经济发展的核心竞争力，营商环境的重要性不断凸显，唯有不断增强发展的制度优势，才能持续提升重庆经济的吸引力、创造力和竞争力。“十四五”时期，重庆经济已由高速增长阶段转向高质量发展阶段，正经历质量变革、效率变革、动力变革，迫切需要持续改善全市营商环境。良好的营商环境是激发各类市场活力，建设高标准市场体系，推动有效市场和有为政府更好结合的重要推手，对重庆积极参与国际国内双循环，加快融入新发展格局，实现“十四五”全市经济社会发展目标具有重要推动作用。

全面优化营商环境是重庆迎评的客观需要。优化营商环境是重庆迎接世界银行及全国营商环境评估的客观需要。目前，世界银行已明确将重庆与北京上海广州一道作为对中国营商环境评价的4个样本城市，国家发改委也从2018年起每年对全国各个省市开展营商环境评价。全面优化提升全市营商环境，将是重庆迎接世界银行和国内营商环境评价的关键。因此，“十四五”时期，重庆应进一步对标世界银行及国家营商环境评价体系，以评促改、以评促优、以评促建，加快建设服务型政府，持续激发市场活力和社会创造力，进一步营造高效便捷的政务环境、竞争有序的市场环境、优质齐全的要素环境、公平正义的法治环境、风清气正的政商环境，让一流营商环境成为重庆的新标识、区域竞争的新优势。

（二）完善的社会信用体系对营商环境改善的重要性

营商环境评价的核心和基础是社会信用体系建设。作为“支配商业活动所必需的政策、法律、制度、规则等的一种复杂的融合体”，营商环境是经济发展的软实力，也是各国各地区提升国际竞争力的关键要素。营商环境大体可分为政务环境、商务环境、司法环境和社会环境等四大环境，而这与我国社会信用体系建设的政务诚信、商务诚信、社会诚信和司法公信等四大领域间存在高度契合性。优化营商环境的核心和基础因素是社会信用体系的持续完善，健全的社会信用体系能够实现信用信息的充分共享，建立跨部门协同监管和联合奖惩的信用约束机制，能够全方位揭示信用风险，充分发挥市场在资源配置中的决定性作用，为信用优良者创造更多、更好的发展条件。

完善的社会信用体系能有效提升地区营商环境。信用是经济的基石，市场经济即是信用经济。社会信用体系本质上是一种以实现社会诚信的理念、规则和行动所构成的规范系统，信用是最基础的营商环境。近年来，持续完善的以信用为基础的新型监管机制全面融入地区营商环境优化实践，并取得极大成效。在国务院颁布的《优化营商环境条例》中也明确提出，国家将加强社会信用体系建设，并从政务诚信、商务诚信、社会诚信和司法公信建设等领域持续推进营商环境的优化提升，持续提高全社会诚信意识和信用水平，维护信用信息安全。这些内容不仅是优化营商环境的重要方面，也是社会信用体系建设的重点内容。因此，加快推进社会信用体系建设，是增强区域竞争力的重要抓手，也是激发市场活力、增强经济发展后劲的重要手段，将为营商环境的持续改善提供有力支撑。

二、发达国家和地区信用体系建设的经验和启示

（一）发达国家信用体系建设的经验

市场经济是信用经济，欧美发达国家的信用体系伴随着现代市场经济体系建立而

建立，为更好地防范欺诈、违约等金融风险，英国于1830年成立了第一家征信公司，经过近200年的发展，欧美发达国家已逐步建立较为完善的信用体系，主要包括以美国为代表的市场主导模式和以德国为代表的政府主导模式。

1. 以美国为代表的市场主导模式

市场主导型信用体系可将其称之为民营模式，其主要特征是征信机构以营利为目的，收集、加工和处理个人及企业等市场主体基本信用信息，并出售给信息使用者以获利；政府在社会信用体系中的作用仅是促进信用管理立法和贯彻立法执行。目前，美国、加拿大等发达国家均采用这种社会信用体系模式。

美国是典型的市场主导型信用体系国家。美国市场经济高度发达，是典型的市场主导型信用体系国家，也是全球信用体系最为完善的国家，建立了较为完善的信用法律体系和政府监管体系，政府主要负责立法、司法和执法，处于社会信用体系之外，间接监管信用体系建设，以确保征信公司能保持独立性、中立性和公正性。征信服务机构都是独立于政府之外的民营（私人）征信机构，建立了现代企业制度，主要以营利为目的，并依据市场化原则运作，采取市场手段有效约束失信主体。

美国政府积极推动信用立法，对信用活动进行规范和监督。20世纪70年代，为解决暴露出来的系列征信问题，美国政府开始着手推进信用立法并持续完善。目前，美国信用相关立法高达16项，具体有《消费者信用保护法》《公平信用报告改革法案》《平等信贷机会法案》等，这些法律条文构成了美国信用法律体系框架。主要包括直接的信用管理法律规定、直接保护个人隐私的法律、规范政府信息公开的法律等三个层级，为征信机构收集政府公开信息和保护市场主体信息提供了必要的法律支撑。同时，各部门还明确了相关信用法律的解释和执行。联邦贸易委员会等负责与非银行有关的信用法律监管、解释和执法，主要任务是规范征信和商账追收的行为并实时监督；联邦储备委员会等负责与银行有关的信用法律监管、解释和执法，主要任务是商业银行的授信相关业务。

美国的信用服务主要由各大征信服务机构承担。美国政府不直接对信用服务市场进行干预，对失信主体的约束主要采取市场化手段，由此产生了一批具有国际影响力的跨国征信服务机构。自1841年第一家征信所由纽约纺织批发商刘易斯·塔潘所建立以来，美国的征信业经历了180多年的发展与进步，由提供简单的征信服务到形成完善的现代信用体系。美国的征信服务体系具有主体服务多元化、信息来源广泛、信息内容较为全面、信息服务对象范围较广等特征。首先，征信机构多元化，主要由私人和法人投资组成，征信服务市场多元化发展。如标准普尔、穆迪和惠誉主要在资本市场上进行信用进行评级；邓白氏专注于对各类大中小企业进行信用调查评级；全联公司、艾克非公司主要从事个人消费领域的信用服务。其次，征信数据来源较广。美国征信机构的数据来源更加多元化、多维化和非机构化，如消费者相关征信机构的信用信息除了来自金融机构外，还包括信贷协会、租赁公司、财务公司以及商业零售机构等。第三，提供完备的信用信息，各大征信机构开发了各类信用产品，覆盖范围较广，既能对国家主权进行信用评级，也能对个人消费者进行信用评价。第四，为全社会提供信用信息服务。美国民营信用机构服务的对象主要包括银行等金融机构、企业、个人、税务部门及其他机构等。

虽然美国是信用体系最为完善的国家之一，但市场主导型信用体系存在两大风险，一是由于美国是市场主导型的信用体系，资本的逐利性会对信用评价模型的客观性产生不利影响，促使信用评价结果严重失真，进而导致系统性信用风险。2008 年美国爆发金融危机时，那些无力偿还贷款的个人消费者信用报告评价结果多为良好就能很好证明这一点。二是存在数据安全管理不到位的现象，由于没有国家权力机构的介入，信用信息数据的保密和安全工作仅由私人征信机构独立完成，存在很大的数据泄露风险。美国在 2017 年就发生了一起数据泄露事件，著名的艾克菲公司所收集的 1.4 亿用户的姓名、联系电话、家庭住址、出生日期、社保账号、信用卡卡号、驾照信息等全部被泄露，这将严重影响社会公众及市场主体对美国信用体系的信心。

2. 欧洲的政府主导型模式

欧洲大陆各国信用体系大致相同，多数为政府主导型。德国的信用体系具有一定的代表性，政府和社会共建是其主要特征。

德国的信用信息服务机构是由权威机构主导而发起设立的。政府主导主要体现在信用法律体系建设和信用监管方面。虽然德国没有专门的信用法，但是在《商法典》《联邦数据保护法》《一般数据保护法案》等法律上有专门章节对信息公开、个人隐私保护、信用数据安全等方面予以规范和管理。通过立法政府可以强制采集所有金融机构的信用信息，并形成了全国统一的中央信贷登记系统和全国联网的数据库，由德国央行运行和监管，主要供银行内部使用，服务于中央银行进行金融监管、货币政策决策和金融风险防范等，但并不直接向公众提供信用服务。

德国的信用服务机构数据收集和运用。从 20 世纪 90 年代开始，德国市场化信用服务机构快速发展，完善了德国的信用体系，较好地满足了市场主体多样化的信用需求。德国主要有两类信用服务机构，一是以 BURGEL 为代表的企业征信机构，记录了全国约 87% 的企业信用信息。二是以 SCHUFA 为代表的个人征信机构，该公司拥有全国最大的个人数据库，存储着超过 6000 万在德国居住的人的高达数亿条数据信息，通过公民的社会安全账号建立公民个人信用档案，逾期不还款、滞纳金通知、法院拘捕令等负面信息都将被纳入档案，任何银行、公司和业务对象都可以付费查询信用报告，信用缺失者在贷款、购买保险等活动时需要缴纳更多的利息和保险费率。随着信用市场的不断发展，社会信用服务机构在德国信用体系中扮演着越来越重要的角色。

与美国的市场化模式相比，以德国为代表的欧洲政府主导型征信模式具有如下特征：一是欧洲的信用信息服务机构的设立职能是由中央银行的下属部门承担的，而美国是由私人部门发起设立；二是欧洲的中央银行承担着主要的信用信息监管职能，而美国主要靠法律来维护；三是欧洲的商业银行等金融机构需要依法向信用信息局提供相关信用信息，而美国未对这方面做过多要求。

（二）国内发达省市信用体系建设的经验

随着改革开放不断深入，我国的社会信用体系建设从20世纪80年代后期起步，经过30余年建设，逐步形成了具有中国特色的社会信用体系。我国的社会信用体系建设从时间上来看，是先金融信用再到社会信用的过程，从区域来看，是先东部再全国的过程。浙江、上海等省市社会信用体系建设启动较早，成效较好，为全国各省市社会信用体系建设提供了宝贵的经验。

1. 上海是我国最早启动社会信用体系建设的城市

1999年以来，上海市坚持以制度为核心，以联席会议统一领导，以信用平台为抓手，以信用应用为关键，全面推动上海市社会信用体系建设。

上海市信用法律制度体系较为完善。为规范上海市社会信用体系建设，上海市强化社会信用体系建设顶层设计，从2003年起相继印发了两部“意见”，一部“五年规划”和三部“三年行动计划”，出台《上海市个人信用征信管理试行办法》《上海市企业信用征信管理试行办法》等政府规章，《上海市企业失信信息查询与使用办法》等市政府规范性文件。《上海市社会信用条例》也于2017年10月1日正式生效，是全国首个综合性地方立法，条例和其他管理制度一起形成了较为完备的信用制度体系。

上海市建立了信用体系建设联席会议制度。早在2001年，上海市建立了信用体系建设联席会议制度，统筹推进全市社会信用体系建设，较早成立了上海市信用中心。目前联席会成员已包括市委和市政府职能部门、司法机构、中央驻沪机构、区（县）政府等80家单位，统筹协调力度不断加强，有效地推进了全市社会信用体系建设。

上海市建成了全市统一的信用平台。2015年，上海市公共信用信息服务平台正式开通运行，形成了数据、行为、应用等“三个清单”，并覆盖事前告知承诺、事中分类评估、事后联合惩戒的“三个阶段”的信用管理模式，平台主要归集了行政机关、司法机关、公用事业单位等机构所掌握的与法人和自然人信用相关的信息。2019年，88家单位确认向市信用平台提供信息事项，平台可查询数据4亿条，为金融机构、平台型企业等市场主体提供广泛的查询应用服务，为建立以信用为基础的新型监管机制提供了条件，为优化上海营商环境奠定了坚实的基础。

总体来看，上海信用体系建设的优点是通过出台的法律法规明确规定政府应该及时公开的政务信息，以便征信机构及时获取有关企业和个人的信用信息，同时信息采集和征信服务主要由市场主体承担，政府不介入征信服务，不直接投资建设，均由市场主体经营，采取商业运作和专业服务的方式。但上海社会信用体系建设也有其缺点，仍面临包括具体操作过程尚未完全市场化、信息公开存在一定安全隐患、与国家信用体系衔接不畅等问题。

2. 浙江省提出建设“信用浙江”

浙江省信用体系建设起步也比较早，于2002年省第十一次党代会首次提出建设“信用浙江”，习近平总书记在浙江工作期间，把“信用浙江”作为浙江省“八八战略”的重要组成内容。经过多年建设，浙江省在信用法规体系、平台建设、信用应用等方面取得了良好成效。目前，浙江省聚焦企业法人、自然人等五类主体，构建了公共信用指标体系等三大体系，形成了全省统一的公共信用信息平台，构建了以信用为基础的新型监管机制，以行政领域应用为突破口，推进公共信用信息与政务服务事项深度融合。公共信用信息在各领域不断拓展，诚信环境更加健全，营商环境持续优化，群众和企业获得感不断增强。

信用法规体系基本完善。从2002年开始，浙江省相继出台省级规章、规范性文件20余个，2018年1月，《浙江省公共信用信息管理条例》正式生效，这是全国第四部信用建设地方性法规。这些政策法规涉及信用信息归集、评价、应用、修复和安全等各个方面，覆盖市场主体全生命周期，浙江省社会信用体系建设的法规政策支撑不断加强。

建成全省一体化的公共信用信息平台。实现信用信息全共享，形成全省统一的公共信用库，归集公共信用信息13.9亿条，纳入信用档案1.17亿条。一是开发“信用浙江”“浙里办”“浙政钉”平台，实现与各地各部门业务系统的数据流、业务流全贯通，2019年，平台打通32个省级部门的52个系统、11个设区市及所辖县（市、区）的159个系统。二是实现信用功能全覆盖，形成数据共享、信用查询、信用修复、联合奖惩、业务协同、异议处理等核心模块，基本实现了信用评价、信用档案、红黑名单等信息的实时调用，以及激励、惩戒措施的自动推送和反馈。三是实现企业信用平台与金融服务平台对接。通过与全省金融风险“天罗地网”监测防控系统及银行等金融机构系统对接，平台有效监管非法集资、互联网金融、民间借贷等高风险金融行为的同时，合理有效降低企业融资成本。

构建协同高效的信用监管体系。大力推进信用联合奖惩，加大对人民群众关注的重点领域诚信缺失突出问题的治理力度。在行政审批、行政监管、公共服务、公共资源交易和其他政务服务事项中将公共信用信息嵌入业务系统，形成事前查信用、事中分类监管、事后形成信用记录的全流程闭环监管体系。向社会提供公共信用产品和数据，不断拓展社会和市场应用，全省“守信光荣、失信可耻”的社会氛围日渐浓厚。

（三）经验借鉴和启示

美国、德国等国外发达国家及我国上海、浙江信用体系建设经验均较丰富，它们都是以规范市场主体行为、提高诚信意识、防范信用风险为目的，对于信用体系建设的实施路径也大致相同，都注重于建立健全的信用法规体系、强化信用信息的归集和应用、强化培育信用服务市场等。与欧美国家不同的是，我国的社会信用体系建设覆盖面更广，社会信用体系是社会主义市场经济体制和社会治理体制的重要组成部分，而欧美国家是市场经济的信用体系；我国社会信用体系是由政府推动、社会共建，欧美国家主要由市场发挥更重要的作用。综上，重庆在全面推进社会信用体系建设过程中，既要学习借鉴先进省市的建设经验，也需要学习西方发达国家在信用评价、个人信用应用、培育信用服务市场、扶持信用服务机构等信用体系建设方面的思路和方法。

一是建立健全信用法律法规体系。从欧美发达国家和先进省市信用体系建设经验来看，越完备的信用体系，其法律法规体系越健全。重庆市虽然也出台了多个政府法规、规范性文件，但是社会信用条例仍未出台，公共信用信息管理办法等重要的配套制度还未跟上，需要在这方面下功夫，加快建立健全信用法规体系，做好信用体系建设的顶层设计。

二是强化信用信息归集治理机制。欧美发达国家和先进省市数据归集治理水平超过了重庆市，基本实现了市场主体和重要信用信息全覆盖。重庆市目前虽然已建成全市统一的公共信用信息平台，但水电气讯、社保参保、税收缴纳、不动产登记、司法判决等重要信用信息尚未实现常态化归集，制约了信用平台提供公共服务的能力。应借鉴先进地区经验，强化对信用信息的归集，对于重要信用信息应当实现实时更新，增强信用平台数据治理能力，以实现信用信息的有效应用。

三是探索开展个人信用应用。欧美发达国家的信用体系大多以企业和个人为服务对象，而我国现阶段社会信用体系建设主要还是聚焦于企业法人，从 2014 年以来出台的文件来看，90% 左右的文件是对法人信用体系建设的要求，只有 10% 左右的文件提及自然人信用体系建设。组成社会的最基本单位就是个人，规范好每个人的行为，提升个人诚信意识，才能更有效地推进社会信用体系建设。因此，重庆应借鉴国外经验，积极开展个人信用应用的探索。

四是培育和扶持信用服务市场。欧美发达国家信用市场非常发达，信用服务基本上由市场化信用服务机构承担，我国虽然需要有公共信用服务机构发挥重要作用，但是市场化应用才能有效补充公共服务机构的不足。重庆市现阶段信用服务市场主要由政府以平台建设、购买服务等方式支撑信用服务市场，但目前获取征信牌照的信用服务机构只有 4 家，在全国属于中下游水平。需借鉴国内外先进地区经验，大力培育信用服务市场，打造出一批“西部领先、全国一流”的信用机构，以进一步完善全市社会信用体系，帮助重庆更好地提升营商环境。

三、重庆社会信用体系建设的基本情况

（一）取得的成效

近年来，重庆加快推进社会信用体系建设，以信用为基础的政府分类监管、行政

审批告知承诺制、证明事项清理等政策的实施极大地降低了市场主体的制度性交易成本，有力提升了全市营商环境。

1. 以信用制度和标准建设促营商环境提升

重庆积极贯彻落实国家关于进一步优化营商环境的部署，把信用环境建设作为提升营商环境的重要抓手，加快推进社会信用立法及配套制度、信用标准建设，打造公平公正的法治环境，确保市场主体依靠规则公正和法律保护健康发展，营造亲商安商的社会氛围。

社会信用立法及配套制度加速推进。信用立法是社会信用体系建设的重要组成部分，也是开展信用相关工作的必要保障。为加快推进针对优化营商环境的信用制度建设，重庆市2017年启动《社会信用条例》的立法工作，于2020年12月经市五届人大常委会第二十二次会议初次审议通过。《社会信用条例》聚焦社会信用的工作路径和通行规则，以法制手段构建了社会治理和市场经济建设的基本规则，包含总则、社会信用信息、社会信用应用、权益保障、社会信用服务市场、社会信用环境建设、法律责任、附则等八章五十七条。当前市发展改革委会同市级有关部门正在加快研究制定失信联合惩戒对象、守信联合激励对象、信用信息异议处理、信用修复、信用评价与应用等配套管理制度，信用法律框架体系的不断完善为优化全市营商环境奠定了坚实的基础。

信用标准建设加快营商环境优化步伐。信用标准规范作为社会信用体系建设的重要依据，是社会信用体系建设的基础和保障，也是《规划纲要》明确的主要目标之一。市发展改革委通过信用二期项目委托经研院开展信用标准建设研究工作，以数据库与数据处理等技术标准、监测预警指标等应用标准、应用目录与规范等管理标准和其他标准为重点，研究制定信用管理标准、信用技术、信用应用等3大类48小类信用工程标准，形成实用性和通用性兼顾的信用标准体系，标准计划已完成验收，信用平台建设助力全市营商环境优化的进程。

2. 信用平台与“信用重庆”建设促进营商环境的优化

信用平台是信用信息归集、应用的基础。自2016年以来，重庆建成市信用信息应用平台（以下简称市信用平台）和“信用中国（重庆）”网站（以下简称“信用重庆”网站），初步实现海量信用信息归集和共享，各级部门和市场机构依托信用信息的流动实现信用联合奖惩，让守信者“一路绿灯”，失信者“寸步难行”，提高了企业和个人的守信自觉，也使全市营商环境得到进一步优化和净化。

市信用平台各项功能逐步健全。重庆市信用信息应用平台于2016年启动建设，至2019年底建成，总体形成“一云一库二门户三体系”架构，即租用重庆两江政务专享云建成信用云，形成全市统一的公共信用信息数据库，建成基于互联网的“信用重庆”网站和基于电子政务外网的信用信息共享与应用平台，配套建设标准规范体系、安全体系和运维体系。市信用平台上联国家平台、横联58个市级部门和单位、下联42个区

（县）信源单位并实现大部分信用信息共享交换的常态化，开发完成信用目录管理、信息归集共享、数据清洗比对、信用信息查询、“红黑名单”触发反馈、信用大数据分析等核心功能，实现各类信用信息归集超 4.7 亿多条，成为全市信用信息共享交换的智能化枢纽，为优化营商环境提供了数据基础。

“信用重庆”网站窗口作用初步显现。按照国家信用平台和网站一体化要求，“信用重庆”网站建成政策法规、诚信宣传、信息公示、异议处理、在线填报、办事指南、“双随机、一公开”等七大功能模块，通过跨网链接实现“红黑名单”、行政许可、行政处罚、统一社会信用代码、经营异常名录、政策跟踪审计等信用信息统一公示和“一站式”查询服务，逐步成为市民“信用之窗”，累计访问量超 5000 万次。平台和网站连续两年（2017 年、2018 年）获评“全国特色性平台网站”称号，信用信息共享平台体系建设成效显著。

3. 以强化信用信息归集治理打造良好营商环境

重庆依托市信用平台，强化信用信息归集和治理力度，初步形成大数据应用基础，为建设诚实守信的营商环境提供了重要支撑。

信用信息归集取得进展。对照市政府明确的权力清单和服务清单，4 次修订公共信用信息目录，其中，2020 年版公共信用目录涉及部门和单位 58 家，公共信用信息类别 18 类，公共信用目录事项 5223 项。依据信用目录，持续开展信用信息归集工作，已收录全市各类法人组织统一社会信用代码信息 500 万条，累计归集信用信息超 4.7 亿条，实现“双公示”“红黑名单”、法人和个体工商户、婚姻登记、机动车审验、政府采购、公共资源交易等 158 项信用信息的实时归集，打通不动产登记、公积金缴纳、自然人基本信息等关键信用信息的实时调用通道，为各部门全面优化办理流程、缩减办理用时、简化申办材料等提供了应用支撑。

信用信息治理初见成效。按照各部门业务办理实际，整理数据字典表近 400 张、数据字段 3500 余个，实现数据治理颗粒化。根据信用应用需要，制定对应的清洗校验规则，实现信用信息从采集、治理、反馈、入库至应用的全生命周期可视化配置和自动化管理，提升数据运行效率。强化“双公示”“红黑名单”等重点信用信息的数据治理，定期编制并发布各区（县）“双公示”数据质量报告，建立不合格数据反馈机制，督促区（县）、各部门按国家“双公示”标准及时修改完善不合格数据。

4. 以拓展信用信息应用场景促营商环境便利化

重庆依托市信用平台和“信用重庆”网站，提供信用信息公示和查询服务、开展信用城市信用监测与风险预警、“信易贷”和其他信用融合应用，打造“低门槛、高效能、优服务”的营商环境和产业投资凹地，提升企业和市民的信用获得感。

实现信用信息“应示尽示”。“双公示”信息、企业基本信息、经营异常名录、“红黑名单”等公开信息通过“信用重庆”网站向全社会提供公示和查询服务，截至 2020 年上半年，已累计公开信用信息 400 余万条。建立全市企业法人公共信用报告，包括企业基本信息、资产信息、经营信息、风险信息和荣誉表彰等5大维度34类信用信息，通过市公共信用平台和“信用中国（重庆）”微信公众号分别向各级部门和社会公众提供企业公共信用信息综合查询服务，企业信用获得感不断加强。

城市信用监测与风险预警成效显著。重庆借鉴全国城市信用监测指标体系，建成区（县）城市信用状况在线监测预警系统，从政务诚信、商务诚信、社会诚信、司法公信、社会信用体系建设完备程度5个维度共70项细分指标，实时分析评价各区（县）信用状况，形成综合排名和评价报告，提供给市发展改革委，为其指导区（县）信用体系建设工作提供支撑。监测工作从2018年启动至今，已归集综合性媒体网站、信用网站、城市政府网站等261个、超过100万个网址的互联网信用信息，经数据挖掘分析和统计汇总，截至2020年上半年，已形成18期监测排名和报告，倒逼各区（县）主动作为，落实国家和市政府信用体系建设任务，改善营商环境。

“信易贷”助推企业获得信贷支持。建成“信易贷”服务系统，建立信用平台与系统相关数据目录、数据接口、共享标准的授权互认机制，开通银行端信用信息查询通道，支持银行机构依托市信用平台查询市场主体信用信息。交行重庆分行、建行重庆分行等10家金融机构已通过专线接入“信易贷”系统，重庆银行、交行重庆分行、阳光信保等金融机构已完成产品开发，各家金融机构可通过企业用户授权的方式查询企业登记、股权结构、社保登记、公积金缴纳、不动产登记等39类公共信用信息，有效缓解了银行与企业信息不对称、不及时等问题。

开展其他信用融合应用。与市财政局共建政府采购专题应用库，截至2020年上半年，已建立政府采购供应商38157个，政府采购代理机构信用档案189个，帮助市财政局常态化查询、使用政府采购商和招标代理机构信用信息，月均查询量达5000次左右。与重庆市股份转让中心建立股转融资专题库方式，为中小企业搭建融资平台“股转信易融”，实现自动化、批量化快速估值，截至2019年底，建立企业信用档案6236个，为挂牌企业提供300余次信用信息对接服务，成功为32家企业获得信用融资3000余万元，有效解决传统人工估值收费高、效率低下、估值缺乏公允性等问题，被国家6部委列为金融科技应用试点项目。此外，两江新区、重庆经开区、重庆高新区、猪八戒网等正在探索依托办公楼宇、产业园、众创空间等对申请入驻的诚信企业提供较低租金、减免押金、产业基金扶持、研发扶持、创新补贴等优惠政策，为守信的创新公司提供办公设备、办公空间等便捷租赁服务，助力大众创业、万众创新。

5. 以构建信用监管机制促营商环境改善

重庆按照“事前做承诺、事中做分级评价、事后抓奖惩”的工作思路，印发《重庆市政府办公厅关于加快推进社会信用体系建设构建以信用为基础的新型监管机制的实施意见》（渝府办发〔2019〕118号），建立健全以信用为核心，贯穿市场主体全生命周期，衔接事前、事中、事后全监管环节的新型监管机制，为加快政府职能转变、提升社会治理能力和治理水平、优化营商环境提供强有力支撑。

事前信用承诺成效初显。拟定《重庆市政务领域信用承诺试点工作方案》，推进政务领域信用承诺，在证照分离、工程建设、社会组织登记、证明事项等领域涉及的17个市级部门和14个区（县）开展告知承诺型、容缺受理型和审批替代型试点，提高办件效率、节约办件时间，提高政府服务水平，优化营商环境有显著效果。建立信用承诺系统，基于数据共享和“嵌入式”应用的思路，链接网上审批平台和主管部门审批系统，在事项办理时自动智能触发信用承诺工作界面，对信用承诺记录进行自动归档，对承诺要素进行自动核查、在线核查，将行政相对人的信用承诺行为记入信用记录，实现承诺记录留痕，承诺要素核查有据。推动各级各部门开展各类信用承诺，截至2020年6月底，累计归集主动公开型、信用修复型、行业自律型和审批替代型承诺分别达89.9万余条、0.9万条、0.7万条、7.2万条，并全部在“信用重庆”网站向社会公示。

事中分级评价大力推进。依托市信用平台建成公共信用评价系统，引入100余项信用指标，围绕5个维度对全市所有市场主体开展公共信用评价，完成对全市90万家企业的公共信用综合评价，为推动全市分级分类监管协同奠定基础。市住房城乡建委、市交通局、市生态环境局、两江新区等10余个单位已开展行业信用评价并实施信用分类监管，其中，市住房城乡建委出台《重庆市建筑施工企业诚信综合评价体系企业通常行为评价标准》，对全市建筑施工企业开展信用评价，评价结果作为工程领域招投标的重要参考；渝中区建立市场主体信用风险分类监管平台，通过构建大数据模型，构建7类一级风险指标、48个三级指标，对企业进行风险画像，将全区企业划分为暂无风险、低风险、中风险、高风险四个等级，对四个等级企业采取不同方式处置，实施差异化、精准化监管。

事后信用联合奖惩。依托市信用平台建成信用“红黑名单”应查必查、触发反馈、联合奖惩信息化系统。在法院、财政、交通、社保、环保等30个领域建立了信用“红黑名单”制度，政府采购、交通出行、文化市场等10余个领域认定并上线信用红黑名单的数量达到41万条。印发《重庆市公共信用信息应用事项清单》，51个市级部门在行政管理和公共服务中明确了290项守信联合激励和失信联合惩戒应用事项清单，通过“政务平台自动查、业务系统嵌入查、信用平台批量查、社会公众网站查”等方式，不断扩大“红黑名单”查询、使用范围，并实现奖惩效果和联合奖惩案例自动归集并机制化上传至国家信用平台。截至目前，各级部门在行政管理和公共服务事项中查询使用信用信息的次数已突破1447万，触发“红黑名单”并实施联合奖惩已超15.6万余次。通过对失信行为的联合惩戒，提高了市场主体与市民的“讲信”意识和守信自觉，为净化社会风气、维护营商环境发挥了重要作用。

6. 以诚信宣传教育创建良好营商环境氛围

建立集中治理诚信缺失问题长效机制，持续开展“诚信建设万里行”等形式多样的宣传教育活动，积极申报创建全国信用示范城市，在全市弘扬诚信理念，为营造良好营商环境助力添彩。

推动重点领域失信问题专项治理。会同市文明办印发《关于在全市集中治理诚信缺失突出问题，提升社会诚信水平的实施方案》，针对群众反映强烈、社会普遍关注的19个失信领域开展集中治理，其中，失信被执行人涉政府机构实现“发现一起，预警一起，退出一起，动态清零”，2017年、2018年、2019年分别退出47家、25家和5家，取得良好成效。

持续推进“诚信建设万里行”宣传活动。2018年以来，市发展改革委会同市委宣传部开展“诚信建设万里行”宣传报道月活动，全市20余家市级部门、41家区（县）及部分企业集中接受采访，市级主要新闻媒体每周刊发不少于2条诚信建设相关报道，在“信用重庆”网站开辟“诚信建设万里行”专栏，全面展示全市诚信建设进展、成效及经验做法，营造良好诚信氛围。

开展形式多样的诚信宣传教育活动。市发展改革委会同相关市级部门，利用“3·15”国家消费者权益保护日、“双十一”电商促销活动日、“6·14”信用记录关爱日、“诚信点亮中国”、“诚信兴商月”、“信用让消费更放心”等契机，集中开展各类信用专题宣传，在推动行业形象建设，提升品牌影响力的同时，培养全社会“知信用、讲信用、用信用”的行为自觉。万州区、黔江区、忠县等区（县）发布了诚信知识读本和公民诚信守则，依托街道、社区（村）各类基层组织，向公众普及信用知识。支持重庆工商大学融智学院等开办信用管理本科专业及开设信用领域相关课程。

积极申报创建全国信用示范城市。自2015年重庆确定巴南等4个区（县）开展信用体系建设试点示范以来，按照《区县信用体系建设工作指引（2017—2018年）》，全市所有区（县）与第三方机构合作搭建了信用信息平台（系统），各区（县）积极探索，创新示范，形成了一批值得学习借鉴和推广的经验和做法。在此基础上，对照国家第三批社会信用体系建设示范创建城市申报要求，重庆已推荐九龙坡区、南岸区、巴南区、合川区申报创建全国信用示范城市，并启动市级信用示范城市创建工作。

（二）存在的问题

目前，重庆信用体系建设取得了阶段性成绩，但在推进社会主体信用体系建设的过程中也出现了信用体系建设促进营商环境发展的法规制度不健全、信用监管机制尚不健全、政务诚信建设亟待加强、信息共享不充分等问题。

1. 信用体系建设促进营商环境发展的法规制度不健全

重庆地方性信用法规尚未出台，全市社会信用体系建设实践缺乏法律法规引领，相关配套制度也不完善，社会信用法律法规体系对营商环境的优化发展支撑作用不足。

地方性信用法规尚未出台。当前，国家层面社会信用方面的法律尚未出台，地方立法缺乏上位法依据，全国范围内仅有上海市、浙江省等6省（直辖市）完成了信用立法，《重庆市社会信用条例》虽已进入人大立法环节，但仍未正式出台，全市社会信用体系建设实践缺乏法律法规引领，信用体系建设相关活动都还处于“摸着石头过河”的状态，尤其是以社会信用体系建设促进营商环境优化缺乏明确的措施保障。

推进社会信用体系建设的配套制度还需完善。从全国首部社会信用体系建设专项规划《社会信用体系建设规划纲要（2014—2020年）》颁布至今，国家层面已经出台多项政策措施构建公平诚信的市场环境，其中2020年实施的《优化营商环境条例》明确要求加强社会信用体系建设提高全社会诚信意识和信用水平。由于多方面的原因，重庆一些落实国家政策的制度迟迟不能出台实施，如信用信息归集共享、守信联合激励、失信联合惩戒名单的认定及使用、信用服务机构管理、信用修复与异议处理等管理办法均未建立，未能有效保障市场主体权益，不利于营商环境的优化。

2. 信用监管对优化营商环境的支撑不足

重庆由政府部门主导、社会广泛参与的信用监管体系建设虽已取得明显进展，但还面临着监管法规依据不足、监管机制不健全、监管系统不统一等诸多问题，监管手段和监管效果均难以满足新时期全市打造一流营商环境的需要。

缺乏统一的信用监管综合系统。目前，全市统一的信用监管综合系统尚未统筹建设，未对现有的“互联网＋监管”“双随机一公开”、执法人员管理等监管系统进行有机整合，不能充分共享信用信息，从而导致现有系统对市场主体评价和信用风险预警不全面、不及时，各行业信用评价各自独立、互认困难，与市信用平台公共信用评价衔接不到位、缺少叠加运用，造成同一市场主体在各部门评价结果不一，无法开展一体化监管，阻碍监管能力提升和营商环境改善。

信用监管机制不够健全。一是协同监管和一体化监管不足。由于经济发展水平、起步时间存在差异，各市级部门、区（县）信用体系建设发展和信用监管还不平衡，距实现协同监管和一体化监管的要求还有一定差距，具体体现在缺少协同监管统一领导、缺少协同监管规范、审批与监管权责不匹配、“双随机、一公开”机制不健全等方面。二是监管资源利用效率低下。发展改革、市场监管、公安等政府部门均设立专门的处室来抓监管，导致监管资源重叠浪费、效率低下现象较为严重，严重阻碍了营商环境的改善。三是贯穿市场主体全生命周期，衔接事前、事中、事后全监管环节的监管机制不够健全。四是重点领域信用监管成效有差距、联合奖惩系统的应用范围小、信用奖惩措施尚不到位等问题仍较突出。

3. 政务诚信建设亟待加强

政务诚信建设是社会信用体系建设的重要内容，也是营造良好营商环境的核心和基础。近年来，全市在政务诚信方面取得了长足的进步，但政务失信时有发生、政府工作人员素质有待提升等现象值得重视。

政府机构和人员违法违纪时有发生。根据国家及重庆市纪委监察委网站公示，仅2019年全市共发生8起行政机构、67名国家工作人员被处分处罚，涉及所有区（县），如云阳县公共资源交易中心在政府采购活动中，未在法定时间内书面回复投诉人对该项目采购结果的质疑被县财政局处罚。根据审计署驻重庆特派办通报，2019 年在“脱贫攻坚、乡村振兴”等方面共发生 18 起区（县）政务领域失信行为，如石柱县违规向易地扶贫搬迁对象收取建房押金等费用等。

政府失信现象屡见不鲜。近 3 年，虽然在市区两级发展改革部门的监督整改下，相关失信被执行人涉政府机构履行义务实现了记录“清零”，但每年仍然有一定数量的政府部门成为“老赖”。同时，事业单位和国有企业拖欠民营企业账款情况仍然存在，截至 2020 年 7 月，全市尚有 1 家事业单位和 6 家国有企业拖欠民营企业总金额达 1.8 亿元。

政府懒政现象较突出。统一社会信用代码重错码率居高不下，截至 2020 年 6 月，重庆市统一社会信用代码重错码率为 0.046%，在全国 36 个省会及副省级以上城市仅排名 29 位，较上年同期上升 0.03%[①]。同时，行政审批办件环节的超期办件情况仍较突出，根据市网审平台统计，2020 年上半年全市超期办件 563 件，超期办件率达到 0.025%，与上年同期基本持平。

4. 行政效能提升、营商环境优化的信用基础不牢

信用建设与营商环境改革相互作用，信用在营商环境优化进程中发挥着至关重要的作用。由于当前信用体系建设仍不完善，对政务服务效能的提升、政务诚信的建设以及政务监管等支撑作用不足。

信用体系建设对政务服务意识提高的推动作用不足。当前信用体系对行政效能的优化尚未形成有效引导和约束，各部门及区（县）政府的诚信观念、政务服务意识和效率仍然有待提高。一是部分区（县）政府部门缺乏诚信意识，政策落实不到位，招商引资工作中，政府不依法履行承诺，不及时兑现政策的情况仍有发生；二是传统垄断行业仍然存在“看人点菜”的现象，对不同类型的企业服务态度与效率标准不一，给营造公平公正的市场环境带来了不利影响；三是部分领域“以合法程序掩盖非法事实”“大企业、国有企业欺负中小企业”等问题依然严重，如在建筑领域的招投标中，项目招标常存在着暗箱操作现象，严重损害了正常参与投标的其他企业的合法利益。

信用体系建设对政务服务效率提高的带动能力不强。信用立法和配套制度推进较慢、信用平台支撑能力不足以及信用应用场景不广等问题极大地制约了全市政务服务效率提升。一是信用建设壁垒和多重标准对政务服务效率提高带来不利影响。如受信用信息在不同部门间割裂等因素影响，开办企业、办理施工许可证等在实际落地当中，市场主体仍需要重复提供相同信息。二是企业信用评级、个人信用评分等高层次应用尚未有效发挥作用，导致失信惩戒和守信激励机制仍不完善。如金融信贷、社会治理等重要领域缺少成熟的信用应用场景，流程多、审批慢、中小企业贷款难等问题仍然没有从根本上得到解决。

---

① 资料来源于国家信息中心中经网、城市信用监测月报（2019 年第 6 期、2020 年第 5 期）。

信用体系建设对政务监管效能提升的支撑作用不够。受诚信档案不完善、诚信评价缺失以及信息孤岛等因素影响，以信用为基础的新型监管机制难以发挥有效作用。一是在事前监管环节，由于部分企业依法诚信经营意识仍然不强、市场主体信用记录仍不完整，使得信用承诺制度推广不易，信用报告应用范围仍然较窄。二是市场主体信用评价尚未建立，导致以信用为基础的分级分类监管机制难以有效发挥作用。三是税收缴纳、社保缴纳、司法判决、海关进出口、信贷担保以及水电气讯等关键数据仍未实现有效归集，平台尚未实现与自然人库实时对接，从而对失信主体跨行业、跨领域、跨部门联合惩戒无法落实到位。

5. 信息孤岛、信息共享不充分现象依然存在

信用信息共享是构建跨部门联合监管、规范涉企行政检查的基础，也是国家营商环境考核评价中的重要内容。目前，部分部门和部分系统数据各自为政、难以共享的现象依然存在，对提高政府行政效率、进一步优化营商环境形成了较大制约。

信用数据分散导致归集困难。全市虽然已经实现了多个领域的公共信用信息资源归集管理与开发利用，但由于公共信用信息分布在各个机关的自有数据库中，在现有体制、利益、认识等多种因素的作用下，信源单位不能共享、不愿共享、被迫共享，或共享数据质量不高的情况时有出现，如自然人库未与市信用平台实时对接。信用数据“孤岛化”“碎片化”问题突出，导致信用平台不能及时补充数据。此外，出于信息安全的考虑，部分部门设置了各种共享权限和保密规定，形成了新的共享壁垒，直接影响到跨部门间的协同作业和宏观决策支持的应用。

信用信息总量少且质量不高。一方面，信息总量偏少且关键数据不多。全市虽已归集4.7亿多条信用信息，但关联市场主体的有效信息仅2.3亿条，与全国36个省会及副省级以上城市的平均水平6.2亿条相比差距明显，反映各类信用主体信用状况的税收缴纳、社保缴纳、司法判决、海关进出口、信贷担保以及水电气讯等关键数据均未实现有效归集共享。另一方面，数据质量有待提高。已归集数据的完整性和有效性不够，容易造成主体的信息遗漏。2019年重庆上报国家信用平台的“双公示”数据合格率为79.9%，虽位列全国第十，但与江苏省98.4%、海南省93%等省市的合格率相比差距依然较大。

6. 法治化营商环境建设对市场主体权益的保护力度仍需加强

市场主体是我国经济活动的主要参与者、就业机会的主要提供者、技术进步的主要推动者，由于当前法治化营商环境建设仍不完善，使得重庆在市场主体保护方面仍存在未平等获取生产要素、信息安全保护不充分、知识产权保护力度不够等问题。

市场主体未能平等获取生产要素资源。重庆社会信用体系建设基础还不完善，正处于“打基础、建平台”阶段，特别是信用信息归集不全，市场主体信用情况难以得到准确评估，导致政府、市场在进行资源分配时缺乏更加客观有效的依据，使得不同规模、性质的企业在获取生产要素资源的难度上存在较大差异，私营企业特别是中小微企业在获取资金、技术、土地、人才、信息等生产要素上往往要付出更高的成本和代价，在竞争中处于不利地位。除此之外，由于政府及其有关部门缺少诚信考核机制，部分政府官员可能会因个人主观因素，对市场主体进行不平等的公共资源分配。

市场主体信息安全和个人隐私尚未得到充分保护。一是由于涉及的信息安全法、个人隐私保护法等上位法还未出台，部分商业秘密、个人隐私尚处于无法可依的状态，个人信息甚至在网上公开买卖，导致“诈骗电话到处打，垃圾信息漫天飞”的现象长期存在，给个人信息安全带来严峻挑战。二是由于大量的政府以及市场主体信息散落在各行业各部门中，信用信息安全基础设施和安全防护缺乏统一有效的建设和管理，违规泄露、篡改信用信息或利用信用信息谋私等行为还不时存在。三是市场主体对信用信息的异议权、修复权、知情权尚未得到有效体现，给予市场主体主动修复、改过自新的渠道还不丰富。

市场主体知识产权保护力度需要进一步加强。一方面，知识产权保护力度有待加强。近年来，知识产权侵权、纠纷、假冒等问题突出。由于部分知识产权侵权、纠纷案件在短时间内难以裁决，加之知识产权违法成本低，助长了知识产权违法行为。另一方面，知识产权管理体制有待优化。目前，重庆的知识产权行政管理职能分属市科技局、市市场监管局等多个部门，近期虽建立了由 25 个部门和单位组成的知识产权保护联席会议制度，统筹协调全市知识产权保护工作，但由于部门间的壁垒依然存在，跨部门、跨地区的知识产权保护难度较大，导致全市对知识产权的保护仍显不足。

四、“十四五”重庆信用体系建设促进营商环境改善的思路与目标

（一）环境

“双循环”新发展格局下，社会信用体系建设是快速形成良好营商环境的重要支撑。当今世界正经历百年未有之大变局，国际政治经济格局发生深刻调整，未来我国外部发展环境将更加严峻，“双循环”新发展格局是把握国内外大势、重塑我国新优势的战略抉择，是“十四五”时期我国经济社会发展的首要任务。而“双循环”新发展格局的本质内涵是“独立自主、高水平开放”。为推进更高水平的对外开放，营造要素自主有序流动的国际一流营商环境是关键。我国首部《优化营商环境条例》明确提出加快社会信用体系建设，发挥信用对营商环境的促进作用。“十四五”时期，信用体系建设进程将进一步提速，将为全面提升政府公信力和执行力，促进社会公平正义，形成良好经济秩序和营商环境提供有力保证。

重庆营商环境的优化对信用体系的建设提出新要求。“十四五”时期，重庆将进入建设“两地”“两高”目标的关键期。随着全面融入共建“一带一路”、长江经济带发展、新时代西部大开发、西部陆海新通道及加快建设内陆开放高地等重大战略的深入

推进实施，全市开放型经济将提速发展，而市场化法治化国际化营商环境是建设开放型经济新体制的突破口。“十四五”时期，为推进经济社会高质量发展，进一步提升营商环境至全国一流水平，重庆将继续对标国际先进规则和最佳实践，改善营商环境，这将对全市社会信用体系建设提出新要求，持续推进政务诚信、商务诚信、社会诚信和司法公信建设，提高全社会诚信意识和信用水平，营造诚实、自律、守信、互信的社会信用环境是下一步营商环境提升的关键着力点。

（二）基本思路

以习近平新时代中国特色社会主义思想为指导，深入贯彻落实党的十九大和十九届二中、三中、四中、五中全会精神，紧紧围绕习近平总书记对重庆提出的营造良好政治生态，坚持“两点”定位、“两地”“两高”目标，发挥“三个作用”和推动成渝地区双城经济圈建设等重要指示要求，坚持问题导向、目标导向、结果导向，着力强化政务诚信、商务诚信、社会诚信和司法公信建设，建立健全信用法规制度、信用监管机制，进一步规范市场秩序，成为全市优化营商环境的重要保障，助力打造营商环境创新试点城市，推动重庆经济社会高质量发展。一是加快完善信用法律法规体系，着力推动地方性信用法规出台，建立健全社会信用体系建设配套制度，完善营商环境制度体系；二是建立健全信用监管机制，加快完善信用监管标准体系，着力构建全市统一的全流程多元化综合监管系统，助力形成营商环境优化长效机制；三是进一步强化政务诚信建设，杜绝政府失信、懒政等现象，增强全市各级政府公信力，极力提升政务服务效能；四是进一步完善公共信用信息共享平台，跨行业、跨部门、跨领域地打破信息孤岛壁垒，实现信用信息共享，积极营造良好的信用环境；五是构建和完善社会征信系统，解决“执行难”问题，为全市企业发展提供更强有力的保障；此外，注重信用信息安全，进一步强化市场主体权益保护。

（三）建设目标

到 2025 年，地方性信用法规制度和标准规范体系进一步健全，新型信用监管体制基本建立，信用服务市场规模不断扩大，公共信用信息平台进一步完善，守信激励和失信惩戒机制不断发挥作用，实现跨部门、跨行业、跨区域信用信息的互联互通和联合奖惩，政务诚信、商务诚信、社会诚信和司法公信建设更加完善有效，全社会诚信意识普遍增强，市场秩序进一步规范，成为全市优化营商环境的重要保障，助力全市营商环境创新试点城市建设形成，推动重庆市的营商环境能够达到世界银行营商环境排名前 30 名经济体水平，促进重庆经济社会实现高质量发展。

五、对策建议

（一）完善信用法律法规体系

社会信用立法是社会信用体系建设的关键性工程，是规范市场经济运行的重要抓手，加快社会信用立法，完善信用法律法规体系，有利于信用环境的持续优化和法治化营商环境建设。

制定行政机关归集和使用公共信用信息管理办法。制定《重庆市行政机关归集和使用公共信用信息管理办法》，细化公共信用信息管理中各类主题的法律责任和行政责任，明确信用信息归集范围，规范信用信息的归集和应用。一是公共信用信息分为基本信息、良好信息、不良信息和其他信息。其中，公民基本信息包括：姓名、身份证号码、婚姻状况等基础信息；学历、学位等教育信息；就业状况、职称、资格等职业信息等。二是公安、税务、质监、旅游、科技、发展改革、食品药品、环境保护、安全生产、城市管理、人力社保、住房城乡建设等相关行政机关，做好本部门公共信用信息的归集、使用和管理工作。三是推动建立成渝地区双城经济圈公共信用信息共享和信用奖惩联动机制，鼓励实施跨地区、跨部门、跨领域的守信联合激励和失信联合惩戒。

制定社会组织信用信息管理办法。规范社会组织信用信息管理，推进社会组织诚信建设，不断加强和完善社会信用体系，推动信用重庆建设，促进营商环境优化。一是社会组织信用信息类别。信用信息包括基础信息、年报信息、行政检查信息、不良信息、荣誉信息和其他信息。二是信用信息的管理。登记管理机关应当在信息形成或者获取后5个工作日内将应予记录的社会组织信用信息采集录入到社会组织信息管理系统。修改已记录信用信息内容的，应由记录该信用信息的社会组织登记管理机关负责。三是建立信用清单制度。登记管理机关依据社会组织的评估、荣誉等有关守信信息，以及未依法履行义务或存在违法违规行为等有关失信信息，建立“红黑灰名单”管理制度。四是信用评价。社会组织登记管理机关应配合相关部门建立公共信用评价体系，对社会组织的公共信用状况作出综合评价。其中，对社会关注度高、影响力大的特定社会组织群体，如行业协会，依据其组织特点单独建立信用风险评价（预警）机制。

制定信用修复管理办法。鼓励和引导存在轻微失信行为的市场主体进行信用修改，最大程度激发市场活力，改善市场环境。一是疏通信用修复渠道，规范信用修复工作，依法履行社会诚信义务，建立有利于自我纠错、主动自新的社会鼓励和关爱机制，营造诚实守信的社会环境。二是信用修复遵循的原则。坚持“谁认定、谁受理，谁修复、谁报送”的原则，各级信用信息提供单位负责受理，并按条件、程序经信用信息修复机构进行申报材料审核，确认可以进行信用修复，统一报市社会信用综合服务平台组织实施。三是采取修复方式。主要采取依申请修复，不良信息主体为积极改善自身信用状况，按照规定的条件和程序，向作出不良信息认定的公共信用信息提供单位提出申请并被信用修复机构确认。

（二）建立健全信用监管机制

健全以信用为基础的新型信用监管机制，加强全过程全环节信用监管，促进市场主体提高知信、守信、用信意识，为信用报告广泛应用创造条件，推动信用承诺和容缺受理机制全面落地，加快优化营商环境步伐。

全面落实国家信用监管制度。贯彻落实国办发〔2019〕35 号文件精神，围绕重点工作开展行业信用建设和信用监管创新示范，加快落实事前、事中、事后各项监管措施。一是事前阶段，强化"信用查询 + 信用承诺 + 容缺受理"管理，对守信主体简化行政审批手续，将市场主体信用承诺履行情况纳入信用档案，做到承诺可查可核可溯。二是事中阶段，强化多部门密切配合的协同监管，推广信用风险分类监管，实施差异化、精准化监管。建立信用大数据技术支撑体系，强化数字监管，提高监管技术含量，实现线上线下一体化监管。三是事后阶段，将信用结果纳入公共信用档案，推动建立重大失信事件预警响应机制，深入实施守信联合激励，失信联合惩戒，畅通信用修复机制，发挥信用监管对市场主体的正向激励作用，促进市场环境优化。

强化重点领域信用监管。一是积极开展重点领域信用评价。制定全市统一的信用评价标准规范或实施办法，针对法院执行、税收征管、市场监管、生产安全、金融等重点领域建立符合各自特征和监管需求的信用评价模型，对各主体信用情况进行评级分类，对不同类别运用不同的监管方式。二是推动重点领域信用评价结果应用。利用信用平台定点定向推送重点领域主体失信信息和信用评价结果，加强重点领域信用评价结果在日常监管、行政许可、资质等级评定、政府采购、招投标、资金扶持、公共资源交易、进出口管理、定期检验等工作中的应用，推动相关领域营商环境优化。三是鼓励各部门立足行业实际，探索建立跨行业、跨领域、跨部门，监管、执法、技术支撑相衔接、协调运转的信用监管新机制。

完善信用联合奖惩机制。一是规范联合奖惩相关制度。鼓励各相关部门出台一批行业领域联合奖惩制度，如信用联合奖惩细则、"红黑名单"管理制度、联合奖惩工作考核办法等，对失信惩戒机制相关内容进行规范，促进法治化营商环境建设。二是强化联合奖惩执行。加强联合奖惩措施责任分工，确保联合奖惩规范透明，落到实处。在执行惩戒过程中，严格参照法律法规，科学把握惩戒尺度，既要避免处罚过当，又要确保严重失信主体付出应有代价。三是拓宽联合奖惩应用范围。推动联合奖惩平台建设，将联合奖惩系统与行政审批、市场监管、公共服务等信息系统联通，以相关数据为基础，利用大数据生成相关主体信用画像，对潜在失信主体进行风险提示。

构建以信用为核心的新型监管体系。一是搭建全市统一的信用监管工作平台。将重庆公共信用平台作为“互联网 + 监管”实施支撑系统，不断完善信用平台基础功能，提高平台数据质量和价值。二是实现监管信息归集共享。加快编制全市统一的公共信用信息目录，完善市信用平台与市政务信息共享交换平台的数据对接机制，强化税收、社保、公共事业等关键信用信息的归集力度。三是形成数据同步、措施统一、标准一致的信用监管协同机制。运用大数据、人工智能等技术对法人或其他组织开展标准规范的公共信用综合评价，推动现有行业信用评价与信用监管标准互认，逐步建立跨部门、跨地区的协同监管机制，以规范健全高效的信用监管机制促进营商环境建设。

（三）全面推进政务诚信建设

深入开展政务诚信建设，确保各级政府部门依法行政、守信践诺，进一步提升政府公信力。

探索构建多元化的政务诚信监督体系。一是建立政务诚信专项督导机制。定期对各级政府开展政务诚信考核评价，将评价结果作为对政府部门绩效考核的重要参考。二是建立横向政务诚信监督机制。各级政府要依法接受同级人大及其常委会的监督，接受人民政协的民主监督，将办理和落实人大代表建议、政协委员提案的情况作为政务诚信建设的重要考量因素。三是建立社会监督和第三方机构评估机制。发挥社会舆论监督作用，开展政务失信行为投诉举报。鼓励支持信用服务机构、高校及科研院所等第三方机构运用大数据等技术，采集、整理、监测、分析来自政府部门、互联网等领域的政务信用信息，对其评价评级并及时公布结果。

建立健全政务信用管理体系。一是强化公务员诚信教育。深入开展公务员诚信、守法和道德教育，编制公务员诚信手册，将信用建设纳入公务员培训和领导干部进修课程，加强公务员信用知识学习，提升公务员信用意识。二是建立健全政务失信记录。将各级人民政府和公务员在履职过程中，因违法违规、失信违约被司法判决、行政处罚、纪律处分、问责处理等信息纳入政务失信记录，在各级社会信用平台上依法依规公开。依托“信用中国”网站等依法依规逐步公开各级人民政府和公务员政务失信记录。三是健全守信激励与失信惩戒机制。各级人民政府存在政务失信记录的，要根据失信行为对经济社会发展造成的损失情况和社会影响程度，对具体失信情况书面说明原因并限期加以整改，依规取消相关政府部门参加各类荣誉评选资格，予以公开通报批评，对造成政务失信行为的主要负责人依法依规追究责任。对存在政务失信记录的公务员，按照相关规定采取限制评优评先等处理措施。四是建立健全信用信息异议、投诉制度，探索扩展公务员失信记录信用修复渠道和方式。建立自我纠错、主动自新的关爱机制，公务员在政务失信行为发生后主动挽回损失、消除不良影响或者有效阻止危害结果发生的，可从轻或免于实施失信惩戒措施。

加强重点领域政务诚信建设。一是政府采购领域方面，建立政府采购方面的政务诚信责任制，加强对采购人在项目履约验收环节信用情况的监督，依法处理采购人及有关责任人在政府采购活动中的违法违规失信行为。二是政府和社会资本合作领域方面，建立政府和社会资本合作失信违约记录。明确政府和社会资本合作项目政府方责任人及其在项目筹备、招标投标、政府采购、融资、实施等阶段的诚信职责，建立项目责任回溯机制，将项目守信履约情况与实施成效纳入项目政府方责任人信用记录。三是招标投标领域方面，健全招标投标信用信息公开和共享制度，提高政务信息透明度，及时向社会公开各级人民政府掌握的有关招标代理机构资质信息、信用信息及动态监管信息等。四是招商引资领域方面，完善招商引资相关法规政策，严格依法依规出台优惠政策，避免恶性竞争。规范区（县）政府招商引资行为，认真履行依法作出的政策承诺和签订的各类合同、协议，不得以政府换届、相关责任人更替等理由毁约。五是政府债务领域方面，强化地方政府债务预算约束，健全地方政府债务监管体系，建立地方政府债务风险评估和预警机制、应急处置机制以及责任追究机制。六是街道和乡镇政务诚信方面，建立街道和乡镇公开承诺制度，加大街道和乡镇政务、财务等公开力度，鼓励有条件的地区开展诚信街道和诚信乡镇创建活动。

（四）加快信用平台建设，促进营商环境改善

信用是形成良好营商环境的基石，而完善政务诚信平台建设、运用智能化监管手段以及构建新型监管机制则是打造公平竞争的市场环境和高效便捷的营商环境的重要抓手。

建立政务诚信平台，完善失信惩戒机制。将政府和公务员在履职过程中的违法违规、失信违约等信息纳入政务诚信平台，加大对失信行为的惩处和曝光力度。对公司法人负债及偿还情况进行实时监控，对失信人在一定范围内通报，同时进一步修改完善失信被执行人名单制度，明确失信被执行人的纳入标准、救济途径、退出机制等。

运用新技术手段整顿和规范市场经济秩序。政府部门可通过智能化手段进一步强化市场监管效能，如以“互联网 + 监管”系统、“全国信用信息应用平台（重庆）”等大数据平台为基础，不仅可以监测市场违法违规行为，提高执法能力和水平，还有助于查处行政机关、事业单位、垄断性行业和公用企业妨害公平竞争的行为，打破部门、行业垄断和地区封锁，建立和完善统一、公平竞争、规范有序的市场体系。

以信用为核心构建新型监管机制，提升政府监管效能。一方面，以重庆市信用应用平台为枢纽，实现人民银行征信系统、市公安局自然人数据库、市税务局、市规划自然管理局等部门信用信息充分共享，提升政府监管效能；另一方面，运用大数据、人工智能手段对法人或其他组织开展标准规范的公共信用综合评价，推动现有行业信用评价与信用监管标准互认，对信用主体进行全面画像，根据画像结果逐步建立跨部门、跨地区的协同监管机制。

（五）加强信用信息共享与开放

加强全市信用平台网站建设，加大信用信息归集共享与开放力度，进一步营造良好营商氛围。

加强政策引导和系统支撑。一方面，围绕深入推进“放管服”和提升信用服务规范化、便利化水平，更好为政府、企业和社会公众提供全流程、一体化、线上线下服务的要求，集约化升级一体化信用信息共享平台。另一方面，出台相关政策文件明确界定信用信息共享开放的内容、范围和方式，针对不同性质的信用信息，明确共享开放的条件、对象、方式和安全保障措施，保障信用信息安全规范共享开放，促进征信市场健康发展。

分级分类推动信用信息共享开放。推动政府相关部门和公共事业单位按照各类公共信用信息系统采集的数据敏感程度，探索制定信息公开目录，将信息分为社会公开类、部门共享类和授权查询类进行分级管理，向市场化征信机构分层分级合理开放。推动普通商业领域信用信息共享。支持普通商业领域信息公开，支持此类信息通过共享方式实现应用，推动市场主体开展信用交易，促进普通商业领域征信活动加快发展。

强化监管和信息主体权益保护。推动征信机构获取信息的多元化和低成本，从而形成专业细分的征信体系，扶持有实力的征信机构做大做强。指导征信机构整合利用各类信用信息，充分挖掘信息潜在价值，为社会提供多元化的信息产品和服务；不断加强征信监管，全面监管市场上涉及信用信息的采集、加工、使用和服务的机构，督促其切实履行信息保密和保护义务，规范共享信用信息，防止信用信息泄露和滥用。

（六）加强法治化营商环境建设，保护市场主体合法权益

依法平等保护市场主体权益，破除制约市场竞争的各类障碍和隐性壁垒，将诚信建设融入知识产权保护体系，充分激发市场主体活力，持续营造良好营商环境。

加强政务诚信建设深入推进基本公共服务均等化。建立起政府主导、社会参与、公众监督、自主运行的多元化公共服务供给机制，制定基本公共服务清单通过重庆市政府门户网站、重庆日报、“信用重庆”网站等渠道公开，确保公共服务事项明确公开，创新公共服务供给方式；依托“信用重庆”网站建立市公共服务公示平台，发挥政府作用积极推进公共科技、教育、文化、医疗等各类交易信息广泛共享开放，激发各类主体的市场活力。

加大市场主体信息安全保护和权益保障。持续推动政务信息资源整合。加强各类信用信息系统安全基础设施和安全防护能力建设，市市场监管局、市公安局等行政执法部门加大力度采用日常检查、“双随机一公开”等方式查处违规泄露、篡改信用信息或利用信用信息谋私等行为；在“信用重庆”网站建立信用信息异议处理和完善信用修复通道，对市场主体提出异议的信息，信息提供和采集单位要尽快核实并反馈结果，

经核实有误的信息要及时予以更正，对因错误认定失信联合惩戒对象名单、错误采取失信联合惩戒措施损害市场主体合法权益的，有关部门和单位要积极采取措施消除不良影响。

将诚信建设融入知识产权保护体系。积极推进《重庆市专利促进与保护条例》《重庆市著名商标认定和保护条例》《重庆市作品登记管理办法（试行）》等知识产权法案修改，将诚信建设融入知识产权保护体系，突出重点强化整治，深化打击侵犯知识产权违法行为专项行动，重罚严惩各类侵权违法行为，让侵权者“一处失信，处处受限”，大幅提高违法成本，持续打造知识产权“同保护”优越环境。

参考文献

[1]刘晗，叶开儒．平台视角中的社会信用治理及其法律规制[J]．法学论坛，2020(2):62－73.

[2]李富莹，王仲菊，郭文姝，等．信用惩戒在地方立法制度设计中的应用研究[C]// 2011年政府法制研究．2011.

[3]温彩霞，刘嘉怡，于嘉音，等．守信激励 失信惩戒——21部门联合惩戒失信行为[J]．中国税务，2015(12):23－23.

[4]陈鹏飞．社会信用管理法律制度研究[D]．西南政法大学，2009.

[5]湛中乐，赵玄．信用监管的法治理想与现实——兼论《企业信息公示暂行条例》的实施要点[J]．中国市场监管研究，2015(5):26－32.

[6]福建省工商局课题组．市场主体“宽进严管”视角下的企业信用监管研究[J]．中国工商管理研究，2015(1):51－55.

[7]保建云．西方国家信用非理性波动与我国信用监管面临的问题[J]．经济体制改革，2012(4):146－150.

[8]孙华．基于政府视角的企业信用监管[J]．统计与决策，2007(15):157－158.

[9]李京历．浅析企业信用监管体系建设[J]．合作经济与科技，2008(4):122－123.

[10]李雅黇．我国政务失信的对策研究[J]．东方教育，2016(4).

[11]周佑勇．论政务诚信的法治化构建[J]．廉政文化研究，2014(1):145－150.

[12]王建新．转型期我国政务诚信研究述评[J]．创新，2012，6(6):8－11.

[13]丁敬达，刘焕成．论我国省级公共信用信息共享平台建设[J]．现代情报，2007(8):70－73.

[14]汪育明．信用信息共享支撑“放管服”的实践探索与改革建议[J]．宏观经济管理，2020，445(11):20－25＋38.

[15]林凌．中国将强化政府公共服务职能构建全社会征信系统[J]．征信，2012.

[16]林钧跃．社会信用体系:中国高效建立征信系统的模式[J]．征信，2011，29

(2):1-7.

[17]曹亚廷．社会信用体系中的公共信息与征信系统[J]．征信，2015(2):43-46.

[18]杨晖．我国征信体系的建设与发展研究[J]．金融理论探索，2010(1):22-27.

[19]曹元芳．发达国家社会信用体系建设经验与我国近远期模式选择[J]．现代财经-天津财经学院学报，2006.

[20]董才生．美国社会信用体系建设的经验教训对我国的启示[J]．东北亚论坛，2008(6):39-42.

[21]张铁男，马涛，魏升军．发达国家诚信体系建设经验分析及借鉴[J]．学术交流，2007(8):12-15.

[22]孙江．我国社会信用体系建设的三种模式[J]．经济研究参考，2003(79):33-33.

[23]赵志凌，丁峰．上海、浙江、深圳社会信用体系建设模式、问题与启示[J]．唯实，2007(10):70-73.

[24]赵大于．广覆盖　强渗透　重服务　上海社会信用体系建设取得积极成效[J]．上海人大月刊，2017(8):12-13.

[25]浙江省信用中心．信用建设的“六个全覆盖，两个翻一番”——《浙江省社会信用体系建设“十三五”规划》有关指标解读[J]．浙江经济，2016(15):46-46.

[26]文学舟，张静．社会信用体系建设的现状与对策——以浙江省为例[J]．浙江金融，2007(3):53-53.

[27]翁国民，毛骁骁．试论政府在我国信用体系建设中的作用[J]．浙江社会科学，2003(2):24-28.

[28]李有星，李杭敏．论地方信用体系建设的模式及其优化[J]．浙江金融，2014(6):44-47.

[29]肖条军．中国社会信用问题研究[M]．中国金融出版社，2014，2.

[30]安贺新．我国社会信用制度建设研究[M]．中国财政经济出版社，2015，6.

[31]赵阳．新形势下提升企业信用监管效能的思考[J]．中国市场监管研究，2016(12):27-29.

[32]吕健，张明贤．社会诚信体系与营商环境建设研究[J]．中国市场，2018(22):112-113.

[33]成协中．优化营商环境的法治保障：现状、问题与展望[J]．经贸法律评论，2020(3):1-16.

[34]河南省市场主体信用评价体系构建及应用研究课题组．国内外市场主体信用监管的主要模式研究[J]．中国市场监管研究，2016(1):39-42.

[35]林敏．浙江省工商局信用监管制度的构建及其实践[J]．中国工商管理研究，2013(7):58-61.

[36]孙肖远．构建区域信用治理与区域法治建设协同推进机制——以信用长三角建设为例[J]．现代经济探讨，2014(9):59-62.

专题十 “十四五”时期成渝地区双城经济圈财税金融政策改革的重点和难点研究

课题组成员：易小光 丁 瑶 余贵玲 邓兰燕 苟文峰 张 超
张 佳 施小兰 郑淑媛 杨 梅 李 霞 夏 月

2020年1月，习近平总书记在中央财经委员会第六次会议上明确提出，推动成渝地区双城经济圈建设，在西部形成高质量发展的重要增长极，标志着成渝地区一体化发展迈入新阶段。如何推动和促进成渝地区双城经济圈一体化高质量协同发展，需要财税和金融领域给予充分的制度和政策保障。但目前不论是国家层面还是地区层面，围绕促进区域一体化的财税金融调控方式均存在政策工具缺失、改革难度偏大等普适性问题，需要开展区域性的先行先试。在此背景下，本文立足成渝地区双城经济圈，针对性分析财税金融对推动成渝地区双城经济圈一体化高质量协同发展存在的矛盾和困难，厘清财税金融改革的重点和难点，并就下一步财税金融改革方向进行了前瞻性探讨。

一、相关理论

（一）促进区域一体化的财税理论

1. 财税激励理论

政府干预理论是20世纪30年代经济危机后开始逐步流行的，西方经济学开始意识到自由市场的“无形之手”有自身局限性，需要政府的“有形之手”运用财税政策等手段进行调节。财税政策激励理论是政府干预理论发展演变而成的重要分支，强调政府利用财税政策干预经济社会发展是重要的手段。一是运用财税政策引导社会主体的经济行为选择。政府通过调整税率及级距、征税范围等进行税制设计，也可以通过调整税收征管行为，给予不同行业和不同地区纳税人的不同税收优惠待遇，激发市场活力。二是财税政策对微观主体的激励作用。通过财税优惠政策鼓励私人投资，开展技术创新和生态环境等方面的投资，引导区域间横向合作，缩小地区间发展差距。

2. 财政政策与区域协同发展的相关理论

财政支出和财政收入是财政政策的重要方面，包括政府购买、地区转移支付、地方政府公债政策等。财政政策与区域间系统发展的作用机理有以下三方面：一是政府支出对区域经济的促进效应。在区域经济发展中，政府直接投资可以刺激当地消费需求，带来相关就业岗位的增加，居民收入水平提高，进一步刺激居民消费，带动整个区域经济增长。二是财政转移支付包括中央与地方之间的纵向转移支付、地方与地方之间的横向转移支付，通过政府间直接财力转移，加大对落后地区的财政支持力度，平衡地区间财政差距，促进区域经济协调可持续发展。三是公债是政府为弥补税收收入不足而向社会筹集闲散资金，以满足自身职能发挥需要，主要是用于经济社会发展落后地区的基础设施建设和产业发展，拉动当地经济发展，促进区域协同发展。

3. 税收政策与区域协同发展的相关理论

税收政策通过政府、企业和居民的经济行为，优化区域资源配置，推进产业结构转型升级，促进区域经济协调发展。一是税收政策对优化资源配置的促进作用。不同区域实行不同税收政策使得地区税负差异化，理性经济人会选择到低税负区域消费和投资，加快当地基础设施发展，优化当地营商环境，进而带来人才和资本的不断流入，促进当地经济快速增长，相反高税负地区会导致投资缩减、劳动力外流，形成经济洼地。税收政策主要通过均衡地区税负，引导市场行为，促进区域经济协同发展。二是税收政策对产业结构选择的促进作用。基于利润最大化原则和效应最大化原则，生产者会加大对低税负商品的生产和投资，减少高税负商品供给量，从而导致产业供给结构发生变化。同时，由于税负具有可转嫁的特点，消费者也会随着生产者的行为而转变自己的消费行为，影响区域经济发展。

（二）促进区域一体化的金融理论

1. 金融地理学理论

金融地理学是一门集地理学、社会学、金融学等交叉学科为一体的新兴学科，基本思路是对地理位置、生态环境、空间距离等因素进行探究，并进一步分析金融合作的概率和合理性，或在分析地理学因素后，对现有的区域金融合作提出优化建议。金融地理学的主要研究方向包括信息不对称、路径依赖、信息腹地等方面。由于非公开的内部信息在金融市场中占据着主导性的作用和地位，金融市场中资金供需双方在信息获取时存在严重的非对称性，金融市场的各参与方有强烈的获取内部信息的动机和需求。这种非对称性促使市场中的金融参与者纷纷向信息靠近。托马斯格里克（Thomas Gehrig）在大量数据分析的基础上，得出结论：一是信息具有不对称性，这种不对称性是能够构建出信息的中心地带，并能促使金融集聚的主要因素；二是对金融活动进行类别划分时，根据不同的信息内容进行类别划分更具现实性指导意义，在信息较集中且较易获取、交易成本低的地区，更易产生对信息高度敏感的证券交易。波蒂厄斯（Porteous）的研究也认为信息中心的信息质量及数量是金融机构在选择集聚、形成金融集聚区的重要因素。亚瑟（Arthur）研究发现，对于特别依赖信息的金融产业，在空间上的集聚会更加明显；同时某些机构在特定的区域内长期保持较强竞争力的原因在于形成了路径依存，历史性成功经验会不断地累积扩散，并不断增加其初始选择，使得因信息集中而形成的金融中心的竞争力持续提升，并日益吸引更多市场参与者集聚，进一步巩固金融中心地位。

2. 新贸易理论

产生于20世纪60年代、以比较优势理论为主导的传统国际贸易理论已无法适当解释发达国家间既进口又出口同类产品的现象。为此，新贸易理论应运而生。新贸易理论的研究可追溯到20世纪70年代末80年代初，是一种分析规模收益递增、外部性及不完全竞争市场的经济理论。新贸易理论主要从规模经济和范围经济两种视角解释了国家产业结构类似情况下的产业内贸易原因。规模经济指出，随着企业产量增加从而生产成本降低呈现出内部规模经济效应；同行业、同地点的企业增多，从而实现多企业共享区域基础设施、劳动力供给与各类服务供给，进而呈现外部规模经济效应。金融业同样存在规模经济效应，主要表现在：一是金融机构信誉度提升，当某个金融机构规模做大后，客户对其更加信任，从而该金融机构可以保持较低的资金获取成本；二是金融机构规模扩张，有固定成本逐步分摊降低，经营成本下降。范围经济是指某企业生产多种不同类型产品所消耗的成本费用低于分别生产单种商品的成本。一家企业因为生产多种不同类型产品，从而使得每单位产品成本下降，即呈现出内部范围经济效应；一个产业集群中各中小企业通过供应链有机联系，形成较完整的分工系统，从而降低成本，即呈现出外部范围经济效应。金融业在范围经济上主要有以下几个作用：一是同时办理存款、取款和汇款等业务促进内部经营成本降低；二是商业银行可以利用其原有产品的广告效应向客户推荐有关的理财产品、保险产品等，节约营销成本；三是金融机构的研发部门推出不同的金融研发产品，从而满足多元消费需求，进而降低研发成本。

3. 集聚理论

经济学家保罗克鲁格曼于1991年发表了著名论文《收益递增和经济地理》，提出了经典的C－P模型。C－P模型主要研究了两个同质区域出现内生非对称性空间布局问题，并分析了产生的原因：一是市场接近效应，指企业在生产区位选择时，同等条件下更愿意选择具有较大市场规模的区域。因为这样不仅可以实现规模经济而且能够节省因距离造成的运输成本。市场接近效应对企业集聚起到了重要的激励作用。二是价格指数效应，指形成较多企业集聚的地区，一般拥有较低的生活成本和较丰富的商品供给，因为这些优势有利于吸引劳动力聚集，进而形成企业集聚。三是本地竞争效应，指面对企业过度集中而产生的过度恶性竞争问题，企业选择区位时有搬迁分散的趋势，形成企业集聚抑制作用。

二、我国财税金融改革历程及案例分析

通过梳理我国财税金融改革历程，以京津冀、长三角、粤港澳等地区财税金融改革为案例，重点分析促进区域一体化方面的财税金融政策，总结和借鉴有益做法。

（一）改革历程

1. 财税领域

（1）国民经济恢复时期（1949—1952 年）

随着新中国的成立，由中央到地方的财政管理机构以及统一的财政制度加快建立。1949 年底形成了财政收支概算草案，预算管理工作有序开展。1950 年对全国财政政策进行了统一，建立统收统支的高度集中的财政管理体制，为恢复国民经济、改善国家财政状况提供制度保障。面对战后百废待兴的状况，财政的主要任务是尽快恢复经济正常运行，整顿生产生活秩序，努力实现国家财政状况的根本好转，为新中国的建设提供资金支持。

（2）计划经济时期（1953—1977 年）

以实施第一个五年计划为标志，我国开始转入计划经济时期。为尽快建立社会主义现代化工业经济体系，我国实施低工资、低折旧、利润全额上缴、指令性价格等制度，财政担负起为工业化筹集资金和促进社会主义改造的双重任务。一方面，以提升财政收支管理水平、增加政府财政资金收入为着力点，确保“一五”计划稳步实施和圆满收官；另一方面，加快推进农业、手工业和资本主义工商业的社会主义改造，逐渐确立了针对不同所有制、不同区域施行的财税政策体系，逐步形成了与“二元”经济社会体制相适应的“二元”财税体制。而后，中国开始实施第二个五年计划，自此进入了全面建设社会主义新时期。但是，“大跃进”使得国民经济偏离正常轨道。1961 年，我国经济开始进入调整期，以“调整、巩固、充实、提高”八字方针为调整目标。为适应国家经济的调整阶段特征，财税体制从“大跃进”时期对地方和企业放权到适当收紧一部分下放的财权，经济转入正常运行后，重新加强财权、财力的集中统一，财政收支规模也经历了由急剧膨胀到重回常态的过程。然而，接踵而至的“文化大革命”使得各项制度遭到严重破坏，财政工作陷入困境，财税体制变动较为频繁。

（3）经济转轨时期（1978—1993 年）

党的十一届三中全会召开后，我国经济体制开启全面改革，踏上中国特色社会主义市场经济之路，财税体制改革作为“突破口”和“先行军”率先进行，逐步形成了以流转税和所得税为主、内外有别的税制体系。改革开放之初，为消除“文化大革命”对国内经济的严重影响，决定重新推行企业利润留成，并于 1983 年和 1984 年分两步实施“利改税”，在规范国家与国营企业分配关系的同时，进一步扩大企业资金支配权。同时，恢复征收关税，专门建立涉外税制，以适应改革开放后外商投资、对外贸易等方面的新变化。这一时期财税体制改革重点是“放权让利”，一方面，实行“利改税”、国营企业利润留成、承包经营责任制等减税让利措施，调动了企业生产经营积极性；另一方面，加快下放经济管理权限步伐，提升地方政府经济自治的能力和水平，凭借划分税收收入等财税新举措，解决财权过度集中等问题，为地方政府履行职能提供财力保障。

（4）分税制改革时期（1994—1997 年）

随着“放权让利”“财政包干”等财税制度弊端愈加明显，1993 年国务院出台了《关于实行分税制财政管理体制的决定》，明确要求进行分级分税财政管理体制改革，扭转当前财政收支不平衡的困局。1994 年，我国开始了改革开放以来范围最广、影响最深的分税制改革，改革内容主要有优化税收结构，如开始征收消费税、增值税、营业税等，取消产品税、盐税等不适宜的税收种类，对内外资企业所得税、个人所得税等进行统一，进一步理顺和规范政府、企业、个人之间的分配关系。此外，建立“双轨并行”转移支付制度，除年终结算补助、体制上解及专项补助等原有的转移支付形式外，增加了税收返还、过渡期转移支付等新的转移支付形式，保障地方政府的基本财力。这一时期，在分税制改革的推动下，初步建立了较为规范的税收制度、财政收支划分制度、转移支付体系等，形成了适应社会主义市场经济体制的财税体制基本框架，起到了巩固中央财权和协调中央、地方分配关系的重要作用。

（5）建立公共财政基本框架时期（1998—2011 年）

分税制改革下，政府事权划分不明晰、政府间财政收支不平衡、区域间公共服务水平不均衡等问题日渐凸显。为此，1998 年全国财政工作会议上首次提出“构建公共财政的基本框架”，以改革完善分税制体制中的支出端为重点，相继推行一系列改革举措。税收制度方面，该时期改革主要特征是微调慢改，如通过“费改税”规范政府收入结构，取消一切不合理政府收费，推行农村税费改革，推动城乡税制统一，以合并等形式改革部分税种；政府收支方面，进行所得税收入分享、证券交易印花税收入分享等改革，调整中央和地方出口退税的分配比例，推动中央和地方财力合理分配。财政支出划分是该时期改革的重点内容，1999 年中央设立调节工资转移支付以应对亚洲金融危机，2006 年设立民族地区转移支付以推动民族地区发展，2009 年推出“三奖一补”转移支付以缓解基层政府财力困难，逐步建立一般性转移支付、专项转移支付相互协调的转移支付体系。

（6）建立现代财政制度时期（2012 年至今）

2012 年，中国特色社会主义进入新时期，党的十八大对全面深化改革作了战略部署。2013 年，《中共中央关于全面深化改革若干重大问题的决定》给予了财政新定位，指出财政是“国家治理的基础和重要支柱”，指明要建立现代财政制度。2017 年，党的十九大要求“加快建立现代财政制度”，促使财税改革提速推进。税收制度方面，2012 年开启营业税改征增值税试点，2018 年增值税税率三档并两档、开征环境保护税等改革举措，推动税收法治化现代化进程加快。政府收支方面，在《关于推进中央与地方财政事权和支出责任划分改革的指导意见》《基本公共服务领域中央与地方共同财政事权和支出责任划分改革方案》两个文件中，进一步明确了财政事权和支出责任的划分。此外，财政管理的重要地位逐步显现，开始重视地方政府债务管理、绩效管理等。

2. 金融领域

（1）货币政策的演变历程

新中国成立后，我国对经济体制、银行体系、货币政策等方面进行适应性调整，从货币政策的发展演变看，总体上可以归纳为三个阶段，即新中国成立后到1984年前的“大一统”中央银行体制阶段、1984—1996年中央银行独立行使职能的早期阶段、1996年至今市场化调控水平提升阶段。1984年之前“大一统”中央银行体制下的货币政策。1984年前，中国经济体制以高度集中统一的计划经济体制为主，这一阶段，中央银行的主要职责是为计划经济提供资金保障，因而货币政策呈现的主要特点是确保货币发行，通过现金供给计划、信贷计划分别调控现金流向及银行转账行为。1984—1996年中央银行独立行使职能时期的货币政策。此时，货币政策开始从“大一统”体制逐步转向市场化调控，表现出与宏观经济周期运行高度的一致性，货币政策极具针对性的逆周期调控特点。1996年至今市场化调控水平不断提升下的货币政策。这一阶段，货币政策以促进经济增长和维持物价稳定为最终目标，随后又增加了维护资产价格、金融、汇率稳定等目标。货币政策的中间目标主要包括信贷规模、M2等数量型指标，也逐步开始关注价格型指标。

（2）金融监管政策的演变历程

改革开放以来，我国的金融监管格局经历了从混业到分业的“一行三会”，再到当前的“一委一行两会”格局，金融监管机制进一步完善。在金融全球化进程提速、金融行业发展加快等刺激下，分业监管的弊端日益明显。为持续推动金融业稳定发展，我国对原银监会、原保监会的相关职责进行了整合，最终形成了“一委一行两会”格局。我国金融监管改革从改革开放以来主要经历了四个阶段。第一阶段为1978—1985年。从改革开放到20世纪80年代，开展金融业务及金融监管的主管部门均为中央银行，此时我国还未形成金融市场。改革开放后，我国相继成立了中国农业银行、中国银行、中国建设银行、中国工商银行四大国有银行，并于1985年专门成立了负责金融监管的部门，负责对银行业、信托业、保险业、证券业进行专门监管，至此“一元”监管模式形成。第二阶段为1985—2003年。中央银行经历了专门行使金融监管职能的初始阶段到深化阶段。在初始阶段，中央银行主要依靠行政手段管理金融，工作重心是改革和完善信贷资金管理体制，加强中央银行的宏观调控。而后偏重于整顿式、合规性监管，开始整顿金融秩序、进一步发挥中央银行监管作用。此外，《外资金融机构管理条例》《金融机构管理规定》等法律法规的颁布，促使金融监管步入法治轨道。同时，专门设立证券监督管理委员会和保险业监督管理委员会分别对证券业、保险业行使监督管理权，中央银行不再行使相关权限，推动金融分业经营、分业监管体制进一步完善，金融监管改革进入深化阶段。第三阶段是2003—2017年。我国于2003年组建了银行业监督管理委员会，负责对银行、信托等行业进行监管，中央银行的职责明确为负责制定、调整及实施货币政策，同时也参与对金融机构的监管政策制定。由此，我国正式建立分业监管体系，增强了我国金融监管机构的专业性和独立性，有助于金融机构经营业务专业化和精细化，推动金融市场稳定运行。第四阶段是2017年至今，我国于2017年组建国务院金融稳定发展委员会，提升金融监管协调能力，加快补齐监管短板弱项。2018年，原银监会与原保监会合并，设立银保监会，负责对银行业、保险业实施监督管理，审慎监管职责由中央银行行使，建立了“一委一行两会”金融监管格局。

（3）资本市场的演变历程

我国资本市场自改革开放后逐步发展。1978年，中国农村开始出现家庭联产承包责任制，部分地区的农民采用“以资带劳、以劳带资”方式集资，兴办一批合股经营的股份制乡镇企业，成为改革开放之后中国最早的一批股份制企业。随着国家经济体制改革委员会的成立以及股份制改革的逐步推进，股份制试点范围进一步扩大，一些大型国有企业开始进行股份制试点，公开或半公开地发行股票，股票一级市场开始出现。20世纪90年代金融体制改革之后，我国开始建立多层次资本市场。1990年，上海和深圳证券交易所开始运行，是我国资本市场发展的关键环节，代表着我国开始形成集中交易的证券市场。2003年，《关于完善社会主义市场经济体制若干问题的决定》的颁布对资本市场发展作出了明确要求，指出“建立多层次资本市场体系，完善资本市场结构，丰富资本市场产品”，进一步明晰我国资本市场的发展目标，推动资本市场体制机制改革，促使资本市场中各类改革创新提速。2004年，深圳主板内设中小板，用以满足中小企业的上市需求。2009年，创业板正式推出。2013年，《关于全面深化改革若干重大问题的决定》《关于全面推进依法治国若干重大问题的决定》的出台促使资本市场改革步入全面深化时期，更加强调“健全多层次资本市场体系，推进股票发行注册制改革，多渠道推动股权融资，发展并规范债券市场，提高直接融资比重”。当前，我国资本市场层次较为完整，形成了包括主板、创业板、全国中小企业股份转让系统和区域性股权交易市场组成的多层次资本市场。

（二）案例借鉴

目前我国京津冀、长三角、粤港澳大湾区等区域一体化已推进多年并在财税、金融协同方面开展了有益探索，促进区域一体化的财税金融政策体系不断完善，通过梳理总结其经验和教训，有针对性地探索成渝财税、金融协同方式，对推进成渝地区双城经济圈建设意义重大。

1. 京津冀促进区域一体化的财税金融政策

财税方面。一是设立京津冀产业协同发展投资基金，由国家和省市两级政府共同推动和社会出资人多元化参与，积极利用基金支持产业领域重大项目建设，推动京津冀产业协同一体化发展。二是设立科技创新券，支持本地企业围绕自身需求，跨区域利用科技资源开展创新活动，促进产学研深度融合。三是不断完善涉税事项办理、税务监管制度不断完善，推动实施资质互认、征管互助和信息互通等，优化企业在京津冀区域内跨省市迁移涉税事项管理，建立健全京津冀税务稽查协查、税收风险管理协作机制。四是健全税收分享机制，2015 年财政部和国家税务总局联合出台《京津冀协同发展产业转移对接企业税收收入分享办法》（财预〔2015〕92 号），提出由迁出地区政府主导，对地方分成的增值税、营业税和企业所得税由企业迁出地和迁入地实行五五分成。

金融方面。京津冀稳步推进三地移动支付协同发展，推出京津冀“农银通”卡、京津冀协同卡等便捷京津冀三地支付业务的银行卡。京津冀银保监局推动实现监管信息共享，在跨区域准入、联动执法、风险联合处置等方面深入开展合作。目前三地已实现对主要经济金融数据的监测共享和金融风险信息共享，对在三地备案的企业征信机构监管信息实施联合通报，进一步强化“一体化”金融服务。

表 10－1 为京津冀跨区域财税、金融合作的政策及做法。

表 10－1　京津冀跨区域财税、金融合作的政策及做法梳理表

领域	政策文件或做法	主要内容
财税方面	《京津冀协同发展税收合作框架协议》（2014）	京津冀税务机关围绕资质互认、征管互助和信息互通等，开展“一统三互”工作，创新推动税务登记一站式办结、税收问题研究等工作
	京津冀三地原国税局签署《京津冀税务稽查协查协作协议》《京津冀税务稽查协作备忘录》（2015）	建立京津冀税务稽查协查协作机制
	财政部、国家税务总局出台《京津冀协同发展产业转移对接企业税收收入分享办法》（2015）	企业范围。可纳入分享范围的迁出企业需满足三个条件：一是迁出行为由地方政府主导推动；二是企业迁出符合地方产业规划布局；三是迁出前 3 年内年均缴纳“三税”超过 2000 万元。同时，由迁出迁入省（市）政府分别统计、共同确认企业名单。依市场发展需要自由迁移的企业，不属于分享范围。 分享方式。一是迁出企业完成迁出工商、税务手续变更且达产后三年内缴纳的“三税”，由企业迁入迁出地五五分成；二是如果 3 年内未达到分享上限，分享期限可再延长 2 年，超过 5 年后，迁出地不再参与税收分成，并由中央财政一次性给予迁出地适当补助
	营改增试点全面推开；水资源税率先在河北省试点（2016）	京津冀三地税收政策进一步统一；推动河北当地企业转型升级，为绿色发展贡献税收力量
	京津冀产业协同发展投资基金（2017）	由国家发展改革委、财政部等国家部门牵头，联合京津冀省级政府，吸纳国家开发投资公司、招商局集团等社会出资人广泛参与，首期规模 100 亿元，是国家出资引导社会资本参与的首只京津冀协同发展专项投资基金，支持京津冀三地在项目推荐、协调上给予基金支持

续表

领域	政策文件或做法	主要内容
财税方面	京津冀三地税务部门联合签署《京津冀税收风险管理协作机制》(2018)	在国内率先建立起跨区域税收风险管理协作机制，成立京津冀税收风险管理协作专题小组，有效提升纳税人税法遵从意识
	京津冀三地财政、科技部门共同签署《京津冀科技创新券合作协议》(2018)	三地将根据各自的创新券政策，支持本地企业围绕自身需求，跨区域利用科技资源开展创新活动，促进产学研深度融合
	京津冀三地税务局建立了京津冀联合税收经济分析工作机制（2018）	目前已联合开展了《从税收视角看雄安新区建设及京津冀协同发展》等重要专题分析工作，充分发挥税收经济分析“导向标”“参谋助手”作用
	《国家税务总局河北省税务局　国家税务总局北京市税务局　国家税务总局天津市税务局关于优化企业在京津冀区域内跨省（市）迁移涉税事项的公告》(2019)	采取“简化迁移办理手续、放宽跨省迁移条件、承继原有主要资质权益、网上实时交换涉税信息”等措施服务京津冀协同发展，进一步便利企业办税
金融方面	保监会发布《关于进一步贯彻落实疏解北京非首都功能有关政策意见的通知》(2017)	引导保险法人机构落户天津、河北；支持在河北等地设立全国性保险专业代理机构和保险分支机构；鼓励保险公司转移在京下属服务机构；鼓励保险公司在京外区域设立服务机构；推动保险相关养老、医疗等产业链在天津、河北布局，充分疏解北京非首都功能

2. 长三角促进区域一体化的财税金融政策

财税方面。一是建立财政协同投入和财税分享机制，《长江三角洲区域一体化发展规划纲要》提出，建立健全财政协同投入机制，由沪苏浙财政按比例注金，统筹推动跨区域建设；跨地区政府可分享新设企业的税收增量属地方收入部分，具体分享比例可按具体情况进行调整。二是推进税收征管一体化，促进地方办税服务平台数据交互、税务信息共享、税收政策咨询答复口径通用，统一推出便利跨省涉税事项报验业务办理，推动异地办税、区域通办。三是建立财政合作保障机制，《上海市财政改革与发展“十三五”规划》提出，建立健全多层次的长三角区域财政合作机制，加强在财政体制和财政政策等方面的沟通协调。目前，长三角地区推动建立三级合作架构，建立健全保障机制，推动各项税收政策落实落地。

金融方面。由沪苏浙皖四省市政府牵头，联合有关金融机构，发起成立长三角一体化发展投资基金，加大对跨省市重大基础设施、生态等领域的投入。《关于上海银行业保险业进一步支持科创中心建设的指导意见》提出，加大保险机构对科创中心建设支持力度，主动对接融入长三角一体化发展，监管部门予以重点支持并推进落实。上海与浙江签订《关于小洋山港区综合开发合作协议》，浙江海港集团与上港集团以20∶80股权比例的合资运营盛东公司，合力推动洋山港开发建设。表10－2为长三角跨区域财税、金融合作的政策及做法。

表 10-2 长三角跨区域财税、金融合作的政策及做法梳理表

领域	政策文件	主要内容
财税方面	《上海市财政改革与发展"十三五"规划》(2016)	建立完善长三角跨区域财政合作机制，加强沟通协调，加大对基础设施、生态环境、公共服务等的建设支持力度，加快推动长江三角洲区域一体化发展
	《长江三角洲区域一体化发展规划纲要》(2019)	财政方面：建立部分基本公共服务项目财政支出跨区域结转机制。 税收方面：探索建立投入共担、利益共享的财税分享制度。加快推进税收征管一体化建设，探索建立跨区域税务服务平台，推动异地办税、区域通办。跨省市地区可参与分享新设企业税收增量中属地方收入的部分，分享比例可根据具体情况适时调整。沪苏浙财政按比例注资，统筹推动区域建设
	《关于支持和服务长江三角洲区域一体化发展措施的通知》(2019)	一是推出了便利跨省企业迁移业务办理、便利跨省涉税事项报验业务办理、便利跨省房产土地税源管理业务办理 3 项措施；二是制定"首违不罚""最多跑一次"和区域通办清单；三是信用动态监控在上海、宁波试点运行，提供的服务与管理与信用等级挂钩；四是长三角区域税务部门共享 12366 相关知识，统一通用税收政策咨询答复口径，加强人员交流，推动实现长三角地区税务咨询联动
	《关于共同推进税收支持和服务长三角一体化发展合作协议》《税收支持和服务长三角一体化发展联席会议工作制度》《关于税收支持和服务长三角一体化发展的工作方案》(2019)	搭建合作机制。按照会议签订的联席会议工作制度，三省两市税务局建立三级合作架构，建立健全各项税收政策落实落地的保障机制。其中，联席会议原则上每年召开两次，主席由三省两市税务局主要负责人每年度轮值；合作办公室主要负责协调督促长三角一体化发展整体税收工作情况；专项工作组负责落实解决长三角一体化发展各项税收具体工作任务，由牵头省(市)业务部门负责，各配合地区对口业务部门共同推进落实
	《长三角生态绿色一体化示范区总体方案》(2019)	建立财政协同机制。上海青浦、江苏吴江、浙江嘉善三地建立了沪苏浙财政协同投入机制，按比例注入开发建设资本金，统筹用于区内建设
金融方面	《长三角地区一体化发展三年行动计划(2018—2020 年)》《长三角地区合作近期工作要点》	沪苏浙皖四省(市)政府牵头，联合有关金融机构，共同推动成立长三角一体化发展投资基金，加大对重大基础设施、生态等领域的投入支持
	《关于上海银行业保险业进一步支持科创中心建设的指导意见》	加大银行保险机构对科创中心建设的服务支持力度，积极推动长三角协同创新，同时监管部门在推进落实方面给予重点支持。银行机构积极贯彻落实《意见》相关内容，工商银行等长三角部分银行分行与"长三角资本市场服务基地"开展合作，共同推动支持企业上市
	《关于小洋山港区综合开发合作协议》	2017 年上海与浙江签订，明确洋山港共同开发建设模式，即将上港集团全资子公司盛东公司作为洋山港唯一开发建设运营主体，浙江海港集团以增资入股方式，实现与上港集团对盛东公司 20:80 股权比例的合资运营，浙江可参与部分税收收入分享

3. 粤港澳大湾区一体化的财税金融政策

由于粤港澳大湾区具有两种经济制度、三种货币、三个关税区、三种法律体系以及“深港澳穗”四核城市的特点，国家、广东省、珠三角九市不同层级政府都相继出台推动粤港澳大湾区一体化财税金融政策。见表 10－3。

表 10－3　粤港澳跨区域财税、金融合作的政策及做法梳理表

领域	政策文件	主要内容
财税方面	《财政部 税务总局关于粤港澳大湾区个人所得税优惠政策的通知》（财税〔2019〕31 号）	对在粤港澳工作境外（含港澳台）高端、紧缺人才，其在内地的个人所得税税负与香港存在差额的，广东省、深圳市可按差额部分给予补贴，同时完善避免内地和香港特区双重征税制度安排
	《内地和香港签署避免双重征税安排第五议定书》（2019）	一是通过纳入“教师和研究人员”条款，给予一方的教师和研究人员在另一方工作取得的符合条件的所得减免税待遇，相关优惠可以有效支持两地间教师和研究人员的流动，推动两地科学技术进步，促进粤港澳大湾区发展。二是通过纳入近年国际社会持续开展的应对税基侵蚀与利润转移行动计划相关成果，顺应国际税收规则的最新变化，有效促进两地经济交往和投资往来
	《关于贯彻落实〈粤港澳大湾区发展规划纲要〉的实施意见》（2019）	以财政政策为导向，加大中央、地方各类专项资金、投资基金等对重大专项项目的支持，引导各类金融机构积极参与建设，全力支持大湾区建设
财税方面	广东财政“五个支持”全力推进粤港澳大湾区建设（2019）	一是支持“人才集聚”，促进大湾区要素自由有序流动，放宽境外人士在内地居住时间的认定、对境外高端紧缺人才个人所得税税负差额予以补贴。二是支持“资金过境”，助力大湾区科研合作，建立科研资金跨境使用机制、完善符合港澳实际的财政科研资金管理机制、吸引澳门资金来粤投资。三是支持“债券联动”，推动港澳与大湾区内地建设精准对接，实现额度倾斜、实现合作创新、实现合作创新、实现认购创新。四是支持“平台互通”，加快基础设施互联互通、支持打造国际科技创新中心、加强产业共建和对外开放、支持重点平台发挥示范作用，加快大湾区高质量发展。五是支持“民生共享”，推动基本公共服务联通、推动会计服务合作交流，实现公共服务共享
	广东财政“四个着力”助推粤港澳大湾区建设（2019）	一是着力消除个人“税负墙”支持解决大湾区生产要素流动障碍，实行个人所得税税负差额补贴、对境外个人境外收入给予更大个税优惠、争取国家同意将旅游业纳入横琴企业所得税优惠目录，加快推进珠海横琴国际休闲旅游岛建设。二是着力畅通科研“资金流”加强港澳与大湾区内地科研合作，破除科研资金跨境流动障碍、加大建设国际科技创新中心财政投入。三是着力整合金融“债券池”推动港澳与大湾区内地建设精准对接，倾斜支持额度、创新发行管理。四是着力拓宽会计“服务门”在会计专业服务领域深化粤港澳合作，放宽会计服务业市场开放、加快会计行业“放管服”改革、加强行业交流合作

续表

领域	政策文件	主要内容
财税方面	《关于贯彻落实粤港澳大湾区个人所得税优惠政策的通知》（粤财税〔2019〕2号）	主要内容：一是明确15%的税负差额补贴标准。将大幅降低申报人申请成本和审核难度，且补贴标准统一也有利于简化工作实践。二是明确纳入差额补贴的个人所得范围。将“综合所得”和“经营所得”等工作性所得纳入补贴范围，鼓励外籍人才到大湾区工作，同时支持外籍青年来大湾区创业就业。三是明确关于人才流动的补贴问题。针对因人才流动产生的个税补贴衔接问题，为了便于各地具体衔接，合理分担，进行了原则性规定。四是明确人才认定的基本框架。为了更好地满足实际需要，明确高端、紧缺人才的框架范围和原则意见，具体由各市制定操作办法，赋予各市充分的自主权。五是明确基本流程和各市制定人才认定和补贴发放办法要求。为做到人才认定标准和补贴发放工作流程相对统一，明确基本流程、审核认定部门以及各市制定办法的要求，并要求备案后实施。六是明确《通知》试行一年。广东省将在总结评估实施情况的基础上，一年后视情况予以修订
	《广州市关于粤港澳大湾区个人所得税优惠政策财政补贴管理暂行办法》（2019）	在广州市行政区域范围内工作的境外高端人才和紧缺人才，其在广州市缴纳的个人所得税已缴税额超过其按应纳税所得额的15%计算的税额部分，给予财政补贴，该补贴免征个人所得税。同时，在补贴范围、补贴程序的基础上对人才认定标准、计算方式等进行了具体的规定
财税方面	广州粤港澳大湾区税收服务指南（2019）	整理了与粤港澳大湾区建设相关的民生领域合作、国际科技创新中心建设、重大项目配套建设、生态环境保护和治理合作等方面涉及的财税政策，梳理了优化湾区营商环境的税收服务措施。聚焦“科创+人才”，专章介绍了大湾区个税优惠政策和国际科技创新中心建设的相关政策。收录了多项广州市税务局出台的措施，方便纳税人检索和利用，包括此前推出的助力粤港澳大湾区和“一带一路”建设12条措施、100项“一次不用跑”办税服务事项清单以及港澳办税服务专窗、港澳个人办税套餐等创新税务服务，以及相继搭建的3i智税平台、港澳税收扶持“3D”平台、“1+N”网格模式的港澳青创税收服务驿站等
	《深圳市财政科研资金在港澳地区使用管理规程（试行）》（2019）	创新点主要体现在五个方面：一是可在协议约定项目经费报销、纠纷处理等内容，以对接和适应港澳科研经费管理制度。二是适当下放在验收评估、项目支出计划调整审核备案等方面管理权限。三是纳税相关事项由资金拨付单位负责办理。四是以人民币为结算货币。五是明确项目剩余资金处理。实行分期拨款方式，先拨付八成，预留两成余款据实结算。项目验收合格后，先行拨付的八成款项如有剩余，项目单位可统筹使用

续表

领域	政策文件	主要内容
金融方面	《关于金融支持粤港澳大湾区建设的意见》（2020）	从促进粤港澳大湾区促进金融市场和金融基础设施互联互通、提升粤港澳大湾区金融服务创新水平、切实防范跨境金融风险等5个方面提出26条具体措施
	《关于贯彻落实金融支持粤港澳大湾区建设意见的实施方案》（2020）	提出扩大广东自贸区贸易投资便利化试点范围，并在开展跨境资金池、跨境贷款、跨境资产转让等方面提出试点方案。《实施方案》在畅通融资渠道，促进金融市场和金融基础设施互联互通等方面出台多项举措，如通过设立投资基金、开展REITs试点等，引导各类社会资本参与，支持粤港澳大湾区建设

财税方面。一是财政支持科研合作，在推进建立科研资金跨境使用机制、完善符合港澳实际的财政科研资金管理机制等方面加强协同对接。二是完善个人所得税政策，国家出台粤港澳大湾区个人所得税优惠政策，对在粤港澳工作境外（含港澳台）高端、紧缺人才，其在内地的个人所得税税负与香港特区存在差额的，广东省、深圳市可按差额部分给予补贴，同时完善避免内地和香港特区双重征税制度安排。三是便利化税收服务，例如，广州市推出的助力粤港澳大湾区和“一带一路”建设12条措施、100项“一次不用跑”办税服务事项清单等创新税务服务，相继搭建的3i智税平台、港澳税收扶持“3D”平台、“1+N”网格模式的港澳青创税收服务驿站等。

金融方面。2020年，国家出台《关于金融支持粤港澳大湾区建设的意见》（以下简称《意见》），从促进粤港澳大湾区跨境贸易和投融资便利化、扩大金融业对外开放、促进金融市场和金融基础设施互联互通、提升粤港澳大湾区金融服务创新水平、切实防范跨境金融风险等5个方面提出26条具体措施。广东省出台相应的实施方案对《意见》进行细化落实，从试点推动投资贸易便利化、完善贸易新业态外汇管理、推进资本项目便利化改革、探索建立与粤港澳大湾区发展相适应的账户管理体系等方面推动粤港澳金融一体化发展。

（三）小结

从我国财税金融改革历程看，财政金融体制均经历了从无到有的过程，逐步建立了现代财税制度和金融体系。其中，财税体制改革在遵循我国基本国情和财税运行机制、规律基础上，初步探索出一条具有中国特色的现代化财税体系之路，逐步由构建与市场经济相适应的财税体系向构建与国家治理能力和治理体系现代化相匹配的财税体系跨越；金融改革遵循金融服务实体经济、金融体制改革与经济体制改革相适应的基本逻辑，从货币政策、金融监管、资本市场等方面开展渐进式金融体制改革，推动金融市场健康发展。随着我国加快构建新发展格局，大力推进成渝地区双城经济圈建设，亟须破解财税金融改革重难点，推动区域财税金融协同发展。

从我国京津冀、长三角、粤港澳大湾区等区域财税金融协同方面看，积极探索完善推动区域一体化的财税政策，形成了相对完善的政策体系，但是受国家顶层设计支持不足、财税分配协调机制缺失、现行分税制和财政体制等因素制约，各地区财税协同探索空间仍有限。金融跨境区域协调力度也有待加大，一方面，前期中央统筹不够，各地方政府同是省级行政区政府，彼此之间没有从属关系，导致跨境区域协调深度不足；另一方面，存在较普遍的金融同质化竞争，各地在金融机构总部、上市公司、细分领域金融机构等方面存在利益争夺，从而制约了金融一体化的推进。下一步，应当加快完善区域内产业转移和承接、支持高新技术产业发展、财税共享、推动金融一体化服务等方面的政策配套，助推区域一体化融合发展。

三、成渝地区双城经济圈财税金融政策改革的重点难点

目前成渝地区围绕促进区域一体化的财税金融调控方式仍存在政策工具缺失、改革难度偏大等普遍性问题，在区域地方税制协同、财税协同以及金融改革等方面还存在较大制约，需要开展区域性的先行先试。

（一）地方税制协调统一较为困难

地方税体系的健全和完善是增强地方政府财力、维持地方公共服务的重要保障。川渝两地共同推进协调统一的区域地方税体系建设，能够为成渝地区双城经济圈建设提供更加有力的财政支撑。但是，成渝地区在地方税体系建设、地方财力、地方税种和规模等方面存在突出问题，两地税制协调统一难度大。

地方财力弱，改革动力不足。受疫情带来的不确定性加大、扎实做好“六稳”“六保”工作要求、进一步加大减税降费力度影响，加之当前全球经济下行、经贸摩擦、实体经济发展困难等，在财政收入增速总体放缓的同时，支出呈现刚性增长趋势，地方财政平衡难度加大，导致存在财政保障能力不够、公共服务和民生保障不足、土地财政、债务风险大等问题，财政综合实力偏弱导致成渝地区双城经济圈的税收一体化改革动力不足。

地方税种少、规模小，改革空间受限。与税源面广、数额较大的中央税相比，地方税税种主要包括城市维护建设税、房产税、城镇土地使用税、车船使用税等，地方税税种较少、规模较小，使得地方政府以税收增加财政收入的能力不足，在社会民生以及公共服务等领域刚性支出下，财政收入对基本支出的保障能力偏弱。部分地方税税率不统一，成渝两地在地方税税率执行上存在差异，如所得税地方留存部分，两地根据自身需要，执行不同的税率，税率的不统一导致区域一体化难度加大。

转移支付效率有待提高，改革难度大。现行财政转移支付制度是在经济转轨过程中伴随财政体制调整逐步建立起来的，在其政策目标的选择和定位上受到诸多限制，

与公共财政体制要求的转移支付制度有较大差距，如较大比例的财政转移支付在资金拨付到各部位后，资金一定程度上存在挤占、挪用、截留、沉淀现象，容易出现利益寻租空间。

（二）财税协同机制仍未建立健全

财税政策直接调节要素收入分配，要素的自由流动会带来税收区域流向变动，特别是在当前成渝两地产业链、供应链更为紧密的情况下，税收区域共生特征明显，但当前成渝两地财税协同机制仍未建立健全，在一定程度上阻碍了经济活动产出效益在两地间公平合理科学分配，进而制约区域一体化发展。

财政体制存在差异，政策协调难度大。目前，我国推进区域一体化普遍面临地区财税体制不对等的制约，如2019年国务院批复设立的长三角生态绿色一体化发展示范区，包括上海市青浦区、江苏省苏州市吴江区、浙江省嘉兴市嘉善县，分别为三级、四级、三级财政体制，财税征收体制不同，税收地方分成比例也不同。成渝两地属于不同的财政管辖层架，重庆属于中央、省（市）二级财政体制，成都属于中央、省、市三级财政体制，地方税收分成比例不同，导致成渝地区财税政策协同难度较大。

利益分享机制不健全，改革分歧大。我国跨区域财税协同多为地方自行探索、缺少顶层设计支持，特别是财税分配协调机制的缺失，不仅导致地方探索中始终面临国家制度和法律层面的障碍，也导致在区域一体化中各地区仍以谋划自身利益为出发点，博弈大于合作。虽然当前合作共赢已成为成渝两地发展共识，但由于行政体制的现实分割以及区域财税协同顶层设计的缺乏，加之成渝两地对跨区域利益分享机制的认识不足、经验不足、模式创新不足等原因，在一些跨行政区域的重大事项和重大利益上仍存在分歧。利益共享机制尚未建立，使得成渝两地在人流、物流、资金流、信息流等互通方面还存在障碍。

竞争发展态势导致财税政策统一难。长期以来，出于壮大自身实力的需要，成渝两地极化明显，政府层面推动一体化发展的动力不强，两地经历了长期的背向发展。2017年，成都提出东进战略，随后重庆以重庆高新区、西部（重庆）科学城为重点逐步向西发展，两地才在发展战略导向上实现了空间发展战略的对接。但目前在重大项目招商及高层次人才引进方面，成渝两地仍更多为竞争关系，两地均会依靠有限的裁量权，采取弹性税收征管方式，或借助专项资金、购房补贴及其他隐形补贴等差异化财政扶持政策，进行招商引资、人才引进，这将容易导致区域内产生无序的税收竞争行为。

（三）金融改革创新协同难度较大

成渝地区金融业一体化发展存在较多的体制机制阻碍和短板制约，难以形成区域金融发展合力，亟须加大金融协同改革创新力度，在更广范围、更高水平上配置金融要素资源，为成渝地区双城经济圈建设提供有力的金融支撑。

1. 金融市场条块分割，改革推进难

区域行政壁垒较突出。成渝两地金融业融合发展体制机制束缚和行政壁垒较为突出，影响两地金融资源整合及金融要素高效配置。产业整体规划不足，成渝两地金融要素市场金融资产类、权益类金融要素市场发展同质化现象较为突出。成渝均建立了金融资产、文化产业、土地等要素市场，没有形成具有特色的金融产品，金融产业竞争大于合作，没有形成错位发展的格局，制约了金融产业的做大做强。金融政策不统一。金融政策制定、实施等对接协调不充分，目前仍没有形成统一的金融产业发展政策，区域金融产业发展的竞争大于合作，同时两地金融要素市场监管规则、制度等差异性较大，金融业融合发展难度较大。

区域金融市场壁垒。成渝两地金融市场各自封闭，没有形成统一的金融大市场，区域金融市场互联互通水平不高，两地银行等金融机构异地展业、开设分支机构较为困难，导致区域金融业发展市场空间受到限制，两地金融业做大做强难度较大。金融同城化发展水平不足，金融资源跨区域流动不畅，人才、数据等金融要素交换存在制度性阻碍，金融信息传导渠道不畅，信用等金融数据不能实现高度的共享、共用，金融资源整合难度较大，金融业发展制度性成本较高。

2. 金融合作平台少，协同发展难

大型金融平台较少。成渝地区虽然初步形成了多层次的资本市场，但有影响力的全国性金融市场少，与沿海地区相比，金融对成渝经济发展的带动作用还需进一步增强。尤其是成渝两地缺少证券交易市场、期货交易所等具有全国影响力的金融要素市场，导致西部地区获得的全国资本市场资金较少，区域经济的资本聚合能力较弱，金融对经济发展的支撑作用有待增强。同时，由于成渝地区金融平台影响力不足，导致金融平台交易功能难以有效发挥，区域金融资源配置能力不强，金融要素市场交易规模小、活跃度较低，土地、技术等各类要素的资本化、市场转化还处于较低水平，区域要素价值挖掘释放不充分，金融对产业发展、城市建设、科技创新等的促进作用、支撑作用还有待增强。同时，成渝两地没有建立共同的投资基金，金融服务区域项目建设、产业发展等能力不足。

经济的资本化水平不高。成渝地区金融与经济结合紧密度、发展深度不够高，尚未形成金融与经济相互促进的发展格局，金融市场规模不大。与上海、深圳、北京等金融市场发达城市相比，重庆金融基础设施不完善，金融市场规模总体较小，实体经济融资难、融资贵问题较为突出，“期限错配”和“权益错配”问题仍然存在，金融对实体经济穿透力和服务水平有待提升。股市等直接融资规模小，与长三角等地区相比，重庆上市公司数量少、实力弱，目前成渝境内上市公司 136 家，远少于上海 333 家，不足长三角的 1/5。经济证券化率方面，目前成都经济证券化水平为 36.51%、重庆经济证券化率为 24.71%，远低于上海经济证券化率 135.8% 的水平，金融对经济发展的促进作用有待提升。

3. 金融协同发展机制仍不健全

跨区域协作机制不健全。成渝两地金融一体化发展顶层设计不足，缺少统一的金融发展规划，以及跨区域的金融制度安排，金融要素市场之间缺乏信息互通、业务对接和风险处置联动，难以有效满足成渝地区双城经济圈建设、西部大开发、西部陆海新通道等建设需求。特别是跨区域利益分享机制的缺失，导致成渝两地在促进要素流动方面竞争多于合作，尚未形成发展合力。同时，金融市场开放度不高。成渝地区监管条块分离、行政壁垒使得资本要素跨区域流动不畅，难以实现最优配置。此外，中西部地区金融业开放度不高，国际资本进入受到较大制约，成渝两地国际市场融资渠道不畅，对外融资难度较大。

金融协同发展水平低。成渝两地监管、金融创新等协同发展水平较低，制约了成渝地区金融业的高质量发展。金融监管条块分割。成渝两地缺少统一的跨区域金融监管机构，两地信用系统尚未实现互联互通，金融信息共享、执法联动不够，区域金融风险防范难度较大。金融协同创新能力不强。金融对产业转型升级力度不够，成渝地区绿色金融、科技金融等发展不充分，传统的信贷结构难以满足对风险投资、创业创新、并购重组等多样化金融服务的需求，金融工具和金融服务亟待丰富创新。金融服务软环境建设水平滞后。律师、会计师、审计师事务所等中介组织发展不足，特别是缺乏权威性评级机构，直接影响需要信用评级机构介入的债券市场等金融市场健康发展。

四、相关建议

（一）探索推动成渝地区财税协同

通过健全统一地方税体系、探索构建地方税收分成机制、同步优化财政支出结构等方式，促进成渝地区双城经济圈财税协同。

推进成渝地区双城经济圈税收政策协同。探索推进税收制度改革，完善建立成渝地区统一的地方税体系。一是积极开展成渝联合税收改革创新试点，争取部分中央税下放地方。统筹研究消费税、车辆购置税等中央税种改革在成渝地区先行探索，将消费税中的烟、酒、汽油、柴油、珠宝玉石及贵重首饰等税目涉及的税收，以及车辆购置税等划归地方。争取扩大增值税地方分成比例，进一步探索推进增值税改革，扩大成渝地区进项抵扣范围，并在现有增值税中央和地方五五分成比例下，争取在成渝地区扩大增值税地方分成比例，争取中央支持成渝发展。二是推进地方税种改革。进一步推进资源税、环境保护税改革，探索设立碳排放、固定污染物处置与再利用的相关税收制度，深化完善生态环境税收补偿机制。三是统一地方税征收标准。协同成渝地区城镇土地使用税、耕地占用税等地方税种征收条件和适用税额标准，建立统一的征收标准。四是规范跨区域税收优惠政策，统一规范成渝地区税收优惠政策，营造各类企业平等准入的无差异投资环境。统一西部大开发税收优惠政策，推动成渝地区梳理统一西部大开发企业所得税优惠税率适用的鼓励类产业名录，协同区域内企业所得税等税收优惠政策执行口径和标准，做到税收优惠准入无差异。

构建成渝地方税收分成机制。通过构建税收分成机制促进税收属地征收与税收流向的协调统一，进一步促进成渝地区双城经济圈一体化发展。一是完善跨区域税收征收机制，加快调整优化跨省市总分机构企业所得税分享办法，建立省市间分配系数动态调整机制，取消总机构所在地独享比例。建立跨行政区迁移企业的税收分成机制，针对成渝两地企业迁入园区的税收分享办法可参照《京津冀协同发展产业转移对接企业税收收入分享办法》执行，对企业增值税、企业所得税地方分成部分在一定年限内实行迁出地和迁入地的税收分享。二是构建基于价值链供应链的产品和服务税收分享机制。针对增值税、企业所得税地方分成部分，综合考虑企业跨区域资产规模、营业收入、就业带动、资源能源消耗等条件，探索税收分成制度设计。三是探索个人所得税基于居住地和工作地的税收分成机制。因为成渝两地人员流动频繁，可建立个人所得税基于居住地和工作地的税收分成机制。

协同优化成渝两地财政支出结构和方式。加大财政支出，优化支出结构，优先推进成渝地区基本公共服务共建共享、生态环境共保共治、基础设施共建共用，夯实成渝地区一体化发展的基础。一是优化区域内财政支出结构。重点围绕成渝两地基本医疗、义务教育、基本养老、就业培训、公交出行、安居保障等基本公共服务以及生态环境保护，加大财政支出力度，推动成渝地区基本服务共建共享和生态环境共保共治。二是创新财政支出方式。充分发挥金融对基础设施项目建设资金需求的杠杆作用，灵活运用债券等金融工具，支持成渝两地共同研究策划区域战略性重大基础设施项目，配套设计发行政府专项债券，并争取国家给予限额和指标倾斜，积极运用有限的政府资金撬动社会资本参与跨区域基础设施建设。

积极探索共同设立专项基金。设立成渝地区双城经济圈协同基金，创新基金设立管理方式，推动区域内产业发展以及基础设施、生态保护等共建共治。一是设立多领域的成渝地区双城经济圈协同发展基金。争取国家支持，积极探索国家和成渝两地共同投资建立双城经济圈产业发展统筹基金，用于发展具有全国影响性的共建互惠产业项目。围绕区域性、流域性生态问题，共同探索建立省、市（区、县）两级政府引领、多元社会主体参与的生态环保基金。支持成渝地方政府联合国家部委、金融机构和社会资本等多方共同发起设立成渝地区双城经济圈基础设施建设投资基金，重点投向成渝跨区域重大基础设施项目建设。二是创新基金设立管理方式。探索基金入股铁路、港口、航空等基础设施建设，以股权形式统筹发展，实现更紧密的合作。

（二）深化推进成渝地区金融改革

借鉴“京津冀”“长三角”“粤港澳大湾区”三大金融发展极的经验，争取国家层面出台支持成渝地区双城经济圈建设的财税金融政策和《西部金融中心建设规划》，共同打造中国“金融第四极”。围绕成渝两地共建西部金融中心，以及金融服务实体经济、防范金融风险的两大根本，着力推进成渝两地金融服务和监管协同。

建立完善区域性资本市场。一是争取设立西部证券交易所。充分对接中西部地区和“一带一路”国家和地区金融需求，争取成渝两地联合设立西部证券交易所，探索开展各类资产支持证券、证券融资、股权众筹、创新类债券、投资基金、股权交易转让以及企业境外上市辅导、技术信息合作等业务。二是推动成渝地区股转中心“双城通”。推动成渝区域股转中心“双城通”并向西部地区拓展，支持股转中心交易制度创新、跨区域股权挂牌等方面实现突破，支持成渝两地实现企业跨区域挂牌上市融资。三是推进私募基金市场协同发展。推动成渝两地共建私募基金西部高地，共同开展私募股权投资基金和创业投资基金等创新试点，支持合格的公募基金、理财产品、资管计划投资成渝地区的私募基金和风投基金。

推动成渝要素市场协同发展。一是设立西部大宗商品期货交易所。围绕西部陆海新通道建设，依托铁矿石、特色农产品等主要物流品种，以及川渝地区天然气、页岩气、铝等优势大宗商品品类，积极争取设立西部大宗商品期货交易所，开展大宗商品现货交易、期货交割以及仓单、衍生品等多元化服务。二是推动建设成渝地区产权交易共同市场。依托成渝两地联合产权交易所，构建完善成渝两地跨区域、跨平台的信息共享、市场联动、交易协同机制，重点推动成渝公共资源交易平台和资源要素市场业务合作与协同发展，着力促进成渝地区企业共用共享两地产权交易市场。

协同推进成渝金融开放创新。积极争取国家层面支持成渝金融更高水平对外开放先行先试政策，在安全可控的前提下提升区域金融市场与全球金融市场的互联互通水平。一是推动跨境金融突破创新。围绕跨境金融结算和投融资需求，探索扩大外商直接投资、外债和境外上市资本项目外汇收入结汇支付便利化试点范围，开展简化外商直接投资外汇登记试点，争取降低跨境人民币资金池准入门槛和放宽离岸金融持牌银行经营人民币业务等政策限制。深入国际陆上贸易金融创新，推动完善国际铁路提单融资工程，争取设立跨境商品交易、多式联运物流及投融资对接交易场所，开展多元化跨境金融服务。二是协同推进金融科技创新。推动成渝地区开展大数据、人工智能、区块链、5G等新兴技术共同研发攻关，共同争取国家级金融科技重大项目和平台落地。推动成渝地区实现金融科技应用场景互联互通，共同争取西部国家数据交易中心等金融科技基础设施落地。积极开展金融科技监管创新试点，探索成渝地区统一的金融科技监管标准，建立成渝地区金融科技监管协作机制。

加强成渝金融一体化监管。一是建立成渝地区信用信息共享机制。探索建立一体化、市场化的成渝地区信用体系，扩大人民银行征信系统对地方新型金融机构覆盖面，大力发展跨区域的征信市场和评级市场，完善跨区域市场主体信用信息共享机制，引导成渝两地各类征信机构、评级机构之间加强交流和合作。二是建立成渝地区金融监管长效机制。编制成渝金融稳定指数开展动态监测，加强成渝两地金融市场风险协同监管，完善区域性金融风险防范机制，推进跨区域风险联防联控，提升成渝两地跨区域金融市场风险监测、预警和处置能力。

（三）加快经济区和行政区适度分离试点探索

探索行政区与经济区适度分离，在不打破经济区内政府间行政隶属关系的前提下，探索让渡一部分经济社会管理权限，形成维护共同利益的试点制度经验。

推动重大改革试点在同城化区域先落地。加快落实细化《川渝毗邻地区合作共建区域发展功能平台推进方案》，推动万达开川渝统筹发展示范区等 9 个毗邻地区开展经济区和行政区适度分离试点探索，争取在规划统筹、政策协调、协同创新、共建共享等方面取得实质性突破，为成渝地区双城经济圈高质量一体化发展提供重要支撑。

渐进式推进试点权限改革创新。采用渐进式思路逐步扩大示范区财税金融改革权限范围，初期一般行政事务仍由属地管理，试点任务涉及的权限逐步让渡给示范区，同时及时总结经验教训，加快推广、深化和进一步开发更多试点领域，力争形成丰富的首创性、可复制、可推广的经验。

聚焦重点领域推进试点示范。探索实施项目审批、基础设施建设、市场监管等经济管理权限与行政区范围适度分离的体制，推动金融、能源、电信、医疗等服务范围与行政区范围适度分离。

推进管理体制一体化。在示范区建立统一编制、联合报批、共同实施的财税金融政策管理体制，建立各类规划衔接机制，实行多规合一，确保规划协调一致。

（四）筑牢财税金融政策改革的组织保障体系

通过搭建顶层领导班子、成立具体事务管理机构、加快政策规划编制等举措，筑牢成渝地区双城经济圈财税金融政策改革的组织保障体系。

加强组织领导。推动建立强有力的统一协调领导小组，设立推进跨区域项目建设的财税金融事项管理机构，自上而下层层递进，构筑坚强组织保障。一是成立推动成渝双城财税金融政策一体化协同的领导小组，统筹指导和综合协调成渝地区双城经济圈财税金融一体化发展战略实施，编制统一的税收分配原则、征收手段及解决流程，研究审议重大规划、重大政策、重大项目和年度工作安排，协调解决重大问题，督促落实重大事项，全面做好成渝地区双城经济圈财税金融一体化发展各项工作。二是探索设立成渝地区双城经济圈财税金融一体化组织管理机构，主要从事重大合作项目建设、协同招商引资企业落地运营等具体事务的财政支出、税款征收以及解决负面阻碍等问题。搭建成渝财税金融一体化网络信息服务平台，实现地方办税服务平台数据交互，探索异地办税、区域通办。三是加强政策实施情况跟踪分析、督促检查、综合协调和经验总结推广，全面把握试点政策实施情况和效果，适时组织开展评估，协调解决实施中存在的问题，及时总结可复制可推广的政策措施。重大问题应及时向党中央、国务院报告。完善公众参与机制，广泛听取社会各界的意见和建议，营造全社会共同推动成渝地区双城经济圈财税金融一体化发展的良好氛围。

把握改革节奏。紧抓成渝地区双城经济圈建设上升为国家战略机遇，深入贯彻落实习近平总书记关于双圈“两中心两地”的战略定位，借鉴京津冀城市群、长三角城市群、粤港澳大湾区等发展模式，推进成渝地区双城经济圈成为高质量发展重要增长极。一是深化促进成渝地区一体化发展的财政金融政策改革。树立川渝一盘棋的全局观念，配合国家政策规划，协同推动成渝地区双城经济圈的财税金融规划编制，理顺区域内部发展思路，优化重大项目布局，完善重大政策协同和专项规划对接，促成“1+N”的规划政策体系。集中开展专题调研，加强统筹动员部署，编制支持双城经济圈财税金融建设具体方案，引导要素合理流动和高效配置，从而形成竞争有序、共赢共享的制度格局。二是共同争取重大项目和重大发展平台布局。深化区域财税金融政策改革，争取更多重大发展平台和重大项目布局成渝地区双城经济圈，协同推进重大基础设施、重大产业体系、重大开放合作或公共服务等项目，夯实成渝地区双城经济圈的发展基础。三是深化区域一体化协同合作机制。协同推进财税金融领域重大改革，探索创新项目合作机制、构建利益联结机制、完善过程监督机制、建立结果保障机制等，建立健全区域一体化内外协同合作机制，推动区域经济一体化高质量发展。

参考文献

[1]马海涛，任强，孙成芳．改革开放40年以来的财税体制改革：回顾与展望[J]．财政研究，2018(12):2-9.

[2]王冰冰．新时代中国货币政策中介目标转型问题研究[D]．长春：吉林大学，2020.

[3]李旭东．我国金融监管体制改革研究[D]．北京：中共中央党校，2019.

[4]刘昆．我国的中央和地方财政关系[J]．中国财政，2020(10).

[5]高培勇．论国家治理现代化框架下的财政基础理论建设[J]．中国社会科学，2014(12):102-123.

[6]魏陆．构建长三角生态绿色一体化示范区财税分享机制研究[J]．上海商学院学报，2020(6):3-10.

[7]潘福达．京津冀产业转移可分享税收[N]．北京日报，2015-06-25.

[8]肖光远．推动长江经济带发展的税收政策与措施研究[J]．赣江财税论坛，2016

(12):35－42.

[9]钟源．金融政策精准“输血”重大区域发展战略[N]．经济参考报,2020－11－13.

[10]焦欢．区域高质量一体化发展的新时代实践[J]．国家治理,2019(5).

[11]刘星,魏锋,詹宇,BENJAMINY．我国上市公司融资顺序的实证研究[J]．会计研究,2004(6):66－72.

[12]祁斌．加快资本市场改革发展助推中国经济跨越关键十年[N]．第一财经日报,2013－12－27(T41).

后　记

“十四五”时期，是重庆顺应百年变局演进、国际格局调整，立足新发展阶段，贯彻新发展理念，融入新发展格局，谱写高质量发展新篇章，开启社会主义现代化建设新征程的关键时期。在这一时期，重庆市要全面贯彻落实习近平总书记对重庆提出的“两点”定位、“两地”“两高”目标、发挥“三个作用”和推动成渝地区双城经济圈建设等重要指示要求，全面系统准确把握国内外发展大势，立足重庆实际，统筹破解老难题、稳妥应对新挑战，实现经济行稳致远、社会安定和谐，确保社会主义现代化建设新征程开好局、起好步。

走到历史的当口、站在新时代的风口，需要深刻把握百年变局演变和国际环境变化带来的重大机遇和诸多挑战，立足重庆实际，紧紧围绕国家重大战略和新发展格局构建，借鉴发达地区成功经验，走出一条符合重庆实际、面向未来的高质量发展之路。为此，围绕重庆“十四五”时期经济社会发展，重庆市综合经济研究院组织研究力量开展了多个领域的前期研究工作，力图为全市“十四五”规划的编制、为区域发展提供有益参考，作出高端智库和新型重点智库应有的贡献。在本书出版之际，我们欣喜的是，研究成果的主要研究结论和观点已被全市或区县、区域“十四五”规划纲要吸纳，正在进一步转化为具体的、可行的政策措施。

为了进一步发挥智库作用，提升研究水平和质量，我们将十余篇研究成果结集成册，付梓出版。本书的研究过程得到了市内外专家的大力支持，同时也得益于中国经济出版社编审人员的认真细致核校，在此我们致以诚挚谢意。

由于研究时间紧迫，而课题组研究水平有限，书中难免有不少错误和疏漏之处，敬请各位读者批评指正。

编写委员会

2021 年 5 月 25 日